Gefahrenprognose im Ausweisungsrecht nach strafrechtlicher Verurteilung

ERLANGER SCHRIFTEN ZUM ÖFFENTLICHEN RECHT

Herausgegeben von Andreas Funke, Max-Emanuel Geis,
Heinrich de Wall, Markus Krajewski , Jan-Reinard Sieckmann
und Bernhard W. Wegener

Band 10

PETER LANG

Jahn-Rüdiger Albert

Gefahrenprognose im Ausweisungsrecht nach strafrechtlicher Verurteilung

PETER LANG

Bibliografische Information der Deutschen Nationalbibliothek
Die Deutsche Nationalbibliothek verzeichnet diese Publikation
in der Deutschen Nationalbibliografie; detaillierte bibliografische
Daten sind im Internet über http://dnb.d-nb.de abrufbar.

Zugl.: Erlangen, Nürnberg, Univ., Diss., 2019.

Gedruckt auf alterungsbeständigem, säurefreiem Papier.
Druck und Bindung: CPI books GmbH, Leck

N 2
ISSN 2192-8460
ISBN 978-3-631-81841-1 (Print)
E-ISBN 978-3-631-82781-9 (E-PDF)
E-ISBN 978-3-631-82782-6 (EPUB)
E-ISBN 978-3-631-82783-3 (MOBI)
DOI 10.3726/b17318

Vorwort

Die Ausweisung nach strafrechtlicher Verurteilung beschäftigt die Verwaltung und die verwaltungsgerichtliche Rechtsprechung intensiv. Eine wissenschaftliche Aufarbeitung des zentralen Tatbestandsmerkmals der Wiederholungsgefahr, erschien mir notwendig. Denn die hier anzustellende Gefahrenprognose hat praktisch enorme Relevanz.

Sich neben der beruflichen Tätigkeit als Rechtsanwalt dieser Thematik in Form einer Doktorarbeit zu widmen, war eine Herausforderung. Mein Doktorvater, Prof. Dr. Andreas Funke, hat mich jedoch früh und immer wieder geschickt motiviert und bestärkt, diesen Weg ohne allzu lange Rast weiterzugehen und zum Auffüllen einer diagnostizierten Lücke im wissenschaftlichen Diskurs beizutragen. Hierfür und für die inspirierenden Hinweise sage ich herzlichen Dank. Es ehrt mich besonders, dass Herr Prof. Dr. Funke den Herausgebern der *Erlanger Schriften zum Öffentlichen Recht* die Aufnahme meines Buches in ihre Reihe vorgeschlagen hat. Frau Prof. Dr. Anuscheh Farahat danke ich für die rasche Zweitbegutachtung und ihre wertvollen Anmerkungen, Frau Prof. Dr. Gabriele Kett-Straub für die Mitwirkung in der mündlichen Prüfungskommission.

Die Unterstützung von Familie, Freunden und dem Kanzleiteam der Rechtsanwälte Albert und Oygün war nicht nur unermüdlich, sondern auch ausschlaggebend für das erfolgreiche Fertigstellen des vorliegenden Buchs. Ganz besonders gilt dies für meinen Vater, Dr. Bernd Albert, der die – gerade für einen Nichtjuristen nicht sonderlich erquickliche – Aufgabe übernahm, das Geschriebene zu redigieren. Seine pointierten Anmerkungen verpflichteten zum Nachdenken und erwiesen sich somit als unerläßlich.

Meine Arbeit habe ich im Mai 2019 dem Fachbereich Rechtswissenschaft der Rechts- und Wirtschaftswissenschaftlichen Fakultät der Friedrich-Alexander-Universität Erlangen-Nürnberg als Dissertationsschrift zur Annahme vorgelegt. Die mündliche Prüfung fand am 02.12.2019 statt. Neuere Literatur und Rechtsprechung konnte nach April 2019 nur noch ganz vereinzelt, die Gesetzesänderung durch das Gesetz vom 15.08.2019 (BGBl. I, S. 1294) nicht mehr berücksichtigt werden. Eine Auswirkung auf meine Arbeit ist allerdings nicht ersichtlich.

Nürnberg, im März 2020 *Jahn-Rüdiger Albert*

Inhaltsverzeichnis

Kapitel 4 Inhalt und Umfang der ausweisungsrechtlichen Gefahrenprognose

Kapitel 5   Sofortvollzug: zur Gefahrenabwehr oder zur Abwehr positiver Prognosegesichtspunkte? 235

Kapitel 6   Zusammenfassung und Ergebnisse

Literaturverzeichnis

Abkürzungsverzeichnis

a. A.	andere Auffassung
a. a. O.	am angegebenen Ort
Abs.	Absatz
AEUV	Vertag über die Arbeitsweise der Europäischen Union
ANA-ZAR	Zeitschrift „Anwaltsnachrichten Ausländer- und Asylrecht"
APVO	Ausländerpolizeiverordnung
ARB 1/80	Beschluss Nr. 1/80 des Assoziationsrates EWG/Türkei
AöR	Archiv des öffentlichen Rechts
AufenthG	Aufenthaltsgesetz
AufenthV	Aufenthaltsverordnung
Aufl.	Auflage
AuAS	Schnelldienst für Ausländer- und Asylrecht
AuslG	Ausländergesetz
AuslR	Ausländerrecht
BayPAG	Bayerisches Polizei- und Aufgabengesetz
BayVGH	Bayerischer Verwaltungsgerichtshof
BDVR	Bund Deutscher Verwaltungsrichter und Verwaltungsrichterinnen
BeckOK	Beck'scher Online-Kommentar
BeckRS	Beck Rechtsprechung Onlinepublikation des Beck-Verlags
BGBl.	Bundesgesetzblatt
BGH	Bundesgerichtshof
BKA-Gesetz	Gesetz über das Bundeskriminalamt und die Zusammenarbeit des Bundes und der Länder in kriminalpolizeilichen Angelegenheiten
BT	Deutscher Bundestag
BT-Drs.	Bundestagsdrucksache
BR-Drs.	Bundesratsdrucksache
BtMG	Betäubungsmittelgesetz
BVerwG	Bundesverwaltungsgericht
BVerwGE	Entscheidungen des Bundesverwaltungsgerichts
BVerfG	Bundesverfassungsgericht
BVerfGE	Entscheidungen des Bundesverfassungsgerichts
BZRG	Bundeszentralregistergesetz
bzw.	beziehungsweise
ders.	derselbe
dies.	dieselbe
Diss.	Dissertationsschrift
DÖV	Die Öffentliche Verwaltung
Drs.	Drucksache

DVBl.	Deutsche Verwaltungsblätter
ebd.	ebenda
EG	Europäische Gemeinschaften
EGMR	Europäischer Gerichtshof für Menschenrechte
EL.	Ergänzungslieferung
EMRK	Europäische Konvention zum Schutz der Menschenrechte und Grundfreiheit
ErgStVollStrO	Ergänzende Bestimmungen zur Strafvollstreckungsordnung
EU	Europäische Union
EuGH	Der Gerichtshof der Europäischen Union
EWG	Europäische Wirtschaftsgemeinschaft
EZAR NF	Entscheidungssammlung zum Zuwanderungs-, Asyl- und Freizügigkeitsrecht
f.	folgende
ff.	fort folgende
FeV	Fahrerlaubnisverordnung
Fn.	Fußnote
FreizügG	Freizügigkeitsgesetz/EU
FS	Festschrift
gem.	gemäß
GG	Grundgesetz
GK-AufenthG	Gemeinschaftskommentar zum Aufenthaltsgesetz
Habil.	Habilitationsschrift
Hrsg.	Herausgeber
InfAuslR	Zeitschrift „Informationsbrief Ausländerrecht"
INFO	Zeitschrift „INFO-Heft der Jahrestagung 2008", Deutsche Vereinigung für Jugendgerichte und Jugendgerichtshilfen e.V., Landesgruppe Baden-Württemberg
i. V. m.	in Verbindung mit
JA	Juristische Arbeitsblätter
JGG	Jugendgerichtsgesetz
JurionRS	Rechtsprechungsarchiv des Onlinedienstes jurion, Wolters Kluwer Deutschland GmbH
Jura	Juristische Ausbildung
JuS	Juristische Schulung
juris	Rechtsportal der juris GmbH
JZ	Juristenzeitung
KJ	Kritische Justiz
MschKrim	Monatsschrift für Kriminologie und Strafrechtsreform
m. w. N. z.	mit weiteren Nachweisen zu(r)
Nds.MBl.	Niedersächsisches Ministerblatt
NJW	Neue Juristische Wochenschrift
NK	Neue Kriminalpolitik
NStZ	Neue Zeitschrift für Strafrecht

NVwZ	Neue Zeitschrift für Verwaltungsrecht
NVwZ-extra	Neue Zeitschrift für Verwaltungsrecht-Extra
NVwZ-RR	NVwZ-Rechtsprechungsreport
OLG	Oberlandesgericht
openJur	Onlinezeitschrift des openJur e. V.
OVG	Oberverwaltungsgericht
POR	Polizei- und Ordnungsrecht
RL	Richtlinie
Rn.	Randnummer
Rs.	Rechtssache
Rspr.	Rechtsprechung
R & P	Recht und Psychiatrie
s.	siehe
S.	Seite
s. a.	siehe auch
sog.	sogenannt
StGB	Strafgesetzbuch
StPO	Strafprozessordnung
str.	strittig/streitig
StV	Zeitschrift: „Strafverteidiger"
u. a.	unter anderem / und andere
usw.	und so weiter
VerwArc	Zeitschrift: „Verwaltungsarchiv"
vgl.	vergleiche
v.	vom/von
Verf.	Verfasser
Verw-Rspr.	Verwaltungsrechtsprechung in Deutschland, Sammlung obergerichtlicher Entscheidungen, Beck-Verlag
VG	Verwaltungsgericht
VGH	Verwaltungsgerichtshof
Vor.	Vorbemerkung(en)
VVDStRL	Veröffentlichungen der Vereinigung Deutscher Staatsrechtslehrer
VwGO	Verwaltungsgerichtsordnung
VwV AufenthG	Allgemeine Verwaltungsvorschriften zum Aufenthaltsgesetz
VwVfG	Verwaltungsverfahrensgesetz
WaffG	Waffengesetz
ZAR	Zeitschrift für Ausländerrecht und Ausländerpolitik
z. B.	zum Beispiel
z. Rspr.	zur Rechtsprechung
ZJJ	Zeitschrift für Jugendkriminalrecht und Jugendhilfe
ZRP	Zeitschrift für Rechtspolitik
zugl.	zugleich.

Kapitel 1 Einleitung

Die Ausweisung aus der Bundesrepublik Deutschland in Folge strafrechtlicher Verurteilung steht im Fokus: In der migrationspolitischen Debatte ist das älteste „Rechtsinstitut der Fremdenpolizei"[1] hochaktuell, ihre quantitative Bedeutung ist groß[2], die Auswirkungen für die Betroffenen sind gravierend.

Das Bundesverfassungsgericht hat 1973 durch die Anerkennung von Rechtsschutz gegen Ausweisungen und die Einbeziehung der Betroffenen in den Schutzbereich des Art. 2 Abs. 1 GG[3] die Rechtsprechung und die Fortentwicklung der Gesetzeslage wesentlich geprägt. Intensiv ist auch der Einfluss der Rechtsprechung zur EMRK und dem Unionsrecht. Die Ausweisung bewegt sich in einem diffizilen Geflecht aus nationalem und internationalem Recht.

Überlagert werden Rechtsfragen durch eine laienhafte Vorstellung von der Ausweisung als eine Art Beendigung eines Gastrechtes, das den Aufenthalt nur aufgrund eines „gnädigen Akts"[4] gewähre. Den nicht selten zu hörenden politischen Reflex auf medienträchtige Ereignisse, der nach einem sofortigen oder „schnellen" Ausweisen derjenigen ruft, die durch strafbares Verhalten ihr Gastrecht missbraucht hätten[5], bildet die Rechtslage nicht ab. Ein Rechtsreflex im Sinne einer strafrechtlichen Sanktion durch Ausweisung ist nicht die Gesetzeslage.

---

1 Thym, Migrationsverwaltungsrecht, S. 216.
2 Zum Stichtag 30.06.2018 waren im Ausländerzentralregister 296.662 Ausweisungen registriert, 7.374 davon im Jahre 2017 ergangen (Antwort der Bundesregierung vom 08.08.2018 auf eine Anfrage der Fraktion DIE LINKE, BT-Drs., 19/3735, S. 10).
3 Vgl. S. 24 (Fn. 39) zu BVerfG, Urteil v. 18.07.1973, 1 BvR 23/73, BVerfGE 35,382.
4 Kießling, ZAR 2016, 45 (47) m. N. z. Rspr. Zur Entstehung der Bedeutung des Gastrechts und der Rechtlosigkeit beim Entzug des Gastrechts im Mittelalter, vgl. Trautmann, Migration, Kriminalität und Strafrecht, S. 8 f.
5 Gerhard *Schröder* als SPD-Kanzlerkandidat: *„Schröder wies in einem Interview mit 'Bild am Sonntag' zugleich unmißverständlich auf das Problem der Ausländerkriminalität in Deutschland hin. Er sagte: 'Wir dürfen nicht mehr so zaghaft sein bei ertappten ausländischen Straftätern. Wer unser Gastrecht mißbraucht, für den gibt es nur eins: Raus, und zwar schnell.'"* (Internetveröffentlichung der Zeitung „Die Welt" vom 21.07.1997, http://www.welt.de/print-welt/article639923/Fuer-schaerferen-Kampf-gegen-Kriminalitaet.html)
   Im Zusammenhang mit der Diskussion über Vorfälle in der Silvesternacht 2015/2016 auf dem Kölner Bahnhofsvorplatz mit ähnlichen Worten Sahra *Wagenknecht* als Vorsitzende der Bundestagsfraktion DIE LINKE: *„Wer Gastrecht missbraucht, der hat Gastrecht dann eben auch verwirkt."*
   (Internetveröffentlichung der „Frankfurter Allgemeinen Zeitung" vom 13.01.2016, http://www.faz.net/aktuell/politik/fluechtlingskrise/linkspartei-und-asylpolitik-duo-provocatore-14011547.htm)

Gerät ein Instrument wie das der Ausweisung, in den Blick politischer Debatten,[6] besteht die Gefahr, dass die rechtliche Ausgestaltung der Ausweisungsnormen der politischen Instrumentalisierung unterworfen[7] und „besonders anfällig für symbolische Gesetzgebung"[8] ist. Die Diskussion um eine Verschärfung des Ausweisungsrechts im Januar 2016 zeigte dies exemplarisch: Bereits zehn Tage nach Inkrafttreten der Neuregelung des Ausweisungsrechts zum 01.01.2016[9] wurde ein Verschärfungsbedarf diskutiert.[10] Am 11.03.2016[11] wurde das Gesetz geändert;

Im selben Kontext Stephan *Mayer* wird als innenpolitischer Sprecher der CDU/CSU-Bundestagsfraktion wie folgt zitiert: *„Männer ausländischer Herkunft, die sich in solche schändlicher Art und Weise wie in der Silvester-Nacht in Hamburg, Stuttgart und Köln verhalten, haben ihr Gastrecht in Deutschland verwirkt. Sie müssen in letzter Konsequenz aus Deutschland ausgewiesen werden."* (Internetveröffentlichung des Fernsehsenders n-tv vom 06.01.2016, http://www.n-tv.de/politik/Straffaellige-Auslaender-verwirken-Gastrecht-article16709341.html mit dem Zitat). *Mayer* ähnlich als Parlamentarischer Staatssekretär beim Bundesminister des Inneren, für Bau und Heimat, gegenüber der Online-Ausgabe der „Passauer Neue Presse": Bericht vom 03.01.2019, http://www.pnp.de/nachrichten/bayern/3186853_Stephan-Mayer-CSU-zu-pruegelnden-Jugendlichen-Gastrecht-verwirkt.html.

6   Das Zuwanderungsrecht als solches – so legt Funke, in: Neuhaus (Hrsg.), Zuwanderung nach Deutschland, S. 53, dar – unterliege mehr als andere Rechtsgebiete einer „Multiperspektivität" aufgrund eines besonderen Wechselspiel zwischen der – eher nüchternen – juristischen Betrachtungsweise und der politischen Diskussion bestehe. Letztere reiche von der Problematisierung anonymer Statistiken bis zu einem empathischem Blick auf den Einzelfall.

7   Beichel, Ausweisungsschutz und Verfassung, S. 11.

8   Kießling, ZAR 2013, 45 (49).

9   Aufgrund Gesetzes zur Neubestimmung des Bleiberechts und der Aufenthaltsbeendigung vom 27.07.2015 (BGBl. I S. 1386).

10 „Reaktion auf Silvester-Übergiffe – Kriminelle Ausländer schneller ausweisen", Internetveröffentlichung der Bundesregierung vom 11.01.2016 https://www.bundesregierung.de/Content/DE/Artikel/2016/01/2016-01-11-konsequenzen-nach-koeln. html: Der damalige Bundesinnenminister Lothar de Maizière: „[Die künftig bereits bei Verurteilung zu einer Bewährungsstrafe mögliche Ausweisung] ist eine harte, aber richtige Antwort des Staates auf diejenigen, die glauben, obwohl sie hier Schutz suchen, Straftaten begehen zu können, ohne dass das Auswirkungen auf ihre Anwesenheit in Deutschland hat." – Der damalige Bundesjustizminister Heiko Maas: „[Die Ausweisung als Konsequenz kriminellen Handelns] ist auch notwendig, um die überwältigende Mehrzahl der unbescholtenen Flüchtlinge in Deutschland zu schützen. Diese haben es nicht verdient, mit Kriminellen in einen Topf geworfen zu werden." Vgl. auch Heribert Prantl, Die Straftat als Zutat, Süddeutsche Zeitung, Ausgabe vom 11.12.2016, S. 2, zur reflexartigen Forderung von Gesetzesverschärfungen aufgrund von Straftaten von Ausländern.

11 Gesetz zur erleichterten Ausweisung von straffälligen Ausländern und zum erweiterten Ausschluss der Flüchtlingsanerkennung bei straffälligen Asylbewerbern, BGBl. I S. 394.

zu einem Zeitpunkt, als das Gesetz über wenige Einzelfälle hinaus noch gar keine
Anwendung gefunden haben konnte.

Spiegelbildlich ist die Ausweisung in der Rechtswissenschaft seit langem heftig
umstritten, ganz besonders die Zulässigkeit generalpräventiv begründeter Ausweisungen. Ein Ende ist nicht in Sicht.

Im Falle strafrechtlicher Verurteilung eines in der Bundesrepublik Deutschland
lebenden Ausländers, der nicht in den Anwendungsbereich des Freizügigkeitsgesetzes fällt,[12] droht diesem nach der Systematik des Aufenthaltsgesetzes[13] die Ausweisung mit dem Ziel der Beendigung des Aufenthalts.[14] Für den Adressaten stellt
sie einen schwerwiegenden Grundrechtseingriff in die Allgemeine Handlungsfreiheit (Art. 2 Abs. 1 GG)[15] dar. Soweit die Ausweisung ein Aufenthaltsrecht entzieht,
handelt es sich um einen Eingriff in das Grundrecht auf freie Entfaltung der Persönlichkeit.[16] Im Konkreten stellt sich dies als Eingriff in das als abwehrrechtliche
Grundrechtsgarantie[17] ausgestaltete allgemeine Persönlichkeitsrecht dar.[18] Das

---

12 Der Verlust der Freizügigkeitsrechte für Unionsbürger im Falle strafrechtlicher Verurteilung ist nicht Gegenstand der Arbeit. Zwar stellen sich dort ähnliche Fragen,
   da gemäß § 6 Abs. 2 Freizügigkeitsgesetz der Verlust des Rechts auf Einreise und
   Aufenthalt nicht allein auf eine strafrichterlicher Verurteilung gestützt werden kann,
   sondern eine „gegenwärtige" Gefährdung vorliegen muss. Die Arbeit befasst sich
   jedoch mit der Ausweisung nach dem Aufenthaltsgesetz.
13 Soweit nicht anders gekennzeichnet in der Fassung aufgrund des Fünfzigsten Gesetzes zur Änderung des Strafgesetzbuches – Verbesserung des Schutzes der sexuellen
   Selbstbestimmung vom 04.11.2016 (BGBl. I S. 2460), in Kraft getreten am 10.11.2016.
14 Gross, AöR 139, 420 (429).
15 Zur Frage der Grundrechtsgeltung für im Inland befindliche Ausländer vgl.: Thym,
   Migrationsverwaltungsrecht, S. 73. Zu Frage, ob Art. 1 Abs. 1 GG berührt ist, auch
   Beichel, Ausweisungsschutz und Verfassung, S. 127 mit Hinweis, dass die wesentliche Bedeutung in Art. 2 Abs. 1 GG liegt. Dagegen meint Kirkagac, Verdachtsausweisungen, S. 31, Art. 1 Abs. 1 GG tangiert, da bei faktischen Inländern in der Regel
   seelische Belastungen ausgelöst und der Verlust von Authentizität und Identität
   hervorgerufen würden, was mit dem absoluten Wert der Menschenwürde nicht vereinbar sein. Bei Betroffenen, die nicht in den Schutzbereich des Art. 6 Abs. 1, 2 GG
   fallen, ist nach Davy, ZAR 2007, 233 (236 f.) jedenfalls Art. 2 Abs. 1 ggf. i. V. m. Art. 1
   Abs. 1 GG einschlägig, wobei die Rspr. des BVerfG insbesondere auch zur Erforderlichkeit einer Interessenabwägung unklar sei und diese teilweise aus Art. 6 GG
   folgere, teilweise aus dem Rechtsstaatsprinzip. Der in Bezug genommen Beschluss
   des BVerfG vom 17.01.1979, BVerfGE 50, 166 (175), betrifft im Konkreten die Frage
   der Vereinbarkeit generalpräventiv begründeter Ausweisungen mit der Menschenwürde.
16 BVerfG, Kammerbeschluss vom 10. 8. 2007, 2 BvR 535/06 = NVwZ 2007, 1300.
17 Dreier, Grundgesetz, 3. Auflage 2013, GG, Art. 2 Abs. 1, Rn. 22.
18 Ebenso Discher, in: Fritz/Vormeier, GK-AufenthG (Stand: 34. EL Juni 2009), Vor
   §§ 53 ff. AufenthG, Rn. 2302–2303. Zur Auswirkung auf die Prüfungsintensität vgl.
   unten S. 137 (Fn. 720) und 217. Hoppe, ZAR 2008, 251 (257) weist darauf hin, dass das
   Bundesverfassungsgericht in verschiedenen Kammern (nur) auf die freie Entfaltung

allgemeine Persönlichkeitsrecht gebietet, dem straffälligen Bürger die Chance zu eröffnen, sich nach einer Strafverbüßung wieder in die Gesellschaft eingliedern zu dürfen.[19] Dies wird durch die Begründung der Ausreisepflicht gerade nicht ermöglicht.

Mit der Wirksamkeit[20] der Ausweisung erlischt ein bestehender Aufenthaltstitel kraft Gesetzes, § 51 Abs. 1 Nr. 4 AufenthG, sie wirkt titelvernichtend[21] und beendet ein etwaiges Aufenthaltsrecht. Es entsteht eine Ausreisepflicht, § 50 Abs. 1 AufenthG.[22] Bereits die Ausweisungsverfügung[23] führt somit zu einer Statusveränderung und beinhaltet einen Grundrechtseingriff, nicht erst die Durchsetzung der Ausreisepflicht (§ 58 AufenthG).[24] Eine Wiedereinreise bei bestehender Wiedereinreisesperre ist gemäß § 11 AufenthG verboten und stellt eine Straftat dar (§ 95 Abs. 2 Nr. 1 AufenthG). Solange die Wirkung der Ausweisung nicht durch Fristablauf entfällt, darf kein neuer Aufenthaltstitel erteilt werden.[25]

Für den Adressaten der Ausweisungsverfügung bedeutet diese einen essentiellen, häufig auch existenziellen Einschnitt: Die etwaige Rechtmäßigkeit des Aufenthalts entfällt. Im Falle der Durchsetzung beziehungsweise Erfüllung der Ausreisepflicht verlagert sich der Lebensraum des Betroffenen, wenn er zuvor in der Bundesrepublik gelebt hat. Insbesondere im Falle eines langen oder sogar seit Geburt bestehendem Inlandsaufenthalt wird mit der Aufenthaltsbeendigung regelmäßig eine langfristige Trennung von Familie und Lebensumfeld verbunden sein.[26]

---

der Persönlichkeit deshalb abgestellt hat, da insofern bereits eine Klärung der verfassungsrechtlichen Fragen bereits erfolgt und für die – streitgegenständliche Frage der Verhältnismäßigkeitsprüfung nicht entscheidungserheblich war, ob das allgemein Persönlichkeitsrecht tangiert ist.

19 Kunig, in: v. Münch/Kunig, Grundgesetzkommentar, 6. Aufl. 2012, GG, Art. 2, Rn. 37.

20 Vgl. § 43 VwVfG. Zur Wirksamkeit der Ausweisung trotz Widerspruch und Klage vgl. unten S. 237.

21 Es handelt sich deshalb auch um keinen Dauerverwaltungsakt, vgl. BVerwG, Urteil vom 04.10.2012, 1 C 13.11, Rn. 22.

22 Beichel-Benedetti, in: Huber, Aufenthaltsgesetz, 1. Auflage, 2010, Aufenthaltsgesetz, Vorbem. zu §§ 53–56, Rn. 2.

23 Zum Schriftformerfordernis vgl. § 77 Abs. 1 Nr. 2 AufenthG.

24 Vgl. Thym, Migrationsverwaltungsrecht, S. 245.

25 Hailbronner, Asyl- und Ausländerrecht, 2008, Rn 614. – Zudem ist mit der Ausweisungsverfügung eine Ausschreibung zur Einreiseverweigerung im Schengener Informationssystem verbunden (Art. 92, 96 Abs. 3 SDÜ).

26 Gross, AöR 139 (2014), S. 420–445 (439), weist darauf hin, dass die Gewichtung der migrantischen Interessen bei einem Verlust des Aufenthaltsrechts deutlich höher ausfalle, als in vielen anderen Konstellationen, in denen im Rahmen von Art. 2 Abs. 1 GG über die Unterscheidung zwischen der allgemeinen Handlungsfreiheit und dem allgemeinen Persönlichkeitsrecht gestritten werde, wie dem Füttern von Tauben, und fordert, dass sich diese Erkenntnis auf die Legitimation der Beschränkungen auswirken müsse. Dass der durch eine Ausweisung drohende Verlust von Familie, sozialem Umfeld, beruflicher Stellung und Sprache von vielen Betroffenen als

Die Ausweisung steht also im Fokus: gesellschaftspolitisch, rechtspolitisch und wegen ihres intensiven Grundrechtseingriffs. All dies verlangt nach einer nüchternen und sachlichen Analyse, welche Voraussetzungen an die Ausweisung zu stellen sind, wenn es sich bei ihr um eine zulässige ordnungsrechtliche Maßnahme der Verwaltung zur Gefahrenabwehr[27] handeln soll und nicht um eine Sanktionierung vergangenen Unrechts. Es steht somit auf dem Prüfstand, welche Auswirkungen ihre Legitimierung auf die Auslegung der Tatbestandsmerkmale auch unter Berücksichtigung der verfassungsrechtlichen, unions- und konventionsrechtlichen Vorgaben hat. Es stellt sich die Frage, ob bereits die strafrechtliche Verurteilung das Bestehen einer abzuwehrenden Gefahr indiziert, generalpräventive Gefahren ausreichend sind oder eine spezialpräventive Gefahr zusätzlich festgestellt werden muss.

Wenn eine Gefahr prognostiziert werden muss, ist schnell vorhersehbar, dass die Meinungen über das Bestehen einer Gefahr höchst unterschiedlich sein werden. Der Betroffene wird sagen, er werde sich fortan rechtstreu verhalten, der Amtswalter dagegen erinnert sich an das viele Schlechte, das er schon gesehen oder gehört hat. Bedenkt man die gravierenden Auswirkungen einer Ausweisung auf der einen Seite und das allgemeine Sicherheitsinteresse auf der anderen Seite, drängt sich die Frage auf, welche Anforderungen an eine Gefahrenprognose im Ausweisungsrecht zu stellen sind. Besteht die behördliche oder gerichtliche Pflicht, zur Aufklärung der Kriminalprognose externen Sachverstand zu Rate zu ziehen? Und: muss der Betroffene selbst unter Beweis stellen, dass von ihm keine Gefahr der Wiederholung ausgeht? Die Bedeutung der Wiederholungsgefahr ist in materiell-rechtlicher Hinsicht als Tatbestandsvoraussetzung zu analysieren, die Anforderungen an eine Gefahrenprognose sind als Frage der Aufklärungspflicht zu untersuchen und es ist verfahrensrechtlich die Frage der Beweisverteilung zu diskutieren.

Gegenstand der Untersuchung sind Ausweisungsverfügungen, die aufgrund einer strafrechtlichen Verurteilung ergehen. Das Strafurteil bildet demnach den Anlass für die Behördenentscheidung. Doch was gilt für die Kriminalprognose des Strafrichters, wenn er eine Strafe zur Bewährung aussetzt? Ist dessen Prognose unbeachtlich, weil eine „ausländerrechtlich gebotene Gefahrenprognose"[28] hiermit nicht vergleichbar ist oder ist sie bei der Gefahrenprognose im Verwaltungsverfahren zu berücksichtigen?

„Verbannung" erlebt wird, erläutern Pfaff/Otto-Hanschmann, in: Müller/Schlothauer (Hrsg.) Münchener Handbuch Strafverteidigung, 2014, § 34, Rn 30.

27 H. Alexy, in: Hofmann/Hoffmann, Ausländerrecht, 1. Auflage, 2008, AufenthG, § 53, Rn. 3; BVerwGE 35, 291, Urteil v. 16.06.1970, 1 C 47.69 = BeckRS 1970 30437517; BVerwGE 60, 75, Urteil v. 26.02.1980, 1 C 90/76 = NJW 1980, 2656.

28 BVerwG, Urteil v. 15.01.2013, 1 C 10.12, Rn 21. Das Berufen auf einen ausweisungsrechtlichen Gefahrenbegriff, dessen Berechtigung allerdings nie dargelegt worden sei, macht auch Beichel, Ausweisungsschutz und Verfassung, S. 78, aus.

Gegensätzliche Interessenlagen werden besonders deutlich bei der Betrachtung des Sofortvollzugs. Ordnet die Behörde diesen an, hindern Widerspruch und Klage nicht, die Abschiebung durchzuführen. Das kann für die Verwaltungsbehörde von erheblichem Vorteil sein. Je früher die Aufenthaltsbeendigung vollzogen wird, desto weniger können Umstände eintreten, die eine zunächst ungünstige Prognose später im Sinne des Betroffenen zur günstigen Prognose wandeln können. Schließlich ist der maßgebliche Beurteilungszeitpunkt der der letzten mündlichen Verhandlung.[29] Für den Betroffenen, der sich gegen eine Ausweisung wehrt, besteht dagegen ein hohes Interesse, dass der Aufenthalt nicht sofort beendet wird, sondern er im Inland weiter dagegen vorgehen kann. Zu prüfen ist somit, welche Anforderungen an den Sofortvollzug der Ausweisungsverfügung zu stellen sind und ob sich Besonderheiten für die Gefahrenprognose ergeben.

Die Untersuchung ordnet die Systematik des Ausweisungsrechts zunächst ein (Kapitel 2), fragt sodann nach den gefahrenabwehrrechtlichen Voraussetzungen (Kapitel 3) und behandelt schließlich die Anforderungen an die Gefahrenprognose (Kapitel 4). Den Abschluss bildet die Prüfung der Anforderungen an den Sofortvollzug (Kapitel 5).

---

29 BVerwG, Urteil v. 15.11.2007, 1 C 45/06 = InfAuslR 2008, 156. Die damalige Vizepräsidenten des Bundesverwaltungsgerichts, Marion Eckertz-Höfer, sprach bereits hinsichtlich der Vorgängerentscheidungen vom 03.08.2004 (1 C 30.02 und 1 C 29.02) für assoziationsberechtigte Türken und für freizügigkeitsberechtigte Unionsbürger von dem „wohl größte Wandel" der Ausweisungsrechtsprechung (vgl. Eckertz-Höfer, in: Barwig u. a. (Hrsg.), Perspektivwechsel im Ausländerrecht, S. 105 (107)).

Kapitel 2 Rechtliche Einordnung des Ausweisungsrechts

A. Grundstruktur der Ausweisungstatbestände

I. Rechtslage nach dem Ausländergesetz 1965

Das erste Ausländergesetz vom 28.04.1965[30] (AuslG) der Bundesrepublik Deutschland, das die bis dahin fortgeltende Ausländerpolizeiverordnung (APVO)[31] vom 22.08.1938 ersetzte, ermächtigte in § 10 durch eine Generalklausel zur Ausweisung von Ausländern im Falle einer *Beeinträchtigung* erheblicher Belange für die Bundesrepublik Deutschland – beispielsweise bei Verurteilung wegen eines Vergehens oder Verbrechens.[32] Bis dahin galt die AVPO 1938[33] fort.[34] Das Bestehen einer konkreten Gefahr verlangte § 10 AuslG auf Tatbestandsseite nicht.[35] § 10 AuslG stand

---

30 BGBl. 1965 I 353.
31 Die APVO 1938 sprach dem Ausländer kein Recht auf Aufenthalt zu, sondern sprach – entsprechend der nationalsozialistischen Ausprägung der Verordnung – davon, dass der Ausländer Gewähr bieten müsse, sich der Gastfreundschaft würdig zu erweisen (§ 1 APVO). Bei „Unwürdigkeit" des Ausländers, durfte dieser ausgewiesen werden (vgl. näher Günes, Europäischer Ausweisungsschutz, 3.3.1 – Das Entstehen des Aufenthaltsgesetzes). Es handelte sich um keine an der polizeilichen Gefahrenabwehr orientierte Regelung, eine solche fand sich nur im Ansatz in der preußischen APVO, 1932 wie Thym, Migrationsverwaltungsrecht, S. 200, darlegt. Verwaltungsgerichtlicher Rechtsschutz gegen Ausweisungen konnte nach der nach dem 2. Weltkrieg fortgeltenden APVO 1938 erst aufgrund einer Entscheidung des BVerwG im Jahr 1955 begehrt werden (Thym, Migrationsverwaltungsrecht, S. 202).
32 Zum Ganzen: Günes, Europäischer Ausweisungsschutz, 2009, Europäischer Ausweisungsschutz, 3.3.1 – Das Entstehen des Aufenthaltsgesetzes.
33 Thym, Migrationsverwaltungsrecht, S. 200, weist darauf hin, dass die APVO 1938 die Ausweisung nicht an der polizeilichen Gefahrenabwehr orientierte, einzig die preußische APVO 1932 habe den konzeptionellen Anschluss an das allgemeine Polizeirecht gesucht, in der Sache selbst dennoch ein eigenständiges Regime normiert. Eine Gefahr habe die Regelung nicht voraus gesetzt. § 5 APVO 1932 erlaubte in der Tat ein Aufenthaltsverbot aufgrund einer Generalklausel für den Fall des Fehlens „der Würde, die Gastfreundschaft verdient zu haben". In § 5 Abs. 2 Nr. 1 normierte sie aber auch aber auch eine Gefährdung als eigenen Tatbestand der Ausweisung. So wohl auch Bast, Aufenthaltsrecht und Migrationssteuerung, S. 77.
34 Vgl. Thym, Migrationsverwaltungsrecht, S. 202.
35 BVerwG, Urteil vom 02.02.1979, 1 B 238.78, Abs. 8; Vogel, in: Drews/Wacke, Gefahrenabwehr, 1986, S. 412.

aufgrund seiner weiten Ermessensermächtigung stark in der Kritik:[36] Ausländerrechtliche Entscheidungen seien nur begrenzt richterlicher Kontrolle zugänglich
und erst durch Rechtsprechung und Verwaltungsvorschriften habe sich ein rechts-
staatliches Migrationsrecht entwickelt, worauf der Gesetzgeber mit dem Ausländergesetz 1990 reagiert habe.[37]

Das Reichsstrafgesetzbuch sah zudem die – befristete – Reichsverweisung als
Nebenstrafe vor.[38]

Grundrechte konnten Migranten erst durch die Grundsatzentscheidung des
Bundesverfassungsgerichts von 1973[39] erfolgreich geltend machen. Das Bundesverfassungsgericht stellte fest, dass Ausländer während ihres Aufenthalts in der
Bundesrepublik alle Grundrechte – im Speziellen: das Grundrecht auf freie Entfaltung der Persönlichkeit (Art. 2 Abs. 1 GG), Art. 19 Abs. 4 und Art. 6 Abs. 1 –
genießen, soweit sie nicht ausdrücklich deutschen Staatsangehörigen vorbehalten
sind. Die Entscheidung wurde als „fundamentale[r] Bruch mit der verfassungsrechtlichen Tradition" eingeordnet, „der das Vordringen des Rechtsstaats in die
Sphäre der vorrechtsstaatlichen ‚Fremdenpolizei' ermöglichte".[40] Mit zunehmender
Aufenthaltsdauer erwächst somit eine materielle Grundrechtsposition – abgeleitet
aus Art. 2 Abs. 1 GG.[41]

II. Rechtslage nach dem Ausländergesetz 1991

Das am 01.01.1991 in Kraft getretene Ausländergesetz (AuslG 1991)[42] stellte mit den
Ausweisungsvorschriften in §§ 45 – 49 AuslG 1990 eine „bewusste Abkehr"[43], von
dem AuslG 1965 dar:

§ 45 AuslG 1991 verlangte als Grundvoraussetzung der Ausweisung eine
Gefährdung der öffentlichen Sicherheit und Ordnung oder sonstiger erheblicher
Interessen der Bundesrepublik Deutschland und bestimmte bei der Ausweisung

---

36 Vgl. genauer unten S. 15. Hierzu aber auch: Gordzielik/Schmidt, ZAR 2013, 196
    (197), die berichten, dass Thym auf der Herbsttagung des Netzwerks Migrationsrecht
    2012 auf H. Alexys Forderung an den Gesetzgeber, die Ausweisungsvorschriften zu
    modifizieren, mit dem Vorschlag „provozierte", wieder zu § 10 Ausländergesetz 1965
    zurückzukehren.
37 Eingehend hierzu: Thym, Migrationsverwaltungsrecht, S. 201–203.
38 „Ist gegen einen Ausländer auf Ueberweisung an die Landespolizeibehörde erkannt,
    so kann an Stelle der Unterbringung in ein Arbeitshaus Verweisung aus dem Bundes-
    gebiete eintreten", § 362 Reichsstrafgesetzbuch 1871.
39 BVerfG, Urteil 18.07.1973, 1 BvR 23/73 (Grundsatz: A.I., zu den einzelnen Grund-
    rechten C., C. I. – IV) = BVerfGE 35, 382.
40 Bast, Aufenthaltsrecht und Migrationssteuerung, S. 176.
41 Zur Herleitung in Literatur und Rechtsprechung näher: Hailbronner, NJW 1983, 2105
    (2109).
42 Gesetzes zur Neufassung des Ausländerrechts vom 09.07.1990, BGBl. I, S. 1354 ff.
43 Beichel, Ausweisungsschutz und Verfassung, S. 17.

zu berücksichtigende Gesichtspunkte (Dauer des Aufenthalts, Auswirkungen der Ausweisung, Duldungsgründe). § 46 Ausländergesetz beinhaltete eine Ermessensvorschrift („Kann"-Ausweisung) und normierte u.a. die Ausweisung für den Fall nicht nur vereinzelter oder geringfügiger Verstöße gegen Rechtsvorschriften (§ 46 Nr. 2 AuslG). § 47 AuslG 1991 regelte in Abs. 1 eine zwingende Ausweisung („wird ausgewiesen") für den Fall der Verurteilung zu hohen Freiheitsstrafen und in Abs. 2 eine Regel-Ausweisung für den Fall der Verurteilung einer Freiheits- oder Jugendstrafe ohne Bewährung bzw. wegen bestimmter Betäubungsmitteldelikte.[44]

§ 47 Abs. 3 AuslG 1991 stufte die zwingende Ausweisung zur Regelausweisung beziehungsweise die Regelausweisung zur Ermessensausweisung herab, wenn ein Ausländer besonderen Ausweisungsschutz im Sinne des § 48 AuslG genoss (insbesondere bei unbefristeten Aufenthaltsrecht oder Zusammenleben mit deutschem Familienangehörigen).

III. Rechtslage seit Inkrafttreten des Aufenthaltsgesetzes 2005

Durch Inkrafttreten des Zuwanderungsgesetzes[45] am 01.01.2005 wurde das Ausländergesetz durch das Aufenthaltsgesetz (AufenthG) ersetzt und die Ausweisungsvorschriften in §§ 53 – 55 als Teil des Kapitels 5, Abschnitt 1 (Begründung der Ausreisepflicht, §§ 50 – 56 a AufenthG), geregelt. Eine Änderung des durch das Ausländergesetz 1991[46] geltenden Ausweisungsrechts war mit der Schaffung des Zuwanderungsgesetzes nicht beabsichtigt, diese sollten lediglich übersichtlicher gestaltet werden.[47]

Die §§ 53 – 55 AufenthG 2005 regelten abgestufte Voraussetzungen für eine Ausweisung, die sich nach ihrer Rechtsfolgenanordnung[48] gliederten und die Gründe für die Ausweisung gewichteten; dabei sollte nach dem Gesetzeswortlaut die Bindung der Behörde an die gesetzlich vorgegebene Folge der Ausweisung mit dem zunehmenden öffentlichen Interesse an einer Ausweisung steigen:[49]

---

44 Zum Streit., ob es sich dabei um einen eigenen Ausweisungstatbestand handelte, vgl. Beichel, Ausweisungsschutz und Verfassung, S. 17.

45 Gesetz zur Steuerung und Begrenzung der Zuwanderung und zur Regelung des Aufenthalts und der Integration von Unionsbürgern und Ausländern (Zuwanderungsgesetz) vom 30.07.2004, BGBl. I, Nr. 41, 1950 ff.

46 Gesetzes zur Neufassung des Ausländerrechts vom 09.07.1990, BGBl. I, S. 1354 ff.

47 Gesetzesbegründung zum Zuwanderungsgesetz, BT-Drs. 15/420, S. 90. Hailbronner, Kommentar zum Ausländerrecht (Stand: März 2015), AufenthG, Vorbemerkungen zu §§ 53, Rn 1.

48 Beichel-Benedetti, in: Huber, Aufenthaltsgesetz, 1. Auflage, 2010, AufenthG, Vorbemerkung zu §§ 53–56, Rn. 1.

49 Graßhof, in: Kluth/Heusch, BeckOK AuslR (Stand: 01.01.2015), AufenthG, § 53, Rn. 29.

- § 53 als „zwingende" Ist-Ausweisung u. a. bei Verurteilung zu einer dreijährigen Freiheits- oder Jugendstrafe oder insgesamt drei Jahren Freiheitsstrafe innerhalb von fünf Jahren beziehungsweise wegen Betäubungsmittelstraftaten, Landfriedensbruchs oder Versammlungsstraftaten zu mindestens zwei Jahren Jugendstrafe ohne Bewährung oder zu einer Freiheitsstrafe ohne Bewährung.
- § 54 als Regelausweisung u. a. bei Verurteilung zu einer Jugendstrafe von mindestens zwei Jahren ohne Bewährung oder einer Freiheitsstrafe ohne Bewährung oder bei bestimmten Verurteilungen nach dem BtMG oder AufenthG.
- § 55 als Ermessensausweisung u. a. bei nicht nur vereinzelten oder geringfügigen Verstößen gegen Rechtsvorschriften oder gerichtliche beziehungsweise behördliche Verfügungen. Dies sollte als Auffangtatbestand für ausweisungserhebliche Sachverhalte, die in den §§ 53, 54 beziehungsweise § 55 Abs. 2 AufenthG nicht abschließend geregelt sind, dienen.[50] Bei § 55 Abs. 1 AufenthG handelte es sich um die Grundnorm des Ausweisungsrechts, die die Beeinträchtigung eines der beiden Schutzgüter des materiellen Polizeibegriffs als Voraussetzung der Ausweisung normierte, wobei mit „Beeinträchtigung" kein Minus zum Gefahrenbegriff gemeint war.[51]
- § 56 führte zu einer Verschiebung der zwingenden Ausweisung zur Regelausweisung bzw. der Regelausweisung zur Ermessensausweisung bei Vorliegen besonderen Ausweisungsschutzes (insbesondere bei Niederlassungserlaubnis, Aufenthalt in Deutschland als Minderjähriger, Zusammenleben mit deutschem Familienmitglied).

IV. Rechtslage ab 01.01.2016

Durch das Gesetz zur Neubestimmung des Bleiberechts und der Aufenthaltsbeendigung vom 27.07.2015[52] wurde das Ausweisungsrecht mit Wirkung zum 01.01.2016 vollständig reformiert. Das System der Ist-, Regel- und Ermessensausweisung wurde abgeschafft.

Die Ausweisung erfolgt nunmehr gemäß § 53 AufenthG 2015 gegen den Ausländer, von dessen Aufenthalt die öffentliche Sicherheit und Ordnung, die freiheitliche demokratische Grundordnung oder sonstige erhebliche Interessen der Bundesrepublik Deutschland gefährdet werden, wenn die unter Berücksichtigung aller Umstände des Einzelfalls vorzunehmende Abwägung der Interessen an der Ausreise mit den Interessen an einem weiteren Verbleib des Ausländers im Bundesgebiet ergibt, dass das öffentliche Interesse an der Ausweisung überwiegt.

---

50 Hailbronner, Kommentar zum Ausländerrecht (Stand: März 2015), AufenthG, Vorbemerkungen zu §§ 53, Rn 2.
51 Kießling, ZAR 2016, 45 (46). Andere Auffassung: Thym, Migrationsverwaltungsrecht, S. 204 Fn. 36, der eine Beeinträchtigung im Gegensatz zu einer Gefahr für ausreichend erachtet, ohne aber darzulegen, worin der Unterschied besteht.
52 BGBl. 2015, Teil 1, S. 1386.

Dabei führt das Gesetz zu berücksichtigende Umstände an, insbesondere die persönlichen Bindungen und die Dauer des Aufenthalts und gibt mit den §§ 54, 55 AufenthG 2015 Vorgaben, wann das Ausweisungsinteresse „besonders schwerwiegend" oder „schwerwiegend" ist und wann das Bleibeinteresse „besonders schwerwiegend" oder „schwerwiegend" ist. Die Kategorisierung des Ausweisungsinteresses (§ 54 AufenthG 2015) ist an den vormaligen Vorschriften der §§ 53, 54 AufenthG 2005 angelehnt.

Die vorzunehmende Abwägung stellt nach der Gesetzesbegründung keine Ermessensentscheidung der Behörde dar,[53] sondern ist gerichtlich voll überprüfbar.[54] Es handelt sich bei der Ausweisung um eine gebundene Entscheidung, die jedoch eine einzelfallbezogene Verhältnismäßigkeitsprüfung voraussetzt.[55]

Nach der bis zum Inkrafttreten des AufenthG 2015 geltenden Rechtslage stellte der Gesetzeswortlaut allein auf die strafrechtliche Verurteilung als Tatbestandsvoraussetzung der Ausweisung ab, ohne dass das Gesetz nach seinem Wortlaut eine zukunftsorientierte Gefahrenprognose erforderte.[56] Ob über den Wortlaut hinaus das Bestehen einer Gefahr erforderlich war,[57] war durchaus streitig. Zwar bedarf es der tiefgehenden Betrachtung nicht mehr, da die derzeit gültige Gesetzesneufassung zu prüfen ist, und zu untersuchen ist, ob § 53 AufenthG 2015 aufgrund seiner Rechtsnatur das Bestehen einer Gefahr voraussetzt. Zur systematischen Einordnung und im Hinblick darauf, dass die Gesetzesbegründung auf den bislang geltenden Gefahrenbegriff Bezug nimmt,[58] wird der Streit jedoch unten[59] thematisiert.

B. Rechtsnatur der Ausweisung und Schutzgüter

Die Ausweisungsverfügung stellt als Akt der Eingriffsverwaltung einen schwerwiegenden Grundrechtseingriff in die durch Art. 2 Abs. 1 GG geschützte allgemeine

---

53 Vgl. Funke, ZAR 2016, 209 (210). Kritisch hierzu im Gesetzgebungsverfahren Fraktion Bündnis 90/Die Grünen, BT-Drs. 18/5420, S. 21.
54 Vgl. Huber, NVwZ 2015, 1178, 1180.
55 BVerwG, Urteil vom 22.02.2017 – 1 C 3.16, Rn. 63, wonach es sich deshalb auch um keine Verschlechterung für die Betroffenen handeln soll, für die bisher europarechtlich eine Ermessensprüfung erforderlich gewesen wäre. Im Kern habe die Behörde im Rahmen der Ermessensausübung bereits dasselbe Abwägungsprogramm zu prüfen gehabt wie jetzt im Rahmen der Verhältnismäßigkeitsprüfung.
56 Thym, Migrationsverwaltungsrecht, S. 204
57 Vgl. OVG Rheinland-Pfalz, Urteil vom 05.04.2018, 7 A 11529/17, Rn. 40, wonach auch schon im Rahmen der Ist- und Regelausweisung trotz fehlender Bezugnahme im Gesetzestext die ordnungsrechtlichen Zwecksetzung der Vermeidung künftiger Störungen spezial- oder generalpräventiv erreicht werden hätte können, also der Gefahrenbezug nur textlich nicht in Bezug genommen worden sei; wenngleich die Gefahr nicht „konkret" habe sein müssen.
58 BT-Drs. 18/4097, S. 49.
59 Kapitel 2, S. 90.

Handlungsfreiheit dar.[60] Die Folgen der Ausweisung aufgrund vorangegangener strafrechtlicher Verurteilung, nämlich: Verlagerung des Aufenthaltslandes einschließlich des gesamten sozialen Umfelds im Sinne einer sozialen Exklusion[61], beinhalten häufig eine „einschneidendere Konsequenz einer Straftat [...] als die strafrechtliche Sanktionierung"[62].

Das Grundrecht aus Art. 2 Abs. 1 GG ist nicht schrankenlos und kann durch einfach gesetzliche Ermächtigung beschränkt werden;[63] es bedarf aufgrund des Vorbehalts des Gesetzes einer entsprechenden Befugnisnorm.[64] Die Vorschriften des Aufenthaltsgesetzes stellen eine entsprechende Ermächtigungsgrundlage dar,[65] sind jedoch den Schranken verfassungsmäßiger Ordnung unterworfen und neben der Prüfung der Tatbestandsmäßigkeit verfassungskonform auszulegen.[66] Wie stets bei Maßnahmen der Eingriffsverwaltung[67] sind der legitime Zweck und – als Untergrundsätze[68] der Verhältnismäßigkeitsprüfung – die Geeignetheit, Erforderlichkeit im engeren Sinne (Prinzip des mildesten Mittels) und Verhältnismäßigkeit der Maßnahme im engeren Sinne (auch als Angemessenheit oder Zumutbarkeit bzw. im richtigen Verhältnis zu dem angestrebten Zweck stehend beschrieben)[69] neben den Tatbestandsvoraussetzungen zu prüfen.[70]

Dies könnte zwar bei der Ausweisung problematisch sein, da es sich um eine gebundene Entscheidung handelt.[71] Hier ergeben sich allerdings Besonderheiten

---

60 Vgl. Renner, Ausländerrecht in Deutschland, 1998, Rn. 102; Tanneberger, in: Kluth/Heusch (Hrsg.), BeckOK AuslR (Stand: 01.05.2018), AufenthG, § 53, Rn. 36.
61 Kießling, Abwehr, S. 81.
62 H. Alexy, in: Hofmann/Hoffmann, Ausländerrecht, 1. Auflage, 2008, AufenthG, § 53 Rn. 3.
63 Di-Fabio, in: Maunz/Dürig, Grundgesetz Kommentar (82. EL Januar 2018), Art. 2, Rn. 133.
64 Brenz, System von Abwägungsentscheidungen – zugl. Diss., S. 15 m. w. N.
65 Graßhof, in: Kluth/Heusch, BeckOK AuslR (Stand: 01.01.2015,) AufenthG, § 53 Rn. 28
66 Mayer, Verwaltungsarchiv 101 (2010), 482 (487).
67 Zur Vorgabe der Verhältnismäßigkeit im Rahmen der sog. Eingriffsverwaltung vgl. Gerhardt, in: Schoch/Schneider/Bier, VwGO (Stand: 33. EL Juni 2017), VwGO § 114, Rn. 26.
68 R. Alexy, AöR 140 (2015), 497 (501).
69 Kutscha, in Roggan/Kutscha (Hrsg.), Handbuch zum Recht der Inneren Sicherheit, 2006, S. 66. Zum Verhältnismäßigkeitsprinzip im Ganzen: Bull/Mehde, Allgemeines Verwaltungsrecht, 2015, Rn 149 ff.
70 Vgl. Degenhardt, Staatsrecht I, 2012, § 4 II 1, Rn 397,399.
71 Bei gebundenen Entscheidungen (vgl. Maurer/Waldhoff, Allgemeines Verwaltungsrecht, 2017, § 1 Rn. 26) hat die Verwaltungsbehörde jedoch kein Ermessen, vielmehr stellt sich dann die Frage der Verhältnismäßigkeit der Ermächtigungsgrundlage (vgl. Erbguth, Allgemeines Verwaltungsrecht, 2015, § 14 Rn. 53; vgl. auch Bull/Mehde, Allgemeines Verwaltungsrecht, 2015, Rn. 152a, wonach die Judikative die gesetzgeberische Abwägung des Verhältnismäßigkeitsprinzips im Rahmen der seiner Regelungskompetenz respektieren soll). Da die vom Gesetzgeber vorgesehenen

aufgrund des Abwägungsgebots des § 53 Abs. 1 und 2 AufenthG, die eine Berücksichtigung aller Umstände des Einzelfalls erforderlich macht. Hierzu zählen im Anwendungsbereich der Europäischen Menschenrechtskonvention auch die privaten Interessen gemäß Art. 8 Abs. 1 EMRK.[72] Die Ausweisung stellt insoweit eine rechtfertigungsbedürftige Verfügung dar, Art. 8 Abs. 2 EMRK.[73] Sie muss der Aufrechterhaltung der Ordnung beziehungsweise dem Schutz vor Straftaten dienen.[74]

Es ist zunächst zu untersuchen, ob eine Ausweisung nach § 53 AufenthG zwingend die Abwendung einer bestehenden Gefahr als legitimen Zweck voraussetzt. Hierbei ist zunächst die Grundstruktur der Ausweisungstatbestände und daraus folgend die Frage der Notwendigkeit einer Gefahrenprognose zu erörtern.

I. Ausweisung als Mittel der Gefahrenabwehr

Die Ausweisung ist nach der gesetzgeberischen Intention eine ordnungsrechtliche Maßnahme der Verwaltung zur Gefahrenabwehr.[75] Es handelt sich um einen belastenden Verwaltungsakt,[76] „ausschließlich [um] künftigen Beeinträchtigungen erheblicher öffentlicher Interessen vor[zu]beugen."[77] Sie stellt, so die Rechtsprechung und herrschende Literaturmeinung, keine Strafe neben der strafrechtlichen Verurteilung dar.[78] Schärfer müsste man formulieren: Sie *darf* keine zusätzliche Strafe neben der strafrechtlichen Sanktionierung darstellen. Nicht zwingend wegen der Gefahr eines Verstoßes gegen das Doppelbestrafungsverbot des Art. 103 Abs. 3 GG:[79] Denn das besondere Verwaltungsrecht stellt kein allgemeines Strafrecht im Sinne des Art. 103 Abs. 3 GG dar.[80] Es droht jedoch, stellte die Ausweisung

---

Maßnahmen auf Rechtsfolgenseite zur Schadensabwehr erforderlich und angemessen sein müssen, richtet sich die Verhältnismäßigkeit der Norm nach dem zu schützenden Rechtsgut, so Kießling, Abwehr, S. 81.

72 Bauer/Dollinger, in: Bergmann/Dienelt, Ausländerrecht, 12. Aufl. 2018, AufenthG, § 53, Rn. 17.

73 Fritzsch, ZAR 2011, 297 (299).

74 Vgl. Hofmann, in: Kluth/Heusch (Hrsg.), BeckOK AuslR (Stand: 01.08.2018), EMRK, Art. 8, Rn. 37.

75 H. Alexy, in: Hofmann/Hoffmann, Ausländerrecht, 1. Auflage, 2008, AufenthG, § 53, Rn. 3; Kimminich, Aufenthalt von Ausländern, S. 18; Ruidisch, Einreise, Aufenthalt und Ausweisung, S. 220.

76 Ruidisch, Einreise, Aufenthalt und Ausweisung, S. 220; Hailbronner, Asyl- und Ausländerrecht, 4. Auflage 2017, Rn. 1007.

77 Allgemeine Verwaltungsvorschriften zum AufenthG vom 26.10.2009, Vor 53.3.0.1.

78 BVerfG, Beschluss vom 05.03.2001, 2 BvR 2450/99, NVwZ 2001 Beilage I 6, 58; H. Alexy, in: Hofmann/Hoffmann, Ausländerrecht, 1. Auflage, 2008, AufenthG, § 53, Rn. 3 mit weiteren Nachweisen zur Rechtsprechung des BVerwG.

79 Vgl. hierzu H. Alexy, in: Hofmann/Hoffmann, Ausländerrecht, 1. Auflage, 2008, AufenthG, § 53, Rn. 3.

80 Vgl. Radtke/Hagemeier, in: Epping/Hillgruber (Hrsg.), Beck Onlinekommentar Grundgesetz, Stand 01.03.2015, Grundgesetz, Art. 103, Rn 47.

Strafe dar, ein Verstoß gegen das Übermaßverbot.[81] Erforderlich ist somit stets das Vorliegen eines legitimen Ausweisungszwecks.[82] Dieser kann allein in der Verhütung *künftiger* Störungen der öffentlichen Sicherheit und Ordnung oder sonstiger erheblicher Belange der Bundesrepublik bestehen.[83] Da sie nicht der Ahndung, sondern der Vorbeugung künftiger Störungen der öffentlichen Sicherheit oder Ordnung dient und einen „Präventionszweck" verfolgt, genügt nicht das Vorliegen von Ausweisungsgründen, sondern die Ausweisung muss zur Verhütung einer (erneuten) Beeinträchtigung erheblicher öffentlicher Belange erforderlich sein.[84]

Die Rechtsnatur und Rechtsstellung der Ausweisung erfordert dabei jedoch genauerer Betrachtung. In der Literatur wird gefordert, dass sich die Ausweisungsverfügung daran orientieren müsse, dass sie „strenges Gefahrenabwehrrecht"[85] sei. Die durch den Rückgriff auf das allgemeine Gefahrenabwehrrecht konkretisierte „Gefährlichkeit" sei der zentrale Rechtsbegriff des Ausweisungsrechts.[86] Die Ausweisung stelle das „Zentralinstitut der Gefahrenabwehr-Perspektive"[87] dar.

Thym forderte in der Vergangenheit, dass gerade die systematische Einordnung stärker in das Zentrum der juristischen Diskussion gestellt werden müsse: Es sei letztlich der Historie des Ausländerrechts geschuldet, dass es mangels genauerer gesetzlicher Regelung der Rechtsprechung und Literatur vorbehalten geblieben sei, um die Ausgestaltung des Aufenthaltsrechts zu „ringen".[88] Da der Gesetzgeber kaum Vorschriften und Vorgaben selbst gesetzt habe, sei ein erbitterter, „in ungewöhnlicher Schärfe"[89] geführter Meinungsstreit entstanden – geprägt durch den „Vorwurf einer mangelhaften Subjektivierung"[90].

---

81 Beichel-Benedetti, in: Huber, Aufenthaltsgesetz, 2010, 1. Auflage, AufenthG, Vor §§ 53–56 Rn. 9. Hierzu genauer unten C I, S. 28.

82 H. Alexy, in: Hofmann/Hoffmann, Ausländerrecht, 1. Auflage, 2008, AufenthG, § 53, Rn. 3.

83 Vgl. Renner, Ausländerrecht in Deutschland, Rn. 96.

84 Kraft, DVBl. 2013, 1219 (1220).

85 Kießling, Abwehr, S. 79. – Ob insoweit die Gesetzgebungskompetenz des Bundes wegen eines notwendigen Zusammenhangs mit den Regelungen des Ausländerrechts (vgl. zur Frage der Bundeskompetenz im Recht der Verhütung von Straftaten BVerfGE 113, 348; Thiel, „Entgrenzung" der Gefahrenabwehr, S. 101) gegeben ist oder nicht, ist nicht Gegenstand der Untersuchung, da sie nicht die Frage nach der generellen Rechtmäßigkeit von Ausweisungen stellt.

86 Kirkagac, Verdachtsausweisungen, S. 4 zum alten Ausweisungsrechts, nunmehr ist dies ausdrücklich so normiert.

87 Bast, Aufenthaltsrecht und Migrationssteuerung, S. 76. Die Gefahrenabwehr-Perspektive konstituiere eine zweite Schicht staatlicher Kontrolle abweichenden Verhaltens, zusätzlich zu den für alle Einwohner geltenden Verhaltensnormen und Sanktionsdrohungen des allgemeinen Polizeirechts bzw. Strafrechts.

88 Thym, Migrationsverwaltungsrecht, S. 222.

89 Kimminich, Aufenthalt von Ausländern, S. 18–23.

90 Thym, Migrationsverwaltungsrecht, S. 204.

Mittlerweile sei die „Dominanz der sicherheitsrechtlichen Zwecksetzung" durch die Gesetzgebung zurückgetreten zugunsten einer sich stetig verstärkenden Subjektivierung der aufenthaltsrechtlichen Rechtsstellung des Ausländers, so *Kraft*.[91] Das Bundesverwaltungsgericht habe den Wandel in der rechtlichen Wahrnehmung des Ausländers vom Objekt polizeilicher Gefahrenabwehr zum Rechtssubjekt nicht nur nachvollzogen, sondern mit seiner Rechtsprechung aktiv befördert.[92]

Die Kritik an der Ausgestaltung des Ausweisungsrechts ist jedoch älter. Sie stammt aus der Phase der ursprünglich unbegrenzten Ausweisungskompetenz der Ausländerbehörden im Rahmen der Ermessensausweisung, die einherging mit der Gefahr willkürlicher Entscheidungen.[93]

Die Furcht vor beziehungsweise Kritik an willkürlicher Handhabung ist im Kontext der geschichtlichen Herkunft der Ausweisung als nicht gerichtlich angreifbare Ermessensentscheidung der Polizeibehörden, die kein Bestehen einer Gefahr als Tatbestandsvoraussetzung erforderte, sondern aus Gründen der öffentlichen Wohlfahrt (zu Zeiten der Bismarckschen Reichsverfassung) bereits bei bloßer „Lästigkeit" des Ausländers (zu Zeiten der Weimarer Republik) die Ausweisung ermöglichte[94], leicht begreiflich. Die Stellung des Ausländer-, insbesondere Ausweisungsrechts als „Fremdkörper im Polizeirecht" wird selbst nach den Reformen der Ausweisungsvorschriften mit Inkrafttreten zum 01.01.2016 diskutiert: es wird bemängelt, dass das Ausländerrecht die Liberalisierung der Verpflichtung des Polizeirechts auf die Schutzgüter öffentliche Sicherheit und Ordnung nicht nachvollzogen habe.[95]

Dabei müsste – was in der Vergangenheit in Sorge um willkürliche Entscheidungspraxis abgelehnt wurde – ein weites Ausweisungsermessen nicht zwingend einem freizügigen Einreise- und Niederlassungsregime widersprechen, sondern könnte sogar als „Rückversicherung" dienen, um auf präventive Einreisekontrollen zu verzichten.[96] Der Gesetzgeber hat sich jedoch gegen eine Ermessensausweisung entschieden. Die „kopernikanische Wende", das Ausweisungsrecht von der „Umklammerung der Gefahrenabwehr-Perspektive" zu befreien und nicht schematisch die privaten, für einen Aufenthalt sprechenden Migrationsinteressen gegen die öffentlichen Interessen an der Beendigung „auszuspielen",[97] ist ausgeblieben.

---

91 Kraft, DVBl. 2013, 1219 (1219).
92 Kraft, DVBl. 2013, 1219 (1228).
93 Kimminich, Aufenthalt von Ausländern, S. 18, 19 m. w. N.
94 Vgl. hierzu zur Geschichte des Rechtsinstituts der Ausweisung mit zahlreichen Nachweisen: Bast, Aufenthaltsrecht und Migrationssteuerung, S. 77.
95 Kießling, ZAR 2016, 45 (46, 50). – Was allerdings in gewissem Widerspruch dazu steht, dass Kießling, in Kießling, Abwehr, S. 73, forderte, dass die Lästigkeitsgründe (insbesondere § 55 Abs. 2 Nr. 3–7 AufenthG) gestrichen werden sollten, da die Gefährdung „sonstiger erheblicher Interessen" im Sinne der Wohlfahrtspflege mit dem Eingriff in ein bestehendes Aufenthaltsrechts und damit mit Art. 2 I GG nicht in Einklang zu bringen sei, was durch das AufenthG 2015 tatsächlich geschehen ist.
96 Bast, Aufenthaltsrecht und Migrationssteuerung, S. 80.
97 Bast, Aufenthaltsrecht und Migrationssteuerung, S. 81.

Vielmehr wurde § 53 AufenthG 2015 als zwingende Ausweisung ausgestaltet, ohne der Behörde Ermessen einzuräumen.

Die Interpretation des Ausweisungsrechts bleibt dennoch in Bewegung. Wenn *Bast* die Überlegung anstellt, ob im Ausweisungsrecht nicht diejenigen öffentlichen Interessen gewürdigt werden sollten, die für den Aufenthalt sprechen und mit den privaten Migrationsinteressen konvergieren, „sei es das öffentliche Interesse an der Verwirklichung der in die Grundrechte eingelassenen Gestaltungsaufträge, sei es die im dogmatischen Konzept des Aufenthaltszwecks kondensierten öffentlichen Interessen, die für die Begründung des Aufenthalts und das Eröffnen einer Einwanderungsperspektive sprechen"[98], deuten Signale zumindest in der bundesverfassungsgerichtlichen Rechtsprechung zur Interpretation bereits auf Stufe des Ausweisungsinteresses in diese Richtung. So sei es mit dem Grundsatz der Einheit der Rechtsordnung nicht zu vereinbaren, wenn ein im Strafvollzug und während laufender Bewährung gefordertes, dem Strafvollzugszweck der Resozialisierung dienendes Verhalten, ausländerrechtlich gegen den Betroffenen gewertet werde.[99] Wenn das Bundesverwaltungsgericht bisher stets betonte, der Resozialisierungsgedanke sei für den Ausweisungszweck beziehungsweise das Ausweisungsinteresse irrelevant, da diese allein der Gefahrenabwehr diene,[100] misst das Bundesverfassungsgericht der Einheit der Rechtsordnung bei der Frage der Bestimmung des Ausweisungsinteresses Bedeutung zu und damit dem öffentlichen Interesse an der Verwirklichung der Zwecke des Strafvollzugs.[101] Das Bundesverfassungsgericht führt insoweit aus, es sei „im Rahmen der verfassungsrechtlich gebotenen Abwägung nicht ausreichend, wenn die Gerichte von der Begehung von Straftaten nach dem Betäubungsmittelgesetz in jedem Fall ohne Weiteres auf die Gefährdung höchster Gemeinwohlgüter und auf eine kaum widerlegbare Rückfallgefahr schließen. Vielmehr ist der konkrete, der Verurteilung zugrundeliegende Sachverhalt ebenso zu berücksichtigen wie das Nachtatverhalten und der Verlauf von Haft und – gegebenenfalls – Therapie."[102] Die Einheit der Rechtsordnung erlaube es daher nicht, im Strafvollstreckungsverfahren erwartetes Verhalten ausländerrechtlich nachteilig zu werten, wenn Therapiebemühungen lediglich als – nicht berücksichtigungsfähiger – Versuch, das Ausweisungsverfahren positiv zu beeinflussen gewertet würden.[103] Die Integrationsleistungen des Betroffenen als

---

98   Bast, Aufenthaltsrecht und Migrationssteuerung, S. 81.
99   BVerfG, Kammerbeschluss vom 19.10.2016, 2 BvR 1943/16, Rn. 22.
100 BVerwG, Urteil vom 12.12.2013, 1 C 20.11, Rn. 23.
101 Kritik folgte von Berlit, NVwZ-Extra, 2017, S. 1 (13), der in der Beschlusspraxis – gemeint wohl die Rechtssprechung des 1. Senats des Bundesverwaltungsgerichts – keine Stütze für die Auffassung des Bundesverfassungsgerichts sieht, soweit dieses eine Einheit der straf(vollstreckungs)- und der gefahrenabwehrrechtlichen Wiederholungsgefahr meint.
102 BVerfG, Kammerbeschluss vom 19.10.2016, 2 BvR 1943/16, Rn. 19.
103 BVerfG, Kammerbeschluss vom 19.10.2016, 2 BvR 1943/16, Rn. 22.

in § 53 Abs. 2 AufenthG einzustellendes positives Abwägungskriterium – wenngleich nicht ausdrücklich als dem öffentlichen Interesse konvergierendes Moment benannt – bestätigt auch der Bayerische Verwaltungsgerichtshof.[104]

Die Divergenz zwischen der strafrechtlichen und ordnungsrechtlichen Perspektive wird besonders scharf von *Graebsch* kritisiert. Sie wirft der verwaltungsgerichtlichen Rechtsprechung die Missachtung kriminologischer Erkenntnisse[105] und menschenrechtlicher Standards[106] vor: Das Begehen von Straftaten werde als überragendes Indiz für mangelnde Integration herangezogen; offenbar in der Vorstellung, Straftaten von Ausländern seien „ein Relikt, quasi ein Mitbringsel aus der Herkunftskultur (der Eltern)", das der Betroffene noch nicht durch die „bessere deutsche Kultur, zu der Straftaten selbstverständlich nicht gehören" zu ersetzen vermocht habe.[107]

Die politisch aufgeheizte Auseinandersetzung über das Migrationsrecht und gerade auch das Ausweisungsrecht sollte jedoch die rechtliche Diskussion nicht zu stark emotionalisieren. Mit *Thym* ist von einer selbstkritischen Rechtswissenschaft zu erwarten, unabhängig von politischen Kontroversen die „bewusstseinsleitende Wirkung rechtlicher Begriffe und Leitbilder aus konstruktivistischer Perspektive" zu betrachten.[108] Die Rechtmäßigkeit der Ausweisung ist deshalb an der Legitimität ihrer Zweckverfolgung zu messen und hieraus die Auslegung der Tatbestandsvoraussetzungen zu bestimmen.

Das Ausweisungsrecht hat spätestens mit Aufnahme der tatbestandlichen Erforderlichkeit einer „Gefährdung" im Gesetzeswortlaut (§ 53 Abs. 1 AufenthG) die „Liberalisierung des allgemeinen Polizeirechts"[109] nachvollzogen und sich am materiellen Polizeibegriff ausgerichtet. Dieser definiert materiell und funktional die Abwehr von Gefahren für die öffentliche Sicherheit und Ordnung als Staatstätigkeit – unabhängig davon, welche Behörde zuständig ist.[110] „Auch wenn das Ausländerrecht zum besonderen Ordnungsrecht gehört, ist das Ausweisungsrecht strenges Gefahrenabwehrrecht."[111] Dabei muss jede Gefahrenabwehrvorschrift dem Schutz eines Rechtsguts dienen, so dass dieses zunächst zu bestimmen ist.

---

104 BayVGH, Beschluss vom 05.01.2017, 10 ZB 16.1778, Rn. 12.

105 Graebsch, in: Dollinger/Schmidt-Semisch, Gerechte Ausgrenzung?, S. 281 (292).

106 Graebsch, in: Müller-Heidelberg, Grundrechtereport, S. 201 (204).

107 Graebsch, in: Dollinger/Schmidt-Semisch, Gerechte Ausgrenzung?, S. 281 (292).

108 Thym, Migrationsverwaltungsrecht, S. 13.

109 Kießling, Abwehr, S. 79.

110 Möller/Warg, Allgemeines Polizei- und Ordnungsrecht, 2012, 1. Abschnitt, S. 8, Rn 15; Kießling, Abwehr, S. 79.

111 Kießling, Abwehr, S. 79; Rittstieg, in: Barwig/Huber u.a. (Hrsg.), Das neue Ausländerrecht, S. 23 (28), geht davon aus, dass bereits aus dem Wortlaut des § 45 AuslG 1990 folge, dass die Ausweisung „auch weiterhin" der Vorbeugung bevorstehender Gefahren oder Beeinträchtigungen diene und die Anordnung der Ausweisung eine Gefahrenprognose erfordere.

Denn das geschützte Rechtsgut konkretisiert zum Einen den Zweck der Norm und gibt zum Anderen „die Richtschnur vor, anhand derer die Norm auszulegen ist".[112]

II. Geschützte Rechtsgüter

Der Gesetzgeber hat die durch die Ausweisung geschützten Rechtsgüter in § 53 AufenthG bestimmt: die öffentliche Sicherheit und Ordnung, die freiheitliche demokratische Grundordnung oder sonstige erhebliche Interessen der Bundesrepublik Deutschland.

Der unbestimmte Rechtsbegriff der „öffentlichen Sicherheit und Ordnung" ist polizei- und ordnungsrechtlich zu verstehen.[113] Dort umfasst die „öffentliche Sicherheit (...) die Unversehrtheit von Leben, Gesundheit, Ehre, Freiheit und Vermögen des Bürgers"[114] und die Gesamtheit der zur objektiven Rechtsordnung gehörenden Normen, die Rechte des Einzelnen sowie Einrichtungen des Staates.[115] Unter „öffentlicher Ordnung" wird hingegen die Gesamtheit der ungeschriebenen Verhaltensnormen verstanden, deren Einhaltung für ein geordnetes Zusammenleben erforderlich ist; durch die Anzahl spezialgesetzlicher Regelungen ist der Anwendungsbereich des Schutzguts der öffentlichen Sicherheit jedoch gesunken.[116] Es handelt sich um einen subsidiären Auffangtatbestand, auf den nur dann zurückzugreifen ist, wenn die Alternative der öffentlichen Sicherheit keine Handlungsbefugnis eröffnet.[117]

Für die hier interessierende Frage der Ausweisung nach strafrechtlicher Verurteilung ist daher das Schutzgut der öffentlichen Ordnung nicht von Relevanz. Die untersuchungsgegenständlichen Ausweisungsverfügungen knüpfen an eine strafrechtliche Verurteilung und damit an eine Verletzung geschriebener Rechtsnormen. Zwar kann aus Fehlverhalten in der Vergangenheit nicht im Wege eines Automatismus gefolgert werden, damit sei bereits ein Ausweisungsgrund gegeben.[118] Jedoch ist untersuchungsgegenständlich gerade dieser „Rückschluss" auf

---

112 Kießling, Abwehr, S. 80 f.
113 Welte, Online-Kommentar zum Aufenthaltsgesetz (Stand 01.07.2016), AufenthG, § 53, Rn 26; Brühl, JuS 2016, 23 (24); Marx, ZAR 2015, 245 (249).
114 Hansen-Dix, Gefahr im Polizeirecht, S. 22.
115 Heun, Rechtswissenschaft 2011, 376 (378).
116 Vgl. Hansen-Dix, Gefahr im Polizeirecht, S. 23. Der Anwendungsbereich der öffentlichen Ordnung als Eingriffsvoraussetzung im Recht der Gefahrenabwehr sei „erheblich geschrumpft", ihm komme „allenfalls noch marginale Bedeutung", so Poscher, Gefahrenabwehr, S. 16 (dort Fn. 1). Von keiner nennenswerten praktische Bedeutung spricht Martens, DÖV 1982, 89. Thiel, „Entgrenzung" der Gefahrenabwehr, S. 53, sieht seine Bedeutung darin, die „ungeschriebenen" Regeln erfassen zu können.
117 Brühl, Verwaltungsrecht in der Fallbearbeitung, S. 140; Bäcker, Kriminalpräventionsrecht, S. 312 f.
118 Brühl, JuS 2016, 23 (25).

künftige Gefahren für bereits verletzte Rechtsgüter, somit nicht auf das Schutzgut der öffentlichen Ordnung.

So verhält es sich auch mit dem Schutzgut der Gefährdung der „freiheitlich demokratischen Grundordnung". Ob die Fälle des § 54 Abs. 1 Nr. 2 AufenthG eine Gefährdung der freiheitlich demokratischen Grundordnung begründen,[119] ist nicht näher zu vertiefen, da § 54 Abs. 1 Nr. 2 AufenthG nicht Untersuchungsgegenstand ist.

Allein die Gefährdung sonstiger erheblicher Interessen könnte für den Untersuchungsbereich noch Relevanz haben. Welche Interessen dies sein könnten, erläutert der Gesetzgeber nicht. Es sollen außenpolitische sowie entwicklungspolitische Belange in Frage kommen,[120] auch von dem „sozialen Bereich"[121] ist die Rede. *Kießling* kritisiert die Aufnahme des Schutzguts der sonstigen erheblichen Interessen: Während die allgemeine polizeirechtliche Generalklausel mit ihren unbestimmten Rechtsbegriffen „öffentliche Sicherheit und Ordnung" durch die Rechtsprechung konkretisiert worden sei, halte sich das Ausweisungsrecht durch den Begriff der „sonstigen erheblichen Interessen" eine Hintertür für politische Erwägungen offen; die Regelung sei insbesondere zu unbestimmt.[122] Da weiterhin der Katalog des denkbaren Ausweisungsinteresses nach § 54 AufenthG nicht abschließend sei,[123] erlaubten Wortlaut und Systematik des Gesetzes den Behörden,

---

119 Vgl. Welte, Online-Kommentar zum Aufenthaltsgesetz (Stand 01.07.2016), AufenthG, § 53, Rn. 27. Eine eigenständige Bedeutung der Aufnahme dieses Schutzguts in § 53 Abs. 1 AufenthG ist nicht erkennbar, da es bereits in der Gefährdung der öffentlichen Ordnung enthalten sein dürfte, vgl. Brühl, JuS 2016, 23 (25) mit Nachweisen. Ebenso Kießling, ZAR 2016, 45 (51). Hierunter oder unter das Schutzgut der öffentlichen Ordnung kann auch kein Grundrecht auf Freiheit vor Furcht oder auf ein grundrechtlich geschütztes Sicherheitsgefühl subsumiert werden. Denn ein solches gibt nicht, so ausführlich Schewe, Sicherheitsgefühl und Polizei, S. 138–147 und 205. Die öffentliche Ordnung könne – mit wenigen Ausnahmen (Bsp. Versammlungsrecht) – nicht als Rechtfertigung für polizeiliche Maßnahmen zum Schutz des Sicherheitsgefühls dienen. Zur Aufgabeneröffnung der Gefahrenabwehr lasse es sich ansonsten nicht gewinnen (ebd. S. 230). Ebenso Bäcker, Kriminalpräventionsrecht, S. 316.

120 Vgl. Brühl, JuS 2016, 23 (25).

121 Welte, Online-Kommentar zum Aufenthaltsgesetz (Stand 01.07.2016), AufenthG, § 53 Rn 26

122 Kießling, ZAR 2016, 45 (49) m. z. N. Unter die „sonstigen erheblichen Interessen" könne man letztlich alles subsumieren, was dem Staat als lästig erscheine. Ausweisungen aufgrund von Lästigkeit gerieten aber gefährlich nahe an Ausweisungen aufgrund von Würdigkeit und seien nicht vorhersehbar.

123 Nach der Gesetzesbegründung, BT-Drs. 18/4097, S. 49, sollen neben den in §§ 54 und 55 aufgeführten Interessen noch weitere, nicht ausdrücklich benannte sonstige Bleibe- oder Ausweisungsinteressen denkbar sein. Vgl. zur Frage der Interessen mit „einfachem Gewicht" auch Funke, ZAR 2016, 209 (211).

ein nicht normiertes Ausweisungsinteresse zu formulieren, das sich auf ein nur lästiges und nicht gefährliches Verhalten des Ausländers stützt.

Da das Rechtsstaatsprinzip für Ausweisungen unter anderem eine hinreichend bestimmte Eingriffsgrundlage[124] erfordert, bestehen Zweifel an der ausreichenden Bestimmtheit des Tatbestands, wenn dieser durch die Inbezugnahme eines Schutzgutes der „sonstigen erheblichen Interessen", einen nicht vorhersehbaren Anwendungsbereich umfassen würde. Allerdings verweist *Kießling* auf die fehlende Praxisrelevanz.[125] Es ist nicht ersichtlich, welche Sachverhalte unter eine Gefahr für das Schutzgut der „(sonstigen) öffentlichen Interessen" infolge voran gegangener strafrechtlicher Verurteilung subsumiert werden könnten, bei denen eine drohende Schutzgutsverletzung für die öffentliche Sicherheit nicht vorliegt.[126]

Einzig die Frage, ob eine Gefahr für die sonstigen öffentlichen Interessen damit begründet werden könnte, dass ein Verbleiben eines straffällig gewordenen Betroffenen im Bundesgebiet andere Ausländer nicht von der Begehung von Straftaten abschreckt, erscheint diskussionswürdig. Die Abschreckungswirkung könnte ein sonstiges öffentliches Interesse darstellen.

Die Gesetzesbegründung spricht die Möglichkeit generalpräventiver Erwägungen an.[127] Jedoch weist die Gesetzesbegründung selbst darauf hin, dass die Begriffe öffentliche Sicherheit und Ordnung im Sinne des Polizei- und Ordnungsrechts zu verstehen seien und die Gefährdung dieser Schutzgüter sich ebenfalls nach den im allgemeinen Polizei- und Ordnungsrecht entwickelten Grundsätzen bemesse. Erforderlich sei die Prognose, dass mit hinreichender Wahrscheinlichkeit durch die weitere Anwesenheit des Ausländers im Bundesgebiet ein Schaden an einem der Schutzgüter eintreten werde. Dabei sei mit Blick auf die verwendeten Begrifflichkeiten keine Ausweitung des Gefahrenbegriffs gegenüber dem bisherigen Recht[128] verbunden, sondern es würden lediglich die bislang verwendeten unterschiedlichen Formulierungen aneinander angeglichen.[129]

Der Streit um die Zulässigkeit der Generalprävention darf nicht verlagert werden in die Frage der geschützten Rechtsgüter. Denn wenn die Ausweisung eines in der Vergangenheit Straffälligen generalpräventiven Zwecken dienen soll, dann gerade zur Abschreckung anderer Ausländer, ähnliche Straftaten zu begehen. Sie

---

124 BVerfG, Urteil 18.07.1973, 1 BvR 23/73 = VerwRspr 1975, 641 (644 f.).

125 So auch schon Beichel, Ausweisungsschutz und Verfassung, S. 40.

126 Vgl. Robbers, in: Benda/Maierhofer/Vogel (Hrsg.), Handbuch des Verfassungsrechts (1), S. 390 (410) zu §§ 45 ff. AuslG, wenngleich gesetzlich normierte Ausweisungsgründe nun nicht mehr bestehen, sondern nur noch das nicht abschließende Ausweisungsinteresse. Schon damals war aber ein über die Ausweisungstatbestände hinausgehender Anwendungsbereich durch eine Schutzgutausweitung jedenfalls nicht zu konstatieren, so Beichel, Ausweisungsschutz und Verfassung, S. 99.

127 Gesetzesbegründung, BT-Drs. 18/4097, S. 49.

128 Vgl. zur gefahrenabwehrrechtlichen Auslegung des Ausweisungsrechts bereits BVerwG, Urteil vom 16.06.1970, 1 C 47.69 (siehe auch unten Fn. 200).

129 Gesetzesbegründung, BT-Drs. 18/4097, S. 49.

zielt mithin auf den Schutz des Rechtsguts der öffentlichen Sicherheit und nicht etwa einem sonstigen öffentlichen Interesse.[130]

Die in § 54 AufenthG aufgeführten Ausweisungsinteressen stellen gesetzliche Umschreibungen der öffentlichen Interessen im Sinne des § 53 Abs. 1 Halbsatz 2 AufenthG dar, so dass ein darüber hinausgehendes Ausweisungsinteresse gem. § 53 Abs. 1 Halbsatz 1 AufenthG nicht in Betracht kommt, wenn der Tatbestand eines Ausweisungsinteresses im Sinne des § 54 AufenthG erfüllt ist und die von dem Ausländer ausgehende Gefahr fortbesteht.[131]

Soweit die Ausweisung auf generalpräventive Gründe gestützt werden soll und somit die Gefahr der erneuten Verwirklichung von Tatbestandsvarianten des § 54 AufenthG nicht droht, soll die Verwirklichung einer Gefahr für eines der in § 53 Abs. 1 Halbsatz 1 AufenthG genannten Schutzgüter maßgeblich sein.[132] Dies kann – wie ausgeführt – aber nur die öffentliche Sicherheit als Schutzgut sein, da die Abschreckungswirkung gerade in Richtung gleicher oder ähnlicher Straftaten entfaltet werden soll.[133]

Betrifft eine Ausweisung den in § 53 Abs. 3 AufenthG genannten Personenkreis, ist eine Gefahr für die öffentliche Sicherheit und Ordnung, die ein Grundinteresse der Gesellschaft berührt, erforderlich. Dieser „spezifische"[134] Rechtsgüterschutz wird als enger beschrieben als der Gefahrenbegriff für die öffentliche Sicherheit und Ordnung im allgemeinen Polizeirecht.[135] Eine Störung der öffentlichen Ordnung sei bereits mit jedem Rechtsverstoß verbunden, wenngleich nicht jeder Rechtsverstoß eine tatsächliche und hinreichend schwere Gefährdung, die ein Grundinteresse der Gesellschaft berühre, darstelle.[136] Die Rechtsprechung verweist

---

130 So schon Beichel, Ausweisungsschutz und Verfassung, S. 33, wonach bei der – von ihm kritisierten – generalpräventiv begründeten Ausweisung vom grundsätzlich individual-präventiv ausgerichteten Ordnungsrecht abgewichen werde und neben der spezialpräventiven Einwirkung auf den Ausweisungsadressaten auch die Abschreckung vor Straftatenbegehung anderer, in Deutschland lebender Ausländer, dienen solle. Auch Mayer, VerwArch 101 (2010), 483 (499) geht davon aus, dass die Ausweisung als Maßnahme der Gefahrenabwehr stets eine Gefahr für die öffentliche Sicherheit und Ordnung erfordere und insoweit nur spezialpräventive Gründe in Betracht kämen, die – allenfalls subsidiär – auch generalpräventive Motive mit umfassen könnten.
131 Vgl. BVerwG, Urteil vom 22.02.2017, 1 C 3.16, Rn. 26.
132 OVG Rheinland-Pfalz, Urteil vom 05.04.2018, 7 A 11529/17, Rn. 37.
133 Vgl. zur Abschreckungswirkung OVG Rheinland-Pfalz, Urteil vom 05.04.2018, 7 A 11529/17, Rn. 44.
134 BVerwG, Urteil vom 02.09.2009, 1 C 2.09, Rn. 16.
135 OVG Nordrhein-Westfalen, Urteil vom 12.07.2017, 18 A 2735/15, Rn. 44.
136 BVerwG, Urteil vom 02.09.2009, 1 C 2.09, Rn. 16. Vgl. hierzu auch EuGH, Urteil vom 29.04.2004 – C-482/01 (Orafanopoulus und Oliveri), Rn. 66, 67.

hier teilweise auf Art. 83 Abs. 1 Unterabsatz 2 AEUV als Konkretisierung von Straftaten, die das Grundinteresse berühren.[137]

Die Ausweisung dient somit in den untersuchungsgegenständlichen Fällen dem Schutz des Rechtsguts der öffentlichen Sicherheit und Ordnung.

III. Lex specialis zu §§ 48, 49 ff. VwVfG?

Dass es sich bei der Ausweisung um einen Verwaltungsakt im Sinne von § 35 S. 1 VwVfG handelt, ist im Hinblick darauf, dass die Ausweisungsverfügung behördlich einen Einzelfall auf dem Gebiet des öffentlichen Rechts regelt – nämlich das öffentlich-rechtliche Bleiberecht des Auszuweisenden einschließlich dem Gebot, das Inland zu verlassen[138] und nicht erneut zu betreten – unproblematisch. Ansonsten existiert keine gesetzliche Definition der Rechtsnatur der Ausweisung.[139]

Fraglich ist, ob aus den allgemeinen Regeln des Verwaltungsverfahrensrechts folgt, dass der Ausweisung eine Ermessensausübung zugrunde liegen muss. Dies hätte für die untersuchungsgegenständliche Frage Bedeutung, da die Intensität der Gefahr wesentlicher Gegenstand einer Ermessensprüfung sein soll.[140]

Es wird die Auffassung vertreten, dass es sich bei der Ausweisung um eine lex specialis zu § 49 VwVfG[141] handele und daher die allgemeinen Grundsätze des Vertrauensschutzes zu berücksichtigen seien. Dies leuchtet auf den ersten Blick insofern ein, als auch in anderen Gebieten des Besonderen Verwaltungsrechts spezielle Widerrufstatbestände normiert sind (bspw. im WaffenG und GaststättenG).

Zwar führt die Ausweisung nicht zu einem Widerruf eines bestehenden Aufenthaltstitels durch Verwaltungsakt, sondern zu einem Erlöschen kraft Gesetzes, § 51 Abs. 1 Nr. 4 AufenthG, was jedoch zumindest im Ergebnis noch keinen Unterschied

---

137 Vgl. OVG Nordrhein-Westfalen, Urteil vom 12.07.2017, 18 A 2735/15, Rn. 55, 59; BayVGH, Beschluss vom 10.10.2017, 19 ZB 16.2636, Rn. 8.

138 BVerwG Urteil vom 31.03.1998, 1 C 28.97 (Abs. 11). Dies soll beispielsweise für den Handel mit Betäubungsmittel in nichtgeringer Menge gelten (OVG Nordrhein-Westfalen, Urteil vom 12.07.2017, 18 A 2735/15, Rn. 55, 59), existenzgefährdenden Wirtschaftsstraftaten zum Nachteil einer Vielzahl von Personen (BVerwG, Urteil vom 02.09.2009, 1 C 2.09, Rn. 16).

139 Kraft, DVBl. 2013, 2019 (1220).

140 Poscher/Rustenberg, JuS 2011, 1082 (1086).

141 So Beichel, Ausweisungsschutz und Verfassung, S. 24; dagegen weist Bast, Aufenthaltsrecht und Migrationssteuerung, S. 76 f., darauf hin, dass die Ausweisung als Rechtsfigur lange vor der Ausformung der Aufenthaltserlaubnis existierte und bis heute außerhalb der normalen Systematik der Aufhebung begünstigender Verwaltungsakte nach §§ 48, 49 VwVfG stehe. Eine gesetzliche Grundlage der Ausweisung bestehe, so Thym, in: Arndt u.a. (Herausgeber), Freiheit – Sicherheit – Öffentlichkeit, 221 (222 f.) erstmals in der preußischen Ausländerpolizeiverordnung des Jahres 1932 und folgender Rechtsvorschriften, die jedoch keine Polizeigefahr voraussetzten und keine subjektiven Rechte begründeten.

darstellt. Allerdings wird bei der Auffassung, es handele sich bei der Ausweisung um eine spezielle Ausgestaltung von Widerruf bzw. Rücknahme des Aufenthaltstitels übersehen, dass die Ausweisung auch verfügt werden kann, wenn überhaupt keine Aufenthaltserlaubnis (mehr) besteht, beispielsweise weil diese abgelaufen ist oder überhaupt nie bestanden hat. Die Ausweisung beinhaltet ein Einreise- und Aufenthaltsverbot[142] sowie eine Titelerteilungssperre (§ 11 Abs. 1) und kann sogar dann verfügt werden, wenn eine Abschiebung ausscheidet, um einer Verfestigung des Aufenthalts entgegenzuwirken.[143] Dies zeigt, dass die Ausweisung über eine Aufhebung eines Aufenthaltstitels weit hinausgeht.

Eine Aufenthaltserlaubnis, die aufgrund eines rechtmäßigen Verwaltungsakts erlassen wurde, wird durch die Ausweisung nicht etwa widerrufen, weil sich die Aufenthaltserlaubnis beispielsweise durch die Begehung einer Straftat nachträglich als rechtswidrig erwiesen hätte.[144] Vielmehr handelt es sich um eine sicherheitsrechtliche Maßnahme, die einerseits zum Aufenthaltsverbot führt, andererseits zum Entfallen eines evtl. bestehenden Aufenthaltsrechts, wie es das Ordnungsrecht auch in anderen Bereichen kennt.[145] Als solches muss die Ausweisung auch

---

142 Nach Armbruster, ZAR 2013, 309 (314) ist auch die nachträgliche Verkürzung der Sperrfrist des § 11 AufenthG kein Fall des § 49 VwVfG, sondern hat seine Rechtsgrundlage in § 11 I 3 AufenthG a.f. selbst. Dagegen sei eine nachträgliche Verlängerung der Frist nur nach § 49 VwVfG möglich. Aufgrund der Gesetzesänderung ist nun klargestellt, dass sich bei § 11 I 4 AufenthG n.F. sowohl die Verlängerung als auch die Verkürzung nicht nach dem VwVfG richtet, sondern es sich um eine speziellere (Ermessens-)Vorschriften handelt (vgl. BT-Drs. 18/4097 S. 35).

143 Kraft, DVBl. 2013, 1219 (1220, insbesondere Fn. 18). Auch nach neuem Recht soll die Ausweisung auch dann möglich sein und sogar abwägungsrelevant für § 53 Abs. 2 AufenthG, wenn keine Abschiebung möglich ist (VGH Ba-Wü 13.01.2016, 11 S 889/15, Rn. 139), dies soll sogar abwägungsrelevant für § 53 Abs. 2 AufenthG sein, wohl im Sinne eines geringeren Grundrechtseingriffs (Rn. 144). Nach Graebsch, in: Dauks/Schöck-Quinteros (Hrsg), Grund der Ausweisung: Lästiger Ausländer, S. 139 (140) begründe gerade die Möglichkeit der Ausweisung von Betroffenen, die gar nicht abgeschoben werden können, grundlegende Zweifel am System der Ausweisung. Kritisch auch Thym, Migrationsverwaltungsrecht, S. 214, der darauf hinweist, dass wer eine Ausweisung gefahrenabwehrrechtlich begründen möchte, obwohl auf absehbare Zeit keine Vollzugsmöglichkeit bestehe, sich der Frage stellen müsse, ob die Ausweisung nicht doch vielmehr als Steuerungsmittel und nicht als Mittel der Gefahrenabwehr verwendet werde.

144 Vgl. zur hiervon zu unterscheidenden Rechtslage in den USA, die quasi an die nachträglich festgestellte Fehlerhaftigkeit der Einreise anknüpft, Bast, Aufenthaltsrecht und Migrationssteuerung, S. 79.

145 Das Verwaltungsrecht kennt auch andere Formen des sicherheitsrechtlichen Eingriffs in bestehende Rechte: So wird nach § 46 FeV die Fahrerlaubnis nicht widerrufen, sondern „entzogen", was gem. § 2 StVG zu einem Verbot des Führens von Kraftfahrzeugen führt, da ein Erlaubnisvorbehalt besteht. Dagegen wird die Erlaubnis des Führens von Luftfahrzeugen dem Luftfahrer gem. § 4 Abs. 3 LuftVG nicht „entzogen", sondern diese widerrufen. Ein Pass wird bei Versagungsgründen gem.

verstanden werden, um ihr den Nimbus der historisch bedingten Sonderstellung im Sicherheitsrecht zu nehmen. Die Ausweisung mag aus einem rechtlich nicht greifbaren Verständnis des Entfallen eines sogenannten Gastrechtes entstanden sein.[146] Leider wird dies auch heute noch politisch so begründet. Das „Gastrecht" ist – im insoweit verwendeten Kontext – natürlich kein subjektives Recht, sondern wohl als großzügiges, freiwilliges Gewähren zu verstehen und daher auch sprachlich sehr nah mit der AVPO 1932 in Verbindung zu bringen. Aber die Ausweisung nach dem Aufenthaltsgesetz stellt – im Falle eines bestehenden oder zu verlängernden[147] – Aufenthaltstitels einen Eingriff in ein bestehendes Aufenthalts*recht* dar und ist nicht mit der Beendigung eines freiwilligen Gewährens des Aufenthalts zu verwechseln. Ebenso wie bei der Entziehung einer Fahrerlaubnis oder der Aufhebung der Berechtigung, Waffen zu führen, wird bei vorhandenem Aufenthaltsrecht in eine erworbene Rechtsstellung eingegriffen.

Die Ausweisung beendet einen etwaig bestehenden rechtmäßigen aufenthaltsrechtlichen Status und zielt auf Beendigung[148] des Aufenthalts. Der Gesetzgeber versteht die Ausweisung als eigenständige Form der *Beendigung des Aufenthalts,* wie sich aus § 51 Abs. 1 Nr. 5 AufenthG ergibt. Sie kommt auch in Betracht, wenn gar kein Aufenthaltstitel vorhanden war, der Aufenthaltsrecht rechtswidrig ist oder sich der Betroffene nicht im Inland aufhält.[149] Es handelt sich dabei um eine spezialgesetzliche Sonderregelung und nicht nur um eine Rücknahme beziehungsweise den Widerruf eines Aufenthaltstitels (§ 51 Abs. 1 Nr. 3, 4 AufenthG), sondern steht als eigenständiges Institut daneben.[150] Zwar ist nach den allgemeinen Regeln in §§ 48, 49 VwVfG eine Ermessensentscheidung zu treffen,[151] jedoch ist

---

§ 8 PassG durch Verwaltungsakt „entzogen" und nicht widerrufen. Das – genehmigungspflichtige – Gewerbe dagegen wird gem. § 35 GewO versagt und nicht etwa die Genehmigung widerrufen oder entzogen.

146 Thym, in: Arndt u.a. (Hrsg.), Freiheit – Sicherheit – Öffentlichkeit, S. 221 (222) (m. w. N.), erläutert, dass die Ausweisung in ihrer Entstehung dazu diente, „das Staatsgebiet von irgendwie gefährlichen und unerwünschten Elementen rein zu halten", und im Kontext der Abschaffung von Pass- und Visumspflichten im Verlauf der Reichsgründung durch das Passgesetz gestanden habe. Aus dieser Orientierung an der Wahrung öffentlicher Belange folge die traditionelle Zuordnung des Ausländerrechts zum Polizei- und Ordnungsrecht.

147 § 5 Abs. 1 Nr. 2 AufenthG ist für die hier zu prüfende Frage der Rechtsnatur der Ausweisung nicht von Belang. Denn die Ausweisung greift bei bestehendem Aufenthaltsrecht in eine erworbenen Rechtsposition ein, während § 5 Abs. 1 Nr. 2 AufenthG künftige aufenthaltsrechtliche Entscheidungen betrifft.

148 So Gross, AöR 139 (2014), 420 (429), der darauf hinweist, dass sie damit einem Widerruf nahe steht, soweit ein rechtmäßiger Aufenthaltstitel beseitigt wird.

149 Vgl. BVerwG, Urteil vom 31.03.1998, 1 C 28/97 = NVwZ 1998, 740 (741).

150 Gross, AöR 139 (2014), 420 (429).

151 Gross, AöR 139 (2014), 420 (430).

eine spezialgesetzliche Pflicht zum Widerruf nicht ausgeschlossen.[152] Es besteht daher keine aus den allgemeinen Verfahrensvorschriften resultierende Pflicht zur Ausgestaltung als Ermessensnorm.

IV. Zwischenergebnis

Wie gezeigt stellt die mit einer Straffälligkeit begründete Ausweisung einen Akt der Eingriffsverwaltung des Polizei- und Ordnungsrechts und staatlicher Gefahrenabwehr[153] dar. Es ist daher zu klären, welche Anforderungen an Akte der Eingriffsverwaltung im Bereich der Gefahrenabwehr zu stellen sind und ob die Abwendung einer (konkreten) Polizeigefahr Tatbestandsvoraussetzung ist.

C. Rechtliche Anforderungen an eine Ausweisung nach strafrechtlicher Verurteilung

I. Ausweisung als „Strafe"

Die Ausweisung als Folge einer Verurteilung wegen einer Straftat tritt neben die Sanktionen des Strafgesetzbuchs (StGB) oder Jugendgerichtsgesetzes (JGG). Dieser rechtliche Nachteil trifft nur Ausländer, die somit neben der strafrechtlichen Sanktion anders als Verurteilte mit deutscher Staatsangehörigkeit – jedenfalls bei tiefer Verwurzelung und bestehendem Lebensmittelpunkt in der Bundesrepublik – letztlich ganz oder überwiegend ihre (inländische) Existenzgrundlage durch die Ausweisung verlieren können.[154]

Es drängt sich daher im Hinblick auf die Anknüpfung der Ausweisung an eine vorangegangene Straftat die Frage auf, ob die Ausweisung möglicherweise unverhältnismäßige Doppelsanktionierung[155] oder Kriminalstrafe darstellt und daher der Staatsanwaltschaft als Verfolgungsbehörde beziehungsweise der ordentlichen Gerichtsbarkeit zugewiesen ist.[156] Dies hätte auch erhebliche Auswirkungen auf die Frage der in der Rechtsprechung vorgenommenen Unterscheidung zwischen dem Recht der strafrechtlichen Sanktionierung und der Gefahrenabwehr.[157]

---

152 Sachs, in: Stelkens/Bonk/Sachs, VwVfG, 8. Auflage 2014, VwVfG, § 49, Rn 10. So beispielsweise in § 52 Abs. 2 AufenthG.

153 Vgl. Schoch, in: Schoch, Besonderes Verwaltungsrecht, 2013, Kap. 2, POR, Rn 1.

154 Kimminich, Aufenthalt von Ausländern, S. 85; Epik, StV 2017, 268 (269); Wegner, in Huber (Hrsg.), Handbuch des Ausländer- und Asylrechts, Band II, 100 B, Stand Mai 2006, AufenthG, § 55, Rn 16.

155 Vgl. Schmidt-Aßmann, in: Maunz/Dürig, Grundgesetz Kommentar (82. EL Januar 2018), GG, Art. 103, Rn. 275 ff.

156 Zur Kriminalstrafe und § 13 GVG näher: Gerhold, in: Graf (Hrsg.), BeckOK GVG (Stand: 01.09.2018), GVG, § 13, Rn. 15–16.

157 Vgl. unten ab S. 149.

Formal ist die Ausweisung nach dem AufenthG nicht als Strafe ausgestaltet, da sie nicht im Dritten Abschnitt des Allgemeinen Teils des StGB („Rechtsfolgen der Tat") bzw. Ersten Hauptstück des 2. Teils des JGG („Verfehlungen Jugendlicher und ihre Folgen") geregelt ist. Allein wegen anderslautender gesetzgeberischer Vorstellung ist jedoch nicht ausgeschlossen, dass sich die Ausweisung als Strafe oder strafähnliche Maßnahme darstellen könnte, da dies auch aus den mit der Norm verfolgten Zwecken folgen kann.[158]

Strafe ist nach der Definition des Bundesverfassungsgerichts[159] die Auferlegung eines Rechtsnachteils wegen einer schuldhaft begangenen rechtswidrigen Tat, die mit den Zielen der Abschreckung und Resozialisierung eine „angemessene Antwort auf strafrechtlich verbotenes Verhalten" darstelle. Mit der Strafe werde ein rechtswidriges sozial-ethisches Fehlverhalten vergolten. Es handelte sich bei der Strafe – so *Gärditz* – um einen staatlichen Eingriff in die Rechtsgüter des Betroffenen „mit der Intention der Übelszufügung aufgrund eines vergangenen Verhaltens". Das dem Täter auferlegte Strafübel solle den *schuldhaften* Normverstoß ausgleichen; es sei Ausdruck vergeltender Gerechtigkeit.[160]

Dem Schuldgrundsatz unterlägen – so das Bundesverfassungsgericht – aber auch Sanktionen, die *wie eine Strafe wirken*.[161] Dabei komme es nicht allein auf die faktische Wirkung eines Übels an, vielmehr seien bei der Beurteilung des pönalen Charakters einer Rechtsfolge weitere, wertende, Kriterien heranzuziehen, insbesondere der *Rechtsgrund* der Anordnung und der vom Gesetzgeber mit ihm verfolgten Zweck.[162]

Während Strafe schuldhaftes Handeln voraussetzt, soll Schuld nicht Voraussetzung für die Inanspruchnahme als Polizeipflichtiger sein.[163] Im Ausweisungsrecht

---

158 Vgl. BVerfG, Beschluss vom 14.01.2014, 2 BvR 564/95, Rn 66. Vgl. auch Beichel, Ausweisungsschutz und Verfassung S. 205.

159 BVerfG, Beschluss vom 14.01.2014, 2 BvR 564/95, Rn 58.

160 Zum Ganzen Gärditz, Strafprozeß und Prävention, 2003, S. 38.

161 BVerfG, Beschluss vom 14.01.2014, 2 BvR 564/95, Rn 59 (Hv. Durch Verf.).

162 So sollen – führt das BVerfG a.a.O. weiter aus – die in § 890 Abs. 1 ZPO geregelten Zwangsmaßnahmen [wegen des Verstoßes gegen eine zivilrechtliche Handlungs- oder Unterlassungspflicht] strafähnlichen Charakter haben, da sie neben der Disziplinierung des Schuldners auch Sühne für eine begangene Zuwiderhandlung bezweckten; dagegen sei die Anordnung von Untersuchungshaft im Ermittlungsverfahren oder die Unterbringung drogenabhängiger Täter in einer Entziehungsanstalt gemäß § 64 StGB wegen ihres sichernden Charakters dieser Maßnahmen nicht strafähnlich zu verstehen.

163 Roggan, KJ 1999, 69 (70). Vgl. auch – wenngleich kritisch – Poscher, Gefahrenabwehr, S. 32 f. zur Programmatik von Rechtsprechung und Literatur zur Objektivität und Schulunabhängigkeit des Gefahrenabwehrrechts. Nach Gärditz, Strafprozeß und Prävention, S. 37, blendet das Polizeirecht im Gegensatz zum Strafrecht die individuelle Verantwortlichkeit des Täters aus und behandelt den Störer insoweit nicht als Person, sondern als Gefahrenquelle.

spiele – anders als im Strafrecht – der Schuldausgleich in der gesetzgeberischen Intention keine Rolle, so *Graebsch*.[164] Dies sei auch der einzige Unterschied zwischen den Rechtfertigungen beider Reaktionsformen.[165]

Auch wenn die Ausweisung nicht dem Schuldausgleich dient, fällt zunächst auf, dass das Ausweisungsinteresse in den Fällen des § 54 Abs. 1 Nr. 1, Nr. 1 a, Abs. 2 Nr. 1, Nr. 1 a AufenthG an schuldhaftes Verhalten in der Vergangenheit anknüpft, da sie jeweils *Verurteilungen zu einer Strafe* beziehungsweise die Anordnung von Sicherungsverwahrung[166] voraussetzen. Dagegen sah § 10 Abs. 1 Nr. 3 AuslG 1965 noch die Ausweisung für den Fall vor, dass gegen den Betroffenen eine „mit Freiheitsentziehung verbundene Maßregel der Sicherung und Besserung, Unterbringung in einer Arbeitseinrichtung oder Heil- oder Pflegeanstalt angeordnet oder Fürsorgeerziehung in einem Heim durchgeführt wird", wobei zumindest die Unterbringung nach damaliger Rechtslage allein im Falle eines krankheitsbedingten Schuldausschlusses in Betracht kam.[167]

Eine derartige Vorschrift findet sich im AufenthG nicht mehr. Das benannte[168] Ausweisungsinteresse verlangt vielmehr in den Fällen des § 54 Abs. 1 Nr. 1 und Nr. 1a bzw. Abs. 2 Nr. 1 und Nr. 1a AufenthG eine Verurteilung und damit Schuld.[169]

---

164 Graebsch, in: Paul/Schmidt-Semisch (Hrsg.), Drogendealer – Ansichten eines verrufenen Gewerbes, S. 109 (111).

165 Wenngleich Graebsch die Ausweisung insgesamt als systemwidrig im Polizeirecht verankert sieht, da keine kurzfristig zu erwartende Störung Voraussetzung sei, sondern es sich um eine dem Selbstverständnis des Strafrechts zugehörige Sicherungsmaßnahme aufgrund vergangener Straftaten handele, weshalb Bedenken hinsichtlich des Gleichbehandlungsgrundsatzes anzustellen seien (Graebsch, in: Paul/Schmidt-Semisch (Hrsg.), Drogendealer – Ansichten eines verrufenen Gewerbes, 1998, S. 109 (112). Auch im System der Zweispurigkeit (vgl. hierzu v. Heintschel-Heinegg, in: v. Heintschel-Heinegg (Hrsg.), Beck OK StGB (Stand 01.11.2018), StGB, § 38, Rn. 1) werde den Maßregeln der Besserung und Sicherung eine rein präventive Funktion zugesprochen, die unabhängig von der Schuld und zusätzlich zur Strafe angeordnet werden können. Als Maßregel könnte die Ausweisung aber nur dann zulässig sein, wenn sich aus der abstrakten Schwere des begangenen Delikts in Kombination mit dem Aufenthaltsstatus die unwiderlegliche Vermutung für eine in der Tat zum Ausdruck kommende spezifische Rückfallgefahr und eine besondere Gefährlichkeit des Täters ergeben müßte.

166 Diese erfolgt „neben der Strafe", § 66 Abs. 1 StGB und setzt somit ebenfalls Schuld voraus; vgl. Schäfer/Sander/Gemmeren, Praxis der Strafzumessung, 2017, Rn. 486.

167 BGH, Urteil vom 23.09.1971, 4 StR 370/71 = JurionRS 1971,12271, Rn. 5 mit Nachweisen zur Rechtsprechung seit 1957.

168 Zur Frage des unbenannten Ausweisungsinteresses vgl. Fn. 123.

169 Vgl. zur Schuld als Strafbegründung Eisele, in: Schönke/Schröder, Strafgesetzbuch, 29. Auflage 2014, StGB, vor § 13, Rn. 111. Auch die Sicherungsverwahrung setzt gem. § 66 StGB eine Verurteilung voraus.

Keine Schuld setzen zwar die § 54 Abs. 1 Nr. 3–5, Abs. 2 Nr. 4[170]–8 AufenthG voraus. Dabei handelt es sich aber um – nicht untersuchungsgegenständliche – Tatbestände, die unterhalb der Schwelle zur Straftat angesiedelt sind. Im Falle des § 54 Abs. 2 Nr. 3 AufenthG verlangt das besondere Ausweisungsinteresse, dass der Betroffene als Täter oder Teilnehmer den Tatbestand des § 29 Abs. 1 S. 1 Nr. 1 BtMG verwirklicht. Dies setzt nach dem Gesetzeswortlaut keine (rechtskräftige) Verurteilung[171] voraus und damit auch keine schuldhafte Begehung.[172] Auch die schwerlich als ausreichend bestimmt[173] zu bezeichnende Auffangnorm des § 54 Abs. 2 Nr. 9 1. Hs. AufenthG sollen Schuld nicht stets voraussetzen,[174] jedenfalls verlangt der Wortlaut „Verstoß gegen Rechtsvorschriften oder Entscheidungen" eine solche Auslegung nicht.

Gerade in den Fällen des Maßregelvollzugs nach § 63 oder 64 StGB im Falle der Nichtverurteilung wegen Schuldunfähigkeit soll jedenfalls kein besonders schweres Ausweisungsinteresse im Sinne des § 53 Abs. 2 Nr. 9 AufenthG vorliegen. Es soll sich in derartigen Fällen gerade nicht um einen Rechtsverstoß im Sinne der Vorschrift handeln und allenfalls eine Ausweisung nach der Generalklausel

---

170 Der Konsum von Betäubungsmitteln fällt nicht unter § 29 Abs. 1 BtMG und ist nicht strafbar (vgl. Ebert/Müller/Schütrumpf, Verteidigung in Betäubungsmittelsachen, 2013, Kap. 1, Teil 1, Rn 1).

171 Vgl. Welte, Online-Kommentar zum Aufenthaltsgesetz (Stand 27.01.2017), AufenthG, § 54, Rn. 72.

172 A.A. Discher, in Fritz/Vormeier, GK-AufenthG (Stand: 36. Ergänzungslieferung August 2009), AufenthG, § 54, Rn. 299. Die Auffassung erscheint nicht zutreffend. Wenn keine Verurteilung erforderlich ist, steht gerade auch die Schuld nicht fest. Während die Gesetzesbegründung BT-Drs. 18/4097, S. 52, hinsichtlich § 54 Abs. 2 Nr. 1 und 2 ausdrücklich von „vorsätzlichen" Straftaten spricht, ist dies bei § 54 Abs. 2 Nr. 3 AufenthG nicht der Fall. Verneinend auch Wegner, in: Huber (Hrsg.), Handbuch des Ausländer- und Asylrechts, Band II, 100 B, Stand Mai 2006, AufenthG, § 55 Rn. 18 (zu § 55 Abs. 2 Nr. 2 AufenthG 2004), wonach es auf das Verschulden durchaus ankomme, da ansonsten der ordnungsrechtliche Zweck der Ausweisung zu einer Auslegung entgegen dem eindeutigen Wortlaut des Gesetzes führen würde. Fehlendes Verschulden könne auch zur Geringfügigkeit der Tat führen. Vgl. Renner, Ausländerrecht, 5. Auflage 2008, AufenthG, § 55, Rn 17.

173 Bejahend: Discher, in: Fritz/Vormeier, GK-AufenthG (Stand: 34. EL Juni 2009), AufenthG, Vor. § 53, Rn 219; verneinend: Wegner, in: Huber, Handbuch des Ausländer- und Asylrechts, Band II, 100 B, Stand Mai 2006, AufenthG, § 55 Rn. 11, der bei § 55 Abs. 2 Nr. 2 AufenthG 2004 (wie zuvor bei § 46 Nr. 2 AuslG) von einem „Paradebeispiel" für die Unbestimmtheit auf Tatbestandsebene spricht; vgl. auch zum Bestimmtheitsgebot: Funke, ZAR 2016, 209 (215, Fn. 61).

174 Bauer/Dollinger, in: Bergmann/Dienelt, Ausländerrecht, 12 Auflage 2018, AufenthG, § 54, Rn. 77 (mit weiteren Nachweisen auch zu anderen Auffassungen) führen aus, dass Verschulden nicht allgemein verlangt werde, aber jedenfalls dann, wenn Schuld zum Inhalt der verletzten Rechtsvorschrift gehöre, also beispielsweise bei einer Straftat.

in Betracht kommen.[175] Die Frage bedarf hier keiner Entscheidung, da untersuchungsgegenständlich die Fälle vorangegangener strafrechtlicher Verurteilung sind. Im Hinblick auf die Normierung der Ausweisungsinteressen nach § 54 Abs. 1 Nr. 1, Nr. 1a, Abs. 2 Nr. 1 und Nr. 1 a AufenthG ist insoweit Ausweisungsanlass regelmäßig ein schuldhaftes Verhalten in der Vergangenheit, so dass die Frage des Vorliegens von Schuld nicht das Abgrenzungsmerkmal sein kann, ob die Ausweisung in diesen Fällen Strafe darstellt.

Beichel[176] vertrat zum AuslG 1994 die Auffassung, dass es sich bei der generalpräventiven Ausweisung um eine strafähnliche Maßnahme handele, die Verschulden voraussetze, da ihre Grundlage die Inanspruchnahme aus der vorangegangen Tat sei.[177] Denn das Bundesverwaltungsgericht[178] rechtfertige die generalpräventiv begründete Ausweisung damit, dass der Betroffene sie durch sein Verhalten verursacht habe. Tatsächlich stellt das Bundesverwaltungsgericht auf „begangenes Unrecht" und damit schuldhaftes Verhalten ab.[179] Die Strafähnlichkeit der Ausweisung folge daraus, so *Beichel*, dass die präventive Gefahrenabwehr gerade auch Strafzweck sei.[180] Ebenso argumentiert *Graebsch*, wonach Spezialprävention und Generalprävention anerkannte Zwecke der Kriminalstrafe seien[181] und genau diese Zwecke mit der Ausweisung straffällig gewordener Ausländer mit dem Ziel verfolgt würden, organisierte Kriminalität und dabei vorrangig den Drogenhandel zu bekämpfen.

Es stellt sich daher die Frage, ob die Anknüpfung an schuldhaftes Verhalten in der Vergangenheit dazu führt, die Ausweisung als Strafe oder strafähnliche

---

175 Discher, in Fritz/Vormeier, GK-AufenthG (Stand: 35. EL Juli 2009), AufenthG, § 55, Rn. 486; 539 f. zu § 55 Abs. 2 Nr. 2 AufenthG a. F. Es fehle, so Discher, an der Indizwirkung, die die Gefahrenabwehrmaßnahme rechtfertigen könne (vgl. zur Indizwirkung im Gefahrenabwehrrecht, Fn. 199).

176 Beichel, Ausweisungsschutz und Verfassung, S. 158.

177 Im Ergebnis gelangt Beichel, Ausweisungsschutz und Verfassung, S. 224, zu der Auffassung, dass es sich bei der Ausweisung nach damaliger Rechtslage um Strafe im Sinne von Art. 103 Abs. 2 GG handele. Die Auffassung habe sich nicht durchsetzen können, so Kirkagac, Verdachtsausweisungen, S. 3, Fn. 2.

178 Vgl. BVerwG, Urteil vom 26.02.1980, Az. 1 C 90.76 = NJW 1980, 2656–2657 = JurionRS1980, 11531, Rn. 12: *Das bedeutet aber nicht, daß eine Ausweisung bei Fehlen einer Wiederholungsgefahr schlechthin unverhältnismäßig wäre. Art und Schwere der Straftat können eine andere Beurteilung rechtfertigen. So liegt es hier. Der Kläger hat erhebliches Unrecht begangen.*

179 Denn es spricht von begangenem Unrecht (vgl. Fn. 178), die Schuldunfähigkeit definiert der Gesetzgeber als Unfähigkeit, das Unrecht der Tat einzusehen oder nach dieser Einsicht zu handeln, § 20 StGB.

180 Beichel, Ausweisungsschutz und Verfassung, S. 199, verbunden mit dem Hinweis (S. 205), dass bis zum 18. Jahrhundert die Verbannung von Bürgern eine Strafsanktion gewesen sei.

181 Graebsch, in: Paul/Schmidt-Semisch (Hrsg.), Drogendealer – Ansichten eines verrufenen Gewerbes, S. 109 (111).

Maßnahme einordnen zu müssen. Zumal ausgerechnet im Teilbereich des Maß-regelvollzugs bei fehlender Schuld kein benanntes schweres Ausweisungsinteresse normiert wurde und die Gefahrenlage sogar besonders hoch sein dürfte, da der Betroffene sein Handeln nicht steuern kann. Im Gegensatz zur ordnungsrechtli-chen Entziehung der Fahrerlaubnis, die auch im Fall des nichtschuldhaften, krank-heitsbedingten Entfallens der Fahreignung in Betracht kommt,[182] wäre hier nach geltendem Recht selbst dann, wenn man über die Generalklausel des § 53 Abs. 1 AufenthG ein Ausweisungsrecht ableiten möchte,[183] ein gefahrenabwehrrechtli-ches Handeln im Sinne einer Ausweisung auf Abwägungsebene nur schwer zu begründen, soweit eine starke Form des Bleibeinteresses entgegensteht: es könnte nur ein unbenanntes, einfaches Ausweisungsinteresse eingebracht werden.

Jedoch ist der Umkehrschluss nicht zulässig. Aus einer eventuell fehlenden Befugnis zur Abwehr von Gefahren durch Schuldunfähige durch Ausweisung folgt nicht, dass die Ausweisung eine Sanktionierung von Schuld darstellt. Der Gesetz-geber ist nämlich befugt, die Begründung eines schwerwiegenden Ausweisungsin-teresses im Falle fehlender Schuld als – jedenfalls in der Regel – unverhältnismäßig zu betrachten, während er drohendes künftiges schuldhaftes Verhalten als ausrei-chenden Ausweisungsanlass wertet. Da hier eine Differenzierung mit Zukunftsbe-zogenheit möglich ist, belegt die Unterscheidung hinsichtlich des Anknüpfens an schuldhaftes Vorverhaltens keinen Beleg für eine strafrechtliche Sanktion.

In der Zukunftsbezogenheit liegt die wesentliche Unterscheidung zur Strafe: Das öffentliche Gefahrenabwehrrecht erlaubt nach der Rechtsprechung des Bundesverfassungsgerichts hoheitliche Maßnahmen, um Störungen zu besei-tigen.[184] Gefahrenabwehr ende nicht dort, so das Bundesverfassungsgericht, wo gegen eine Vorschrift verstoßen und hierdurch eine Störung der öffentlichen Sicherheit bewirkt wurde. Sie umfasse auch die Aufgabe, eine Fortdauer der Stö-rung zu verhindern. Maßnahmen der Störungsbeseitigung knüpften zwar an in der Vergangenheit begründete Zustände an, die Zielrichtung sei jedoch zukunfts-bezogen. Sie wollten nicht ein normwidriges Verhalten öffentlich missbilligen und sühnen, sondern verhindern, dass eine bereits eingetretene Störung der Rechts-ordnung in Zukunft andauere.[185] Eine derartige Auslegung der Gefahrenabwehr widerspricht also nicht, an vorangegangenes schuldhaftes Verhalten anzuknüpfen, soweit Anlass der Gefahrenabwehrmaßnahme die Fortdauer der Störung und nicht der Schuldausgleich ist.

---

182 Vgl. § 46 Abs. 1 S. 2 FeV.
183 In diese Richtung wohl zu verstehen: BVerwG zur (zulässigen) Ausweisung bei krankheitsbedingter Straffälligkeit gem. §§ 55 Abs. 1, Abs. 2 Nr. 2 AufenthG a. F., Urteil vom 03.12.2008, 1 C 35/07, Rn 14, 17.
184 BVerfG, Beschluss vom 14.01.2004, 2 BvR 564/95, Rn. 68.
185 BVerfG, Senatsbeschluss vom 14.01.2004, 2 BvR 564/95, Rn. 68–69.

Am Beispiel der Gewinnabschöpfung (sog. erweiterter Verfall nach damaliger Rechtslage[186]) erläuterte das Bundesverfassungsgericht den grundsätzlichen Unterschied zwischen Strafe und rein präventiver Zweckverfolgung: Die strafrechtlichen Normen der Gewinnabschöpfung wären trotz der hiermit verbundenen Vermögensentziehung rein präventiv-zukunftsorientiert ausgerichtet und verfolgten keine sanktionierenden Zwecke. Ein rechtswidriger Zustand des deliktisch erlangten Vermögensvorteils solle durch sie beseitigt werden.[187] Dem widerspreche nicht, dass der Gesetzgeber die Vorschrift auch mit generalpräventiven Erwägungen[188] begründet habe.[189] Eine Abschreckungswirkung im Sinne einer negativen Generalprävention sei mit dem erweiterten Verfall nicht beabsichtigt,[190] vielmehr würden dem Betroffenen aber auch der Rechtsgemeinschaft vor Augen geführt, dass sich Straftaten nicht „lohnen".[191] Diese als „positiver Aspekt strafrechtlicher Generalprävention anerkannte Zielsetzung" sei kein Spezifikum strafrechtlicher Vorschriften.[192] Es gelte vielmehr ein alle Rechtsgebiete übergreifender Grundsatz, wonach eine mit der Rechtsordnung nicht übereinstimmende Vermögenslage auszugleichen sei. Die normbestätigende Zielsetzung des erweiterten Verfalls charakterisiere diesen nicht zwingend als pönale Maßnahme. Demnach sind jedenfalls nach Auffassung des Bundesverfassungsgerichts auch derartige, strafähnliche Regelungen nicht zwingend als Strafe einzuordnen.

Während im Falle der Vermögensabschöpfung die Maßnahme an einen fortdauernden rechtswidrigen Zustand anknüpft, orientiert sich das Polizeirecht an der Abwehr einer Gefahr.[193] Damit ist es rein zukunftsbezogen[194] und gegen den Störer gerichtet. Ist der Schaden bereits eingetreten, liegt also eine Störung vor, endet das Gefahrenabwehrrecht mit dem Ende des Vorliegens der Störung.[195]

Der Störer ist insoweit der Inhaber des Gegenmittels, der die Gefahr abwehren, den Schaden mindern oder beseitigen kann:[196] Der Handlungsstörer ist als Verursacher der Gefahr polizeipflichtig, der Zustandsstörer als Verantwortlicher für einen gefährdenden Zustand und der Nichtstörer jedenfalls dann, wenn er als Inhaber

---

186 Die Vorschriften zur Vermögensabschöpfung im StGB wurde durch das Gesetz zur Reform der strafrechtlichen Vermögensabschöpfung (Bundesgesetzblatt Teil I 2017, Nr. 22, 21.04.2017, S. 872) zum 01.07.2017 vollständig neu gefasst.

187 BVerfG, Senatsbeschluss vom 14.01.2004, 2 BvR 564/95, Rn 70–72.

188 BT-Drucks. 11/6623, S. 4.

189 Beschluss vom 14.01.2014, 2 BvR 564/95, Rn. 72.

190 BVerfG, Senatsbeschluss vom 14.01.2004, 2 BvR 564/95, Rn. 74.

191 BVerfG, Senatsbeschluss vom 14.01.2004, 2 BvR 564/95, Rn. 75.

192 BVerfG, Senatsbeschluss vom 14.01.2004, 2 BvR 564/95, Rn. 76.

193 Poscher, Gefahrenabwehr, S. 16.

194 Gärditz, Strafprozeß und Prävention, S. 30.

195 Holzner, in: Möstl/Schwabenbauer (Hrsg.), Beck OK PolR Bayern (Stand: 01.04.2018), LStVG, Art. 6, Rn. 14; Gusy/Worms, in: Möstl/Kugelmann (Hrsg.), BeckOK PolR NRW (Stand: 01.08.2018), PolG, § 1, Rn. 179.

196 Funke, ZAR 2016, 209 (213).

des Gegenmittels in die Polizeipflicht einbezogen werden kann.[197] Übertragen auf das Aufenthaltsrecht bedeutet die Pflicht zur Beseitigung der Gefahr auch ohne polizeiliche Verfügung: „Der Ausweisungstatbestand nimmt mit der Feststellung einer Gefahr das Verhalten des Ausländers in den Blick. Ausländern obliegt die Pflicht, sich so zu verhalten, dass sie die ausweisungsspezifischen Gefahren nicht herbeiführen."[198]

Aus dieser Zukunftsbezogenheit folgt, dass der Zweck des Ausweisungsrechts infolge strafrechtlicher Verurteilung nicht die Sanktionierung der Tat, sondern die Beseitigung eine bestehenden Gefahr verfolgt. Dem Verhalten in der Vergangenheit kann – wenn überhaupt – allenfalls Indizwirkung zukommen.[199] Die Ausweisung hat nach der Rechtsprechung des Bundesverwaltungsgerichts[200] nicht den Zweck, ein bestimmtes menschliches Verhalten zu ahnden, sondern einer künftigen Störung der öffentlichen Sicherheit und Ordnung oder einer Beeinträchtigung sonstiger erheblicher Belange der Bundesrepublik Deutschland vorzubeugen.

Auch der Europäische Gerichtshof für Menschenrechte schreibt der Ausweisung stärker präventiven denn strafenden Charakter zu („Such administrative measures are to be seen as preventive rather than punitive in nature"), weshalb kein Verstoß gegen das allgemeine Doppelbestrafungsverbot beziehungsweise Art. 4 des Protokoll Nr. 7 zur Konvention zum Schutz der Menschenrechte und Grundfreiheiten vom 22. November 1984 vorläge.[201] „Exclusion orders" wären in der Regel nicht strafrechtlich zu charakterisieren, selbst wenn sie in einzelnen Mitgliedsstaaten von dem Strafgericht ausgesprochen würden.[202] Dies verdeutlicht auf der anderen Seite aber auch die Erforderlichkeit der Zukunftsbezogenheit des deutschen Ausweisungsrechts im Anwendungsbereich des Art. 8 EMRK.

---

197 Kirchhof, in: Maunz/Dürig, Grundgesetz Kommentar, 76. EL., Dez. 2015, GG, Art. 3, Rn. 327.
198 Funke, ZAR 2016, 209 (213).
199 Vgl. Gärditz, Strafprozeß und Prävention, 2003, S. 30. Zur Frage der Indizwirkung bei schuldlosem Verhalten vgl. Fn. 175.
200 Urteil vom 16.06.1970 1 C 47.69 = BeckRS 1970 30437517 = BVerwGE 35, 291 unter Verweis auf BVerwG, Urteil vom 11.06.1968, I C 13.67, MDR 1969, 245 = Verw-Rspr. 19, 964 = Buchholz BVerwG 402.24 § 10 AuslG Nr. 4.
201 EGMR, Urteil vom 18.10.2006, 46410/99 (Üner./. Niederlande), Abs. 56; a. A.: Minderheitenvotum der Richter COSTA, ZUPANČIČ UND TÜRMEN, Abs. 17, wonach die Ausweisung eine Sanktion darstellt, die genauso schwer wie eine Freiheitsstrafe oder sogar noch schwerer wiegt, selbst wenn die Freiheitsstrafe länger ist, aber nicht mit einer Ausweisung oder Abschiebung einhergeht. Aus diesem Grund gäbe es in einigen Staaten solche speziellen Sanktionen für Ausländer nicht; in anderen Staaten seien sie großenteils abgeschafft worden (wie etwa in Frankreich: siehe das Gesetz vom 26. November 2003 und vom 24. Juli 2006).
202 EGMR, Urteil vom 5.10.2000, 39652/98 (Maaouia ./. Frankreich), Abs. 39.

Die Ausweisung gründet sich auf eine von dem Adressaten als Störer ausgehende Gefahr für die öffentliche Sicherheit und Ordnung.[203] Zwar bildete der – jedenfalls bis 2015 bestehende und im Wesentlichen generalpräventiv gerechtfertigte – Automatismus zwischen Straftat und Ausweisung einen wesentlichen Kritikpunkt an der Systematik des Ausweisungsrechts.[204] Jedoch richtet sich die Ausweisung auch insoweit in die Zukunft als Maßnahme der Gefahrenabwehr. Unbeschadet der Frage der Zulässigkeit generalpräventiver Zwecke im Recht der Gefahrenabwehr, ist die Ausweisung durch ihren ordnungsrechtlichen, zukunftsgerichteten Charakter gekennzeichnet und stellt somit keine Strafe dar.[205]

Auch ist die Kritik von *Beichel* und *Graebsch*[206] ungenau, wenn die Strafähnlichkeit damit begründet wird, dass die Ausweisung spezialpräventiv motiviert sei. Zwar mag Prävention „beherrschendes Strafparadigma" sein aufgrund „zunehmender Loslösung" von absoluten Straftheorien[207] und die Strafe als Mittel zur Erfüllung der Schutzaufgabe des Strafrechts rechtfertigen.[208] Durch die spezialpräventive Absicht wird die Ausweisung aber nicht zur Strafe. Die Präventivwirkung ist gerade Wesen des Gefahrenabwehrrechts. Vielmehr würde das Strafrecht zum materiellen Gefahrenabwehrrecht, wenn Strafe ausschließlich spezialpräventive Zwecke verfolgen würde.[209]

Festzuhalten ist, dass eine Abgrenzung zur Bestrafung nur möglich ist, wenn die Ausweisung als strenges Polizeirecht verstanden wird und nicht dem Schuldausgleich dient. Ihr Zweck muss die Abwehr einer Polizeigefahr sein.[210]

Fraglich ist dagegen, ob Ausweisung Strafe darstellt, wenn sie ausschließlich einen generalpräventiven Zweck erfüllt. Soweit eine Ausweisungsverfügung ausschließlich der Abschreckung und Normbestätigung dienen soll, ist dies gefahrenabwehrrechtlich fragwürdig: Denn das Polizeirecht kennt nur die Abwehr von Gefahren für bestimmte Rechtsgüter und nicht den Eingriff zum Zweck der reinen Normbestätigung.[211] Von dem Betroffenen geht aber in dieser Konstellation gerade keine Gefahr (mehr) aus.

---

203 Thym, in: Arndt u.a. (Hrsg.), Freiheit – Sicherheit – Öffentlichkeit, 221 (229). Ruidisch, Einreise, Aufenthalt und Ausweisung, S. 248, soweit dieser noch ein „Beeinträchtigen" der Schutzgüter für ausreichend erachtet, ist eine solche entgegen des Entwurfes von Bergmann/Dörig, in: Barwig u.a. (Hrsg.), Steht das europäische Migrationsrecht unter Druck?, S. 111, nicht mehr im Gesetzeswortlaut enthalten. Zum Streit, ob es sich bei der Beeinträchtigung um ein Minus zur Gefahr handelt, vgl. bejahend Thym, Migrationsverwaltungsrecht, S. 204 (Fn 36), verneinend Kießling, ZAR 2016, 45 (46 (Fn. 5)).
204 Thym, in: Arndt u.a. (Herausgeber), Freiheit – Sicherheit – Öffentlichkeit, S. 221 (229).
205 Funke, ZAR 2016, 209 (213).
206 Vgl. oben Fn. 180 bzw. 181.
207 Gärditz, Strafprozeß und Prävention, S. 38–39.
208 Mühl, Strafrecht ohne Freiheitsstrafen, S. 30.
209 Gärditz, Strafprozeß und Prävention, S. 40.
210 Ebenso Kießling, ZAR 2016, 45 (49).
211 Gärditz, Strafprozeß und Prävention, S. 47.

Die Legitimierung der Ausweisung ist somit genauer zu untersuchen, um zu prüfen, ob sie einen sich vom Strafrecht unterscheidenden Zweck verfolgt.

II. Legitimer Zweck der Ausweisung

Der Zweck[212] der Verhinderung zukünftiger Störungen der öffentlichen Sicherheit und Ordnung oder sonstiger erheblicher Interessen der Bundesrepublik führt dazu, dass nicht das Bestehen eines Ausweisungsinteresses die Ausweisung rechtfertigt, sondern die Verhütung einer (erneuten) Beeinträchtigung erheblicher öffentlicher Belange.[213]

Die Ausweisung im Sinne von Aufenthaltsbeendigung verfolgt fraglos einen gefahrenabwehrrechtlichen Zweck,[214] wenn von einer auszuweisenden Person die Gefahr der Begehung von Straftaten in der Bundesrepublik ausgeht. Denn, wenn diese sich nicht mehr in der Bundesrepublik aufhält, kann sie im Inland keine Straftaten begehen.[215] Um diese Gefahr zu prüfen, müsste eine Gefahrenprognose gestellt werden.

Ist aber die Stellung einer Gefahrenprognose entbehrlich, weil es gar nicht stets auf eine von dem Betroffenen selbst ausgehende Gefahr ankommt? Kann für den Fall, dass eine solche Gefahr von der betroffenen Person nicht (mehr) ausgeht, die Ausweisung dennoch einer legitimen Zweckerreichung dienen? Hinsichtlich der Legitimation der Maßnahmen ist genauer zu differenzieren zwischen generalpräventiven und spezialpräventiven Zwecken.

1. Legitimierung durch Generalprävention

Während das Bundesverwaltungsgericht und das Bundesverfassungsgericht die generalpräventiv begründete Ausweisung grundsätzlich billigen, wird diese in der Literatur von vielen Stimmen abgelehnt.[216] Die hoch umstrittene Frage bleibt auch nach der Gesetzesänderung akut. Es soll nunmehr auch bei der spezialpräventiv begründeten Ausweisung die generalpräventive Wirkung im Rahmen der Abwägung zu berücksichtigen sein, da die gebundene Entscheidung der Behörde keine

---

212 Vgl. Beichel-Benedetti, in: Huber (Hrsg.), AufenthG, 1. Auflage, 2010, AufenthG, vor §§ 53–56, Rn. 10, Hailbronner, Asyl- und Ausländerrecht, 3. Auflage 2014, Rn. 1016; Rittstieg, in: Barwig/Huber u.a. (Hrsg.), Das neue Ausländerrecht, S. 23(28).

213 Kraft, DVBl. 2013, 1219 (1220).

214 Vgl. Kießling, Abwehr, S. 81; Hailbronner, Asyl- und Ausländerrecht, 3. Auflage 2014, Rn. 1017 zum früheren Recht. Andere Auffassung – zu § 55 Abs. 2 Nr. 2 AufenthG a.F. – offenbar Kirkagac, Verdachtsausweisungen, S. 220, wonach eine Ausweisung nach dieser Vorschrift keine Wiederholungsgefahr voraussetzte.

215 Vgl. auch Kirkagac, Verdachtsausweisungen, S. 50.

216 Vgl. Kießling, ZAR 2016, 45 (47); Kießling, Abwehr, S. 93, im Ergebnis ablehnend aufgrund der streng gefahrenabwehrrechtlichen Konstruktion der Ausweisung.

Freiheit gewähre bei der Wahl des Zwecks.[217] Schon bisher wurde die Auffassung vertreten, dass generalpräventive Gesichtspunkte auch im Rahmen der Ermessensbetätigung berücksichtigt werden könnten, selbst wenn Anhaltspunkte für eine Wiederholungsgefahr nicht vorlägen.[218] Die streitige Frage bedarf demnach näherer Einordnung.

a. Wesen der Generalprävention

Soweit Ausweisungsverfügungen mit dem Zweck der Generalprävention begründet werden, soll dies der Abschreckung anderer, potentiell ausweisbarer Ausländer dienen und sie hierdurch davor abhalten, selbst Straftaten zu begehen. Somit verlangt in diesen Fällen die Legitimierung der Ausweisung keine von dem Betroffenen selbst ausgehende Gefahr für die öffentliche Sicherheit und Ordnung, so dass eine Gefahrenprognose entbehrlich wäre.[219]

Der Verwaltungsgerichtshof Baden-Württemberg hielt bereits 2011 jedenfalls für nachhaltig verwurzelt Ausländern eine – überwiegend – generalpräventive Ausweisung im Hinblick auf Art. 8 EMRK für rechtswidrig.[220] Das Bundesverwaltungsgericht hat sich der Auffassung nicht angeschlossen. Nach Ansicht des Bundesverwaltungsgerichts komme eine Ausweisung allein aus generalpräventiven Gründen in Betracht.[221] Erforderlich sei, dass dem Ausweisungsanlass ein besonderes Gewicht zukomme. Dies könne sich bei Straftaten insbesondere aus deren Art, Schwere und Häufigkeit ergeben. Strafrechtliche Verurteilungen könnten demnach nicht nur dann einen solchen schwerwiegenden Ausweisungsanlass darstellen, wenn von dem Ausländer die Gefahr der erneuten Begehung von Straftaten ausgehe (Spezialprävention), sondern auch dann, wenn durch die Ausweisung andere Ausländer von der Begehung solcher Straftaten abgehalten werden sollen (Generalprävention). Die generalpräventiv begründete Ausweisung sei nicht rein richterrechtlich gebildet, sondern entspreche dem Willen des Gesetzgebers, der mit Schaffung des § 53 AufenthG – in der vor dem 01.01.2016 geltenden Fassung – als Nachfolgeregelung zu § 47 AuslG in Kenntnis der Rechtsprechung des Bundesverwaltungsgerichts die Ausweisung ohne Systemänderung übernommen und als zwingende Folge vorgegeben habe.[222]

Das Bundesverwaltungsgericht verweist insoweit auf die Gesetzesbegründung zum Ausländergesetz 1990.[223] In der Tat heißt es dort zur Begründung der

---

217 Tanneberger, in: Kluth/Heusch, BeckOK AuslR (Stand 01.05.2018), AufenthG, § 53, Rn. 30.

218 Vgl. Thym, Migrationsverwaltungsrecht – zugl. Habil., S. 221 m.N.

219 Vgl. Hailbronner, Kommentar zum Ausländerrecht (Stand: März 2015), AufenthG, A 1, vor § 53, Rn 23.

220 VGH Mannheim, Urteil vom 18.03.2011, 11 S 2/11 = BeckRS 2011, 50034.

221 BVerwG, Urteil vom 14.02.2012, 1 C 7.11, Rn. 6 f. = BeckRS 2012, 50796.

222 BVerwG, Urteil vom 14.02.2012, 1 C 7.11, Rn. 9 = BeckRS 2012, 50796.

223 Gesetzentwurf der Bundesregierung vom 27.01.1990 für ein Gesetz zur Neuregelung des Ausländerrechts, BT-Drs. 11/6321, 49 f.(50).

Regel-Ausweisung, dass sich zwar grundsätzlich die strafrechtliche Bewertung eines Verhaltens in der Vergangenheit von der verwaltungsrechtlichen Prognose, ob eine Gefahr für die öffentliche Sicherheit und Ordnung vorliege, unterscheide. Da jedoch im Rahmen der Strafrechtsreform die Strafzumessungsregeln geändert worden seien, sei der general- und spezialpräventive Zweck der Strafe mittlerweile gesetzlich anerkannt, so dass auch der Strafzumessung eine Prognose über die Gefährlichkeit des Täters und die Notwendigkeit der Generalprävention zugrunde liege. Deshalb lasse sich eine strafgerichtliche Verurteilung zu einer Freiheitsstrafe *ohne* Bewährung[224] als hinreichendes Zeichen für das Bedürfnis nach vorbeugenden Schutzmaßnahmen werten.[225] Diese Einschätzung des Gesetzgebers sei nicht erkennbar willkürlich und zu akzeptieren.[226]

Bei genauerer Betrachtung war die Gesetzesbegründung jedoch zweifelhaft: Die Strafaussetzung zur Bewährung ist keine Straf*zumessungs*regel. Sie ist nicht im zweiten, sondern im vierten Titel des Gesetzesabschnitts geregelt. Es handelt sich um eine Straf*vollstreckungs*regel.[227] Die Entscheidung über die Aussetzung einer Freiheitsstrafe *zur Bewährung* beinhaltet zudem vorrangig eine *Prognoseentscheidung* dahingehend, ob von dem Verurteilten künftig weitere Straftaten zu erwarten sind, § 56 Abs. 1 StGB.[228] Es handelt sich ausweislich des Gesetzeswortlauts bei § 56 Abs. 1 StGB um eine spezialpräventive Entscheidung des Tatrichters. Der *Strafzweck* als solcher ist ohnehin im Strafgesetzbuch nicht normiert,[229] allenfalls in § 56 Abs. 3 und § 47 StGB kommen generalpräventive Gesichtspunkte zum Tragen (Vollstreckungsnotwendigkeit der Freiheitsstrafe zur „Verteidigung der Rechtsordnung").[230] Dass sich aus der Entscheidung über die Strafvollstreckung (nicht

---

224 Hervorhebung durch Verfasser.

225 Gesetzentwurf der Bundesregierung vom 27.01.1990 für ein Gesetz zur Neuregelung des Ausländerrechts, BT-Drs. 11/6321, 49 f. (50).

226 BVerwG, ebd., Rn 9

227 Groß, in: Münchener Kommentar StGB, 3. Aufl., 2016, StGB, Vor. zu 56, Rn. 2; Stree/Kinzing, in: Schönke/Schröder, Strafgesetzbuch, 29. Aufl. 2014, StGB, § 56, Rn. 4.

228 Vgl. BGH, Beschluss vom 08.12.1970, 1 StR 353/70, Rn. 23; Stree/Kinzing, in: Schönke/Schröder, Strafgesetzbuch, 29. Auflage 2014, StGB, § 56, Rn. 8.

229 Streng, in: Kindhäuser/Neumann/Paeffgen, StGB, 5. Auflage 2017, StGB, § 46, Rn. 33.

230 Auch hier ist nach ständiger Rspr. des BGH allerdings darauf abzustellen, ob im konkreten Einzelfall das Rechtsempfinden der Bevölkerung gestört wäre, wenn die Strafe zur Bewährung ausgesetzt wird. Dabei stellt der BGH auf die vollständig über alle Umstände des Einzelfalls in Kenntnis gesetzte Bevölkerung ab, insbesondere auch im Hinblick auf nachtatliches Verhalten (Schadenswiedergutmachung). Vgl. BGH, Urteil vom 08.12.1970, 1 StR 353/70, Rn 23; BGH, Urteil vom 20.10.1999, 1 StR 340/99, Rn. 16; BGH, Urteil vom 07.11.2007, 1 StR 164/07, Rn. 20–22. Vgl. zur generalpräventiven Ausgestaltung der „Rückausnahme" des § 56 Abs. 3 StGB als Versagung der Bewährungsaussetzung aus Gründen der Verteidigung der Rechtsordnung Böllinger, in: Frisch/Vogt, Prognoseentscheidungen in der strafrechtlichen Praxis, 1994, S. 191 (192).

über die Strafzumessung, da diese im Rahmen der Entscheidung nach § 56 StGB bereits getroffen ist), bei der Verhängung einer Freiheitsstrafe ohne Bewährung etwas über den Zweck der Generalprävention ergeben soll, ist nicht nachvollziehbar, soweit nicht ein Fall des § 56 Abs. 3 StGB vorliegt. Nur dort kommen bei der Frage, ob die Vollstreckung trotz positiver Prognose geboten ist, generalpräventive Gründe in Betracht,[231] die wohl im Sinne einer positiven Generalprävention (hierzu sogleich) zu verstehen sind.[232]

Der Streit um die Generalprävention als Strafzweck reicht tief, schon weil es *die* Generalprävention gar nicht gibt: Die positive Generalprävention soll eine eigenständige Straftheorie darstellen.[233] Sie soll die Theorie der negativen Generalprävention überholt haben, die in der Lehre große Ablehnung begegne.[234]

Die Generalprävention als Strafzweck ist jedenfalls umstritten und wohl nur unter Einschränkungen zulässig.[235] Insbesondere die Berücksichtigung negativer Generalprävention wird allenfalls in engen Grenzen als zulässig betrachtet.[236]

In der strafrechtlichen Diskussion wird zwischen der *positiven* Generalprävention (Wiederherstellung des Rechtsfriedens) und der *negativen* Generalprävention (Abschreckungswirkung auf potentielle Straftäter) unterschieden.[237]

---

231 Vgl. Stree/Kinzing, in: Schönke/Schröder, Strafgesetzbuch, 29. Aufl. 2014, StGB, § 56, Rn. 50.
232 Schäfer/Sander/Gemmeren, Praxis der Strafzumessung, 6. Aufl. 2017, 809; Hassemer/Neumann, in: Kindhäuser/Neumann/Paeffgen, StGB, 5. Aufl. 2017, StGB, Vorbemerkung zu § 1, Rn. 288.
233 Hassemer/Neumann, in: Kindhäuser/Neumann/Paeffgen, 5. Aufl. 2017, StGB, Vorb. zu § 1, Rn. 290.
234 So Joecks, in: Münchener Kommentar StGB, 3. Auflage 2017, Einleitung Rn. 71.
235 Vgl. eingehend zum Streit: Miebach/Maier, in: Münchener Kommentar StGB, 3. Aufl. 2016, § 46, Rn. 40–48; Stree/Kinzing, in: Schönke/Schröder, Strafgesetzbuch, 29. Aufl. 2014, StGB, § 46, Rn. 3–5.
236 Vgl. mit Nachweisen Schäfer/Sander/Gemmeren, Praxis der Strafzumessung, 6. Auflage 2017, Rn. 808, 839 ff.
237 Kaspar, in: FS für Heinz Schöch, S. 209 (215); Hackstock, Generalpräventive Aspekte, S. 12; Schöch, in: Frank/Harrer, Der Sachverständige im Strafrecht – Kriminalitätsverhütung, S. 95 (96). Gärditz, Strafprozeß und Prävention, S. 40: „*Die positive Generalprävention begreift die Straftat vor allem in ihrem expressiven Gehalt, der Desavouierung der verletzten Rechtsnorm. Insofern versucht sie, die Verschlechterung der Normgeltung durch Strafe auszugleichen und die Normgeltung dadurch zu stabilisieren.*" – Schroeder, in: Schuhmann (Hrsg.), Das erziehende Gesetz, S. 89 (106): „*(...) die positive Generalprävention bedeutet gerade, dass die Strafdrohung als solche dazu führt, dass die in dem Strafgesetz enthaltenen Verbote dadurch wirksam werden, dass in den den – sagen wir mal – Konsumenten des Strafgesetzes oder den Lesern des Strafgesetzes ein Wertbewusstsein, ein positives Wertbewusstsein, entsteht. Das ist ja gerade der eigentliche Ansatz der positiven Generalprävention, nicht mehr Abschreckung und nicht mehr bloß Beachtung des Gesetzes, sondern die Erzeugung von Werten.*"

Das Bundesverwaltungsgericht geht im Falle der generalpräventiv begründeten Ausweisung davon aus, dass die Ausweisung dazu diene, „über eine etwaige strafrechtliche Sanktion hinaus [...] andere Ausländer von Straftaten ähnlicher Art und Schwere abzuhalten."[238] Behörden und Gerichte dürften davon ausgehen, dass Ausweisungen wegen strafgerichtlicher Verurteilungen als Teil einer kontinuierlichen Verwaltungspraxis zur Verwirklichung der Prävention geeignet seien.[239] Das Gesetz gehe davon aus, dass von ihr eine abschreckende Wirkung sowie eine Weckung und Festigung des Rechtsbewusstseins und der Rechtstreue erwartet werden könne. Auch das Bundesverfassungsgericht vertrat die Auffassung, dass § 10 Abs. 1 Nr. 2 AuslG ein Appell an alle Ausländer sei, im Geltungsbereich des Gesetzes keine Straftaten zu begehen.[240]

Dabei handelt es sich – jedenfalls ganz überwiegend – um eine Form der sogenannten negativen Generalprävention. Denn als negative Generalprävention wird der Aspekt von Abschreckung bezeichnet, der sich nicht an den vormaligen, sondern an potentielle Täter richtet. Die positive Generalprävention richte sich dagegen nicht an den deliktsgeneigten Bürger, sondern diene der Normbestätigung;[241] sie wirke durch die öffentliche Behauptung und Sicherung von Normen sowohl der wirksamen Konfliktvermeidung als auch der formalisierten Konfliktverarbeitung, einer strafrechtlichen Formalisierung sozialer Kontrolle.[242]

Will man die (strafrechtliche) Generalprävention vereinfacht als Abschreckungsprävention verstehen, begegnet sie besonderer Kritik wegen der fraglichen Wirksamkeit.[243] Aus der Gesetzgebungsanalyse könne der Hinweis ermittelt werden, so *Schlepper*, dass der Gesetzgeber der Angst der Bevölkerung vor Kriminalität durch schärfere Gesetze begegne und diese mit einer Abschreckungswirkung begründe, obwohl sich eine solche allenfalls dann einstelle, wenn sich die Gefahr der Entdeckung erhöhe. Allein durch eine höhere Strafandrohung trete dagegen keine Abschreckungswirkung ein.[244]

---

238 BVerwG, Urteil vom 31.08.2004, BVerwG 1 C 25.03, Gründe II 2 a.
239 BVerwG, Urteil vom 26.02.1980, 1 C 90/76 = BVerwGE 60, 75 = NJW 1980, 2656.
240 BVerfG, Senatsbeschluss vom 17.01.1979, 1 BvR 241/77 = NJW 1979, 1100.
241 Vgl. (ablehnend) Pawlik, in: Schuhmann (Hrsg), Das strafende Gesetz, S. 59 (75). Der Theorie der positiven Generalprävention werde sogar vorgehalten, sie könne ihre eigens formulierte Zielsetzung ausschließlich in Gestalt einer „esoterischen Geheimlehre" verwirklichen, so Timm, Gesinnung und Straftat, S. 46.
242 Hassemer/Neumann, in: Kindhäuser/Neumann/Paeffgen, StGB, 5. Aufl. 2017, StGB, Vor. zu § 1, Rn. 290.
243 Vgl. Timm, Gesinnung und Straftat, S. 43, zur grundsätzlichen Kritik an der Straftheorie der Generalprävention und zu Zweifeln an der Wirksamkeit mangels planhaften Handelns der „meisten" Täter.
244 Schlepper, Strafgesetzgebung in der Spätmoderne, S. 158–161, führt aus, dass in der Zeit von 1990–2005 doppelt so viele Strafrechtsänderungsgesetze wie in den Jahren 1976–1990 verabschiedet worden seien, wobei unter den Strafzwecken nach empirischer Auswertung der Gesetzgebungsverfahren dem Abschreckungsgedanken als Begründungsmotiv die größte Bedeutung zugekommen sei.

Auch wenn der Strafe als Begleiterscheinung abschreckende Wirkung zukomme, wird der negativen Generalprävention kein legitimer Strafzweck zugeschrieben.[245] Denn in vielen Fällen der Kriminalität würden die Entscheidungen für oder gegen die Begehung einer Straftat spontan und nicht aufgrund einer rationalen Abwägung getroffen.[246]

Dagegen beruhe die Abschreckungsprävention, so *Pawlik*, auf der Vorstellung eines berechnenden Strafttäters, für den die Kriminalität auch „eine ökonomische Aktivität" sei. Einem solchen „klugen Nutzenmaximierer" solle durch ein verlässlich funktionierendes Strafrechtssystem „handgreiflich demonstriert" werden, dass Delinquenz sich nicht lohnt.[247] Der Täter werde jedoch zum bloßen Objekt der Verbrechensbekämpfung, wenn anderen (deliktsgeneigten) Gesellschaftsmitgliedern mit Ausnahme des Verurteilten dies vor Augen geführt werden solle.[248]

Die Generalprävention beruhe, so *Pawlik* weiter, auf einem traditionellem vergeltungstheoretischen Verständnis von Strafe und folge – wenn sie zur Strafbegründung angeführt wird – einer Neigung der Bevölkerung zu „retributiv begründeter Strafe". Sie führe zu einer Aufopferung des Verurteilten um des gesellschaftlichen Friedens willen und lasse sich nicht mit einem vernünftig motivierten Zweck begründen.[249] *Hassemer/Neumann* stellen fest: Der Täter „[wird] funktionalisiert[...,] zum Instrument zur Förderung des allgemeinen Wohls: der Abschreckung anderer vor bösem Tun; das verträgt sich kaum mit Art. 1 Abs. 1 GG."[250]

Grundlegende Zweifel an der Verfassungsmäßigkeit der – strafrechtlichen – Abschreckungsprävention äußert auch *Badura*. Die Vorstellung beruhe auf einem psychologischen Kalkül, dessen einzig sichere Größe die geschehene Tat sei. Die anderen Faktoren: Vorhandensein möglicher Täter, Kenntnis dieser von der Bestrafung, Eindruck der Bestrafung auf diese müssten hypothetisch vorausgesetzt werden.[251] Der Rechtsbrecher werde als Mensch geminderter Rechtsstellung behandelt, wenn aufgrund seiner Tat über die Sanktionierung durch eine schuldgerechte Strafe hinaus ein Zeichen gesetzt werden solle: als zweckmäßiges Instrument der Polizeifunktion des Staates.[252]

---

245 Pawlik, in: Schuhmann (Hrsg.), Das strafende Gesetz, S. 59 (65).
246 Joecks, in: Joecks/Miebach (Hrsg.), Münchener Kommentar StGB, 3. Aufl. 2017, StGB, Einleitung Rn. 72.
247 Pawlik, in: Schuhmann (Hrsg.), Das strafende Gesetz, S. 59 (62).
248 Pawlik, in: Schuhmann (Hrsg.), Das strafende Gesetz, S. 59 (62 ff.). Vgl. auch Timm, Gesinnung und Straftat, S. 45, wonach die kritischen Stimmen einwenden, dass nur zur Stärkung des Normbewusstseins der Allgemeinheit abgestraft werde und der Betroffene hierdurch zum reinen Objekt staatlichen Handelns verkomme.
249 Zum Ganzen Pawlik, in: Schuhmann (Hrsg.), Das strafende Gesetz, S. 59 (78).
250 Hassemer/Neumann, in: Kindhäuser/Neumann/Paeffgen, StGB, 5. Auflage 2017, StGB, Vorbemerkungen zu § 1, Rn. 282.
251 Zum Ganzen Badura, JZ 1964, 337 (338).
252 Badura, JZ 1964, 337 (344).

b. Generalprävention im Gefahrenabwehrrecht

Die Zulässigkeit generalpräventiver Zwecke im Recht der Gefahrenabwehr ist umstritten. Das Bundesverwaltungsgericht hält es für „nicht zweifelhaft"[253], dass beispielsweise die polizeiliche Abschlepppraxis von verbotswidrig abgestellten Kraftfahrzeugen *auch* spezial- und generalpräventive Zwecke verfolgen dürfe. Verbotswidrig geparkte Fahrzeuge würden nämlich andere Fahrzeugführer zu ähnlichem Verhalten veranlassen.[254] Dagegen hält das Hamburgische Oberverwaltungsgericht[255] eine Abschleppanordnung gegen hartnäckige Parksünder aus Gründen der General- oder Spezialprävention für rechtswidrig, wenn die Möglichkeit besteht, die Störung auf andere Weise zu beseitigen. Eine Abschleppanordnung dürfe keinen Sanktionscharakter haben, sondern lediglich zum Zweck angeordnet werden, eine unmittelbar bevorstehende Gefahr abzuwehren oder eine Störung der öffentlichen Sicherheit und Ordnung zu beseitigen, und zwar nur, wenn dies auf andere Weise nicht zu erreichen sei.[256] Für die Sanktion der Hartnäckigkeit sei das Ordnungswidrigkeitenrecht eröffnet bis hin zur Frage der Eignung zum Führen von Kraftfahrzeugen.

Nun könnte man freilich auch der Entziehung der Fahrerlaubnis wegen wiederholter Regelverstöße generalpräventive Wirkung zubilligen,[257] was hier nicht abschließend geprüft werden kann. Allerdings zeigt die Möglichkeit des § 4 StVG (Fahreignungs-Bewertungssystem), dass der Gesetzgeber das Gesetz stark spezialpräventiv ausgerichtet hat, wenn er die Möglichkeit des Abbaus von Bewertungspunkten durch entsprechende Seminare ermöglicht.

---

253 Beschluss vom 18.02.2002, 3 B 149/01 = NJW 2002, 2122 (2123)

254 BVerwG, Beschluss vom 06.07.1983–7 B 182.82 = JurionRS 1983, 11592, Rn 5.

255 Hamburgisches OVG, Urteil v. 08.06.2011, 5 Bf 124/08 (juris Rn 37 f.).

256 Zustimmend: Klüver, DVBl. 2011, 1247. Kritisch: Hebeler, JA 2012, 79, der eine Verschiebung der Verhältnismäßigkeitsprüfung auf die Tatbestandsebene konstatiert, wenn die Gefahrenabwehrbefugnis (hier nach § 7 SOG Hamburg) eingeschränkt werde, soweit die Beseitigung anderweitig „nicht oder nicht rechtzeitig" möglich sei. Nach Schoch, in: Schoch, Besonderes Verwaltungsrecht, 2013, Kap. 2, POR, Rn. 158, kommt es für die Bejahung der Verhältnismäßigkeit von Abschleppmaßnahmen nicht darauf an, ob das rechtswidrig abgestellte Fahrzeug tatsächlich eine konkrete Verkehrsbehinderung darstellt. Die gegenteilige Auffassung übersehe, dass von jedem verbotswidrigen und nicht geahndeten Verhalten im Straßenverkehr eine negative Vorbildfunktion für andere Fahrzeugführer ausgehe, die die Behörde bei ihrer Ermessensentscheidung berücksichtigend dürfe. Dass jedoch eine *Ahndung* mittels Bußgeldbescheid und im Wiederholungsfall sogar dem Entzug der Fahrerlaubnis sehr wohl im Raum steht, über die ordnungswidrigkeitsrechtliche Sanktion aber im Anfechtungsfalle ein Richter zu entscheiden hat, während die Polizeibehörde die *Ahndung* ad hoc durchführen können soll, erörtert Schoch insoweit jedoch nicht.

257 Auch der Fahrtenbuchauflage soll generalpräventive Wirkung zukommen: BVerwG, Urteil vom 28.05.2015, 3 C 13.14, Rn 20.

Eine ablehnende Ansicht sieht den Gedanken der Generalprävention im öffentlichen Recht nicht gesetzlich formuliert: Sie stamme aus dem Strafrecht,[258] Abhandlungen in der polizeirechtlichen Literatur seien kaum zu finden.[259] Das Strafrecht trete, so *Roggan*, mit dem Anspruch an, durch die Bestrafung von Tätern weiteren Straftaten vorzubeugen und sie damit zu verhindern; im Recht der Gefahrenabwehr komme dem Abschreckungseffekt keine polizeiliche Aufgabenstellung zu, er könne allenfalls eine Begleiterscheinung sein.[260] Es wird auch eingewandt, dass die Strafnormen sozial-ethische Unwerturteile enthielten mit der Folge einer differenzierenden Bewertung des Unwertgehalts der verschiedenen Straftaten in Form abgestufter Sanktionen, wodurch dem Strafrecht der Schutz der elementaren Werte des Gemeinschaftslebens zukomme.[261]

Dogmatisch wird die Ablehnung von generalpräventiver Zwecksetzung im Gefahrenabwehrrecht damit begründet, dass sich beispielsweise die generalpräventiv begründete Ausweisung nicht mehr gegen den Störer richte, so *Kießling*. Eine Maßnahme gegen einen Nichtstörer verlange einen polizeilichen Notstand und eine gegenwärtige erhebliche Gefahr für Leib und Leben, die bei dem Ziel der Abschreckung nicht vorliege. Mangels polizeilichen Notstands und ausreichender Gefahr sei der Betroffene auch kein Nicht-Störer.[262]

Das Polizeirecht kenne, so *Gärditz*, nur Gefahren für bestimmte Rechtsgüter. Eingriffe zum Zwecke der reinen Normbestätigung seien ihm fremd, eine mit gefahrenabwehrrechtlichen Maßnahmen einhergehende Normbestätigung nicht das normativ gesetzte Ziel, sondern nur ein Reflex. Durch die Störungsbeseitigung beziehungsweise Gefahrenabwehr werde zwar das Rechtsbewußtsein gestärkt, da der Normverstoß nicht hingenommen werde. Dies sei aber eine rein tatsächliche Bestätigung der Normgeltung durch eine funktionierende staatliche Ordnung und nicht personenbezogenen auf den Störer und nicht unterschiedlich zur Normstabilisationswirkung durch die Durchsetzung von Recht allgemein. Die Aufgaben des Rechts und die Rechtsgebiete würden verwechselt, wenn man eine vergleichbare Funktionalität oder Übertragbarkeit von Prinzipien daraus schließe, dass im Polizeirecht und im Strafrecht teilweise identische Schutzgüter tangiert seien.[263]

Ob Sanktionierung als solche überhaupt Normtreue erzeugt, ist ohnehin nicht abschließend geklärt: Primär sei es nicht das Strafrecht, so *Mühl*, das für Sozialisierung, Abschreckung und Normtreue sorge, sondern die Wirkung informeller sozialen Kontrolle durch das persönliche Umfeld. Das Strafrecht stelle eine Kontrolle zweiter Ordnung dar und könne bestenfalls die unmittelbare soziale Kontrolle

---

258 Pagenkopf, DVBl. 1975, 764 (767); Kießling, ZAR 2016, 45 (47).
259 Roggan, KJ 1999, 69 (71).
260 Roggan, in: Roggan/Kutscha, Handbuch zum Recht der Inneren Sicherheit, S. 208 (219 f.).
261 Kanein, Ausländerrecht, 1987, Rn. 40.
262 Zum Ganzen: Kießling, JURA 2016, 483 (484).
263 Gärditz, Strafprozeß und Prävention, S. 47–49.

abstützen. Hierbei komme der Art der Sanktionierung keine entscheidende Funktion zu.[264]

Die Normstabilisierungsleistung des Strafrechts wird gerade ihrer Formalisierung zugeschrieben, sowohl durch die Festschreibung des materiellen Strafrechts (zum Schutz vor Straftaten durch Festschreibung des Verbotenen) aber auch des formellen Strafrechts (zum Schutz vor Willkür und fehlender Rechtsstaatlichkeit) werde die positive Generalprävention angestrebt.[265]

Da aber die befürchtete ablehnende beziehungsweise missbilligende Haltung des sozialen Umfeldes im Falle strafrechtlicher Verfolgung Verhaltenskonformität erzeugen soll,[266] ist durch eine zusätzliche aufenthaltsrechtliche Sanktionierung – quasi als Kontrolle dritter Ordnung beziehungsweise „zweite[n] Schicht der staatlichen Kontrolle"[267] – eine über das Strafrecht hinausgehende Normstabilisierungsleistung kaum zu erwarten. Denn die Entdeckung des strafbaren Verhaltens ist dann ohnehin schon erfolgt.

Gegen die Generalprävention als Eingriffsbefugnis wird argumentiert, dass der polizeilichen Aufgabenstellung als solche bereits die Bewahrung des allgemeinen Sicherheitsempfindens und generalpräventive Aspekte immanent seien.[268] Zur Einhaltung des Polizeirechts als eigener Materie könne, so *Roggan*, der Bürger nicht angehalten werden, es gehe hier nicht um das Ahnden von Verhalten, sondern *ausschließlich*[269] um Gefahrenabwehr und Störungsbeseitigung.[270] Es entspreche nicht der Gesetzessystematik, einer auf einer vorherigen Sanktionierung beruhenden verwaltungsrechtlichen Gefahrenabwehrmaßnahme nochmals normbestätigende oder abschreckende Funktion zuzuschreiben.[271]

Wollte man der polizeilichen Gefahrenabwehr generalpräventive Zielsetzung zubilligen, müsse die Polizeimaßnahme entweder das allgemeine Rechtsbewusstsein stärken oder den Bürger „zur freiwilligen Gesetzestreue ‚erziehen' können"

---

264 Zum Ganzen Mühl, Strafrecht ohne Freiheitsstrafen, S. 175.

265 Hassemer/Neumann, in: Kindhäuser/Neumann/Paeffgen, StGB, 5. Aufl. 2017, Vorbemerkungen zu § 1, Rn. 195 und 290.

266 Radtke, in: Münchener Kommentar StGB, 3. Aufl., 2016, StGB, Vorbemerkungen zu § 38, Rn. 40.

267 Bast, Aufenthaltsrecht und Migrationssteuerung, S. 76, vgl. auch oben Fn. 87.

268 Roggan, Weg in einen Polizeistaat, S. 184. Andere Auffassung: Würtenberger/Heckmann/Tanneberger, Polizeirecht, § 5, Rn. 375, wonach generalpräventive Ziele mit der Gefahrenabwehr verfolgt werden dürften. Der Verteidigung der Rechtsordnung komme überragende Bedeutung zu. Einzelne Rechtsverstöße könnten das Vertrauen in die Rechtsstaatlichkeit und die Befriedigungsmacht des Staates erschüttern und eine negative Vorbildwirkung erzeugen. Offenbar verstehen die Autoren die Frage der Generalprävention aber als Gesichtspunkt im Rahmen der Prüfung der Verhältnismäßigkeit im engeren Sinne.

269 Roggan, KJ 1999, 69 (S. 75 mit Hervorhebung).

270 Roggan, Weg in einen Polizeistaat, S. 185; Roggan, KJ 1999, 69 (71).

271 Roggan, KJ 1999, 69 (76).

oder „durch Furcht vor der Maßnahme abschrecken".[272] Ein Ziel der Abschreckung verschiebe aber die Mittel-Zweck-Relation oder hebe sie sogar auf, weil dann zur Abschreckung ein Polizeigewahrsam für einen längeren Zeitraum als zur spezial-präventiven Gefahrenabwehr verfügt werden müsse oder – von *Roggan* als weiteres, besonderes drastisches Beispiel benannt – ein Geiselnehmer mit gezieltem Schuss getötet werden müsse, statt ihn nur festzunehmen. Dies zeige, dass general-präventive Erwägungen im Polizeirecht den Verhältnismäßigkeitsgrundsatz nicht beachteten.[273] Es verstoße gegen Art. 1 Abs. 1 GG, wenn an dem Betroffenen ein Exempel dadurch statuiert werde, dass Störungen beispielsweise mit polizeirechtlicher Freiheitsentziehung verbunden sein könnten. Eine – auch generalpräventive – Rechtfertigung zur Freiheitsentziehung sei strafrechtlichen Verurteilungen vorbehalten.[274]

Differenzierend erachtet *Waechter*[275] die eingriffslose Präsenz von Gefahrenab-wehrbehörden (zur Abschreckung) für legitim, während die Abschreckung durch Eingriffsmaßnahmen, insbesondere bei Eingriffen gegen Jedermann (beispiels-weise anlasslose Identitätsfeststellungen), problematisch sei. Die Abschreckung sei im Gefahrenabwehrrecht ein anerkanntes Motiv, sie könne nicht alleine dem Strafrecht zugewiesen werden und sei unter Umständen ein zulässiges Mittel der polizeilichen Aufgabenerfüllung (beispielsweise durch Videoüberwachung oder Geschwindigkeitskontrollen). Bei Ausweisungen aufgrund einer vorangegange-nen Straftat könne die Generalprävention herangezogen werden: Der Betroffene sei durch die Zurechnung seiner auf sozialschädlichem Verhalten beruhenden Straftat „Störer' im weitesten Sinne".[276]

Das oben[277] beschriebene Problem des hypothetischen Faktors im Hinblick auf eine tatsächliche Abschreckungswirkung besteht im Gefahrenabwehrrecht zweifelsfrei ebenso. Dies ist aber nicht nur problematisch im Hinblick auf die Notwendigkeit von Sicherheit bei der Entscheidung über schwerwiegende Ein-griffsmaßnahmen.[278] Gravierender erscheint die fehlende systematische Ein-bettung im Gefahrenabwehrrecht: Selbst wenn man mit *Waechter* von einem gewissen Zurechnungszusammenhang zwischen der Straftat – also der Vergan-genheit – und der Ausweisung ausgehen möchte, ist damit über die Frage der – gegenwärtigen oder zukünftigen – Gefahr, die es abzuwehren gilt, noch nichts gesagt. Die Gefahr selbst bleibt eine Hypothese. Die Abschreckungsauswei-sung dient nicht der Abwehr einer konkreten Gefahr, sondern richtet sich – als

---

272 Roggan, Weg in einen Polizeistaat – zugl. Diss., S. 185 f.
273 Zum Ganzen Roggan, KJ 1999, 69 (72 f.).
274 Zum Ganzen Roggan, KJ 1999, 69 (4).
275 Waechter, DÖV 1999, 138 (144 f.).
276 Zum Ganzen Waechter, DÖV 1999, 138 (145).
277 Vgl. oben S. 55 (Fn. 251).
278 Vgl. zum epistemischen Abwägungsgesetz R. Alexy, AöR 140 (2015), 497 (503); hierzu unten S. 141.

individuelle Eingriffsmaßnahme – an die in der Bundesrepublik lebenden Ausländer und begreift diese somit als abstrakt gefährliche Gruppe. Verfolgt eine Eingriffsmaßnahme aber handlungsleitend das Ziel der Generalprävention, will sie also „Exempel [...] statuieren", statt konkrete Schäden zu verhindern,[279] ist sie gefahrenabwehrrechtlich nicht begründbar.

Dennoch ist die Generalprävention in der Rechtsprechung anerkannt, so dass sie genauerer Analyse bedarf.

c. Geeignetheit der Maßnahme

Im Gesetzgebungsverfahren wurde die Verfolgung generalpräventiver Zwecke durch die Ausweisung wiederholt betont – sowohl in der Gesetzesbegründung zum Ausländergesetz 1990[280] als auch zum aktuellen Aufenthaltsgesetz.[281] Ob es sich dabei um eine geeignete Maßnahme handelt, ist unbeschadet dieser Feststellung jedoch fraglich.

aa. Anforderungen an die Nachweisbarkeit der Wirksamkeit generalpräventiver Zwecke im Allgemeinen

Als allgemeinem Verfassungsgrundsatz verlangt das Übermaßverbot bei Eingriffen in Grundrechte einen prinzipiell legitimen Zweck der Eingriffsnorm[282] und eine Eignung, den Schutz des Rechtsguts zu bewirken, „um dessen Willen sie erfolgen".[283] Das Polizeirecht folge als Einzelfallrecht dem freiheitsrechtlichen Übermaßverbot und werde – so *Kirchhof* – dabei vom Gleichheitssatz auf die Realitätsgerechtigkeit und Sachgerechtigkeit der konkreten Gefahr und der für ihre Abwehr geeigneten Handlungsmittel verwiesen: „Ein Gesetz, das die Wirklichkeit verfehlt, mit seinen Unterscheidungen seinen Gegenstand – die tatsächliche Betroffenheit der Grundrechtsberechtigten – nicht realitätsgerecht erfasst, ist in seinen Einwirkungen auf die Wirklichkeit nicht zu rechtfertigen. [...] Bei Typisierungen muss der Gesetzgeber realitätsgerecht den typischen Fall als Maßstab zugrunde legen. Gleichheit sucht nach den Gemeinsamkeiten in der Wirklichkeit, die eine die Betroffenen gemeinsame Rechtsfolge rechtfertigt. Erfasst ein Gesetz die Wirklichkeit nicht, verfehlt es diese Gemeinsamkeit, ist nicht zu rechtfertigen."[284]

---

279 Rachor/Graulich, in: Lisken/Denninger, Handbuch des Polizeirechts, Kapitel E, Rn. 113.

280 Vgl. oben Fn. 225.

281 Vgl. unten Fn. 328.

282 Zum Gesetzesvorbehalt vgl. Grzeszick, in: Maunz/Dürig, Grundgesetz Kommentar (Stand: 82. EL Januar 2018), GG, Art. 20, Rn. 111, und zum Übermaßverbot bzw. Verhältnismäßigkeitsgrundsatz als Verfassungsprinzip, ebd. Rn. 107.

283 Di Fabio, in: Maunz/Dürig, Grundgesetz Kommentar (Stand: 76. EL Dezember 2015), GG, Art. 2, Rn. 41.

284 Kirchhof, in: Maunz/Dürig, Grundgesetz Kommentar (Stand: 76. EL Dezember 2015), GG, Art. 3, Rn. 327.

Die Frage der Geeignetheit von Eingriffsmaßnahmen, die der Gesetzgeber normiert, unterliegt zunächst dessen Einschätzungsprärogative. Die Grenze zur Verfassungswidrigkeit der Ermächtigungsgrundlage für einen Eingriffsverwaltungsakt soll demnach erst dann überschritten sein, wenn sich die Prognose hinsichtlich der Zweckerreichungsmöglichkeit als „offenkundig fehlsam"[285] oder die Maßnahme von vornherein ungeeignet darstelle.[286]

Im Bereich der Gefahrenabwehr erlaube das Gebot der Geeignetheit zwar nur hierfür zwecktaugliche Maßnahmen, ohne dass aber eine vollständige Zweckerreichung eintreten müsse, solange die Maßnahme die gewünschten Effekte fördere, indem sie beispielsweise die Gefahr mindere.[287] Da die Eignungsprognose im legislatorischen Ermessen läge, dürfe sie nur sehr eingeschränkt überprüft werden.[288] Diese Prüfungsbeschränkung folge aus der grundsätzlichen Schwierigkeit, Auswirkungen von Maßnahmen der Kriminalitätsverhütung zu messen beziehungsweise zweifelsfrei festzustellen.[289]

Ob die Anforderungen an Befugnisnormen so niedrig sein können, wie so eben beschrieben, wird hinterfragt: Es wird gefordert, dass Eingriffsbefugnisnormen zur Verhütung von Straftaten ausreichend klar und bestimmt sein müssten und deshalb die Straftaten benennen müssten, zu deren Verhütung eingeschritten werden dürfe.[290] Auch wird dem Gesetzgeber eine Einschätzungsprärogative für legislative Prognosen nur dann zugesprochen, wenn er die verfügbaren empirischen Daten und Erfahrungssätze tatsächlich verwertet hat; sonst handele es sich nicht um eine plausible und vertretbare Prognose.[291] Am Weitesten gehen dürfte die Gegenposition zur weiten Prärogative, dass die Wertung des Gesetzgebers nicht einfach übernommen werden könne, sondern auf ihre Legitimität zu untersuchen sei.[292]

Da die Ausweisung in das Grundrecht des Art. 2 Abs. 1 GG eingreift, bemisst sich die gesetzgeberische Gestaltungsmöglichkeit an Verfassungsmaßstäben. Sie steht im Spannungsfeld zwischen dem öffentliche Interesse der Allgemeinheit und dem grundsätzlichen Freiheitsanspruch des Maßnahmenadressaten. Eingriffsmaßnahmen müssen insoweit auf einem überwiegenden öffentlichen Interesse beruhen.[293] Bei dieser Einschätzung soll der Gesetzgeber keine so weite gesetzgeberische Freiheit haben wie im Bereich der „willkürfreien legislatorischen Qualifikationskompetenz", sondern der Typus der „positiv gebundenen legislatorischen Qualifikationskompetenz" ebenso zur Anwendung kommen wie eine strikte Bindung

---

285 Degenhardt, Staatsrecht I, 2015, § 4, Rn. 424.
286 Grabitz, AöR 98 (1973), 568(572).
287 Schoch, in: Schoch, Besonderes Verwaltungsrecht, 2013, Kap. 2, POR, Rn. 156.
288 Waechter, DÖV 1999, 138 (S. 143).
289 Waechter, DÖV 1999, 138(143).
290 Möller/Warg, Polizeirecht, 2012, Rn. 102 b.
291 Breuer, Der Staat 16 (1997), 21(40).
292 Roggan, KJ 1999, 69(76.).
293 Grabitz, AöR 98 (1973), 568 (604 f.).

an das Übermaßverbot.[294] Es bedürfe daher eines positiven Nachweises, dass das Gemeinschaftsinteresse höher zu bewerten sei als das Individualinteresse, in seinem grundrechtlich geschützten Umfang, um ihm ein Überwiegen zuzubilligen.[295] Die Fragestellung betrifft also die Beweislast: Diese hänge bei der Prüfung der Erforderlichkeit und Proportionalität vom Grad des gesetzgeberischen Ermessens bei der Formulierung der maßgeblichen öffentlichen Interessen ab; im Rahmen legislatorischer Konkretisierungskompetenz und positiv gebundener Qualifikationskompetenz müsse die Erforderlichkeit und Proportionalität zu ihrer verfassungsrechtlichen Legitimierung dargetan werden könne.[296] Ob ein solches verfassungsrechtliches Beweislastprinzip besteht, ist freilich nicht unumstritten.[297]

Zur Beantwortung, ob das gewählte Mittel den Erfolg mit hinreichender Wahrscheinlichkeit fördert, werden Erfahrungssätze über die generelle Tauglichkeit einer Art von Mitteln in gewissen Situationen verlangt.[298] Ein Erfahrungssatz, dass Ausländer B und C Straftaten begehen werden, wenn man Ausländer A nicht ausweist, lässt sich nicht aufstellen. Deshalb wird auch mit der viel allgemeineren Formel der Gefahrenabwehr durch ein „grundsätzlich unnachsichtiges und kontinuierliches Vorgehen der Ausländerbehörden" argumentiert: Dieses werde andere Ausländer vor den damit vorhersehbaren Folgen warnen und sie vor gleichem oder ähnlichem Fehlverhalten abhalten, da Ausweisungen „nach der Lebenserfahrung" in besonderem Maße in der Öffentlichkeit und unter Ausländern bekannt würden.[299] Dabei soll es sich um eine „Erfahrungstatsache" handeln.[300]

Festzuhalten bleibt, dass die Abschreckungswirkung und die Intensität des Grundrechtseingriffs in einem sehr angespannten Verhältnis zueinander stehen, wenn die Wirksamkeit derart vage bleibt.

bb. Nachweisbarkeit der Wirksamkeit der generalpräventiv begründeten Ausweisung

Für die Wirksamkeit der Abschreckung mittels Ausweisung wird nur wenig Konkretes vorgebracht.[301] Eine generalpräventive Wirkung sei nur zu erzielen, wenn eine kontinuierliche Ausweisungspraxis bestehe und die Anlasstat nicht

---

294 Grabitz, AöR 98 (1973), 568 (604 f.).

295 Grabitz, AöR 98 (1973), 568 (604 f.).

296 Grabitz, AöR 98 (1973), 568 (616).

297 Genauer hierzu Dürig, Beweismaß und Beweislast, S. 108 f.

298 Koch/Rubel/Hesselhaus, Allgemeines Verwaltungsrecht, 2003, § 5 Rn. 137.

299 VGH Mannheim, Urteil v. 14.12.1978, XI 3357/78 = NJW 1979, 1118 1119 (1119).

300 VGH Mannheim, Urteil v. 14.12.1978, XI 3357/78 = NJW 1979, 1118 1119 (1119).

301 Vgl. auch Bast, Aufenthaltsrecht und Migrationssteuerung, S. 201 f., wonach das BVerfG die generalpräventive Ausweisung früh gebilligt und und die ggf. entgegenstehende Verfestigung nur über die Berücksichtigung bei der Ermessensentscheidung bzw. aufgrund des Rechtsstaatsprinzips erfolge, wenngleich die dogmatischen Konturen unscharf geblieben seien.

derart singuläre Züge aufweise, dass die an sie anknüpfende Ausweisung keine abschreckende Wirkung entfalten könne.[302] Dabei soll erforderlich sein, dass die Ausweisung die erhoffte abschreckende Wirkung entfalten kann, da sie ansonsten verfassungsrechtlich zu beanstanden sei.[303] Die Zielrichtung seien „Ausländer, die sich in einer mit dem Betroffenen vergleichbaren Situation befinden und sich durch dessen Ausweisung von gleichen oder ähnlichen Handlungen abhalten lassen".[304] Bei Betäubungsmittelstraftaten könne nach der der „Lebenserfahrung" davon ausgegangen werden, dass auf die Straftaten folgende ausländerrechtliche Konsequenzen aufgrund der „szenetypischen Verbundenheit der Mittäter (...) anderen Ausländern bekannt werden".[305]

Die Wirksamkeit soll also aus einer kontinuierlichen Ausweisungspraxis folgen, deren Effekt bisher nur mit der Lebenserfahrung[306] belegt worden ist, ohne dass es – soweit ersichtlich – empirische Untersuchungen gäbe.[307] Das Problem der fehlenden methodische Überprüfbarkeit und damit einhergehenden Unmöglichkeit, die Unwirksamkeit zu beweisen, werde zugunsten einer Einschätzungsprärogative des Gesetzgebers gelöst.[308]

Im Hinblick auf die lange Historie des Streits und die wiederholten Gesetzesänderungen ist zu beklagen, dass eine fundierte Auseinandersetzung mit der Frage, ob die Maßnahme sich als geeignet oder ungeeignet erwiesen hat, nie erfolgte. Es bestehen daher Zweifel, ob der Beurteilungsspielraum des Gesetzgebers nicht mittlerweile eingeschränkt ist.[309] Denn zumindest in der kriminologischen

---

302 Tanneberger, in: Kluth/Heusch, BeckOK AuslR (Stand: 01.05.2018), AufenthG, § 53, Rn 28. Bei krankheits- oder suchtbedingten Handlungen, insbesondere Taten aufgrund eines Hanges (vgl. § 64 StGB), soll eine Ausweisung aus generalpräventiven Gründen ausscheiden, da eine messbare Verhaltenssteuerung auf andere Ausländer erreicht werden könne. Dies soll auch bei „Leidenschafts- oder Konflikttaten" gelten, so Schmidt, StV 2016, 530 (532). Das Hamburgische OVG meint jedoch, Urteil vom 15.06.2015, 1 Bf 163/14, S. 20, dass durch die Ausweisung Ausländer davon abgehalten werden könnten, „Bedingungen herbeizuführen, unter denen sie dann im Zustand verminderter oder gar fehlender Schuldfähigkeit Straftaten begehen".
303 Es drohe sonst ein Verstoß gegen Art. 2 Abs. 1 bzw. Art. 1 Abs. 1 GG, so Renner, Ausländerrecht in Deutschland, Rn. 105.
304 Hailbronner, Asyl- und Ausländerrecht, 4. Aufl., 2017, Rn. 1011.
305 VG Düsseldorf, Urteil vom 11.11.2016, 7 K 3435/15, Rn. 66. Dies sei selbst dann der Fall, wenn nur die Folgen des § 11 AufenthG eintreten können, weil die Aufenthaltsbeendigung nicht vollstreckt werden könne.
306 Welte, InfAuslR 2015, 426 (427).
307 Vgl. hierzu bereits: Pagenkopf, DVBl. 1975, 764. Worin die „im Ordnungsrecht gewonnenen Erkenntnisse" herrühren sollen, auf dies sich Welte, InfAuslR 2015, 426 (428) bezieht, führt dieser nicht aus.
308 So, wenngleich kritisierend, Beichel, Ausweisungsschutz und Verfassung, S. 150.
309 Vgl. zur Frage des Erweisens der Ungeeignetheit im Laufe der Entwicklung: Grabitz, AöR 98 (1973), 568 (572).

Forschung, wird die Frage der Wirkung von Abschreckung durchaus untersucht (hierzu sogleich).

(1) Abschreckungswirkung durch Sanktionen

Zur Frage, ob mit einer Ausweisung tatsächlich ein generalpräventiver Zweck erreicht werden kann, lohnt ein Blick auf die Frage der Abschreckungswirkung im Strafrecht, da sie dort stark umstritten ist.[310]

Die Abschreckungswirkung ist aus kriminologischer Sicht nicht von der Eingriffsintensität der „Sanktion" abhängig.[311] Wenn nicht einmal – in anderen Staaten – die Todesstrafe[312] beziehungsweise besonders harte, freiheitsentziehende Sanktionen die Abschreckungswirkung steigern soll,[313] fragt sich, weshalb dies durch eine Ausweisungsverfügung gelingen sollte. Abschreckung durch eingriffsintensive strafrechtliche Sanktionen könne nur dort funktionieren, wo das Bild der ökonomischen Kriminalitätstheorien von rational berechnenden Tätern plausibel ist: in bestimmten Bereichen der Umwelt- und Wirtschaftskriminalität und im Bereich organisierter Kriminalität. Letztendlich bildeten nicht Abschreckung, sondern Normakzeptanz und die vom sozialen Umfeld zu erwartenden Reaktionen den stärkeren Beweggrund für rechtskonformes Verhalten.[314]

Grundsätzlich setzt der Einfluss von Sanktionierung auf die individuelle Abschreckung bei den Individuen die Kenntnis der Sanktionierungspraxis voraus.[315] Soweit man zwischen von stark singulären Zügen geprägten Straftaten und solchen, die dies nicht sind, unterscheiden möchte, dürfte es schon kaum möglich sein, von einer Kenntniserlangungsmöglichkeit einer Ausweisungspraxis zu sprechen, da dann die potentiellen Straftäter die genauen Hintergründe einer Verurteilung kennen müssten einschließlich der diffizilen Frage, ob diese sodann zu einer bestandskräftigen bzw. vollziehbaren Ausweisung führt. Letztlich müssten den

---

310 Näher zum Meinungsstreit Kinzig, in: Schönke/Schröder, Strafgesetzbuch, 30. Auflage 2019, StGB, § 46. Rn. 5–5a.

311 Streng, in: Neuhaus (Hrsg.), Sicherheit in der Gesellschaft heute, 2000, S. 7 (33), weist darauf hin, dass die „besonders beliebte Abschreckungsidee" der Bestrafung bei ernsthafter Tatmotivation in den meisten Fällen versage und lediglich Risikovermeidungsstrategien hervorrufe. Die Effizienz von Abschreckungseffekten werde durch die ohnehin zur Normtreue Bereiten überschätzt.

312 Zur fehlenden Nachweisbarkeit wirksamer Abschreckung durch die Todesstrafe vgl. Hermann, in: Dölling/Götting u.a. (Hrsg.), FS für Heinz Schöch, S. 791 (808).

313 Mühl, Strafrecht ohne Freiheitsstrafen, S. 41; Streng, in: Neuhaus (Hrsg.), Sicherheit in der Gesellschaft heute, 2000, S. 7 (33), weist darauf hin, dass die „besonders beliebte Abschreckungsidee" der Bestrafung bei ernsthafter Tatmotivation in den meisten Fällen versage und lediglich Risikovermeidungsstrategien hervorrufe. Die Effizienz von Abschreckungseffekten werde durch die ohnehin zur Normtreue Bereiten überschätzt.

314 Mühl, Strafrecht ohne Freiheitsstrafen, S. 44.

315 Mühl, Strafrecht ohne Freiheitsstrafen, S. 43.

potentiellen Straftätern somit nicht nur die Tatumstände geläufig sein, sondern auch alle im Rahmen des gem. § 53 Abs. 1 und 2 AufenthG zu berücksichtigenden Umstände des Einzelfalls einschließlich der Gründe für oder gegen die Anwendbarkeit des § 53 Abs. 3 AufenthG vor Augen sein. Bereits dies zeigt, dass eine „kontinuierliche Ausweisungspraxis" mit der Gesetzesbegründung des Gebots der Abwägung „aller Umstände des Einzelfalls" und einer „ergebnisoffenen Abwägung der Interessen"[316] schwerlich in Einklang zu bringen ist.

Hinzu tritt, dass das Ausweisungsinteresse auch dann generalpräventiv begründet werden können soll, wenn eine Ausweisung gar nicht verfügt werden kann – beispielsweise, weil die Abwägung zu Gunsten des Ausländers ausschlagen würde.[317] Nach der jüngsten Rechtsprechung des Bundesverwaltungsgerichts sollen zudem, wenn das Ausweisungsinteresse auf einem Sachverhalt begründet ist, der gar nicht strafrichterlich abgeurteilt wurde, für die Wirksamkeit der Generalprävention die Fristen des strafrechtlichen Verfolgungsverjährungsrechts herangezogen werden.[318] Ob man bei einer derartigen Auslegung der Ausweisungsvorschriften unter – richterrechtlich vorgenommener – Einbeziehung strafrechtlicher Verjährungsvorschriften, eine Kenntniserlangungsmöglichkeit von einer Behördenpraxis unterstellen kann, erscheint schon im Hinblick auf die Komplexität der Verjährungsvorschriften zweifelhaft. Erst recht ist dies nicht zu erwarten, wenn gar keine Aufenthaltsbeendigung, sondern nur die fehlende Titelerteilung als Abschreckungsmittel droht.

Dabei ist auch zu sehen, dass der Strafprozess in der öffentlichen Wahrnehmung wesentlich größeres Interesse findet als Verwaltungs(gerichtliche)verfahren. Die Annahme, dass die Ausweisung in Folge bestimmter Straftaten abschreckende Wirkung auf andere – potentiell straffällige Ausländer ohne deutsche Staatsangehörigkeit – hätte, bleibt vage. Nur ein kleiner Personenkreis erhält überhaupt Kenntnis von der Ausweisung im Zusammenhang mit einer konkreten Straftat, nämlich in der Regel nur das persönliche Umfeld des Betroffenen, das sich keineswegs aus einem potentiellen Adressatenkreis für die Abschreckung zusammen setzen muss.

Die Nachweisbarkeit der Abschreckungswirkung muss dabei – in der Regel – noch die Hürde der strafrechtlichen Sanktionierung überwinden. Billigt man bereits der strafrechtlichen Sanktion Abschreckungswirkung zu, die auch als Rechtfertigung für den jeweiligen Strafrahmen gilt,[319] stellt sich die Frage, weshalb

---

316 Gesetzesbegründung, BT-Drs. 18/4097, S. 49.

317 BVerwG, Urteil vom 12.07.2018, 1 C 16.17, Rn. 15.

318 BVerwG, Urteil vom 12.07.2018, 1 C 16.17, Rn. 23. Harsche Kritik an der Rechtsprechung äußerte Cziersky-Reis, ANA-ZAR, 2019, 74, der gerade in Anwendung des vom BVerwG entwickelten Fristenmodells willkürliche und unverhältnismäßige Entscheidungen erwartet.

319 Detter, NStZ 2002, 415 (417).

nicht alleine diese andere Ausländer von der Begehung von Straftaten abhält, sondern erst durch die Ausweisung die Abschreckungswirkung entfaltet werden soll. In den Allgemeinen Verwaltungsvorschriften zum Aufenthaltsgesetz vom 26.10.2009 wird für eine Reihe von Straftaten eine durch Ausweisung erzielbare generalpräventive Wirkung angenommen: beispielsweise für Rauschgifttaten, Vermögensdelikte wie Steuerhinterziehung, Zolldelikte.[320]

In der kriminologischen Forschung wird dagegen betont, dass gerade für Tätergruppen, bei denen die generalpräventive Wirkung von Strafe besonders herausgestellt werde (Rauschgifthändler, spezielle Wirtschaftsstraftäter, Mitglieder gewalttätiger Gruppen oder der organisierten Kriminalität), keine Aussage möglich ist, dass eine besondere Sanktionsschärfe abschreckende Wirkung habe.[321]

Für die Frage der Berücksichtigungsfähigkeit generalpräventiver Gründe kommt es daher darauf an, ob verlangt wird, dass im Hinblick auf die jahrzehntelange Diskussion der Wirksamkeitsnachweis von dem Gesetzgeber geführt werden hätte müssen – oder ob die Beweislast für den Gegenbeweis bei den Betroffenen liegt, wie der Verwaltungsgerichtshof Baden-Württemberg in der Vergangenheit ausführte.[322] Fraglich ist, ob zuletzt im Gesetzgebungsverfahren ein Wirksamkeitsnachweis erbracht wurde.

(2) Nachweis der Wirksamkeit im Gesetzgebungsverfahren

Ein Nachweis im Gesetzgebungsverfahren zur Erörterung der Frage, ob die Generalprävention Wirkung entfalten kann, findet sich in den veröffentlichten Protokollen und Ausschussunterlagen nicht. Hinsichtlich der Einführung des Aufenthaltsgesetzes 2005 aufgrund Gesetzesinitiative der Bundesregierung vom 07.02.2003[323] findet sich weder in der Gesetzesbegründung noch im Fortgang eine derartige Erörterung. Auch im Gesetzgebungsverfahren zum Gesetz zur Neubestimmung des Bleiberechts und der Aufenthaltsbeendigung[324] ist nichts Substantielles vorgetragen worden. Im Rahmen der Anhörung der Sachverständigen wurde die Beibehaltung der generalpräventiven Ausweisung kritisiert[325], von anderer Seite befürwortet.[326]

---

320 Allgemeine Verwaltungsvorschriften zum AufenthG, Vor 53.3.2.2.1.

321 Schöch, in: Frank/Harrer, Der Sachverständige im Strafrecht – Kriminalitätsverhütung, S. 95 (108).

322 VGH Baden-Württemberg, Urteil v. 14.12.1978, XI 3357/78 = NWJ 1979, 1118 (1119). Auch das Hamburgische OVG betont, dass die gesetzgeberische Ermessensentscheidung nicht in Frage gestellt werden könne, Urteil vom 15.06.2015, 1 Bf 163/14, S. 13.

323 Gesetzesentwurf BT-Drs. 15/420 (Entwurf eines Gesetzes zur Steuerung und Begrenzung der Zuwanderung und zur Regelung des Aufenthalts und der Integration von Unionsbürgern und Ausländern (Zuwanderungsgesetz)).

324 Gesetzesentwurf BT-Drs. 18/4097.

325 Tim Kliebe, Deutscher Anwaltsverein, in der Sachverständigenanhörung vom 23.03.2015, BT-Innenausschuss Protokoll Nr. 18/42, S. 20.

326 Stellungnahme BDVR v. 18.12.2014, BDVR, BT-Innenausschuss-Drs. 18(4)221, S. 1.

Die Begründungen im Gesetzgebungsverfahren lassen zwar eine tiefergehende Auseinandersetzung mit der Problematik der Wirkung der Generalprävention nicht erkennen, dennoch fand letztere ausdrücklich Niederschlag entgegen der ursprünglichen Begründung in dem Referentenentwurf.[327] Im Referentenentwurf wurde § 54 AufenthGE rein gefahrenindiziell begründet:

> *„[In 54 Abs. 1 Nr. 1 AufenthGE (Freiheitsstrafe ohne Bewährung)] [...] kommt zum Ausdruck, dass der Ausländer bereits in erheblicher Weise den Rechtsfrieden im Bundesgebiet gestört hat und nicht davon auszugehen ist, dass er sein Leben straffrei verbringen wird. [...]."*[328]

In der Gesetzesbegründung der Bundesregierung wurde die Formulierung zur Begründung des § 54 AufenthG nicht übernommen. Gefahrenindizielle Begründungen finden sich dort nicht, sondern spezialpräventive und anders als im Referentenentwurf zu § 53 AufenthGE[329] generalpräventive Gesichtspunkte:

> *„Die Ausweisungsentscheidung kann grundsätzlich auch auf generalpräventive Erwägungen gestützt werden, wenn nach Abwägung aller Umstände des Einzelfalls das Interesse an der Ausreise das Interesse des Ausländers an einem weiteren Verbleib im Bundesgebiet überwiegt."*

Im Gesetzgebungsverfahren 2016 wurde vom Sachverständigen *Günzler*[330] die Auffassung vertreten, dass die *rein* generalpräventiv begründete Ausweisung nach dem Gesetzeswortlaut nicht mehr zulässig sei; ebenso die Sachverständige *Schönberg*[331]. *Thym*[332] spricht als offene Frage an, ob im Rahmen der notwendigen *Gesamtabwägung* und im Lichte des Unionsrechts auch generalpräventive Erwägungen berücksichtigt werden können.

Schmitt Glaeser[333] wies bereits 2003 darauf hin, dass Bundesverfassungsgericht im Verfahren 1 BvR 241/77[334] eine Anfrage an die Bundesregierung zur Wirkung der Generalprävention wie folgt zusammengefasst hat:

> *„Empirische Erhebungen über generalpräventive Wirkungen von Ausweisungen dürften auf kaum überwindbare methodische Schwierigkeiten stoßen. Die Annahme einer generalpräventiven Wirkung von Ausweisungen beruhe auf der Lebenserfahrung, vor allem den Erkenntnissen der Kriminalistik. Im Bereich des Waffenrechts seien generalpräventive*

---

327 Vgl. Kritik des BDVR vom 29.07.2014 zum Referentenentwurf, BDVR, BT-Innenausschuss-Drs. 18(4)134, S. 3.
328 Bundesministerium des Inneren, Referententwurf vom 07.04.2014, S. 42.
329 Gesetzentwurf der Bundesregierung vom 25.02.2015, BT-Drs. 18/4097, S. 49.
330 Sachverständigenanhörung v. 22.02.2016, BT-Innenausschuss Protokoll Nr. 18/72, S. 23.
331 Schönberg, Stellungnahme zur Sachverständigenanhörung vom 22.02.2016, S. 4.
332 Thym, Stellungnahme zur Sachverständigenanhörung vom 22.02.2016, S. 5.
333 Schmitt Glaeser, ZAR 2003, 176 (177).
334 BVerfG, Beschluss vom 17.01.1979, 1 BvR 241/77, Gründe A III Nr. 2.

Maßnahmen unentbehrlich. Ausländer, zumal aus Staaten mit wesentlich niedrigerem Zivilisations- und Lebensstandard fürchteten die Ausweisung mehr als eine Bestrafung. Generalprävention bei Ausweisungen verstoße nicht gegen Verfassungsrecht, insbesondere nicht gegen Art. 1 Abs. 1 GG; denn es bleibe dabei, dass der Ausländer wegen einer von ihm begangenen Straftat ausgewiesen werde. Auch Art. 2 Abs. 1 GG werde nicht verletzt. § 10 Abs. 1 Nr. 2 AuslG räume den Ausländerbehörden keinen unzulässigen Ermessensspielraum ein, und bei der Anwendung dieser Bestimmung sei immer der Grundsatz der Verhältnismäßigkeit zu beachten."

Dass empirische Erhebungen zwischenzeitlich diese Schwierigkeiten überwunden hätten, ist nicht ersichtlich. Von einem erbrachten Nachweis der Abschreckungswirkung kann nicht ausgegangen werden.

d. Meinungsstand in Rechtsprechung und Literatur

Grundsätzliche Zweifel an der Wirksamkeit der generalpräventiven Ausweisung erhebt *Schmid-Drüner*.[335] Die Gruppe der Drittstaatsangehörigen sei völlig inhomogen und es bestehe kein Anhaltspunkt, weshalb bei dieser zusätzlich zur Strafverbüßung und hierdurch möglicherweise erfolgter Resozialisierung eine Ausweisung zur Straftatenvermeidung erforderlich sein solle. Es handele sich um eine Differenzierung nach Nationalitäten und nicht nach Gefahren.

Dagegen erkennt *Ruidisch* die Geeignetheit der Maßnahme darin, dass durch eine konsequente Ausweisungspraxis den ausländischen „Gästen" die Glaubwürdigkeit der Verteidigung der Rechtsordnung vermittelt werde. Generalpräventive Zwecke dürften zur Abwehr konkreter Gefahren verfolgt werden. Dabei komme es nicht darauf an, ob der verurteilte Ausländer weiterhin eine Gefahr darstelle, da in den Augen der übrigen Ausländer die Glaubwürdigkeit bereits dadurch gefährdet sei, dass ein grob rechtsbrüchiger Ausländer weiter im Inland verbleiben dürfe.[336]

Die unübersehbare Nähe und daraus folgende Abgrenzungsproblematik zum Schuldstrafrecht, das – wenn man einen generalpräventiven Strafzweck annimmt – bereits Abschreckungswirkung entfalten soll, vermag diese Begründung von *Ruidisch* nicht aufzulösen. Zumal er gar nicht auf die negative Abschreckungswirkung abstellt, auf die sich die Rechtsprechung bezieht, sondern auf die positive Generalprävention durch Normstabilisierung. Dies ruft aber erhebliche Zweifel hervor, dass es hierbei noch um Gefahrenabwehr geht.

Die Befürworter der generalpräventiv begründeten Ausweisung haben die Rechtsprechung des Bundesverwaltungsgerichts auf ihrer Seite. Die Vorstellung der Verhaltenssteuerung durch Eingriffsverwaltung und damit jedenfalls nicht klassischen gefahrenabwehrrechtlichen Ausrichtung des Ausweisungsrechts präge, so *Thym*, als eines der Problemfelder mangelnder Subjektivierung

---

335 Schmid-Drüner, Begriff der öffentlichen Sicherheit und Ordnung, 2007, S. 369.
336 Zum Ganzen: Ruidisch, Einreise, Aufenthalt und Ausweisung, S. 248 f.

seit langem die Kritik am Ausweisungsrecht.[337] Seit der APVO bis einschließlich der Einführung der §§ 53 ff. AufenthG 2005 gälten spezielle Ausweisungstatbestände unabhängig von den polizeirechtlichen Grundsätzen der Gefahrenabwehr. Statt einer Polizeigefahr verlange die ausweisungsrechtliche Generalklausel, dass ein Ausländer die „öffentliche Sicherheit und Ordnung *oder* sonstige erhebliche Interessen der Bundesrepublik Deutschland *beeinträchtigt*".[338] Den fortgeltenden Grundsatz habe das Bundesverwaltungsgericht[339] bereits 1970 formuliert:

> *„Die Ausweisung kann [...] auch geboten sein, wenn kein ausreichender Anhaltspunkt dafür vorliegt, daß der wegen eines Verbrechens oder Vergehens verurteilte Ausländer sich erneut strafbar machen oder auf andere Weise die Rechtsordnung mißachten werde [...]. Da die Ausweisung keine selbständige polizeiliche Verfügung ist [...], setzt ihre Anordnung keine konkrete Gefahr für die öffentliche Sicherheit oder Ordnung voraus. Die Ausweisungstatbestände des § 10 Abs. 1 AuslG haben auch den Zweck, die im Geltungsbereich des Ausländergesetzes wohnenden Ausländer dazu zu veranlassen, keine Belange der Bundesrepublik Deutschland zu beeinträchtigen. Die Ausländerbehörde macht daher von dem Ermessen in einer dem Zweck der Ermächtigung entsprechenden Weise Gebrauch, wenn in bestimmten Fallgruppen die Ausweisung nach der Lebenserfahrung dazu führen kann, daß andere Ausländer zur Vermeidung der ihnen sonst drohenden Ausweisung sich während ihres Aufenthaltes im Geltungsbereich des Ausländergesetzes ordnungsgemäß verhalten."*

Dabei ist eine unselbständige polizeiliche Verfügung nach *Drews/Wacke* dadurch gekennzeichnet, dass ein Tatbestand als gefährlich festgelegt werde, also die Gefährdung der öffentlichen Sicherheit oder Ordnung unwiderleglich vermutet werde, und es – anders als bei einer selbständigen Polizeiverfügung – einer konkreten Gefahr nicht bedürfe.[340] *Vogel/Martens*[341] vertraten zum Ausländergesetz die Auffassung, dass der Gesetzgeber auf das Vorliegen einer *konkreten* Gefahr für die durch das Ausländergesetz geschützten Rechtsgüter verzichtet habe, zugunsten

---

337 Thym, Migrationsverwaltungsrecht, S. 204 ff.

338 Zum Ganzen Thym, Migrationsverwaltungsrecht, S. 204 f, Fn. 36 (Hervorhebungen übernommen). Die Beeinträchtigung ist nach dem Wortlaut des § 53 AufenthG n.F. nicht mehr ausreichend, vgl. Fn. 203 und 214.

339 BVerwG, Urteil vom 16.06.1970 – BVerwG I C 47.69 = BVerwG 35, 291 = JurionRS 1970, 13473 (Rn. 10).

340 Drews/Wacke, Allgemeines Polizeirecht, 1961, S. 261 f. Dies soll bei § 10 AuslG der Fall gewesen sein. Dass § 10 AuslG den Gegenbeweis des Betroffenen einer nicht bestehenden Gefahr ausschließen wollte, wurde jedoch durchaus bezweifelt, vgl. Ruidisch, Einreise, Aufenthalt und Ausweisung, S. 248. Dagegen könne, so Vogel/ Martens, in: Drews/Wacke/Vogel/Martens, Gefahrenabwehr, 1986, S. 412, die Frage der konkreten Gefahr ein Sachgesichtspunkt bei der Ermessensausübung sein.

341 Vogel/Martens, in: Drews/Wacke/Vogel/Martens, Gefahrenabwehr, 1986, § 11, S. 180. Hervorhebung durch Verfasser.

der von der Rechtsprechung zugelassenen Berücksichtigung der Generalprävention in bestimmten Fallgruppen.

Von den Kritikern wird vorgebracht, dass generalpräventive Erwägungen einen „Fremdkörper im Polizei- und Ordnungsrecht"[342] darstellten. Die Nebenfolge der Abschreckung potentieller Störer durch spezialpräventive Maßnahme führe nicht zu einer generalpräventiven Eingriffsermächtigung, da hierdurch gar keine Gefahren abgewehrt würden, weshalb es sich um eine ungeeigneten Maßnahme handele. Dagegen handele es sich bei Präventivmaßnahmen wie der verdachtsunabhängigen Identitätsfeststellung nicht um Gefahrenabwehr, weil noch keine Gefahr vorliege.[343] Es drohe ein Rechtsformenmißbrauch.[344]

Gefahrenabwehrmaßnahmen setzen – unabhängig auf welcher gesetzlichen Grundlage erfolgend – das Bestehen einer Gefahr voraus.[345] Dabei genügt nicht eine entfernte Möglichkeit eines Schadenseintritts („Risiko").[346] Bei der Frage der negativen Generalprävention ist eine Prognose, dass ein konkret ins Auge zu fassender Ausländer eine Straftat begehen wird, nicht zu treffen. Es fehlt schon an konkreten Anhaltspunkten, die es prognostisch im Hinblick auf eine Schadenseintrittswahrscheinlichkeit zu beurteilen gilt.[347] Vielmehr werden derartige Straftaten nur für möglich gehalten. Durch die Kenntnis von der Ausweisung eines anderen Ausländers beziehungsweise eine kontinuierliche Ausweisung straffälliger Ausländer sollen sich Ausländer von der Begehung von Straftaten abhalten lassen. Dass eine konkrete Gefahr insoweit nicht konstatiert werden kann, folgt schon daraus, dass sich sonst die Abwehrmaßnahme gegen den potentiellen Straftäter richten müsste. Bei einer generalpräventive Zwecksetzung werden aber *abstrakte* Gefahren in den Blick genommen.[348] Selbst wenn generalpräventiven Begründungsstrategien realitätsnäher sei dürften als Unterstellungen über die Indizwirkung vergangener Straftaten – so *Keil*[349] -, diene die negative Generalprävention nur einer allgemeinen Abschreckung und nicht der Abwehr einer Gefahr.

Park stellt fest, dass die strafrechtliche Gefahr, die (eventuell) aufgrund seiner Persönlichkeit von einem Straftäter ausgeht „im Grunde genommen" etwas anderes ist als die polizeiliche Gefahr im Einzelfall. Im Polizeirecht spielten weder der subjektive Tatbestand noch die Schuld des Störers eine wesentliche Rolle, wolle es doch unabhängig hiervon die Gefahr in vielfältiger Weise abwehren oder zumindest

---

342 Kießling, Abwehr, S. 95.
343 Zum Ganzen Kießling, Abwehr, S. 95 ff.
344 Gärditz, Strafprozeß und Prävention, S. 48 (Fn. 103).
345 Schoch, Jura, 2003, 472 (472 f.).
346 Vgl. näher unten S. 99.
347 Zur Prognose näher S. 109.
348 So auch Keil, Freizügigkeit, Gerechtigkeit, demokratische Autonomie, S. 91. Dabei beruhen abstrakte Gefahren auf einem typisierten, real nicht existierenden, sondern gedachten Lebenssachverhalt, so Weber/Köpper, Polizeirecht Bayern, 2015, Rn. 34.
349 Keil, Freizügigkeit, Gerechtigkeit, demokratische Autonomie, S. 95 f.

mindern: vom Aufspüren der Gefahrenquelle im Vorfeld bis hin zum Unterbrechen einer Kausalkette.[350] Die im Präventionsstrafrecht beabsichtigte Beeinflussung der kriminellen Disposition von Menschen und polizeiliche Gefahrenabwehr hätten wenig gemeinsam.[351] Auch *Hassemer* beschreibt die Prävention (Besserung des Straftäters, Abschreckung aller anderen und die Sicherung des Normvertrauens) als das mittlerweile „zentrale Paradigma des Strafrechts", nachdem die klassischen Strafziele der Vergeltung und Sühne in den Hintergrund getreten seien.[352]

Festzuhalten sei, so *Thym*, dass generalpräventive Erwägungen nicht zum Standardfall der Gefahrenabwehr aufgrund der polizeilichen Generalklausel gehörten und man zutreffend von einem Fremdkörper im Polizeirecht sprechen könne.[353] Die polizeiliche Generalklausel schließe generalpräventive Gesichtspunkte in der Regel aus, verlange eine vom Störer ausgehende hinreichende Wahrscheinlichkeit eines Schadenseintritts und erlaube einen Rückgriff auf den Nichtstörer nur ausnahmsweise. Im Sonderordnungsrecht gebe es jedoch Beispiele für die Berücksichtigung generalpräventiver Gesichtspunkte, so im Bereich der Gefahrenvorsorge und für die Regelung abstrakter Gefahren durch Verordnungen. Im Hinblick auf die Systematik des AufenthG 2005 mit Ist-, Regel und Ermessensausweisung habe der Gesetzgeber die „Verantwortung für die Zulässigkeit generalpräventiver Ausweisungen" übernommen.[354] Während bei der Ermessensausweisung zwar eine Gefahrenprognose erforderlich gewesen sei, aber generalpräventive Gesichtspunkte bei fehlenden Anhaltspunkten für eine Wiederholungsgefahr Berücksichtigung finden hätten können, sei bei der Ist- und Regelausweisung eine Prognose künftigen Verhaltens ohnehin entbehrlich gewesen, was mit der generalpräventiven Wirkung gerechtfertigt worden sei.[355]

Auch die Vereinbarkeit mit dem Gleichheitssatz des Art. 3 Abs. 1 GG steht im Streit. Das Bundesverwaltungsgericht formuliere „lapidar", kritisiert *Kanein*, dass eine kontinuierliche Ausweisungspraxis aus dem Gebot der Gleichbehandlung folge.[356] Der Gleichheitssatz sei nicht gewahrt, so *Mayer*, wenn eine Gruppe von Normadressaten oder Normbetroffenen im Vergleich zu anderen Gruppen anders behandelt würden, ohne dass hierfür rechtfertigende Unterschiede bestünden; es sei nicht begründbar, weshalb die dem AufenthG unterfallenden Ausländer ungleich behandelt würden.[357] Dieses Problem ist durch die Neuregelung des § 53 Abs. 3 AufenthG noch signifikanter: Denn neben Unionsbürgern und ARB-Berechtigten[358], ist nun beispielsweise für Drittstaatsangehörige mit

---

350 Park, Wandel zum Sicherheitsrecht, S. 244.
351 Park, Wandel zum Sicherheitsrecht, S. 243.
352 Hassemer, in: v. Arnauld, Staack (Hrsg.), Sicherheit versus Freiheit?, S. 39 (52).
353 Thym, Migrationsverwaltungsrecht, S. 222–223.
354 Thym, Migrationsverwaltungsrecht, S. 223.
355 Zum Ganzen Thym, Migrationsverwaltungsrecht, S. 221–223.
356 Kanein, Ausländerrecht, 4. Auflage, 1987, Rn 42.
357 Mayer, VerwArch 101 (2010), Fn. 177 (S. 508).
358 Gemeint: Beschluss Nr. 1/80 des Assoziationsrates EWG/Türkei, abgekürzt als ARB.

Daueraufenthaltserlaubnis (§ 9a AufenthG) keine generalpräventive Ausweisung zulässig, für Personen mit Niederlassungserlaubnis aber schon. Der Unterschied zwischen den Titeln besteht – mit Ausnahme gewisser Privilegierungen wie in § 28 Abs. 2 S. 1 AufenthG – lediglich in der Antragstellung.

Auch die kriminologische Forschung zum „Ausländerstrafrecht" spricht für die Einschätzung fehlender Unterscheidbarkeit. Kriminalität ist demnach keine Frage des Passes, sondern eine Frage von Lebenslagen: „Die Ausländer gibt es [...] ebenso wenig wie die Ausländerkriminalität."[359] Der Begriff des Ausländers sei – so *Eisner* – eine „politische Kategorie", die sich aus dem Auseinanderfallen von Staatsangehörigkeit und dem momentanen geographischen Standort eines Individuums ergebe, ohne dass dies eine Ursache für Kriminalität sei. Weder seien Angehörige derselben Nationalität in allen europäischen „Gastländern" gleichermaßen kriminell auffällig – wie dies zu erwarten wäre, wenn nur die Kultur des Herkunftslandes eine Rolle spielen würde -, noch führe eine vergleichbare soziale Lage im Gastland notwendigerweise zu identischen Kriminalitätsbelastungen bei verschiedenen Herkunftsgruppen.[360] Auch *Feltes/Weingärtner/Weigert*[361] kommen in ihrer Untersuchung zu dem Ergebnis: „Die ausländische Herkunft ist nach allem, was wir wissen, kein kriminogener Faktor."

Beichel[362] vertritt die Auffassung, dass es empirisch fundierte Aussagen über die genaue Delinquenzstruktur von Einwanderern nicht gebe, so dass die Gefahr bestehe, dass unterschiedliche Deliktsformen, Begehungsweisen, Lebensschicksale und Bewältigungsstrategien unter einen nicht passenden Oberbegriff der Ausländerkriminalität gefasst würden.

Durch eine wachsende Zahl von Eingebürgerten, so *Walburg*[363], durch die Einführung des Geburtsortsprinzips im Staatsangehörigkeitsrecht und dem Zuzug von rund 1,9 Millionen Aussiedlern in den 1990er Jahren sei die ausländische Staatsangehörigkeit zunehmend weniger geeignet, die Gruppe der Jugendlichen mit Migrationshintergrund und damit das soziale Phänomen der Migration abzubilden. Überdies sei zu berücksichtigen, dass ein beträchtlicher Teil der nichtdeutschen Tatverdächtigen (2013: rund 20 Prozent) wegen eines Verstoßes gegen spezielle ausländerrechtliche Vorschriften registriert werde.

Die geforderte kontinuierliche Ausweisungspraxis sei, so *Gutmann*, nicht mehr möglich, wenn die Hälfte der Betroffenen, nämlich Unionsbürger und ARB-Berechtigte, von einer solchen Praxis aus Rechtsgründen nicht erfasst werden dürften und eine generalpräventiv begründete Ausweisung in ihrem Falle unzulässig sei.[364]

---

359 Steffen/Elsner, Kriminalität junger Ausländer, S. 1.
360 Eisner, Neue Kriminalpolitik, 1998, 11 (11 f.)
361 Feltes/Weingärtner/Weigert, ZAR 2016, 157 (164).
362 Beichel, Ausweisungsschutz und Verfassung, S. 192.
363 Walburg, Migration und Jugenddelinquenz – Mythen und Zusammenhänge, S. 8.
364 Gutmann, InfAuslR 1996, 273 (275). – Zur Diskrepanz des unterschiedlichen Ausweisungsschutzes abhängig von der Staatsangehörigkeit durch Geburt im Inland

Schließlich wird auch der Verantwortungszusammenhang zwischen der Anlasstat und der Abschreckungswirkung hinterfragt, bei dessen Fehlen die Gefahr der Verletzung der Menschenwürde und ein Verstoß gegen das Übermaßverbot drohe.[365] Nur weil der Betroffene durch sein Verhalten die Ausweisung veranlasst habe, sei nicht ersichtlich, so *Keil*[366], weshalb er für das Verhalten anderer Ausländer verantwortlich sein solle; dies deute in Richtung einer Sanktionierung strafbewehrten Verhaltens.

Schmitt Gläser sieht die Subjektqualität in Frage gestellt, wenn der Ausländer zum „Vehikel" werde und einer Gruppenhaftung unterliege. Das Phänomen des von ihm ausgehenden „schlechten Beispiels" sei allenfalls ethisch, aber nicht als Rechtsbegriff relevant. Es gebe auch keine besondere Pflicht zur Rechtstreue für Ausländer, die nicht auch alle anderen Personen hätten – mit dem Risiko der Bestrafung im Falle der Missachtung.[367] Auch der Bundesgerichtshof geht davon aus, dass es beispielsweise für einen Asylbewerber „keine gesteigerte Pflicht, keine Straftaten zu begehen" gibt.[368]

Zweifel, dass die Menschenwürde berührt wäre, äußert *Kirkagac*[369] unter Bezugnahme auf *Tiedemann*,[370] wonach die Menschenwürde durch generalpräventive Strafzwecke nicht tangiert sei, da das Auferlegen gewisser Lasten nicht eine Behandlung als bloßes Objekt beinhalten würde, da dies nicht den absoluten Schutz der persönlichen Authentizität und Identität berühre. Allerdings besteht im Falle der Ausweisung – wenn man sie als Exklusion versteht – jedenfalls im Einzelfall tatsächlich ein Eingriff in die persönliche Identität, nämlich die – Gefahr der – Zerstörung der Intimgemeinschaft, so dass eine Verletzung der Menschenwürde durchaus im Raum steht.[371]

---

je nach Aufenthaltsstatus der ausländischen Eltern vgl. Farahat, Progressive Inklusion, S. 358. Zur biografischen Zufälligkeit der deutschen Staatsangehörigkeit vgl. auch Habbe, Stellungnahme des Jesuiten-Flüchtlingsdienstes vom 20.03.2015, BT-Ausschuss-Drs. 18(4)269 H, S. 25.

365 Schmitt Glaeser, ZAR 2003, 176 (177).
366 Keil, Freizügigkeit, S. 92 f.
367 Schmitt Glaeser, ZAR 2003, 176 (178). – Allgemein gilt: Würde die Subjektivität grundsätzlich in Frage gestellt, hätte das Prinzip der Menschenwürde Vorrang vor den mit ihm kollidierenden Prinzipien, so R. Alexy, AöR 140 (2015), 497 (510 f.)
368 BGH Beschluss vom 25.06.2016, 2 StR 386/16,
369 Kirkagac, Verdachtsausweisungen, S. 50, Fn. 251.
370 Tiedemann, Menschenwürde als Rechtsbegriff, S. 466.
371 Zur Frage der Menschenwürde bei Verletzung der Intimgemeinschaft, Tiedemann, Menschenwürde als Rechtsbegriff, S. 423–425, 470.

e. Generalprävention und Konventionsrecht

Für Unionsbürger[372] kommt eine generalpräventiv begründete Aufenthaltsbeendigung nach der Rechtsprechung des Gerichtshofs der Europäischen Union (Europäischer Gerichtshof) nicht in Betracht.[373] Demnach komme es darauf an, ob das „Verhalten" des Betroffenen die schwerwiegenden oder zwingenden Gründe der öffentlichen Sicherheit und Ordnung tangiert werden.[374] Es wird vorgebracht, dass sich hieraus auch Einschränkungen für generalpräventive Ausweisungen von Drittstaatsangehörigen, soweit sie Angehörige Deutscher seien, da sich deren Ausweisung an den Maßstäben des Unionsrechts messen lassen müsse.[375] Es handele sich um Inländerdiskriminierung, wenn Angehörige von EU-Bürgern besser gestellt würden als diejenigen Angehörige von Deutschen, die nicht in den Schutzbereich des § 53 Abs. 3 AufenthG fielen.[376]

Es würde den Rahmen der Arbeit sprengen, diese Frage vertieft zu erörtern, da insoweit eine eigenständige Fragestellung der unterschiedlichen Behandlung von drittstaatsangehörigen Familienangehörigen von Deutschen und drittstaatsangehörigen Familienangehörigen von nicht deutschen EU-Bürgern geklärt werden müsste.

Jedenfalls ist aber im Anwendungsbereich der Europäischen Menschenrechtskonvention auch die Rechtsprechung des Europäischen Gerichtshofs für Menschenrechte zu berücksichtigen. Zu kritisieren ist insoweit die Argumentation des Bundesverwaltungsgerichts, soweit es sich zur Legitimierung der Generalprävention auf die Rechtsprechung des Europäischen Gerichtshofs für Menschenrechte insoweit berufen möchte, als aus dessen Rechtsprechung zu Art. 8 EMRK kein „ausdrückliches Verbot" generalpräventiv begründeter Ausweisungen folge und der im Falle generalpräventiver Ausweisungen eine Konventionsverletzung verneint habe.[377] Das Bundesverwaltungsgericht verkennt, dass der Europäische

---

372 Bei dem Betroffenen lag die 10-Jahres-Inlandsaufenthaltsdauer des heutigen § 6 Abs. 5 FreizügigG vor.

373 § 6 Abs. 2 Freizügigkeitsgesetz verlangt ebenfalls eine Gefahr, die von dem persönlichen Verhalten ausgeht.

374 EuGH, Urteil vom 23.11.2010, ECLI:EU:C:2010:708, C-145/09 (Tsakouridis), Rn. 55.

375 Gutmann, InfAuslR 2011, 177(179).

376 Schmidt, StV 2016, 530(536).

377 BVerwG Urteil vom 14.02.2012 1 C 7.11 Rn 22 = BeckRS 2012, 50796. Thym, DVBl. 2008, 1346 (1349) weist darauf hin, dass der EGMR in der Entscheidung vom 6.12.2007, Nr. 69735/01 (Chair), Ziff. 24 und 60 ff., eine ausdrücklich als generalpräventiv begründete Ausweisung „bestätigt" habe. Dies ist so mißverständlich dargestellt, da der Gerichtshof ausdrücklich ausführt, dass drei Sachverständigengutachten eingeholt worden seien und die Probleme, die zur Strafbarkeit geführt hätten, nicht vollständig beseitigt seien (dort Ziffer 60) und dies ebenso wie das nationale Gericht (ebd. Ziff. 24) berücksichtigt habe (vgl. Ziff. 67).

Gerichtshof für Menschenrechte den Begriff einer generalpräventiv begründeten Ausweisung überhaupt nicht kennt,[378] sondern die

> *„Aufgabe des Gerichtshofs darin (besteht) festzustellen, ob die Ausweisungsverfügung unter den Umständen des vorliegenden Falles einen gerechten Ausgleich zwischen den betroffenen Interessen schuf, namentlich dem Recht des Beschwerdeführers auf Achtung seines Familienlebens einerseits und der öffentlichen Sicherheit sowie der Aufrechterhaltung der Ordnung oder der Verhütung von Straftaten andererseits."*[379]

Zwar ist nach der Rechtsprechung des Europäischen Gerichtshofs für Menschenrechte und den von ihm in der dortigen Entscheidung aufgestellten sogenannten Boultif/Üner-Kriterien, auf die sich gerade auch das Bundesverwaltungsgericht[380] beruft, die Art und Schwere der zugrundeliegenden Straftat zu berücksichtigen. Allerdings auch die Zeit und das Verhalten nach der Tat.[381] Im Rahmen der vorzunehmenden Abwägung spricht die Berücksichtigung nachtatlicher Umstände gerade gegen eine generalpräventive Betrachtung.[382] Das folgt schon aus der fehlenden Kenntnisnahmemöglichkeit durch den abzuschreckenden Personenkreis, da es sich um individuelle Einzelfallumstände handelt. Der Europäische Gerichtshof für Menschenrechte verlangt regelmäßig, dass von dem Betroffenen eine Gefahr für die öffentliche Sicherheit und Ordnung zur Begehung neuer Straftaten ausgeht.[383] Er prüft daher die Ausweisung – wenn man es in die deutsche Rechtssprache übertragen möchte – spezialpräventiv.

Der Europäische Gerichtshof für Menschenrechte stellt „tatbezogen" und „täterbezogene" Kriterien an, so dass sowohl die persönliche Verantwortlichkeit,

---

378 Marx, ZAR 2015, 245 (248). Offen gelassen bei Kirkagac, Verdachtsausweisungen, S. 122.

379 EGMR, Urteil der Kammer v. 5.07.2005, 46410/00 (Üner), Abs. 39; bestätigt durch die Große Kammer mit Urteil v. 18.10.2006, 46410/99, (Üner), Abs. 57.

380 BVerwG, Urteil vom 14.02.2012 1 C 7.11 Rn 22 = BeckRS 2012, 50796.

381 EGMR, Urteil vom 18.10.2006, 46410/99, Üner ./. Niederlande, Abs. 57. Vgl. auch Thym, Migrationsverwaltungsrecht, S. 237.

382 Vgl. zur Problematik der Notwendigkeit der Kenntniserlangung oben Fn. 315.

383 Vgl. OVG Bremen, Urteil vom 6.11.2007, 1 A 82/07, S. 7 mit umfangreichen Nachweisen zur Rspr. Bei schweren Straftaten und fehlender Gleichstellung mit Einwanderern der 2. Generation lässt der EGMR im Einzelfall (Chair ./. Deutschland, Urteil vom 06.12.2007, 69735/01) ausreichen, dass die Wiederholungsgefahr nicht gänzlich ausgeräumt ist, während nach EGMR (4. Kammer), Urteil vom 12.1.2010, Bsw. 47486/06 (Khan ./. Vereinigte Königreich), sich bei einer Verurteilung zu 7 Jahren wegen Einfuhr von Heroin die „erhebliche Zeit des Wohlverhaltens" nach der Tat sich auf die „Einschätzung der Gefahr" für die Gesellschaft auswirken müsse (Rn. 41): „Under the approach taken in the *Boultif* judgment (cited above, §51), the fact that a significant period of good conduct has elapsed following the commission of the offence necessarily has a certain impact on the assessment of the risk which the applicant poses to society."

als auch die in die Zukunft gerichtete Prognose zu berücksichtigen sind. Die Frage
der Generalprävention wurde in den von dem Bundesverwaltungsgericht in Bezug
genommenen Entscheidungen nicht thematisiert, die Frage der Einzelfallgerechtigkeit steht im Vordergrund.[384] Der Gerichtshof stellt vielmehr darauf ab, ob die
Ausweisungsentscheidung in einer demokratischen Gesellschaft notwendig war.
Hierfür soll die persönliche Entwicklung im Zeitraum zwischen der letzten Verurteilung und der Ausweisungsentscheidung relevant sein, da dies für eine Prognose, ob der Täter erneut weitere schwere Straftaten begehen werde, Bedeutung
haben könne.[385] Dies kann nur als spezialpräventive Betrachtung gewertet werden.

f. Auswirkungen der neuen Rechtslage auf die Frage nach der generalpräventiven Legitimation

Das Bundesverwaltungsgericht hatte die Zulässigkeit generalpräventiver Ausweisungen im Anwendungsbereich des AufenthG 2005 aus dem Aufrechterhalten der
zwingenden Rechtsfolge des § 53 im AufenthG 2005 begründet. Der Gesetzgeber
habe im Bereich der zwingenden Ausweisung „unabhängig vom Vorliegen einer
Wiederholungsgefahr und damit auch bei Fehlen spezialpräventiver Gründe – also
allein aus generalpräventiven Erwägungen – als zulässig und geboten angesehen."[386] Die Ausweisung ist zwar auch nach § 53 AufenthG 2015 in der Rechtsfolge
zwingend, jedoch die bestehende Gefährdung als Tatbestandsmerkmal festge-
schrieben, die von dem *weiteren* Aufenthalt *des* Betroffenen ausgehen muss.[387]

Dies spräche zunächst für das Erfordernis einer Wiederholungsgefahr. Jedoch
hält die Bundesregierung in ihrer Gesetzesbegründung die Generalprävention im
Ausweisungsrecht für berücksichtigungsfähig. Generalpräventive Gründe sollen
sowohl bei der Frage der Wiedereinreisesperre im Rahmen von § 11 Abs. 4 AufenthG 2015 zu berücksichtigen sein,[388] als auch im Rahmen der Ausweisungsentscheidung. Es heißt insoweit:[389]

*„Die Ausweisungsentscheidung kann grundsätzlich auch auf <u>generalpräventive</u>
<u>Erwägungen</u> gestützt werden, wenn nach Abwägung aller Umstände des Einzelfalls das*

---

384 Hoppe, ZAR 2008, 251 (253); *Mayer*, VerwArch 101 (2010), S. 482(507).

385 Zimmermann/Elberling, in: Grote/Marauhn (Hrsg.), Konkordanzkommentar, 2. Aufl.
2013, Kap. 27, Rn. 138.

386 BVerwG, Urteil vom 14.02.2012, 1 C 7.11, Rn 19 = BeckRS 2012,50796.

387 Vgl. Begründung zum insoweit unveränderten Referentenentwurf zu § 53 Auf-
enthG-E Referentenentwurf, Stand 07.04.2014, S. 41 (Hv. durch Verfasser). Auch die
Begründung der Bundesregierung v. 25.02.2015 (BT-Drs. 18/4097, S. 49) spricht vom
„weiteren Aufenthalt des Ausländers", der die „Gefahr für die öffentliche Sicherheit
und Ordnung darstellt". Vgl. Hailbronner, Asyl- und Ausländerrecht, 4. Aufl. 2017,
Rn. 1009.

388 Begründung der Bundesregierung vom 25.02.2015, BT-Drs. 18/4097, S. 36.

389 BT-Drs. 18/4097, S. 49 (Hervorhebung durch Verfasser).

Interesse an der Ausreise das Interesse des Ausländers an einem weiteren Verbleib im Bundesgebiet überwiegt."

Der Wortlaut der Gesetzesbegründung könnte so zu verstehen sein, als dass generalpräventive Gründe nur einen Gesichtspunkt im Rahmen der Abwägung darstellen und eine spezialpräventiv begründete Gefahr unbeschadet dessen stets vorliegen muss.[390] Soweit eine spezialpräventive „Gefährdung" besteht, könnten dann im Rahmen der Einzelfallabwägung generalpräventive „Erwägungen" Berücksichtigung finden.[391]

Allerdings hat die Bundesregierung dies in der Gesetzesbegründung so nicht gemeint. Vielmehr verfolgt sie die bisherige Auffassung weiter, dass hier eine *abstrakte* Gefahr ausreichend sein soll.[392]

Zwar heißt es in der Gesetzesbegründung zunächst, dass die Gefahr, die von dem Verbleib in der Bundesrepublik ausgehen soll, polizeirechtlich zu verstehen ist und damit deutlich am Grundmuster der Gefahrenabwehr ausgerichtet sei.[393] So lautet die Gesetzesbegründung ausdrücklich:[394]

„Die Ausweisung im Sinne von § 53 Absatz 1 setzt tatbestandlich zunächst voraus, dass der weitere Aufenthalt des Ausländers eine Gefahr für die öffentliche Sicherheit und Ordnung der Bundesrepublik Deutschland darstellt."

Der Gang des Gesetzgebungsverfahrens[395] und die nach entsprechender Forderung[396] aufgenommene Erwähnung der generalpräventiven Erwägungen zeigen jedoch, dass der Gesetzgeber jedenfalls auch die ausschließlich generalpräventive Ausweisung im Blick hatte. Die Gesetzesbegründung nimmt ausdrücklich die höchstrichterliche Rechtsprechung zum Anlass der Gesetzesänderung und Abkehr von der Stufenausweisung. Der Gesetzgeber verwendet bei der Frage der Generalprävention dieselbe Wortwahl wie das Bundesverfassungsgericht. Das Bundesverfassungsgericht führte zum alten Recht aus, dass eine ausschließlich generalpräventiv begründete Ausweisung nicht per se rechtswidrig sei und spricht insoweit ebenfalls von *„generalpräventiven Erwägungen".*[397]

---

390 So im Ergebnis Cziersky-Reis, in: Hofmann, Ausländerrecht, 2. Aufl. 2016, AufenthG, § 53, Rn. 24.

391 Vgl. hierzu OVG Sachen-Anhalt, Beschluss vom 06.02.2017, 2 L 119/15, Rn. 25, der diese Auffassung durchaus in den Blick nimmt, die Frage aber offenlässt.

392 Vgl. hierzu zum alten Recht – wenngleich mit erheblichen Bedenken gegen die Rechtmäßigkeit der generalpräventiven Ausweisung: Keil, Freizügigkeit, Gerechtigkeit, demokratische Autonomie, S. 91.

393 Vgl. Funke, ZAR 2016, 209 (215).

394 BT-Drs. 18/4097, S. 49

395 Vgl. oben S. 67.

396 Vgl. oben Fn. 326 und 327.

397 Vgl. BVerfG, Kammerbeschluss vom 10.08.2007 – 2 BvR 535/06, Rn. 23 = NVwZ 2007, 1300 f. Hervorhebung durch Verfasser.

Auch die in § 53 Abs. 1 fehlende Formulierung, die § 53 Abs. 3 AufenthG verwendet, nämlich dass das „persönliche Verhalten" des Betroffenen die Gefahr verursacht, zeigt die gesetzgeberische Intention, generalpräventive Ausweisungen weiter zuzulassen, soweit nicht Abs. 3 anwendbar ist.[398]

Das Bundesverwaltungsgericht folgert gerade aus der Differenzierung zwischen dem persönlichen Verhalten, auf das § 53 Abs. 3 AufenthG abstellt, und der Tatsache, dass § 53 Abs. 1 AufenthG nur den weiteren Aufenthalt des Ausländers in den Blick nimmt, dass im Rahmen des Abs. 1 weiterhin generalpräventive Gründe den Tatbestand erfüllen können.[399]

Dabei ist die Begründung des Bundesverwaltungsgerichts allerdings ungenau, wenn es ausführt, dass „auch allein generalpräventive Gründe [...] ein Ausweisungsinteresse begründen können", und sogleich anfügt, dass der Wortlaut des § 53 Abs. 1 AufenthG „generalpräventive Gründe" zulasse, da diese „grundlegende Norm des neuen Ausweisungsrechts" nicht verlange, dass von dem ordnungsrechtlich auffälligen Ausländer selbst eine Gefahr ausgehen müsse.[400] Eine derartige Begründung vermischt zwei unterschiedliche Tatbestandsmerkmale: Das der Gefahr und das des Überwiegens der Ausweisungsinteressen.[401]

Auch die weitere Begründung schafft keine Klarheit. Das Bundesverwaltungsgericht stützt sich bei der Feststellung, dass generalpräventive Gründe ein Ausweisungsinteresse begründen könne – in der Entscheidung prüft es § 54 AufenthG als Tatbestandsmerkmal des § 5 Abs. 1 Nr. 2 AufenthG und nicht als Abwägungskriterium im Rahmen des § 53 AufenthG – auf die oben dargestellte Gesetzesbegründung, wonach die Ausweisungsentscheidung auf generalpräventive Erwägungen gestützt werden könnten. Generalpräventive Gründe, um ein Ausweisungsinteresse zu bejahen, und die Ausweisung*entscheidung* sind jedoch nicht dasselbe. Für § 5 Abs. 1 Nr. 2 AufenthG kommt es nicht darauf an, ob eine Ausweisungsentscheidung ergeht.[402]

Dass die Entscheidung den langen Streit um die Zulässigkeit einer generalpräventiv begründeten Ausweisung beenden könnte, ist nicht naheliegend. Tatsächlich ruft die Begründung des Bundesverwaltungsgerichts neue Fragen auf. Lassen sich Ausweisung*interessen* generalpräventiv begründen (so soll § 54 Abs. 2 Nr. 8 AufenthG typischerweise generalpräventiven Interessen dienen)[403], bedeutet dies

---

398 Vgl. Hailbronner, Asyl- und Ausländerrecht, 4. Auflage 2017, Rn. 1011.
399 BVerwG, Urteil vom 12.07.2018, 1 C 16.17, Rn. 17.
400 BVerwG, Urteil vom 12.07.2018, 1 C 16.17, Rn. 16.
401 Vgl. zu den beiden Tatbestandsvoraussetzungen Funke, ZAR 2016, 209 (210).
402 BVerwG, Urteil vom 12.07.2018, 1 C 16.17, Rn. 15.
403 BVerwG, Urteil vom 12.07.2018, 1 C 16.17, Rn. 20. – In der zur generalpräventiv begründeten Ausweisungsverfügung veröffentlichten Entscheidung des BVerwG, Urteil vom 09.05.2019, 1 C 21.18, Rn. 17, führt das BVerwG aus, dass „[...] *auch allein generalpräventive Gründe ein Ausweisungsinteresse begründen können"* und für die Verfügung einer Ausweisung nach § 53 AufenthG die Erwägungen aus der Entscheidung vom 12.07.2018 zu § 5 Abs. 1 Nr. 2 AufenthG heranzuziehen seien, *„[d]enn auch hier muss lediglich der weitere ‚Aufenthalt' eine Gefährdung der öffentlichen*

noch nicht, dass auch das Tatbestandsmerkmal der „Gefährdung" damit begründet werden kann, dass eine nicht erfolgende Ausweisung andere Personen nicht abschrecken würde. Nach Auffassung des Bundesverwaltungsgerichts soll dies offenbar so sein. Denn es führt aus, dass vom Aufenthalt eines Ausländers, der Straftaten begangen hat, auch dann eine Gefahr ausgehen kann, wenn von ihm selbst keine (Wiederholungs-) Gefahr ausgehe. Dies soll der Fall sein, wenn bei einem Unterbleiben einer ausländerrechtlichen Reaktion auf sein Fehlverhalten andere Ausländer nicht wirksam davon abgehalten würden, vergleichbare Delikte zu begehen. Hierdurch sei das Tatbestandsmerkmal der Gefährdung durch den weiteren „Aufenthalt" erfüllt.[404] Der Tatbestand sei ausreichend offen, um eine generalpräventive Auslegung des Gefahrbegriffs vorzunehmen.[405] Als ausländerrechtliche Reaktion soll es insoweit auf eine tatsächliche Aufenthaltsbeendigung aber nicht ankommen.[406] Dann kann jedenfalls durch eine Ausweisung oder andere ausländerrechtliche Reaktion wie einer Titelversagung aber eine „durch den Aufenthalt" bestehende Gefährdung gar nicht abgewendet werden, die das Gesetz verlangt.[407]

Die „von § 53 Abs. 1 AufenthG vorausgesetzte Gefahr" soll, so das Oberverwaltungsgericht Rheinland-Pfalz, keine „aktuelle" Gefahr voraussetzen und sei auch nicht auf eine „konkrete Gefahr zu reduzieren".[408] Das Bundesverwaltungsgericht nimmt diese Entscheidung in dem Urteil vom 18.07.2018 auch in Bezug.[409] Wenn das Oberverwaltungsgericht aber selbst von dem Erfordernis einer Gefahr ausgeht, nimmt es mit dem Ziel der Vermeidung künftiger ordnungsrechtlicher Störungen offenbar abstrakte Gefahren in den Blick.

Der Bayerische Verwaltungsgerichtshof sieht dagegen generalpräventive Aspekte als Teil des öffentlichen Ausweisungsinteresses und stellt diese in die Abwägung ein.[410] Soweit das Bundesverwaltungsgericht sich in der Auslegung des Tatbestandsmerkmals „Gefährdung" auf Entscheidungen des Bayerischen Verwaltungsgerichtshofs und des Verwaltungsgerichtshofs Hessen stützt,[411] ist dies

---

Sicherheit und Ordnung bewirken. Vom weiteren Aufenthalt eines Ausländers, der Straftaten begangen hat, kann indes auch dann eine solche Gefahr ausgehen, wenn von ihm selbst keine (Wiederholungs-)Gefahr mehr ausgeht, im Fall des Unterbleibens einer ausländerrechtlichen Reaktion auf sein Fehlverhalten andere Ausländer aber nicht wirksam davon abgehalten werden, vergleichbare Delikte zu begehen."

404 BVerwG, Urteil vom 12.07.2018, 1 C 16.17, Rn. 16.
405 OVG Rheinland-Pfalz, Urteil vom 23.05.2017, 7 A 11445/16, Rn. 46 f.; BVerwG, Urteil vom 12.07.2018, 1 C 16.17, Rn. 19.
406 BVerwG, Urteil vom 12.07.2018, 1 C 16.17, Rn. 15.
407 Ebenso Cziersky-Reis, ANA-ZAR, 2019, 74(75).
408 OVG Rheinland-Pfalz, Urteil vom 05.04.2018, 7 A 11529/17, juris Rn. Rn. 40.
409 BVerwG, Urteil vom 12.07.2018, 1 C 16.17, Rn. 16.
410 BayVGH, Urteil vom 28.06.2016, 10 B 15.1854, Rn. 38.
411 BVerwG, Urteil vom 12.07.2018, 1 C 16.17, Rn. 16.

irreführend, da sich in den dortigen Entscheidungen hierzu nichts findet. Beide Gerichte haben die Gefahr jeweils ausschließlich spezialpräventiv begründet.[412] Die Rechtsauffassung des Verwaltungsgerichtshofs Baden-Württemberg, wonach Ausweisungsinteressen im Sinne des § 5 Abs. 1 Nr. 2 AufenthG nicht auf generalpräventive Gründe gestützt werden könnten, hat sich bei dem Bundesverwaltungsgericht nicht durchsetzen können. Die umfassenden Ausführungen des Verwaltungsgerichtshofs, der den Wortlaut des § 53 Abs. 1 AufenthG als auf eine konkrete Polizeigefahr beschränkt versteht,[413] beantwortete das Bundesverwaltungsgericht mit deutlicher Kritik. Auf die „umfangreichen" Ausführungen komme es nicht an, da sich aus den „anerkannten Methoden der Gesetzesauslegung" ergebe, dass § 5 Abs. 1 Nr. 2 AufenthG auch generalpräventive Ausweisungsinteressen und § 53 Abs. 1 AufenthG generalpräventive Gründe erfasse.[414] Der Verwaltungsgerichtshof vertrat dagegen die Auffassung, dass der Wortlaut des § 53 Abs. 1 AufenthG („...dessen Aufenthalt [...] gefährdet [...]") stets eine „aktuelle" Gefahr verlange. Eine Abgrenzung zu § 53 Abs. 3 AufenthG, der auf das persönliche Verhalten abstelle, sei nicht vorzunehmen, da die Vorschrift unionsrechtlich begründet sei und auch nichts daran ändere, dass § 53 Abs. 1 AufenthG die Gefährdung durch den Aufenthalt verlange.[415]

Die Frage der Rechtmäßigkeit der generalpräventiv begründeten Ausweisung bleibt daher umstritten wie bisher und akut. Von einer für die Generalprävention eintretenden „herrschenden Auffassung" zu sprechen, die *Fricke*[416] erkennen möchte, bedeutet, sich ausschließlich auf die Rechtsprechung zu beziehen. Denn dass im Hinblick auf die jahrzehntelange Kritik und die Tatsache, dass auch im Gesetzgebungsverfahren eine systematisch und argumentativ begründete Auseinandersetzung und das Bundesverwaltungsgericht die aufgeworfenen

---

412 BayVGH, Urteil vom 28.06.2016, 10 B 15.1854, Rn. 30 („Die nach § 53 Abs. 1 AufenthG vorausgesetzte Gefährdung der öffentlichen Sicherheit und Ordnung ist beim Kläger zum Zeitpunkt der Entscheidung des Verwaltungsgerichtshofs noch gegeben. Denn es besteht noch eine hinreichende Wahrscheinlichkeit, dass der Kläger weiterhin Straftaten begehen wird, die sich insbesondere gegen das Eigentum anderer richten."); VGH Hessen, Urteil vom 27.02.2018, 6 A 2148/16, Rn. 28 („Es kann mit hinreichender Wahrscheinlichkeit davon ausgegangen werden, dass im Falle eines weiteren Verbleibs des Klägers im Bundesgebiet erneut Gefahren für die öffentliche Sicherheit und Ordnung eintreten könnten, indem der Kläger ggf. zur Erlangung eines ihm nicht zustehenden Bleiberechts abermals falsche Tatsachen vortäuschen könnte.")
413 VGH Baden-Württemberg, Urteil vom 19.04.2017, 11 S 1967/16, Rn. 34, 35.
414 BVerwG, Urteil vom 12.07.2018, 1 C 16.17, Rn. 21 bzw. Rn. 16.
415 VGH Baden-Württemberg, Urteil vom 19.04.2017, 11 S 1967/16, Rn. 38.
416 Fricke, jurisPR-BVerwG 18/2018, Anmerkung 5, D. Auf die Gegenauffassung nimmt sie nicht Bezug, beispielsweise Huber, in: Huber/Eichenhofer/Endres de Oliveira, Rn. 1083; Cziersyk-Reis, in: Hofmann, Ausländerrecht, 2. Aufl. 2016, AufenthG, § 53, Rn. 24 f.

Grundsatzfragen überwiegend unbeantwortet lässt, lässt ein Verstummen der Gegenposition nicht erwarten. Es ist auch unklar, was *Fricke*, die an der Entscheidung des Bundesverwaltungsgerichts mitgewirkt hat, aussagen möchte, wenn sie ausführt, dass nach altem Recht generalpräventive Erwägungen vor allem beim Ausweisungsermessen eine Rolle gespielt hätten, es sich nach jetzigem Recht aber um eine gebundene Entscheidung handele und „[d]er Gedanke der Generalprävention [...] nunmehr beim Ausweisungsinteresse zu berücksichtigen [ist]." Soweit damit das Tatbestandsmerkmal des überwiegenden Ausweisungsinteresses gemeint und die Generalprävention nur hier zu berücksichtigen ist, wäre eine ausschließlich generalpräventiv begründete Ausweisung gerade nicht möglich, da es dann am Tatbestandsmerkmal der Gefährdung fehlte.

Soweit vertreten wird, dass die „generalpräventive Wirkung" zwingend „auch"[417] im Rahmen der Abwägung berücksichtigt werden müsse, selbst wenn die Behörde hierzu im Bescheid nichts ausgeführt habe, beantwortet dies die Problematik der Begründung des Tatbestandsmerkmals der Gefährdung allein durch das Ziel der Abschreckung ebenfalls nicht.

Funke weist darauf hin, dass die Neufassung des Aufenthaltsgesetzes 2015 zu einer stärkeren Orientierung am Grundmuster der Gefahrenabwehr geführt habe, die es fragwürdig erscheinen lasse, generalpräventive Gründe zuzulassen. Bei der Ausweisung komme es im Hinblick auf das Bestimmtheitsgebot des Grundgesetzes und die Bestimmtheitsanforderungen nach Art. 8 Abs. 2 EMRK darauf an, dass für den Betroffenen die Folgen seines Verhaltens vorhersehbar sei. In diesem Zusammenhang sei auch auf die Figur der materiellen Polizeipflicht hinzuweisen.[418] Das Bestimmtheitsgebot habe im Polizei- und Ordnungsrecht die Funktion, den Verantwortlichen über den Inhalt seiner Nichtstörungspflicht in Kenntnis zu setzen – so auch im Ausweisungsrecht.[419]

Normenklarheit und -bestimmtheit soll grundsätzlich Voraussetzung für Ermächtigungsvorschriften sein, die mit einer Grundrechtsbeschränkung verbunden sind, damit der Betroffene die Rechtslage erkennen und sein Verhalten darauf einrichten kann; je intensiver eine Regelung in grundrechtlich geschützte Freiheiten eingreife, desto höher seien die Anforderungen an Bestimmtheit und Klarheit.[420]

Aufgrund des besonders intensiven Eingriffs in das Grundrecht aus Art. 2 Abs. 1 GG verlange die Wesentlichkeitsgarantie, so *Kießling*, bei solchen Eingriffen nicht

417 Tanneberger, in: Kluth/Heusch (Hrsg.), BeckOK AuslR (Stand 01.05.2018), AufenthG, § 53, Rn. 30.
418 Zum Ganzen Funke, ZAR 2016, 209 (215). Vgl. auch OVG Sachsen-Anhalt, Beschluss vom 6.02.2017, 2 L 119/15 – juris, Rn 25.
419 Funke, ZAR 2016, 209 (215). So auch Welte, InfAuslR 2015, 426 (427), wenngleich die Zulässigkeit generalpräventiv begründeter Ausweisungen bejahend.
420 Bach, Analogieverbot im Verwaltungsrecht, S. 148–149. Vgl. auch Hailbronner, Asyl- und Ausländerrecht, 4. Auflage 2017, Rn 1007.

nur, dass überhaupt ein Parlamentsgesetz vorliege, sondern dass der Gesetzgeber auch die einzelnen Eingriffsbefugnisse selbst regele. Dazu müsse die Eingriffsgrundlage hinreichend bestimmt sein und es dürfe nicht der Exekutive überlassen bleiben, einen unbestimmten Rechtsbegriff auszufüllen. Der Gesetzgeber müsse Regelungen so bestimmt fassen, „wie dies nach der Eigenart des zu ordnenden Lebenssachverhalts mit Rücksicht auf den Normzweck möglich ist".[421]

Das Bestimmtheitsgebot gilt auch für das Sicherheitsrecht.[422] Der Betroffene muss – so das Bundesverfassungsgericht – die Rechtslage anhand der gesetzlichen Regelung so erkennen können, dass er sein Verhalten danach auszurichten vermag; gleichzeitig kommt dem Bestimmtheits- und Klarheitsgebot auch Bedeutung für die Bindung der Verwaltung zu, „[indem] hinreichend klare Maßstäbe für Abwägungsentscheidungen bereitgestellt werden. Die Entscheidung über die Grenzen der Freiheit des Bürgers darf nicht einseitig in das Ermessen der Verwaltung gestellt sein".[423]

An einer ausreichenden Bestimmtheit der Rechtsgrundlage für eine generalpräventiv begründete Ausweisung bestehen erhebliche Zweifel. Es ist nicht nur unklar, ob konkrete oder abstrakte Gefahren durch sie abgewehrt werden sollen, noch hat der Gesetzgeber zu erkennen gegeben, an welche Sachverhalte die Verwaltungsbehörde hier im Konkreten anzuknüpfen hat. Dass nicht jede Straftat hierzu geeignet ist, sieht auch die Rechtsprechung so (hierzu sogleich). Ein Streitentscheid ist in dieser Arbeit jedoch nur geboten, wenn die Frage der Gefahrenprognose in einzelnen Ausweisungsverfahren offen bleiben könnte, weil bereits generalpräventive Gründe die Ausweisung sowohl hinsichtlich des Tatbestandsmerkmals der Gefährdung als auch des Überwiegens der Ausweisungsinteressen rechtfertigen könnte.

g. Einschränkung der Generalprävention durch das Verhältnismäßigkeitsgebot

Auch im Bereich generalpräventiv begründeter Ausweisung galt schon nach altem Recht und auch im Anwendungsbereich der zwingenden Ausweisung das Gebot der Prüfung der Verhältnismäßigkeit der Ausweisung.[424] Nach neuem Recht besteht das Erfordernis an einer gerichtlich voll überprüfbaren Verhältnismäßigkeitsentscheidung,[425] da der Gesetzentwurf den Gesetzeswortlaut selbst so interpretiert.[426]

---

421 Kießling, Abwehr, S. 74.
422 Vgl. Kutscha, in: Roggan/Kutscha, Handbuch zum Recht der Inneren Sicherheit, S. 24 (70 f.).
423 BVerfG, Senatsbeschluss v.03.03.2004, 1 BvF 3/92, Rn. 107–109 = BVerfGE 110, 33 zu Art. 10 GG.
424 Unzweifelhaft im Anwendungsbereich von Art. 8 EMRK, vgl. Fn. 653; nach der Rspr. des BVerfG jedoch auch im Hinblick auf Art. 2 Abs. 1 GG, vgl. Fn. 448.
425 Fricke, jurisPR-BVerwG 18/2018, Anmerkung 5, D.
426 Begründung der Bundesregierung zum Entwurf eines Gesetzes zur Neubestimmung des Bleiberechts und der Aufenthaltsbeendigung, BT-Drs. 18/4097, S. 49.

Der Verhältnismäßigkeitsgrundsatz besagt insoweit, dass es nicht ausreicht, allein anhand einer Typisierung der den Ausweisungsanlass begründenden Straftaten beziehungsweise deren Höhe, das Gewicht des für eine Ausweisung sprechenden öffentlichen Interesses zu bestimmen.[427]

Gegenstand der Verhältnismäßigkeitsprüfung sind nach der Rechtsprechung des Bundesverwaltungsgerichts neben der Art und Schwere der begangenen Straftat auch die seit der Tat vergangene Zeit und das Nachtatverhalten.[428] Dies beruht zunächst darauf, dass die Frage der verhaltenssteuernden Wirkung der Ausweisung im Wege der Abschreckung eine genaue Prüfung der Tatumstände und der Täterpersönlichkeit verlangt und nicht derart singuläre Züge aufweisen darf, dass eine Abschreckungswirkung nicht in Betracht kommt.[429] Da es auch im Falle der generalpräventiv begründeten Ausweisung auf den Zeitpunkt der letzten mündlichen Verhandlung ankommt,[430] müssen nachtatliche Entwicklungen gewürdigt werden, um die Möglichkeit der Zweckerreichung prüfen zu können, da ja die Abschreckungswirkung insbesondere[431] von der Vollziehung der Ausweisung einer konkreten Person ausgehen soll. Jedenfalls muss dies gelten, würde man die Ausweisung – was bisher allerdings nicht ersichtlich ist – positiv[432] generalpräventiv begründen. Insoweit verlangt im Strafrecht der Bundesgerichtshof, dass das nachtatliche Verhalten – damit auch ein eventuell auf Nachtatverhalten gründender Wegfall der Wiederholungsgefahr -, von der Gemeinschaft der Rechtstreuen bei ihrer staatlichen Reaktionserwartung berücksichtigt werden müsse.[433] Dass dies im Bereich des Ordnungsrechts nicht gelten sollte, wäre schon aus Gründen des Verhältnismäßigkeitsgebots nicht begründbar. Betrachtet man die Abschreckung rein negativ generalpräventiv wäre das Kriterium der nachtatlichen Entwicklung und des Nachtatverhaltens für die Frage der Abschreckungswirkung dagegen irrelevant, da ja ein positives Nachtatverhalten und eine dennoch verfügte Ausweisung eher erst recht abschreckend wirken müssten.

Es muss aber aus einem anderen Grund stets auch bei generalpräventiv begründeten Ausweisungen im Rahmen der Abwägungsentscheidung eingestellt werden, ob von dem Betroffenen (noch) eine konkrete Gefahr ausgeht, da das öffentliche Interesse an der Ausweisung hiervon tangiert ist. Dieses ist geringer, wenn von

---

427 Vgl. BVerfG, Kammerbeschluss vom 10.08.2007 – 2 BvR 535/06, Rn. 25 = NVwZ 2007, 1300 (1301).
428 BVerwG, Urteil vom 14.02.2012, 1 C 7.11, Rn. 22 = BeckRS 2012, 50796.
429 Tanneberger, in: Kluth/Heusch (Hrsg.), BeckOK AuslR (Stand 01.05.2018), AufenthG, § 53, Rn. 28.
430 Hailbronner, Asyl- und Ausländerrecht, 3. Auflage, 2013, Rn. 1021.
431 Die Frage der generalpräventiven Ausweisung bei fehlender Vollziehbarkeit beispielsweise wegen besehender Abschiebehindernisse, hat für die Grundsatzfrage der Generalprävention als Ausweisungszweck keine eigenständige Relevanz.
432 Vgl. Fn. 237.
433 Vgl. BGH, Urteil vom 08.12.1970, 1 StR 353/70, Rn 23; BGH, Urteil vom 20.10.1999, 1 StR 340/99, Rn. 16; BGH, Urteil vom 07.11.2007, 1 StR 164/07, Rn. 20–22.

dem Betroffenen selbst keine Gefahr (mehr) ausgeht.[434] Wenn trotz Vorliegens eines besonders schwerwiegenden Ausweisungsinteresses eine geringe Wiederholungsgefahr in die Abwägung dahingehend einzustellen sein soll, da diesem dann geringeres Gewicht zukommt,[435] gilt dies erst Recht bei fehlender Wiederholungsgefahr.

Im Rahmen der Verhältnismäßigkeitsprüfung ist eine individuelle Gefahrenprognose nicht entbehrlich. Vielmehr sind *alle* Umstände des Einzelfalls[436] zu berücksichtigen, wozu auch die Wiederholungsgefahr gehören muss,[437] da sie auch die Frage der Zweckmäßigkeit des Verwaltungsakts und der Interessenabwägung im Rahmen der Verhältnismäßigkeitsprüfung betrifft.[438] Denn Eingriffe in die Rechtssphäre der Betroffenen sind nur dann und nur soweit zulässig, als sie zum Schutz öffentlicher Interessen geeignet und *erforderlich* sind und die Auswirkungen für den Betroffenen in Bezug auf die verfolgten öffentlichen Interessen in einem angemessenen Verhältnis stehen.[439] Bei fehlenden hinreichenden Anhaltspunkten für eine Wiederholungsgefahr besteht möglicherweise kein Übergewicht des öffentlichen Interesses mehr.[440]

Das Bundesverfassungsgericht verlangt im Falle der generalpräventiv begründeten Ausweisung, die Umstände der Straftat zu erkunden, wozu ein Berufen auf

---

434 Vgl. auch Tanneberger, in: Kluth/Heusch, BeckOK AuslR (Stand: 01.05.2018), AufenthG, § 53, Rn. 29 mit Nachweisen zur Rechtsprechung.

435 So Brühl, JuS 2016, 23 (26 f.).

436 Bauer, in: Renner/Bergmann/Dienelt, Ausländerrecht, 10. Auflage 2013, AufenthG, Vorbem. §§ 53–56, Rn 35.

437 Einschränkend: Hailbronner, Kommentar zum Ausländerrecht (Stand März 2015), AufenthG, A 1, Vor § 53, Rn 10, wonach nach der bisherigen Rspr im Bereich der zwingenden Ausweisung die Verhältnismäßigkeit bis auf ganz außergewöhnliche Ausnahmefälle stets zu bejahen sei. Nach der neueren Rechtsprechung seien allerdings im Rahmen der Verhältnismäßigkeitsprüfung alle Umstände des Einzelfalls zu berücksichtigen, auch wenn dies nicht zu einer Ermessensentscheidung führe. Die Verhältnismäßigkeitsprüfung beschränke sich auf die Prüfung, ob die verfassungs- bzw. völkerrechtlichen Grenzen gewahrt seien, während im Rahmen einer Ermessensbefugnis der Behörde ein Handlungsermessen zustehe.

438 A.A. offenbar Beichel, Ausweisungsschutz und Verfassung, S. 111, wonach die Gefahr ausschließlich eine Frage des Tatbestands ist und keine Frage der „Zumutbarkeit" (gemeint: Verhältnismäßigkeit im engeren Sinne) generalpräventiv begründeter Ausweisungen; allerdings verkennt er, dass gerade das *Nichtbestehen* der Gefahr Berücksichtigung finden muss.

439 Robbers, in: v. Benda/Maierhofer/Vogel (Hrsg.), Handbuch des Verfassungsrechts (1), S. 411.

440 Vgl. Mayer, VerwArch 101 (2010), S. 514. Mayer schließt (S. 536) auch aus der Rspr. des EGMR (vgl. Urteil vom 28.06.2007 – Kaya ./. BRD 31753/02 = InfAuslR 2007, 325), dass jedenfalls im Bereich der mittleren Kriminalität etwa eine positive Sozialprognose das Sicherheitsbedürfnis der Allgemeinheit im Wege der vorzunehmenden Abwägung zurücktreten lasse.

ein abgekürztes Strafurteil nicht ausreichend sei.[441] Das Bundesverfassungsgericht begründet dieses Erfordernis zwar nicht näher. Es liegt aber nahe, dass das Verfassungsgericht hiermit nicht nur meint, dass aufzuklären ist, ob durch die Ausweisung andere Ausländer von Straftaten ähnlicher Art und Schwere abgehalten werden können.[442] Denn auch in einem abgekürzten Urteil nach § 267 Abs. 4 StPO sind die den Tatbestand begründenden, erwiesenen Tatsachen anzugeben, so dass die Art und Schwere der Tat in der Regel auch anhand eines abgekürzten Urteils zu erkennen ist. Wenn das Bundesverfassungsgericht aber eine Beiziehung der Strafakten verlangt und ausführt, dass eine Typisierung von Straftaten als Ausweisungsanlass

> *„(...) [im] Grundsatz nicht anders als bei der Würdigung der vom Ausländer künftig ausgehenden Gefahren im Rahmen spezialpräventiv motivierter Ausweisungen (...)"*[443]

nicht genüge, kann dies nur bedeuten, dass ansonsten die Umstände des Einzelfalls nicht ausreichend gewürdigt würden, somit die Zweckmäßigkeit und vor allem die Verhältnismäßigkeit der Maßnahme nicht ausreichend verwaltungsrechtlich geprüft würden.[444]

Auch das Bundesverwaltungsgericht verlangte schon bisher regelmäßig eine Einzelfallabwägung.[445] Diese ist im Anwendungsbereich des Art. 6 GG[446] beziehungsweise des Art. 8 EMRK stets erforderlich. Es muss im Rahmen der Abwägung bei der Verhältnismäßigkeitsprüfung[447] berücksichtigt werden, ob von dem Betroffenen keine Gefahr für die öffentliche Sicherheit und Ordnung (mehr) ausgeht, da die Beendigung insbesondere eines langen, rechtmäßigen Aufenthalts ein

---

441 BVerfG, Beschluss vom 10.08.2007, 2 BvR 535/06, NVwZ 2007, S. 1300 (1301).
442 So das BVerwG, Urteil vom 28.01.1997, 1 C 17/97 = NVwZ 97, S. 1119 (1122), worauf das BVerfG auch Bezug nimmt.
443 BVerfG, Beschluss vom 10.l08.2007 – 2 BvR 535/06, NVwZ 2007, S. 1300 (1301).
444 Ebenso Mayer, VerwArch 101 (2010), S. 482 (507).
445 BVerwG, Urteil vom 01.12.1987, 1 C 29.85, Rn. 16.
446 Davy, ZAR 2007, 233 (237) kritisiert die Rspr. des BVerfG zu Art. 6 Abs. 1 und 2 GG, wenn es hieraus kein Einreise- oder Aufenthaltsrecht ableite, weist jedoch darauf hin, dass diese jedenfalls im Anwendungsbereich von Art. 6 Abs. 1 und 2 GG einen individuellen Anspruch auf angemessene Berücksichtigung der familiären Bindungen und eine Interessenabwägung verlange. Nach Kraft, DVBl. 2013, 1219 (1220) hat das BVerfG Art. 6 GG in seiner Funktion als „wertentscheidende Grundsatznorm" zum Schutz von Ehe und Familie „aufenthaltsrechtlich aktiviert".
447 Kraft, NJW 2014, 969 (972), weist auf die Rezeption des BVerwG zur Rechtsprechung des EGMR hin und auf die daraus folgende Notwendigkeit der umfassenden Einzelfallwürdigung durch Art. 8 EMRK geschützter Belange jedenfalls im Rahmen der Verhältnismäßigkeitsprüfung. Zur vorangegangenen, dies fordernde Rechtsprechung des BVerfG, vgl. Mayer, VerwArch 2010, 482 (483 f.) mit Kritik zur dogmatischen Umsetzung der EGMR-Rspr.

besonderes öffentliches Interesse als Rechtfertigungsmaßstab voraussetzt.[448] Dabei wächst der Grundrechtsschutz mit zunehmend langer (legaler) Aufenthaltsdauer und fortschreitender Verwurzelung, wodurch sich „die materielle Argumentationslast der Staatsgewalt zur Begründung von Grundrechtseingriffen erhöht".[449]

Da das nur generalpräventiv begründete öffentliche Interesse an der Ausweisung im Allgemeinen ein geringeres Gewicht als die spezialpräventive Reaktion auf eine konkrete Wiederholungsgefahr begründet,[450] war und ist die Feststellung, ob spezialpräventive Gründe vorliegen, im Rahmen der Abwägung stets erforderlicher Prüfungsgegenstand, auch wenn die Ausweisung generalpräventiv begründet wird.

h. Stellungnahme und Zusammenfassung

Die Behörden sollen nach der Lebenserfahrung damit rechnet dürfen, dass sich andere Ausländer mit Rücksicht auf eine kontinuierliche Ausweisungspraxis „ordnungsgemäß verhalten".[451] Dafür soll es genügen – selbst, wenn eine Durchführung einer Abschiebung nicht möglich ist –, anderen Ausländern vor Augen zu führen, dass derartige Verstöße gegen die Rechtsordnung „aufenthaltsrechtlich nicht folgenlos" bleiben.[452] Unter diesen Voraussetzungen soll die Ausweisung generalpräventiv begründet werden können.

Tatsächlich findet sich eine ausreichende Grundlage für eine Legitimierung der Generalprävention im Gefahrenabwehrrecht zur Begründung von Eingriffsmaßnahmen nicht: Sie kann, wenn sie als Abschreckungsprävention verstanden wird, nicht mit dem Ziel der Normstabilisierung begründet werden, da es sich dabei nicht um Abschreckung, sondern positive Generalprävention handelt. Für die Wirksamkeit einer negativen Generalprävention kann nur die Lebenserfahrung vorgebracht werden, die im Hinblick auf die Eingriffsintensität keine ausreichende Sicherheit bietet.

Da weder die positive, noch die negative Generalprävention die Abwehr konkreter Gefahren im Blick hat, können sie keine gefahrenabwehrrechtlichen

---

448 BVerfG, Kammerbeschluss vom 10.08.2007, 2 BvR 535/06, Rn. 17, 19 = NVwZ 2007, 1300 (1302).

449 Robbers, in: Benda/Maihofer/Vogel, Handbuch des Verfassungsrechts (1), S. 396 f.

450 Tanneberger, in: Kluth/Heusch (Hrsg.), BeckOK AuslR (Stand 01.05.2018), § 53, Rn. 29; Diener, in: Fritz/Vormeier, GK-AufenthG (Stand: 34. EL. Juni 2009) AufenthG, Vor § 53, Rn. 527; vgl. auch BVerfG, Beschluss vom 10.08.2007, 2 BvR 535/06, Rn. 29 = NVwZ 2007, 1300; BVerwG, Urteil vom 14.02.2012, 1 C 7.11, verlangt ein „besonderes Gewicht" des Ausweisanlasses (Rn. 17), die schwerwiegenden Gründe in Fällen ohne Wiederholungsgefahr lägen nur „ausnahmsweise" vor (amtl. Leitsatz).

451 OVG Rheinland-Pfalz, Urteil vom 05.04.2018, 7 A 11529/17, Rn. 44.

452 OVG Rheinland-Pfalz, Urteil vom 05.04.2018, 7 A 11529/17, Rn. 44, 47.

Einzeleingriffe rechtfertigen. Auf den Zurechnungszusammenhang mit vorangegangenen Straftaten kommt es daher nicht an. Die Rechtswidrigkeit des Handelns des Betroffenen steht aufgrund der strafrechtlichen Verurteilung zwar fest, allerdings verlangt die Abwägung auf Tatbestandsebene die Feststellung, dass diese auch gefahrbegründend war beziehungsweise ist.[453] Es fehlt jedoch bereits an einer konkreten Gefahr, wenn die Ausweisung dazu dienen soll, einen allgemeinen Appell zu unterstreichen.[454] Es ist auch leicht erkennbar, dass keine Gefahr vorliegt, weil dann begründet werden müsste, weshalb keine Maßnahme gegen den Störer gerichtet wird.

Insoweit unterscheidet sich die Konstellation auch von den sogenannten Abschleppfällen, in denen das Fahrzeug noch verkehrswidrig geparkt ist und die Störung anhält, sonst könnte es nicht abgeschleppt werden. Auch ein Vergleich mit dem Erlaubnisrecht ist nicht geeignet. Der Führer von Kraftfahrzeugen, der Waffenbesitzberechtigte und der Gaststättenbetreiber sind jeweils selbst Inhaber der potentiell gefährlichen Sache oder Eigenschaft, so dass von der fortbestehenden Erlaubnis die Störung ausgeht, mag die Erlaubnisentziehung auch – darüber hinaus – generalpräventive Wirkung entfalten.

Die materielle Polizeipflichtigkeit besteht in den Abschleppfällen gerade fort, da hier weiterhin die Pflicht besteht – auch ohne Abschleppverfügung -, das Fahrzeug beiseite zu fahren. Dies ist im Falle der generalpräventiven Ausweisung nicht mehr der Fall. Der Betroffene kann die Störung nicht mehr beseitigen, da von seinem Verhalten selbst keine Gefahr mehr ausgeht. Der Sinn der Polizeipflicht, nämlich die Beseitigung der Gefahr zu erreichen, ist im Falle der ausschließlich generalpräventiv begründeten Ausweisung bereits erfüllt, da von dem Betroffenen keine Gefahr mehr ausgeht.[455] Oder soll er etwa Zustandsstörer sein? Dann müsste er aber die Herrschaft über die Straftatenbegehung anderer Ausländer haben. Dass dies nicht der Fall ist, bedarf keiner näheren Erörterung. Die Verantwortlichkeit bei nicht mehr bestehender konkreter Gefahr und fehlender Beseitigungsmöglichkeit der Gefahren durch andere, ist polizeirechtlich somit nicht in den Griff zu bekommen. Denn: „wer sich im Einklang mit der Rechtsordnung befindet, ist kein Störer."[456] Eine polizeiliche Eingriffsmaßnahme zur Abwendung allgemeiner oder

---

453 Vgl. zur Abwägung auf Tatbestandsebene gerade im Hinblick auf die Polizeipflichtigkeit: Funke, ZAR 2016, 209 (214).
454 Zur Frage der polizeilichen Verantwortlichkeit des Nichtstörers vgl. unten S. 100.
455 Zum Sinn der Polizeipflicht als Rechtfertigung der Konsequenz der Polizeiverfügung, dass der Verhaltensverantwortliche verpflichtet ist, die Gefahr auch ohne Polizeiverfügung zu beseitigen: Funke, ZAR 2016, 209 (213).
456 Trurnit, in: Möstl/Trurnit (Hrsg.), Beck OK Polizeirecht Baden-Württemberg (Stand: 15.09.2018), PolG, § 6, Rn. 13.

abstrakter Gefahren[457] ist grundsätzlich abzulehnen,[458] sie kann allenfalls „nicht-eingreifende Maßnahmen" rechtfertigen.[459]

Begreift man die Abwägung nach § 53 Abs. 1, 2 AufenthG als Abwägung auf Tatbestandsseite, dient die Abwägung dazu, die Polizeipflicht im Sinne einer Pflicht zur Beseitigung der Gefahr und das Handeln, das zu dieser Gefahr geführt hat, auf seine Verhältnismäßigkeit zu prüfen.[460] Bejahte man eine Polizeipflicht, wäre also bereits auf Tatbestandsebene zu klären, ob diese im Verhältnis steht zu dem vorangegangen Fehlverhalten. Die Polizeipflicht müsste dann wohl darin begründet werden, dass der strafbar gewordene Ausländer verpflichtet ist, aus dem schlechten Vorbild wieder ein gutes zu werden, indem er die Bundesrepublik verlässt. Ein abzulehnendes Konstrukt, da es sich um nichts anderes als Sühne vergangenen Unrechts und damit Bestrafung handeln würde.

Wie eine „kontinuierliche Ausweisungspraxis"[461] mit einer ergebnisoffenen Abwägung in Einklang zu bringen sein soll, ist ebenfalls ungelöst. Dass Kontinuität die Gefahr von Schematismus fördert, liegt auf der Hand. Es ist darüber hinaus nicht unproblematisch, dass mit einer *Ausweisungspraxis* die Ausgestaltung der Steuerungswirkung der Verwaltung übertragen wird. Sie selbst soll festlegen dürfen, in welchen Fällen Abschreckungswirkung erzielt werden kann und in welchen nicht. Die ohnehin strittige Einschätzungsprärogative des Gesetzgebers wird so auf die Verwaltung delegiert. Zudem ist die ausreichende Bestimmtheit der Eingriffsnorm nicht gewährleistet. Es besteht keine ausreichende Begrenzung, in welchen Fällen die Verwaltung von einem Abschreckungseffekt ausgehen darf

---

457 Vgl. hierzu und zur Begrifflichkeit auch unten S. 102.

458 Holzner, DÖV 2018, 946 (948). – Polizei- und ordnungsrechtliche Einzelmaßnahmen sind nur zur Abwehr konkreter, nicht abstrakter Gefahren zulässig, vgl. Pietroth/Schlink/Kniesel, Polizei- und Ordnungsrecht, 2014, § 4, Rn. 13. Missverständlich insoweit Hailbronner, Kommentar zum Ausländerrecht (Stand: März 2015), A 1, AufenthG, Vorbemerkung § 53, Rn 24, wonach das „allgemeine Polizeirecht" vielfach an die abstrakte Gefährlichkeit eines Tuns anknüpfe. Vgl. auch Knemeyer, Polizei- und Ordnungsrecht, 2007, § 8, Rn. 91, wonach abstrakte Gefahren nur für den Bereich ordnungs- und sicherheitsrechtlicher Verordnungen zu benutzen seien. Ebenso eindeutig Götz/Geis, Allgemeines Polizei- und Ordnungsrecht, 2017, § 6, Rn. 24. Demnach dient der Begriff der abstrakten Gefahr ausschließlich als Grundlage für Gefahrenabwehrverordnungen und unterscheidet sich vom Begriff der konkreten Gefahr nicht im Grad des Wahrscheinlichkeitseintritts, sondern in einer unbestimmten Vielzahl künftiger Einzelfälle. Ebenso: Denninger, in: Lisken/Denninger, Handbuch des Polizeirechts, 2018, Kap. D, Rn. 43. Kugelmann, Polizei- und Ordnungsrecht, 2012, Kapitel 5, Rn 101. Schenke, Polizei- und Ordnungsrecht, § 3, Rn. 71: Für Eingriffe in die Freiheitsrechte der Bürger bedarf es einer konkreten Gefahr.

459 Vgl. hierzu: Leisner-Egensperger, DÖV 2018, 677 (685).

460 Zur Ambivalenz der Regelung und der Problematik der Zuordnung der Abwägung als tatbestandsbezogene oder rechtsfolgenbezogene Verhältnismäßigkeitsprüfung: Funke, ZAR 2016, 209 (214 f.).

461 So auch Brühl, JuS 2016, 23 (25).

und in welchen nicht und welche Relevanz dies in der Verhältnismäßigkeitsabwägung hat.

Begreift man die Abwägung als rechtsfolgenorientiert, ist die Bedeutung des Grundrechtseingriffs der Ausweisung zu berücksichtigen. Diese steht in ihrer Intensität auf der Stufe des Freiheitsentzugs, wenn nicht höher. Dies folgt bereits aus der Vorstellung, Ausweisung könne besser abschrecken als (Freiheits-)Strafe. Und es kommt hinzu, dass die Ausweisung *neben* die Pflicht zum Erdulden der schuldgerechten Strafe tritt, also zusätzliche Lasten aufbürdet. *Beichel-Benedetti* weist darauf hin, dass auch im Strafrecht die Generalprävention vom Schuldgrundsatz begrenzt wird – und sich die Frage stelle, ob nicht aus Gründen der Verhältnismäßigkeit die Heranziehung des Schuldgrundsatzes erforderlich sei, wodurch eine generalpräventive Ausweisung wegen dem bereits erfolgten Schuldausgleich unzulässig würde.[462] Jedenfalls sind die Anforderungen an die Verhältnismäßigkeit besonders hoch.[463] Keinesfalls kann in der konkreten Ausweisungsverfügung daher offenbleiben, ob von dem Betroffenen eine konkrete Gefahr ausgeht oder nicht. Denn eine ausschließlich generalpräventiv begründete Verfügung muss in besonderem Maße die Verhältnismäßigkeit der Maßnahme im Blick haben.

Es ist schon für die spezialpräventive Ausweisung auf der Ebene der Verhältnismäßigkeit im engeren Sinne unter Berücksichtigung der konkreten Umstände des Falles eine Relation zwischen den von der Behörde verfolgten Interessen und den Belastungen des Betroffenen herzustellen.[464] Dies gilt fraglos erst recht im Fall der generalpräventiv begründeten Ausweisung.[465] Die Wiederholungsgefahr hat auch im Rahmen der Abwägungsentscheidung Relevanz bei der Gewichtung der Interessen.[466]

Da die Untersuchung die Frage nach der Gefahrenprognose im Ausweisungsrecht stellt, ist eine Entscheidung über die Zulässigkeit oder Unzulässigkeit ausschließlich generalpräventiv begründeter Ausweisungen daher nicht abschließend zu entscheiden. Denn es ist stets eine Aufklärung der individuellen Gefahr erforderlich.

Unbeschadet dessen erscheint es fragwürdig, wenn die Ausweisung keine Strafe im eigentlichen Sinne darstellen soll, Ausweisungstatbestände ausgerechnet mit Strafzwecken zu begründen. Wenn auf ein zurechenbares Verhalten in der Vergangenheit abgestellt wird, mit dem die Abschreckungsberechtigung legitimiert werden soll, bewegt sich dies deutlich in der Nähe des Gedankens des Verschuldens und damit Strafrechts.[467]

---

462 Beichel-Benedetti, in: Huber (Hrsg.), Aufenthaltsgesetz, 2. Aufl. 2016, AufenthG, § 53, Rn. 8.

463 Zum systematischen Vorgehen bei der Verhältnismäßigkeitsprüfung, vgl. Brenz, System von Abwägungsentscheidungen, S. 70.

464 Vgl. zur Verhältnismäßigkeitsprüfung im neuen Ausweisungsrecht Funke, ZAR 2016, 209 (212).

465 Vgl. BVerfG, Beschluss vom 17.01.1979, 1 BvR 241/77 = NJW 1979, 1100.

466 So Brühl, JuS 2016, 23 (26 f.).

467 Vgl. Keil, Freizügigkeit, Gerechtigkeit, demokratische Autonomie, S. 95 f.

Nur wenn das Ausweisungsrecht streng gefahrenabwehrrechtlich verstanden wird, stellt die Ausweisung keine Sanktionierung vergangenen Unrechts dar. Die Abgrenzung zur Strafe ist daher nur gegeben, wenn der Tatbestand entsprechend ausgelegt wird. Auf das Bestehen einer *konkreten* Gefahr, die von dem Adressanten der Maßnahme *selbst* ausgehen muss, kann tatbestandlich nicht verzichtet werden, da es sich sonst um keine in die Zukunft gerichtete Gefahrenabwehrmaßnahme handelt.

2. *Legitimierung durch Gefahrenindizierung*

Nach der ursprünglichen Gesetzessystematik war die Ausweisung nach §§ 53 und 54 AufenthG 2005 zwingend zu verfügen, wenn eine im Tatbestandskatalog enthaltene strafrechtlichen Verurteilung vorlag. Begründet wurde dies damit, dass nach der gesetzgeberischen Vorstellung vorangegangenes strafbares Verhalten eine künftige Gefährlichkeit indiziere.[468] Die Prüfung einer konkreten Polizeigefahr war nach dem Gesetzeswortlaut nicht erforderlich.

Dies war nicht unumstritten, da das Bestehen einer Gefahr im verwaltungsrechtlichen Sinne nicht gesetzlich vorgegeben werden könne.[469] Eine derartige Regelung sei rechtsmoralisch verfehlt und müsse konsequenterweise als Strafe und nicht als Maßnahme der Gefahrenabwehr geregelt werden.[470] Im Rahmen der Ermessensausweisung (§ 55 AufenthG 2005) war dagegen das Bestehen einer Gefahr erforderlich.[471]

Das Oberverwaltungsgericht Lüneburg folgerte eine „Regelvermutung"[472] dahingehend, dass das Vorliegen der Tatbestandsvoraussetzungen des § 53 AufenthG 2005 im Rahmen des § 56 Abs. 1 S. 3 AufenthG 2005 für die Frage der schwerwiegenden Gründe zur Prüfung der Ausweisung eines mit besonderem Ausweisungsschutz ausgestatteten Ausländers regelmäßig die „schwerwiegenden Gründe" indiziere. Die konkrete Gefahrenprüfung werde dadurch jedoch nicht entbehrlich.

Wenn man die Gefahr für die öffentliche Sicherheit als „Zentrum der tatbestandlichen Voraussetzungen für polizei- und ordnungsrechtliche Maßnahmen"[473] betrachtet, ist eine Indizierung dieser Gefahr jedenfalls als Problem zu diskutieren. Soweit man die frühere Ist-Ausweisung jedoch als unselbständige polizeiliche

468 Beichel-Benedetti, in: Huber (Hrsg.), Aufenthaltsgesetz, 1. Auflage 2010, AufenthG, Vorbem. §§ 53–56, Rn. 6.

469 Vgl. Beichel-Benedetti, in: Huber (Hrsg.), Aufenthaltsgesetz, 1. Auflage 2010, AufenthG, Vorbem. §§ 53–56, Rn 6. Offen gelassen zur Frage der indizierten Wiederholungsgefahr bei strafrechtlicher Verurteilung: Kießling, Abwehr, S. 92.

470 Keil, Freizügigkeit, Gerechtigkeit, demokratische Autonomie, 2009, S. 94 ff.

471 Funke, ZAR 2016, 209 (211).

472 OVG Lüneburg, Beschluss vom 12.12.2013 – 8 ME 162/13 = juris, Abs. 56.

473 Dietlein/Burgi/Hellermann, Öffentliches Recht in Nordrhein-Westfalen, 3. Aufl. 2009; § 3, Rn 49.

Verfügung verstand,[474] stellte sich die Frage, ob es sich um eine ausreichende Konkretisierung abstrakt gefährlicher Sachverhalte handelt, wenn diese nur an die Höhe (irgend)einer strafrechtlichen Verurteilung – jedenfalls im Falle des § 53 Nr. 1 AufenthG 2005 – anknüpfte und nicht an einen unter eine Polizeiverordnung[475] zu subsumierenden Lebenssachverhalt.

Da nach der Systematik des AufenthG 2005 im Rahmen der Ist-Ausweisung ein Ermessensspielraum für die Behörde nicht gegeben war,[476] bestanden Zweifel an der Verhältnismäßigkeit der §§ 53 – 56 AufenthG 2005.[477] Trotz gebundener Entscheidungsvorgabe nach dem Gesetzeswortlaut waren auch nach den Allgemeinen Verwaltungsvorschriften für die Frage, ob im Bereich des § 54 AufenthG 2005 eine Abweichung vom Regelfall vorliege, alle Umstände des Einzelfalls zu bewerten und zu gewichten – auch die sonstigen Verhältnisse des Ausländers, wie sie in

---

474 So Wacke, in: Drews/Wacke, Polizeirecht, 1961, S. 292; vgl. zu dieser Fragestellung näher auch Kießling, Abwehr, S. 92 und Kießling, ZAR 2016, 45 (46).

475 Vgl. zur unselbständigen Polizeiverfügung bspw. im Bauordnungsrecht, Püttner, Besonders Verwaltungsrecht, 1979, S. 66.

476 Hailbronner, Kommentar zum Ausländerrecht (Stand: März 2015), AufenthG, A 1, vor § 53, Rn 4.

477 Im Hinblick auf die Regelung als gebundenem Verwaltungshandeln (hierzu vgl. oben Fn. 71) bestanden Zweifel an der Lösung des Bundesverfassungsgericht, über die Verhältnismäßigkeitsprüfung Einzelfallgerechtigkeit erlangen zu wollen (vgl. hierzu ausführlich, Mayer, Verwaltungsarchiv 101 (2010), S. 482 (487–498). Das Bundesverwaltungsgericht entwickelte insbesondere aus der Rechtsprechung des Europäischen Menschenrechtsgerichtshof (Nachweise bei Mayer, ebd. S. 498) im Wege der Rechtsfortbildung, dass die Pflicht zu einer generellen Verhältnismäßigkeitsprüfung. Die Diskussion ist durch die Gesetzesänderung entbehrlich, wenngleich an der Verfassungsmäßigkeit der gebunden Ausweisungsvorschriften Zweifel bestanden. Nach Mayer (ebd., S. 494) drohte vor der Wende in der Rechtsprechung des Bundesverwaltungsgerichts durch die Entscheidung vom 23.10.2007, BVerwGE 129, 367, denn auch „verfassungsrechtliches Unheil", insbesondere im Hinblick auf Art. 3 Abs. 1 GG und die mangelnde Konsistenz von EU-Recht und nationalem Recht. Streitig bleibe aber, so Mayer (ebd. S. 497 und Fußnoten 93 und 103), ob das Bundesverwaltungsgericht die Grenzen der zulässigen Gesetzesauslegung überschritten habe oder über § 1 Abs. 1 S. 5 AufenthG („Unberührtheitsklausel") der Gesetzgeber selbst auch die Ist-Ausweisung mit einem Vorbehalt zugunsten der EMRK ausgestattet habe. Befriedigend erscheint die Lösung nicht, da die Einzelfallprüfung wohl nicht nur im Hinblick auf Art. 8 Abs. 1 EMRK erforderlich erscheint, sondern bereits aus Art. 2 Abs. 1 GG folgen müsste – zumal § 1 Abs. 1 S. 4 AufenthG mit seiner Darstellung des Regelungswerks des Aufenthaltsgesetzes das Kap. 5 des AufenthG sprachlich nicht erfasst. Thym, DVBl. 2008, 1346 (1351), weist insoweit darauf hin, dass der Eingriffscharakter der Ausweisung vom Bundesverfassungsgerichts weiterhin der Grundrechtsdogmatik des Grundgesetzes unterstellt wird und die EMRK als Verhältnismäßigkeitsmaßstab geprüft werde. Nach Fritzsch, ZAR 2011, 297 (298) folgt aus § 1 Abs. 1 S. 5 AufenthG auch bei gebundenen Entscheidungen ein *Vorrang* der EMRK.

§ 55 Abs. 3 AufenthG 2005 näher umschrieben waren.[478] Zur Notwendigkeit der Berücksichtigung einer Gefahrenprognose wäre man hierdurch jedoch dennoch nicht gekommen. Denn nach § 55 Abs. 3 AufenthG 2005 waren nur die Dauer des Aufenthalts und die schutzwürdigen Bindungen bzw. die Folgen der Ausweisung für Familienangehörige zu berücksichtigen.

Aber: auch im Rahmen des § 54 AufenthG 2005 war nach der Rechtsprechung des Bundesverwaltungsgerichts eine Einzelfallabwägung erforderlich.[479] Denn ein Ausnahmefall von der Regelausweisung hätte bereits dann vorgelegen, wenn aufgrund höherrangigen Rechts oder Vorschriften der Europäischen Menschenrechtskonvention geschützte Belange des Ausländers eine Einzelfallwürdigung geboten.[480] In der Praxis wurde daher insbesondere bei Betroffenen, die lange Zeit in der Bundesrepublik lebten, auch im Anwendungsbereich des § 54 AufenthG 2005 mindestens eine Verhältnismäßigkeitsprüfung für erforderlich erachtet, wenn nicht aufgrund einer Ausnahme von der Regel aufgrund von Zweifeln an einer schematischen Anwendung der Ausweisungsvorschriften sich die Regel- in eine Ermessensausweisung wandelte.[481] Auch im Anwendungsbereich des § 53 AufenthG 2005 wurde eine Verhältnismäßigkeitsprüfung für stets notwendig erachtet.[482]

Zusammenfassend ist festzustellen, dass die Ausweisung bereits nach altem Recht als schwerwiegender Grundrechtseingriff in die allgemeine Handlungsfreiheit[483] stets einer Verhältnismäßigkeitsprüfung bedurfte.[484] Eine weitergehende

---

478 Allgemeine Verwaltungsvorschriften vom 26.10.2009 zum AufenthG, 54.0.4.

479 Zur Fragwürdigkeit der pragmatischen, statt dogmatischen Lösung der Rechtsprechung und der Notwendigkeit der Gesetzesänderung, vgl. H. Alexy, DVBl. 2011, 1185 (1194 f.).

480 BVerwG, Urteil vom 23.10.2007, 1 C 10/07 = BVerwGE 129, 367 = BVerwG NVwZ 2008, 326; Graßhoff, in: Kluth/Heusch (Hrsg.), BeckOK AuslR (Stand 01.01.2015), AufenthG, § 53, Rn. 36.

481 Vgl. Tanneberger, in: Kluth/Heusch (Hrsg.), BeckOK AuslR (Stand 01.05.2018), AufenthG, § 53 Rn. 17; Hailbronner, Asyl- und Ausländerrecht, Rn. 1018, 1019; Mayer, VerwArch 101 (2010), S. 482 (492, Fn. 64) weist darauf hin, dass in der Praxis kaum Fälle vorstellbar seien, in denen Art. 8 Abs. 1 EMRK nicht jedenfalls am Rande tangiert werde.

482 Vgl. Tanneberger, in: Kluth/Heusch (Hrsg.), BeckOK AuslR (Stand 01.05.2018), AufenthG, § 53 Rn. 16.

483 BVerfG, Beschluss vom 10.08.2007, 2 BvR 545/06 = NVwZ 2700, 1300; Graßhoff, in: Kluth/Heusch (Hrsg.), BeckOK AuslR (Stand 01.01.2015), AufenthG, § 53 Rn. 7–8.

484 BVerfG, Beschluss vom 10.08.2007, 2 BvR 545/06 = NVwZ 2700, 1300. Vgl. auch Graßhoff, in: Kluth/Heusch, BeckOK AuslR (Stand 01.01.2015), AufenthG, § 53, Rn 41. Nach H. Alexy, in: Hofmann/Hoffmann, Ausländerrecht, 1. Auflage, 2008, AufenthG, § 53, Rn 57 ist die Verhältnismäßigkeit des bundesgesetzlich geltenden Art. 8 Abs. 2 EMRK Tatbestandsvoraussetzung. Nach Hailbronner, Kommentar zum Ausländerrecht, Stand März 2015, AufenthG, A 1, Rn 21, besteht im Bereich der nur generalpräventiv begründeten Ausweisung von „faktischen" Inländern die Gefahr, dass die Verhältnismäßigkeit nicht gewahrt ist, weshalb die Begründung

Vertiefung dieser Diskussion zum alten Recht ist jedoch entbehrlich, da eine Gefahrenindizierung nach der jetzigen Rechtslage nicht mehr in Betracht kommt.[485] Es handelt sich bei § 54 AufenthG 2015 nicht um die indizielle Beschreibung einer Gefahr, vielmehr werden in § 54 AufenthG benannte Ausweisungsinteressen und in § 55 AufenthG benannte Bleibeinteressen vertypisiert,[486] um sie auf Abwägungsebene zu berücksichtigen.

3. Legitimierung durch Spezialprävention

Mit Wirkung zum 01.01.2016 trat eine umfassende Reform des Ausweisungsrechts aufgrund des Gesetzes zur Neubestimmung des Bleiberechts und der Aufenthaltsbeendigung in Kraft. Erklärtes Ziel war die grundlegende Umgestaltung des Ausweisungsrechts aufgrund der Anforderungen der Rechtsprechung:[487] Beginnend 1988 hatte insbesondere der Europäische Gerichtshof für Menschenrechte im Anwendungsbereich der EMRK die Anforderungen an rechtmäßige Ausweisungen „deutlich erhöht"[488], woraufhin das Bundesverfassungs- und -verwaltungsgericht Art. 2 Abs. 1 GG „aufgewertet" und die „Rigidität" der deutschen Rechtslage aufgeweicht haben.[489] Zuletzt galt, dass aus Art. 2 Abs. 1 GG in Verbindung mit Art. 8 EMRK ein „unbenanntes Grundrecht auf Fortsetzung ‚verwurzelten' Aufenthalts" folgt.[490] Eine Reform der Ausweisungsvorschriften war daher „überfällig geworden".[491]

Nach dem Gesetzeswortlaut ist die Feststellung der Gefährdung nunmehr Tatbestandsvoraussetzung,[492] da § 53 Abs. 1 S. 1 n.F. verlangt, dass

> *„der Aufenthalt [des Ausländers] die öffentliche Sicherheit und Ordnung, die freiheitlich demokratische Grundordnung oder sonstige erhebliche Interessen der Bundesrepublik Deutschland gefährdet."*

---

der Ausweisungsverfügung klar machen müsse, ob seitens der Ausländerbehörde von generalpräventiven und/oder spezialpräventiven Gründen ausgegangen werde.

485 Zur Notwendigkeit der Aufgabe der Gefahrenindizierung aufgrund der Rechtsprechung des BVerfG vgl. Mayer, VerwArch 101 (2010), S. 482 (512), aber auch durch die Änderung des entscheidungsmaßgeblichen Zeitpunkts und der verlierenden Bedeutung zwischen der Gefährlichkeit bei der Begehung der Straftat und dem Entscheidungszeitpunkt durch das Verwaltungsgericht (ebd. 504).

486 Vgl. Thym, Stellungnahme zur Sachverständigenanhörung vom 22.02.2016, S. 3.

487 Marx, ZAR 2015, 245.

488 Bast, Aufenthaltsrecht und Migrationssteuerung, S. 192.

489 Bast, Aufenthaltsrecht und Migrationssteuerung, S. 198.

490 Bast, Aufenthaltsrecht und Migrationssteuerung, S. 203.

491 Funke, ZAR 2016, 209 (209).

492 Marx, ZAR 2015, 245 (249); Welte, InfAuslR 2015, 426 (427).

Es muss folglich von dem Aufenthalt des Ausländers eine Gefahr ausgehen.[493] Der Wortlaut „gefährdet" beinhaltet keine Änderung des Gefahrbegriffs; denn nach der Gesetzesbegründung ist eine Änderung beziehungsweise Ausdehnung des Gefahrenbegriffs nicht beabsichtigt.[494] § 53 Abs. 1 AufenthG greift vielmehr die Generalklausel des allgemeinen Polizeirechts auf,[495] die wiederum an das Vorliegen einer Gefahr anknüpfen.[496] In der Gesetzesbegründung wird dabei die Definition der konkreten Gefahr als Tatbestandsvoraussetzung verwendet:

> „Erforderlich ist die Prognose, dass mit hinreichender Wahrscheinlichkeit durch die weitere Anwesenheit des Ausländers im Bundesgebiet ein Schaden an einem der Schutzgüter eintreten wird."[497]

Das Bestehen einer Gefahr ist somit Tatbestandsvoraussetzung einer spezialpräventiv begründeten Ausweisung nach § 53 AufenthG.[498]

Fraglich ist, ob das Bestehen eines Ausweisungsinteresses die individuelle Gefahrenfeststellung entbehrlich macht. Die in §§ 54, 55 AufenthG geregelten Ausweisungs- und Bleibeinteressen sind im Rahmen des § 53 Abs. 1, 2 AufenthG gegeneinander abzuwägen, wofür das Aufenthaltsgesetz in §§ 54, 55 wertende Kriterien an die Hand gibt. Nach § 53 muss das öffentliche Ausweisungsinteresse als Tatbestandsvoraussetzung überwiegen, um die Rechtsfolge Ausweisung zu begründen. Dies ist jedoch ein eigenständiges Tatbestandsmerkmal, das zusätzlich zu dem Bestehen der „Gefährdung" erfüllt sein muss.

Verkannt hat der Verwaltungsgerichtshof Baden-Württemberg insoweit, dass im Falle einer Ausweisung zur Abwehr terroristischer Gefahren die Feststellung der Gefahr als Tatbestandsvoraussetzung des § 53 Abs. 1 AufenthG (und des § 53 Abs. 3 AufenthG) nicht entbehrlich ist und § 54 Abs. 1 Nr. 2 AufenthG nicht zum Tatbestandsmerkmal der Ausweisung umfunktioniert werden kann.[499] Denn es ist unzutreffend, dass aus § 54 AufenthG eine gesetzliche Vermutung beziehungsweise

---

493 Marx, ZAR 2015, 245 (249). Vgl. zur Auslegung eines gegenteiligen gesetzgeberischen Vorgehens im Bereich des Gewerberechts: Heß, GewArchiv 2009, S. 92 (90): So führte das Streichen der Worte „eine Gefährdung... mit sich bringt" in § 35 Abs. 1 S. 1 GewO auch zu der Gesetzesauslegung, dass bei der Frage der Unzuverlässigkeit des Gewerbetreibenden eine abstrakte Gefahr ausreichend sei.

494 Vgl. Begründung des Entwurf eines Gesetzes zur Neubestimmung des Bleiberechts und der Aufenthaltsbeendigung, BT-Drs. 18/4097, S. 49.

495 Welte, InfAuslR 2015, 426 (427).

496 Korte/Dittrich, JA 2017, 332.

497 Begründung des Entwurf eines Gesetzes zur Neubestimmung des Bleiberechts und der Aufenthaltsbeendigung, BT-Drs. 18/4097, S. 49; zum Gefahrenbegriff vgl. unten Kap. 3.

498 Marx, ZAR 2015, 245 (246).

499 So jedoch VGH Baden-Württemberg, Urteil v. 13.01.2016, 11 S 889/15, Rn. 112; so wohl auch zu verstehen VGH Sachsen-Anhalt, Beschluss v. 06.02.2017, 2 L 119/15, juris – Rn. 17.

Legaldefinition der Gefahr (wegen des Wortlauts: „hiervon ist auszugehen") folge.[500] § 54 AufenthG enthält als solches überhaupt keine Rechtsfolge. Das Bundesverwaltungsgericht hat hierzu klargestellt, dass § 54 AufenthG eine zweifache Funktion erfülle: Er umschreibe spezielle öffentliche Interessen an einer Ausweisung und weise diesen eine besondere Gewichtung für die Abwägung zu. Dagegen mache er nicht die Feststellung des Bestehens einer Gefahr entbehrlich. Aus § 54 Abs. 1 und 2 AufenthG könnten keine Rückschlüsse auf die Wiederholungsgefahr geschlossen werden.[501]

Soweit § 51 Abs. 3 Alt. 2 Ausländergesetz noch eine gesetzgeberische Wertung entnommen wurde, dass Straftaten, die so schwerwiegend sind, dass sie zu einer Freiheitsstrafe von mindestens 3 Jahren geführt haben, typischerweise mit einem hohen Wiederholungsrisiko verknüpft seien,[502] erlaubt § 54 AufenthG überhaupt keine Wertungen.[503]

Wenn bereits im Falle des Ausweisungsinteresses nach § 54 Abs. 1 Nr. 2 AufenthG der Tatbestand der Gefährdung nicht schon durch Bejahung des Interessentatbestands erfüllt ist, gilt dies erst in den Fällen, in denen eine strafrechtliche Verurteilung das Ausweisungsinteresse abbildet. Denn der Tatbestand des Ausweisungsinteresses nach § 54 Abs. 1 Nr. 2 AufenthG selbst setzt für die dort benannten Gefahren nur einen abgesenkten Wahrscheinlichkeitsmaßstab voraus und verlangt keine konkrete und gegenwärtige Gefahr.[504] Dies folgt aus der Vorstellung, dass von Terrorismus unterstützenden Vereinigungen eine besonders Rechtsgutsgefährdung ausgeht. Da aber selbst in einer derartigen Konstellation neben dem Überwiegen des Ausweisungsinteresses kumulativ das Tatbestandsmerkmal der Gefahr erfüllt sein muss, zeigt dies, dass es sich um grundlegend unterschiedliche Tatbestandsanforderungen handelt. Bei der Prüfung der Gefahr in § 53 Abs. 1 AufenthG ist der im allgemeinen Polizei- und Ordnungsrecht entwickelten Gefahrenbegriff anzuwenden.[505] Mangels anderslautender gesetzlicher Regelung kann die

---

500 Dagegen zutreffend Thym, Stellungnahme für die Öffentliche Anhörung des Innenausschusses am 23.03.2015, S. 8, wonach die zentrale Norm § 53 AufenthG ist und es sich bei den §§ 54, 55 AufenthG um gesetzliche Typisierungen handelt.

501 BVerwG, Urteil vom 22.02.2017, 1 C 3.16, Rn. 26. Anders VGH Sachsen-Anhalt, Beschluss vom 06.02.2017, 2 L 119/15, juris Rn. 17, der § 54 Abs. 1 Nr. 2 AufenthG insoweit als Ausnahme sieht, was jedoch abzulehnen ist, vgl. Fn. 499.

502 BVerwG, Urteil vom 16.11.2000, 9 C 6.00 = JurionRS 2000, 17697, Rn. 16.

503 VGH Sachsen-Anhalt, Beschluss vom 06.02.2017, 2 L 119/15, juris Rn. 17; Bauer, in: Bergmann/Dienelt, Ausländerrecht, 12. Auflage 2018, AufenthG, § 53, Rn. 28, wobei die Ausnahme des § 54 Abs. 1 Nr. 2 gelten soll, vgl. oben Fn. 499).

504 BVerwG, Urteil vom 22.02.2017, 1 C 3.16, Rn. 34.

505 Vgl. Begründung des Entwurf eines Gesetzes zur Neubestimmung des Bleiberechts und der Aufenthaltsbeendigung, BT-Drs. 18/4097, S. 49. Das Bundesverwaltungsgericht leitete schon bisher die Anforderungen an die Prognoseentscheidung der Behörde von dem allgemeinen Gefahrenbegriff im Polizei- und Ordnungsrecht ab, vgl. BVerwG, Urteil vom 15.01.2013 – 1 C 10.12, Rn 15 = NVwZ-RR 2013, 435 = InfAuslR 2013, 217.

Prüfung der Gefahr dabei nur an die Umstände anknüpfen, die das Ausweisungsinteresse begründen sollen – also die strafrechtliche Verurteilung.[506]

In den hier gegenständlichen Fällen der Ausweisung nach strafrechtlicher Verurteilung ist es nicht ausreichend, dass ein Ausweisungsinteresse nach § 54 AufenthG festgestellt worden ist. Es muss im Falle einer spezialpräventiv begründeten
Ausweisung eine konkrete Wiederholungsgefahr als Tatbestandsvoraussetzung
vorliegen.[507]

Während im Referentenentwurf[508] als Tatbestandsvoraussetzung noch eine
„Beeinträchtigung oder Gefährdung der öffentlichen Sicherheit und Ordnung"
ausreichen sollte, wurde im Gesetzgebungsverfahren dies geändert und „konse-
quent allein auf die Gefährdung der in § 53 Abs. 1 AufenthG normierten Schutzgüter abgehoben."[509] Das geschützte Rechtsgut ist die öffentliche Sicherheit und
Ordnung. Es muss von dem Betroffenen also für dieses eine Gefahr durch die
Begehung neuer, vergleichbarer Straftaten ausgehen. Inwieweit es zur Feststellung
einer konkreten Wiederholungsgefahr einer individuellen Prognose bedarf,[510] wird
näher in Kapitel 3 betrachtet.

Da die Ausweisung nach neuem Recht („wird ausgewiesen") keine Ermessens-,
sondern eine Ist-Ausweisung[511] darstellt und voll gerichtlich überprüfbar ist,[512]

---

506 Ebenso Funke, ZAR 2016, 209 (211), der darauf hinweist, dass nach vormaliger
     Rechtslage § 55 Abs. 2 AufenthG für die Ermessensausweisung die nach § 55 Abs. 1
     AufenthG a.F. normierte Gefahr konkretisierte, eine solche äußerlich erkennbare
     Verknüpfung nun aber nicht mehr festzustellen sei. – Zur limitierenden Funktion
     der Anlasstat vgl. Kirkagac, Verdachtsausweisungen, S. 65.
507 OVG Sachsen-Anhalt, Beschluss vom 06.02.2017, 2 L 119/15 – juris, Rn. 17, unter
     Aufgabe seiner bisherigen Rechtsprechung.
508 Referentenentwurf des Bundesministeriums des Inneren zum Entwurf eines Geset-
     zes zur Neubestimmung des Bleiberechts und der Aufenthaltsbeendigung vom
     07.04.2014, abrufbar unter: https://www.migrationsrecht.net/entwurf-eines-gesetzes-
     zur-neubestimmung-des-bleiberechts-und-der-aufenthaltsbeendigung-2014/down-
     load.html (abgerufen am 21.08.2018).
509 Stellungnahme des BDVR, Bt-Innenausschuss-Drs. 18(4)134, S. 2; BDVR, Bt-Innen-
     ausschuss-Drs. 18(4)221, S.1.
510 Vgl. Bauer/Beichel-Benedetti, NVwZ, 2016, 416 (419), Hailbronner, Asyl- und Aus-
     länderrecht, 4. Auflage 2017, Rn. 1009.
511 Funke, ZAR 2016, 209 (210); a.A. Marx, ZAR 2015, 245, der betont, dass es sich
     entgegen der Gesetzesbegründung (vgl. Fn. 512) um eine Ermessensausweisung
     handeln müsse, da dies sonst Art. 8 EMRK zuwider laufe. Soweit er aus der EGMR-
     Rspr. folgert, dass Ermessen ausgeübt werden müsse, ist dies ungenau, es wird dort
     eine Verhältnismäßigkeitsprüfung verlangt (vgl. Fn. 653); vgl. hierzu näher Funke
     (ebd.).
512 Aus der Begründung des Entwurfs der Bundesregierung (BR-Drs. 642/14,
     S. 56: *Anders als bei einer Ermessensentscheidung kann es keine gerichtliche Verpflich-
     tung der ausweisenden Behörde zur Neubescheidung unter Beachtung der Rechtsauf-
     fassung des Gerichts geben, sondern die gerichtliche Entscheidung ersetzt oder bestätigt
     das behördliche Ergebnis. Auch dadurch soll eine Beschleunigung des Verfahrens und*

kommt es wie bisher auf die Umstände zum Zeitpunkt der letzten mündlichen Verhandlung an.[513] Anders als im klassischen Polizei- und Sicherheitsrecht, in dem bei der Überprüfung der Prognoseentscheidung eine ex-ante-Sicht anzustellen ist,[514] wird im Falle der Ausweisung die Prognoseentscheidung der Verwaltung nicht überprüft, sondern das Verwaltungsgericht muss eine eigenständige Prognose treffen.

D. Ergebnis Kapitel 2

Das Aufenthaltsgesetz erlaubt in der derzeit gültigen Fassung keine Ausweisungen mehr ohne Prüfung, ob eine konkrete Gefahr besteht, die durch die Ausweisung abgewehrt werden soll.

Die Gefahr wird nicht durch die vorangegangene strafrechtliche Verurteilung indiziert. Das Vorliegen eines Ausweisungsinteresses im Sinne des § 54 AufenthG ersetzt nicht die Notwendigkeit des Bestehens einer Gefahr für ein geschütztes Rechtsgut. Dabei handelt es sich um ein eigenständiges Tatbestandsmerkmal des § 53 Abs. 1 AufenthG, das stets vorliegen muss.

Die Ausweisungsinteressen nach § 54 AufenthG besitzen Relevanz zur Prüfung des zweiten Tatbestandsmerkmals: dem *Überwiegen* der Ausweisungsinteressen als Folge der gebotenen Abwägung. Dabei handelt es sich um ein eigenes, kumulativ erforderliches Tatbestandsmerkmal.

Unbeschadet der Frage der generalpräventiv begründbaren Ausweisung hat der Gesetzgeber die als Folge bestimmter strafrechtlicher Verurteilungen zwingende Ausweisung aufgegeben. Die bisherige gefahrenindizielle Systematik besteht im Tatbestandsmerkmal der Gefährdung nicht fort.[515] Im Falle einer spezialpräventiv begründeten Ausweisung ist das Vorliegen einer konkreten Polizeigefahr Tatbestandsvoraussetzung für das Merkmal der *Gefährdung*.[516] Dies setzt eine Wiederholungsgefahr[517] der Begehung von künftig vergleichbaren Verfehlungen durch den Betroffenen in einem Umfang, der die Ausweisung zu rechtfertigen vermag,

---

schnellere Rechtssicherheit erreicht werden. Ermessen unterliegt dagegen nicht der gerichtlichen Nachprüfung (vgl. Wolff/Bachof/Stober/Kluth, Verwaltungsrecht I, § 31 II Rn. 55).

513 Zum entscheidungserheblichen Zeitpunkt: BVerwG, Urteil v. 13.01.2009, 1 C 2.08, Rn. 19.

514 Kugelmann, Polizei- und Ordnungsrecht, Kap. 5, Rn. 112.

515 Beichel-Benedetti, in: Huber (Hrsg.), Aufenthaltsgesetz, 2. Aufl. 2016, AufenthG, § 53, Rn. 5.

516 Vgl. Bauer/Dollinger, in: Bergmann/Dienelt, Ausländerrecht, 12. Aufl. 2018, AufenthG, § 53, Rn. 33.

517 Vgl. H. Alexy, DVBl. 2011, 1185 (1194). Zu den übrigen Wirkungen der Spezialprävention (Individualabschreckung bzw. Resozialisierung) und Zweifeln an der Geeignetheit durch Ausweisung, vgl. Graebsch, in: Dauks/Schöck-Quinteros (Hrsg.), Grund der Ausweisung: Lästiger Ausländer, 2007, S. 139 (140 ff.).

voraus.[518] Anknüpfungspunkt für die Feststellung der Gefahr ist das vorausgegangene strafbare Verhalten.

Es bleibt dagegen weiter umstritten, ob das Tatbestandsmerkmal auch dann erfüllt sein kann, wenn eine Wiederholungsgefahr nicht droht, generalpräventive Ausweisungsinteressen aber vorliegen. Es bestehen erhebliche Zweifel daran, dass das Tatbestandsmerkmal erfüllt sein kann, wenn die Ausweisungsverfügung nur der Abschreckung dienen soll. Dabei kommt es auf die fehlende Nachweisbarkeit der Abschreckungswirkung nicht entscheidend an. Vielmehr mangelt es in diesen Fällen an einer konkreten Gefahr, die es abzuwenden gilt. Die Ausweisung kann aber nicht zur Abwehr abstrakter Gefahren gerechtfertigt werden. Es fehlt in dieser Konstellation somit am Tatbestandsmerkmal der Gefährdung.

Selbst wenn man eine Ausweisung allein auf generalpräventive Gründe stützten möchte, ist das Prüfen einer von dem Ausländer ausgehenden Wiederholungsgefahr erforderlich, weil die Verhältnismäßigkeit der Ausweisungsverfügung nicht davon losgelöst geprüft werden kann. Das Gewicht einer nur auf Generalprävention gestützten Ausweisung ist stets niedriger als ein Eingriff zur Abwehr einer konkreten Gefahr.

Es kann daher in keinem Ausweisungsfall nach strafrechtlicher Verurteilung offenbleiben, ob eine konkrete Polizeigefahr von dem Betroffenen ausgeht oder nicht. Welche Anforderungen an die Feststellung einer solchen Gefahr zu stellen sind, ist Untersuchungsgegenstand in den folgenden Kapiteln.

---

518 Hailbronner, Asyl- und Ausländerrecht, Rn. 1017.

Kapitel 3 Gefahr und Gefahrenwahrscheinlichkeit

Ist eine individuelle Gefahr seitens des Betroffenen für die Ausweisung erforderlich, bedeutet dies nach der Rechtsprechung des Bundesverwaltungsgerichts,[519] dass es sich dabei um eine „gesteigerte" Wiederholungsgefahr handeln muss, d.h. eine ernsthaft drohende Gefahr erneuter schwerer Verfehlungen des Betroffenen im Gegensatz zur lediglich entfernt bestehenden *Möglichkeit* derartiger Verfehlungen. Es stellt sich daher die Frage, was unter dem Begriff der Gefahr beziehungsweise Gefährdung (§ 53 Abs. 1 beziehungsweise Abs. 3 AufenthG) zu verstehen ist. Dabei ist voran zu stellen, dass polizeiliche beziehungsweise ordnungsrechtliche Eingriffe nicht nur einer klaren gesetzlichen Grundlage bedürfen, sondern auf das Recht der Gefahrenabwehr beschränkt sind.[520] Dadurch kommt dem Begriff der *Gefahr* die entscheidende Bedeutung im Polizei- und Ordnungsrecht zu,[521] da sie die Schwelle darstellt, ab der Polizei- und Ordnungsbehörden in die Freiheiten des Bürgers eingreifen dürfen.[522]

A. Abgrenzungen – Der Gefahrenbegriff im Polizei- und Ordnungsrecht

I. Risiko, abstrakte und konkrete Gefahr, Gefahrenverdacht

Das Vorliegen der Gefahr ist die Grundbedingung polizeilichen und ordnungsbehördlichen Handelns.[523] Gefahrenabwehr setzt das Bestehen einer Gefahr voraus;[524]

---

519 BVerwG, Urteil vom 14.02.2012 – 1 C 7.11, Rn. 5 m. w. N. z. Rspr. = BeckRS 2012, 50796.

520 Vgl. Möller/Warg, Allgemeines Polizei- und Ordnungsrecht, S. 3, Rn. 7 zur entsprechenden Entwicklung der Rechtsprechung durch das Preußische Oberverwaltungsgericht.

521 Hansen-Dix, Gefahr im Polizeirecht,1982, S. 7 f.: Mit dem Kreuzbergurteil des PrOVG vom 14.6. 1882 habe das Gericht die „Polizeiverordnung zum Schutze des auf dem Kreuzberg bei Berlin zur Erinnerung an die Siege der Freiheitskriege errichteten, im Jahre 1878 erhöhten Nationaldenkmals" für unwirksam erklärt, da sie nicht der Gefahrenabwehr gedient hätten.

522 Park, Wandel zum Sicherheitsrecht, S. 183.

523 Thiel, „Entgrenzung" der Gefahrenabwehr, S. 74.

524 Poscher, Gefahrenabwehr, S. 16; Hansen-Dix, Gefahr im Polizeirecht, S. 19, führt insoweit aus, dass der Begriffsbestimmung des PrOVG (mit Nachweisen) die weitere polizeirechtliche Literatur im wesentlichen gefolgt sei und „Gefahr" die bei

dabei handelt es sich um einen „tradierten polizeirechtlichen [Grundsatz] der rechtsstaatlichen Eingrenzung des polizeilichen Handelns".[525] Die Gefahr wird dabei als eine Sachlage definiert, bei der im einzelnen Fall die *hinreichende Wahrscheinlichkeit* besteht, dass – bei ungehindertem Kausalverlauf – in absehbarer Zeit ein *Schaden* für die öffentliche Sicherheit oder Ordnung eintreten wird.[526]

Dabei soll die zeitliche Nähe des Schadenseintritts kein eigenständiges Kriterium sein, sondern die absehbare Zeit lediglich die Notwendigkeit der zeitlichen Konkretisierung bedeuten, eine zeitliche Nähe dagegen nur im Fall des – besonderen – Erfordernisses einer gegenwärtigen Gefahr notwendig sein.[527] Hieran bestehen allerdings Zweifel, die unten genauer zu erörtern sind.[528]

Davon zu trennen ist die Frage der polizeirechtlichen *Verantwortlichkeit*. Verantwortlich ist, wer durch eigenes oder zugerechnetes Verhalten eine Gefahr verursacht oder Herrschaft über eine Gefahr hervorrufende Sache hat.[529] Gefahrenabwehr kann sich – unter engen Voraussetzungen[530] – auch gegen den Nichtverantwortlichen richten. Allerdings ist auch dann das Bestehen einer Gefahr erforderlich, die es abzuwehren gilt.[531]

Vom bloßen *Risiko* wird die Gefahr dadurch abgegrenzt, dass bei letzterer eine hinreichende Wahrscheinlichkeit der Gefahrenverwirklichung droht.[532] Das Risiko ist dagegen durch eine geringe Wahrscheinlichkeit, aber ein möglicherweise hohes Schadensausmaß gekennzeichnet.[533] Die bloße Schadensmöglichkeit kann daher nur ein Risiko, aber noch keine Gefahr begründen;[534] wenn der Grad der hinreichenden Wahrscheinlichkeit nicht erreicht wird.[535] Soweit das Wissen über relevante Umstände und Zusammenhänge nicht vorhanden ist, um eine hinreichende Wahrscheinlichkeit begründen zu können, lässt sich kein Gefahrenurteil abgeben, sondern nur ein Risiko beschreiben.[536]

üblichem Ablauf der Geschehnisse begründete Befürchtung, dass ein schädigendes Ereignis ohne Dazwischentreten der Polizei sich verwirklichen werde, darstelle.

525 Schenke, JuS 2018, 505 (506).
526 Poscher, Gefahrenabwehr, S. 17; Heun, Rechtswissenschaft 2011, 376 (377).
527 Bäcker, Kriminalpräventionsrecht – zugl. Habil., S. 94.
528 Vgl. S. 114.
529 Poscher, Gefahrenabwehr, S. 17.
530 Thiel, „Entgrenzung" der Gefahrenabwehr, S. 91. Zur Problematik der Polizeipflichtigkeit von Begleit- und Kontaktpersonen, vgl. Leisner-Egensperger, DÖV 2018, 677 (678).
531 Poscher, Gefahrenabwehr, S. 20.
532 Vgl. Heun, Rechtswissenschaft 2011, 376 (388).
533 Vgl. Heun, Rechtswissenschaft 2011, 376 (388, 379). Auf eine nähere Differenzierung nach dem Zwei- oder Dreistufenmodell des Risikobegriffs ist hier nicht einzugehen. Vgl. auch Thiel, „Entgrenzung" der Gefahrenabwehr, S. 91 ff..
534 Martens, DÖV 1982, 89 (92 f.).
535 Nell, Wahrscheinlichkeitsurteile, S. 122.
536 Vgl. Bäcker, Kriminalpräventionsrecht, S. 98 m. w. N. auch zur Gegenansicht (dort Fn. 90).

Anders soll sich dies beim *Gefahrenverdacht* darstellen.[537] Der Prognostizierende soll hier trotz umfassender Aufklärung noch nicht abschließend beurteilen können, ob eine Gefahr vorliegt.[538] Der Gefahrenverdacht[539] ist gekennzeichnet durch einen eingeschränkten Wissenshorizont des handelnden Beamten und der – möglicherweise aufgrund Eilbedürftigkeit – fehlenden Aufklärbarkeit des tatsächlichen Sachverhalts, der aber – wenn er vorläge – eine Gefahr begründen würde. Es besteht bei dem Gefahrenverdacht somit keine reduzierte Anforderung an die auf den Schadenseintritt bezogene Wahrscheinlichkeit,[540] sondern ein defizitäres Wissen in tatsächlicher Hinsicht mangels ausreichender Zeit zur behördlichen Aufklärung.[541]

Im Falle der Ausweisungsverfügung ist kein Anwendungsbereich des Gefahrenverdachts gegeben, da kein Handlungsdruck besteht. Stellte man auf eine grundsätzliche Unmöglichkeit der Aufklärbarkeit der Sachlage ab und nicht (nur) auf die zeitliche Dimension,[542] könnte sich ein anderer Befund ergeben: Die Unaufklärbarkeit der künftigen Realisierung einer Gefahr durch den Betroffenen könnte einen Gefahrenverdacht begründen, weil beispielsweise die Frage im Raum steht, ob die Strafbarkeit in Zusammenhang mit einer persönlichen Disposition stand, deren Umfang oder Fortbestehen unbekannt ist. Da auch im Falle des Gefahrenverdachts eine Gefahrenprognose im Einzelfall erforderlich ist und es tatsächlicher Anhaltspunkte für einen gefährlichen Sachverhalt bedarf,[543] liegt keine Gefahr, sondern nur ein Risiko vor. Im Falle des Risikos ist das erforderliche Wissen nicht beschaffbar, im Falle des Gefahrenverdachts schon, allerdings reicht die Zeit hierfür nicht aus.

Ein Gefahrenverdacht soll bereits im Vorfeld einer Gefahr, wenn noch ein Umstand hinzutreten muss, um eine Gefahr zu begründen, vorliegen können.[544] Fraglich ist, ob ein Gefahrenverdacht ausreichend ist, um einen Eingriff vorzunehmen, wenn im Tatbestand das Vorliegen einer Gefahr verlangt wird. Der Gefahrenverdacht soll insoweit nur ermächtigen, weitere Aufklärung vorzunehmen, soweit nicht spezialgesetzliche Eingriffsermächtigungen anderes erlauben.[545] § 53 Abs. 1

---

537 Park, Wandel zum Sicherheitsrecht, S. 224 f. Auch als „Gefahrverdacht" bezeichnet, vgl. Poscher, Gefahrenabwehr, S. 20.
538 Park, Wandel zum Sicherheitsrecht, S. 195.
539 Grundlegend zweifelnd an der Sinnhaftigkeit der Kategorisierung als Gefahrenverdacht, Darnstädt, Gefahrenabwehr und Gefahrenprognose, S. 94–99.
540 Jaeckel, Gefahrenabwehrrecht und Risikodogmatik, S. 134.
541 Jaeckel, Gefahrenabwehrrecht und Risikodogmatik, S. 141.
542 So Hansen-Dix, Gefahr im Polizeirecht, S. 66, die einen Gefahrenverdacht auch dann für möglich erachtet, wenn die Sachlage nicht aufklärbar ist, soweit die vorgestellte Sachlage eine solche sei, die nach den genannten Kriterien zur Ausfüllung des Gefahrbegriffs eine Gefahr darstelle.
543 Hansen-Dix, Gefahr im Polizeirecht, S. 67.
544 Schenke, JuS 2018, 505 (508).
545 Schenke, JuS 2018, 505 (508).

AufenthG greift die polizeirechtliche Generalklausel auf,[546] so dass ein Eingriff unterhalb der Schwelle zur konkreten Gefahr nicht zulässig ist. Denn die polizeiliche Generalklausel setzt als Eingriffsvoraussetzung das Bestehen einer konkreten Gefahr voraus.[547]

Soweit man den Gefahrenverdacht dagegen als lediglich geringeren Wahrscheinlichkeitsgrad eines Schadenseintritts versteht, bei dem genügend Informationen fehlen, um einen Wahrscheinlichkeitsgrad vollständig zu bestimmen, kann dennoch eine Gefahr vorliegen: Diese weise dann jedoch eine niedrigere Gesamtwahrscheinlichkeit auf.[548] Auch nach dieser Auffassung muss ein Gefahrenurteil – auch als Gefahrenurteil „zweiter Ordnung" bezeichnet –[549] abgegeben werden. Kann dieses noch nicht erfolgen, lässt sich nur ein Risiko beschreiben. Folgt man dieser Auffassung, stellt sich die Frage, ob die Gesamtwahrscheinlichkeit ausreichend ist, um diese als hinreichend zu bezeichnen, so dass die Diskussion über die Begrifflichkeit für die hiesige Arbeit nicht entscheidungserheblich ist. Vielmehr kommt es auf die Frage an, ab wann die Wahrscheinlichkeit hinreichend ist, um den Eingriff durch eine Ausweisung zu rechtfertigen. Denn eine Gefahr liegt jedenfalls nur vor, wenn aufgrund eines „induktiven Wahrscheinlichkeitsurteils"[550] bei ungehindertem Ablauf des Geschehens in überschaubarer Zukunft mit einem Schaden für das geschützte Rechtsgut hinreichend wahrscheinlich ist.[551]

Von der konkreten Gefahr unterscheidet sich die *abstrakte* Gefahr durch ihren Bezugspunkt: Nicht die konkrete Handlung oder der konkrete Zustand lassen hier den Schadenseintritt wahrscheinlich erscheinen, sondern typisiert betrachtete Handlungen oder Zustände.[552] Die abstrakte Gefahr ermächtigt zum Erlass von Verordnungen.[553] Abstrakte Gefahren werden durch abstrakt-generelle Aussagen beschrieben („Eine bestimmte Klasse von Umständen hat (statistisch) häufig eine bestimmte Art von Schadensereignissen S zur Folge."[554]). Es soll zwar polizeiliches Handeln auch bei abstrakten Gefahren zulässig sein, um das Entstehen konkreter

---

546 Vgl. Welte, Fn. 495; Bauer/Dollinger, in: Bergmann/Dienelt, Ausländerrecht, 12. Auflage 2018, AufenthG, § 53, Rn. 13–15; Neundorf/Brings, ZRP 2015, 145.

547 Schenke, JuS 2018, 505 (508).

548 Brenz, System von Abwägungsentscheidungen, S. 116, beschreibt dies auch als „dünne" Wahrscheinlichkeit und zeigt folgende Berechnungsgrundlage: Beträgt die bestimmbare Wahrscheinlichkeit $1/x^1$ und die Wahrscheinlichkeit, dass diese Wahrscheinlichkeit gegeben ist, $1/x^2$, beträgt die Gesamtwahrscheinlichkeit $1/(x^1 * x^2)$.

549 Bäcker, Kriminalpräventionsrecht, S. 98–99.

550 Darnstädt, DVBl. 2017, 88 (90).

551 BVerfG, Urteil v. 20.04.2016, 1 BvR 966/09, Rn. 111; VG Gelsenkirchen, Urteil v. 19.09.2017, 17 K 5544/15, Rn. 85; Darnstädt, DVBl. 2017, 88 (91).

552 Sie hierzu mit Nachweisen: Brenz, System von Abwägungsentscheidungen, 2018, S. 31; Leisner-Egensperger, DÖV 2018, 677 (685).

553 Groß, KJ 2002, 1 (S. 12); Hansen-Dix, Gefahr im Polizeirecht, 1982, S. 55.

554 Darnstädt, DVBl. 2017, 88 (91).

Gefahren in einer abstrakt umschriebenen Klasse von Fällen zu verhindern.[555] Das Verbot, Schäden herbeizuführen, stellt die Abwehr abstrakter Gefahren dar.[556] Die Abwehr abstrakter Gefahren erlaubt aber – soweit nicht die Gefahrengrenze aufgrund entsprechender Regelung vorverlagert wird – keine Einzelmaßnahmen.[557]

Bei dem Wahrscheinlichkeitsurteil über einen Einzelfall kann man nicht zur Feststellung einer abstrakten Gefahr gelangen, es kann sich nur entweder eine konkrete Gefahr oder keine Gefahr ergeben; das abstrakte Wahrscheinlichkeitsurteil hat dagegen eine Klasse von Fällen im Blick.[558] Untersuchungsgegenständlich sind Ausweisungsverfügungen, mithin Verwaltungsakte zur Regelung jeweils eines Einzelfalls, die keine abstrakt-generellen Regelungen beinhalten. Sie verlangen als Einzel-Eingriffsmaßnahme das Vorliegen einer *konkreten* Gefahr.[559] § 53 AufenthG stellt weder eine vertypisierte, abstrakte Ermächtigungsgrundlage dar (um beispielsweise gegen *die* straffälligen Ausländer vorzugehen), noch beinhaltet er eine eigenständige Verbotsnorm. Er regelt die Verhinderung der Verletzung von anderweitig normierten Verboten, mithin die Abwehr konkreter Gefahren für die genannten Schutzgüter, wobei sich die Verbotsnormen beispielsweise aus dem Strafgesetzbuch ergeben.[560]

---

555 Vgl. Park, Wandel zum Sicherheitsrecht, 2013, S. 189; Brenz, System von Abwägungsentscheidungen, 2018, S. 25.

556 Darnstädt, Gefahrenabwehr und Gefahrenprognose, 1983, S. 28. Vgl. auch oben, S. 83. Ebenso Denninger, in: Lisken/Denninger, Handbuch des Polizeirechts, 2018, Kap. D, Rn. 43, wonach auch sog. unselbständige polizeiliche Verfügungen die konkrete Gefahr im Blick haben. – Eine Polizeiverordnung dient als Ermächtigungsgrundlage für unselbständige Polizeiverfügungen, so Püttner, Besonders Verwaltungsrecht, 1979, S. 66, wenn Konstellationen nach den Erfahrungen des täglichen Lebens mit überwiegender Wahrscheinlichkeit eine konkrete Gefahr entstehen lassen. Er nennt beispielhaft bauordnungsrechtliche Vorschriften.

557 Vgl. hierzu eingehend: Brenz, System von Abwägungsentscheidungen, S. 25 ff; Schenke, JuS 2018, 505 (508); Leisner-Egensperger, DÖV 2018, 677 (685); weitergehende Nachweise, oben Fn. 458.

558 Vgl. Nell, Wahrscheinlichkeitsurteile, S. 63.

559 Vgl. Bäcker, Kriminalpräventionsrecht, S. 78. Bereits im obigen Beispielssatz zu „U" entfällt die abstrakt-generelle Aussage, wenn der Satz abgewandelt wird auf Umstände U, die häufig eine Art von Schadensereignissen S zur Folge hat, an denen der Betroffene B beteiligt ist (nach Darnstädt, DVBl. 2017, 88 (91)). Wie bereits dargelegt, gingen Wacke/Drews (vgl. Fn. 340) davon aus, dass die Ausweisungsvorschriften abstrakte Gefahren abwehren. Es kommt hierauf zwar im Hinblick auf die spezialpräventive Ausweisung nicht mehr an, da insoweit auch nach der Gesetzesbegründung eine konkrete Gefahr erforderlich ist (vgl. Fn. 497); allerdings stellt eines der wesentlichen systematischen Probleme bei der Generalprävention dar (vgl. Kapitel 2, S. 86, S. 87).

560 Vgl. zur Polizeipflichtigkeit des Ausländers oben S. 47. – Vgl. eingehend zur Abwehr abstrakten Gefahr als Verbotsgrundlage der Schadensherbeiführung, und der

Auch ist aufgrund des erheblichen Eingriffscharakters eine konkrete Gefahr erforderlich.[561] Das Bejahen einer konkreten Gefahr erfordert, ein konkretes Ereignis – des Einzelfalls –[562] zu prognostizieren, wobei sich der Geschehensablauf „zumindest grob konturieren" lassen muss: bei einer drohenden Straftat ansatzweise nach Art, Ort, Zeit und Beteiligung.[563] Für eine konkret-individuelle Regelung bedarf es auf Tatbestandsebene der Subsumtion eines konkreten Falles.[564]

Keiner tiefgreifenderen Erörterung bedarf die *Anscheinsgefahr*, wenn man diese dadurch charakterisiert, dass der Prognostizierende in dieser Konstellation von einer gefahrbegründenden Tatsachenvorstellung ausgeht, diese sich im Nachhinein allerdings als nicht bestehend erweist, da die angenommenen Tatsachen nicht vorlagen.[565] Der Streit um eine objektive oder normativ-subjektive Betrachtungsweise[566] ist für die hiesige Arbeit nicht von Belang. Denn insoweit kommen die unterschiedlichen Ansichten nur zu differierenden Ergebnissen, wenn eine Situation für den pflichtgemäß handelnden Prognostizierenden sich als Gefahr darstellt, während für den objektiven Beobachter schon ex ante ersichtlich war, dass eine Gefahr nicht vorlag.[567] Dies führt im Hinblick darauf, dass bei der Ausweisung im Falle gerichtlicher Anfechtung der Verfügung die Prognoseentscheidung zum Zeitpunkt der letzten mündlichen Verhandlung zu stellen ist, zu keinen unterschiedlichen Ergebnissen.[568] Im klassischen Polizeirecht stellt sich dagegen bezogen auf die Anscheinsgefahr die Frage der ursprünglichen Rechtmäßigkeit der Polizeimaßnahme zum Zeitpunkt ihrer Durchführung und etwaige hieraus folgende Schadensersatzansprüche.[569] Dies könnte zwar auch im Fall der behördlichen Vollziehung der Ausweisungsverfügung einschließlich Abschiebung in Betracht

konkreten Gefahr als Abwehr der Verbotsverletzung, Darnstädt, Gefahrenabwehr und Gefahrenprognose, S. 28 f.

561 Vgl. zur aus Art. 20 Abs. 3 GG resultierenden Anforderung an die Existenz einer Gefahr als Voraussetzung für polizeiliche Eingriffsmaßnahmen, Korte/Dittrich, JA 2017, 332. Auch auf die Generalklausel gestützte Eingriffsmaßnahmen bedürfen einer konkreten Gefahr, wie Brenz, System von Abwägungsentscheidungen, S. 25 ff. (36) nachweist.

562 Darnstädt, Gefahrenabwehr und Gefahrenprognose, S. 32 f.

563 Bäcker, Kriminalpräventionsrecht, S. 79, 93.

564 Vgl. Brenz, System von Abwägungsentscheidungen, S. 29.

565 Park, Wandel zum Sicherheitsrecht, 2013, S. 201 f.

566 Vgl. Poscher, Gefahrenabwehr, S. 127, der für den objektiven Gefahrenbegriff argumentiert bzw. Hansen-Dix, Gefahr im Polizeirecht, S. 73, die für den normativ-subjektive Gefahrenbegriff argumentiert.

567 Jaeckel, Gefahrenabwehrrecht und Risikodogmatik, S. 127.

568 Vgl. zur Frage der Beurteilung zum Zeitpunkt der letzten mündlichen Verhandlung im Falle von Dauer- oder nicht vollzogenen Verwaltungsakten Jaeckel, Gefahrenabwehrrecht und Risikodogmatik, S. 93 (Fn. 22), S. 129 m. w. N.

569 Vgl. Poscher, Gefahrenabwehr, S. 120.

kommen, betrifft aber nicht die untersuchungsgegenständliche Frage danach, welche tatbestandlichen Anforderungen an eine Ausweisung zu stellen sind.

II. Gegenwärtige Gefahr im Polizeirecht

§ 53 Abs. 3 AufenthG spricht von einer „gegenwärtigen Gefahr", die von dem Betroffenen ausgehen muss. Bevor die Tatbestandsvoraussetzung näher analysiert wird,[570] ist zunächst die Bedeutung des Begriffs der gegenwärtigen Gefahr im Polizeirecht zu erörtern.

Zur Einordnung des Begriffs der *gegenwärtigen* Gefahr liegt es nahe, die zeitliche Gegenwärtigkeit des Gefahreneintritts als Abgrenzungsmerkmal heranzuziehen aufgrund der sprachlichen, aber auch begrifflichen Nähe zur Gegenwärtigkeit des Angriffs im Notwehrrecht des BGB und StGB.[571] Der befürchtete Schadenseintritt müsste bei dieser Auslegung also zeitlich besonders nahe gerückt sein, bevor die Polizei eingreifen dürfte.[572] Voraussetzung für die Annahme einer gegenwärtigen Gefahr soll es sein, dass der zum Schadenseintritt führende Kausalverlauf nicht nur absehbar, sondern bereits in Gang gesetzt ist. Der Wahrscheinlichkeitsgrad des Schadenseintritts werde in zeitlicher Hinsicht konkretisiert und angehoben.[573]

Dies wird allerdings mit dem Argument hinterfragt, ob die Polizei dann nicht einschreiten dürfe, solange trotz sicher zu erwartendem Schadenseintritt der Zeitpunkt des Eintritts noch nicht unmittelbar bevorstehe. Dies führe dazu, dass zwar die Wertigkeit des Rechtsguts, in das eingegriffen werden soll, durch das Verlangen einer Gegenwärtigkeit beachtet würde, die Wertigkeit des gefährdeten Schutzguts aber keine Rolle spiele, so dass der Verhältnismäßigkeitsfrage besondere Relevanz zukomme. Als Lösung wird insoweit vorgeschlagen, die Normierung der Gegenwärtigkeit als Hinweis des Gesetzgebers auf ein besonders bedeutsames Eingriffsgut zu verstehen. Dessen Bedeutung sei bei der Bestimmung des maßgeblichen Wahrscheinlichkeitsgrades und – im Rahmen dessen – auch bezüglich der besonderen Schadensnähe Rechnung zu tragen. Es sei hierdurch aber weder der Sicherheitsgrad der Prognose noch die Anforderung an die Schadensnähe absolut zu verstehen, sondern wie beim „einfachen" Gefahrenbegriff Differenzierung erforderlich.[574]

---

570 Siehe unten S. 128.

571 Hansen-Dix, Gefahr im Polizeirecht, S. 47. Im Notwehrrecht wird regelmäßig ein unmittelbar bevorstehende, bereits begonnener oder noch anhaltender Angriff verlangt, der also sowohl zeitlich als auch hinsichtlich seiner Schadenseintrittsnähe in Bezug auf das geschützte Rechtsgutsobjekt eine Schadensrealisierung in diesem Moment erwarten lässt (vgl. BGH Urteil vom 26.08.1987 – 3 StR 303/87 = JurionRS1987, 16490, Rn. 5).

572 Vgl. Hansen-Dix, Gefahr im Polizeirecht, 1982, S. 47.

573 Holzner, in: Möstl/Schwabenbauer (Hrsg.), Beck OK PolR Bayern (Stand: 01.04.2018,) PAG, Art. 11, Rn. 39–45 zur Auslegung im BayPAG.

574 Zum Ganzen: Hansen-Dix, Gefahr im Polizeirecht, S. 50 f.

Diese Auffassung senkt allerdings die Anforderungen an die Feststellung einer gegenwärtigen Gefahr zu weit herab. So geht auch die Rechtsprechung[575] davon aus, dass die gesetzlichen Gefahrenerhöhungen Auswirkungen auf den Wahrscheinlichkeitsmaßstab haben:

> *„Indem [Vorschriften] [...] durch Verwendung der Begriffe „unmittelbar bevorstehende Begehung einer mit Strafe bedrohten Handlung", „unmittelbar bevorstehende erhebliche Verletzung von Recht", „unmittelbar bevorstehende Gefahr" oder „gegenwärtige Gefahr" besondere Anforderungen an die zeitliche Nähe des Schadenseintritts stellen, läßt sich daraus, [...] auch auf strengere Anforderungen an den Wahrscheinlichkeitsgrad schließen, da die geforderte Nähe der Gefahr meist die Sicherheit der Prognose erhöhen wird. Nach herrschender Meinung liegt [eine unmittelbar bevorstehende (...)] Gefahr vor, wenn der Eintritt eines Schadens sofort und fast mit Gewißheit (mit an Sicherheit grenzender Wahrscheinlichkeit) zu erwarten ist [...]."*

Es wird deshalb auch konstatiert, dass die Gegenwärtigkeit die Schadensprognose betreffe und der Polizei eine besondere „Plausibilisierungslast" für die Erforderlichkeit des sofortigen Eingreifens auferlege.[576] Während sich bei einer einfachen konkreten Gefahr der Zeitpunkt der polizeilichen Schadensprognose nach einer Abwägung zwischen der Notwendigkeit bestmöglicher Sachaufklärung einerseits und möglichst effektiver Gefahrenabwehr andererseits ergebe und der erforderliche Wahrscheinlichkeitsgrad ebenfalls von einer Abwägung abhänge (sog. Je-desto-Formel)[577], seien, so *Bäcker*, einer damit möglichen Vorverlagerung des Beurteilungszeitpunkts und Herabsetzung des erforderlichen Wahrscheinlichkeitsgrades bei der Gefahr eines schweren Schadens durch das Erfordernis der gegenwärtigen Gefahr „starre Grenzen" gesetzt. Zwar hänge auch das Erfordernis einer gegenwärtigen Gefahr von Wertungen ab, jedoch vermindere sich die Argumentationsmöglichkeit der Polizei: das sofortige Einschreiten könne nicht damit begründet werden, dass sonst der Schaden möglicherweise nicht mehr verhindert werden könne, wenn der Schaden zeitlich noch weiter entfernt sei. Ähnlich verhalte es sich, wenn zwar ein großes Schadensausmaß drohe, aber es für einen harmlosen Verlauf der Ereignisse ebenfalls begründete Anhaltspunkte gäbe. Die Polizei dürfe erst handeln, soweit kein vernünftiger Zweifel bestehe, dass ein Schaden unmittelbar bevorsteht, das heißt in einer „aktuellen Krisensituation".[578]

---

575 BVerwGE 45, 51, Urteil vom 26.02.1974, Az. 1 C 31.72 = JurionRS 1974, 13840, Rn. 31. Die „unmittelbar bevorstehende Gefahr" meine das gleiche, wie die „gegenwärtige Gefahr". Vgl. auch BVerfG, Urteil vom 20. April 2016, 1 BvR 966/09, Rn. 111 (BKA-Gesetz), wonach bei der „konkreten Gefahr" die Sachlage bei ungehindertem Verlauf in absehbarer Zeit zu dem Schaden führe, dieser zeitlicheZusammenhang bei der „unmittelbar bevorstehenden" oder „gegenwärtigen Gefahr" aber noch enger sei.

576 Bäcker, Kriminalpräventionsrecht, S. 128.

577 Hierzu ausführlich unten ab S. 107.

578 Zum Ganzen: Bäcker, Kriminalpräventionsrecht, S. 127–128.

Dagegen beziehen andere das Erfordernis der Gegenwärtigkeit auf die Wahrscheinlichkeit des Gefahrenabwehrerfolgs.[579] Demnach komme es für die Gegenwärtigkeit nicht auf den zeitlichen Abstand zwischen Prognose und Schadenseintritt an, so *Darnstädt*, dieser sei wegen des Verhältnismäßigkeitsgebots stets so lange wie möglich und vertretbar auszuschöpfen. Vielmehr sei die Gegenwärtigkeit dadurch gekennzeichnet, dass ein Abwarten des Gefahrenabwehreingriffs die Wahrscheinlichkeit des Eingriffserfolgs nahezu auf null sinken lassen würde. Es könne auch Situationen ohne erhöhte Schadenseintrittswahrscheinlichkeit geben, in denen eine Gefahrenabwehr ohne Eingreifen nicht mehr möglich sei.[580]

Vertreten wird – quasi vermittelnd – auch, dass das Erfordernis der Gegenwärtigkeit sowohl an die zeitliche Nähe als auch den Grad der Wahrscheinlichkeit „strenge" Anforderungen stelle.[581]

B. Wahrscheinlichkeitsmaßstab im Ausweisungsrecht

I. Einordnung der Gefahrenwahrscheinlichkeit im Ausweisungsrecht

Das Bundesverwaltungsgericht verlangte schon im Anwendungsbereich des Ausländergesetzes für die spezialpräventiv begründete Ausweisung, dass im Einzelfall eine konkrete[582] Wiederholungs- oder Rückfallgefahr vorliegen müsse und eine lediglich entfernte Möglichkeit der Begehung weiterer Straftaten hierfür nicht genüge.[583] Dies war jedenfalls für die Frage relevant, ob ein Ausnahmefall der

---

579 Darnstädt, Gefahrenabwehr und Gefahrenprognose, S. 83 f. Auch Denninger, in: Lisken/Denninger, Handbuch des Polizeirechts, 2018, Kap. D, Rn. 54, weist darauf hin, dass die an Sicherheit grenzende Wahrscheinlichkeit und die größte zeitliche Nähe nicht stets zusammenfallen müssen.

580 Darnstädt, Gefahrenabwehr und Gefahrenprognose, S. 83 f.

581 Neuhäuser, in: Möstl/Weiner (Hrsg.), Beck OK PolR Niedersachsen (Stand: 10.02.2018), SOG, § 26 Rn. 25, wobei es auch auf die Schwere des drohenden Schadens und die Eingriffsintensität ankomme.

582 Andere Auffassung: Hailbronner, Kommentar zum Ausländerrecht (Stand: März 2015), AufenthG, A 1, Vor § 53, Rn 27, wonach zwar auf grundsätzlich auf den Gefahrenbegriff des Polizeirechts zurückgegriffen werden könne, eine konkrete Wiederholungsgefahr nicht Voraussetzung sei. Diese Auffassung ist mit den polizeirechtlichen Grundsätzen jedoch nicht in Einklang zu bringen, vgl. Fn. 737. Für Notwendigkeit einer tatsächlichen und hinreichend schweren Gefährdung beim Assoziationsberechtigten auch BVerwG, Urteil vom 04.10.2012, 1 C 13.11, Abs. 19 = ZAR 2013, 120 f. (121).

583 BVerwG, Beschluss vom 10.02.1995, 1 B 221/94 = JurionRS 1995, 20043 (Rn. 4), BVerwG, Urteil vom 16. 11. 2000 – 9 C 6.00 = lexetius.com/2000, 3090, Rn. 18 zur

Regelausweisung vorliege[584] beziehungsweise im Anwendungsbereich des besonderen Ausweisungsschutzes nach § 48 AuslG 1995. Im Rahmen des § 56 AufenthG 2005 (besonderer Ausweisungsschutz) wurde eine gesteigerte Wiederholungsgefahr im Sinne einer erhöhten Gefährdung als erforderlich erachtet.[585]

Diese Voraussetzung jedoch abschwächend entnahm das Bundesverwaltungsgericht den §§ 53, 54 AufenthG 2005 die gesetzgeberische Wertung, dass Straftaten, „die so schwerwiegend sind, dass sie zu einer Freiheitsstrafe von mindestens drei Jahren geführt haben, typischerweise mit einem hohen Wiederholungsrisiko verknüpft sind".[586]

Ein derartiger Erfahrungssatz ist jedoch zu hinterfragen: Die Wahrscheinlichkeit neuer Verfehlungen lässt sich weder aus der Schwere der begangenen Straftat ableiten,[587] noch aus der Höhe der Strafe. Dass von der Tat, die mit einer Freiheitsstrafe geahndet wird, die eine bestimmte Höhe erreicht, die höhere Wahrscheinlichkeit einer erneuten Straftat ausgeht als von einer Tat, die mit einer niedrigeren Strafe geahndet wird, ist nicht nachweisbar. Es besteht auch keine Regel, dass bei schwerwiegenden Taten das abgeurteilte Verhalten die hinreichende Besorgnis neuer Verfehlungen begründet.[588]

Die Höhe der Strafe kann allenfalls Relevanz haben, wenn man die Wiederholungsgefahr in Relation setzen möchte zur Bedeutung des verletzten Rechtsguts.[589] So ist auch die Neuregelung des Aufenthaltsgesetzes zu verstehen. Der Gesetzgeber beschreibt abgestufte Ausweisungsinteressen, die aber nur dann zu einer Eingriffsmaßnahme führen können, *wenn* von dieser Person weiterhin[590] die Gefahr einer Wiederholung ausgeht, da dies der Grundtatbestand des § 53 Abs. 1 AufenthG voraussetzt. Wie bereits ausgeführt,[591] hat diese Prüfung jedoch im Einzelfall zu erfolgen und gerade nicht anhand von Typisierungen.[592] Es besteht

---

Heranziehung dieses Maßstabs auf Ausnahmeentscheidung von einem Abschiebeverbot gem. § 51 Abs. 3 AuslG.

584 BVerwG, Urteil vom 26. 2. 2002, 1 C 21.00 = lexetius.com/2002,1997, Rn. 26.

585 Mayer, VerwArch 101 (2010), S. 505

586 BVerwG, Urteil vom 16.11.2000, 9 C 6.00, Rn. 16.

587 Vgl. S. 151.

588 BVerwG, Beschluss vom 30.06.1998, 1 C 27/95 = BeckRS 1998 30438830.

589 Dabei soll § 54 AufenthG die gesetzgeberische Wertung beinhalten, wann von einer besonderen Gewichtigkeit der bedrohten Rechtsgüter auszugehen ist, VG Düsseldorf, Urteil vom 19.01.2016, 27 K 2552/14 = openJur 2016, 773, Rn. 25.

590 Zum Zeitpunkt der letzten mündlichen Verhandlung, BVerwG, Urteil vom 10.07.2012, 1 C 19.11, juris Rn 12.

591 Vgl. oben ab S. 90.

592 Vgl. auch Thym, Migrationsverwaltungsrecht, S. 221, zur Frage der Erforderlichkeit einer Wiederholungsgefahr, die sich nicht allein aus der Schwere des Ausweisungsanlasses gründen könne. Jedenfalls im Bereich der Ermessensausweisung sei eine von der Migrationsverwaltung zu stellende Gefahrenprognose erforderlich, wonach aufgrund greifbarer Anhaltspunkte auch in Zukunft Störungen durch den Betroffenen drohten.

keine Regel, dass bei schwerwiegenden Taten das abgeurteilte Verhalten die hinreichende Besorgnis neuer Verfehlungen begründet.[593]
Da der Gesetzgeber die Gesetzessystematik aufgegeben hat, gilt die Erforderlichkeit einer Gefahr und damit hinreichenden Wahrscheinlichkeit im polizeirechtlichen Sinne. Ausgangspunkt für die weiteren Überlegungen ist daher die Frage nach dem Wahrscheinlichkeitsmaßstab im Gefahrenabwehrrecht.

II. Bedeutung des Wahrscheinlichkeitsmaßstabs im Gefahrenabwehrrecht

1. Formel der umgekehrten Proportionalität

Wie dargestellt liegt eine Gefahr vor, wenn mit *hinreichender Wahrscheinlichkeit* bei ungehindertem Kausalverlauf ein Schaden an einem geschützten Rechtsgut eintreten wird[594] oder eine bereits eingetretene Störung noch anhält.[595] Keine Polizeigefahr, sondern lediglich ein Risiko ist gegeben, wenn ohne tatsächliche Anhaltspunkte nur Vermutungen angestellt werden.[596] Dabei betrifft die Frage der Eintrittswahrscheinlichkeit die Beurteilung des Schadenseintritts in Anbetracht der vorhandenen Situation.[597] Hierfür bedarf es einer

---

593 VG Berlin, Urteil vom 3.02.2012, 35 K 160.11 = openJur 2012, 16744, Rn. 39; BVerwG, Urteil vom 3.08.2004, 1 C 30.02 (Gründe II 1. a) aa)).

594 Thiel, „Entgrenzung" der Gefahrenabwehr, S. 51 f.; Gusy, Polizei- und Ordnungsrecht, § 3, Rn 114. Sog. objektiver Gefahrenbegriff, Kingreen/Poscher, Polizei- und Ordnungsrecht, § 8, Rn. 33. Auf die Diskussion um den subjektiven Gefahrenbegriff kommt es im Fall des Ausweisungsrechts in der Regel nicht an, da die Problematik nicht in der fehlerhaften Aufklärung des Ausgangssachverhalts liegt, da in den allermeisten Fällen eine rechtskräftige strafrechtliche Verurteilung des Betroffenen als Prognosekriterium angestellt wird.

595 Vgl. Thiel, Polizei- und Ordnungsrecht, § 8, Rn 5. Schenke, Polizei- und Ordnungsrecht, § 3, Rn. 69 und 79: In „absehbarer Zeit", nicht erst in weiter Ferne.

596 Vgl. Kingreen/Poscher, Polizei- und Ordnungsrecht, § 8, Rn. 6.

597 Vgl. Thiel, Polizei- und Ordnungsrecht, § 8, Rn 52. A. A.: Schenke, Polizei- und Ordnungsrecht, § 3 Rn. 84, wonach im Falle großer Schäden für hochrangige Rechtsgüter wie Leben und Gesundheit (Bsp. Umweltrecht), geringere Anforderungen an die Wahrscheinlichkeit des Schadenseintritts zu stellen seien und insoweit die Frage unbeantwortet bleiben könne, ob ein Gefahrenverdacht bereits eine konkrete Gefahr begründe. Reiche die Wahrscheinlichkeit dagegen nicht aus, um vom Vorliegen einer Gefahr ausgehen zu können, stelle sich die Frage, ob die Polizei- und Ordnungsbehörden dann tätig werden könnten (ggf. müssten), wenn die Erkenntnisse der Behörde es bei verständiger Würdigung noch nicht rechtfertigten, vom Vorliegen einer Gefahr auszugehen. Hier gehe es um die Frage der gebotenen Sachverhaltsaufklärung. Nach Knemeyer, Polizei- und Ordnungsrecht, 2007, § 8, Rn. 96

Prognose.[598] Die hinreichende Wahrscheinlichkeit liegt somit in einem Rahmen, dessen äußere Ränder die Möglichkeit eines Schadenseintritts in absehbarer Zeit auf der einen und die Sicherheit des Schadenseintritts auf der anderen Seite bilden. Damit das Vorliegen einer Gefahr überhaupt in Betracht kommt, muss mindestens der Möglichkeitsrand in Richtung des Sicherheitsrands erreicht sein, ohne dass der Sicherheitsrand tangiert sein muss.[599] Sonst ist der Schadenseintritt nicht möglich und es liegt auch keine Gefahr vor.

Schwierig zu entscheiden ist, wo in diesem Rahmen der „Umschlagpunkt"[600] hin zur Gefahr liegt beziehungsweise die Bagatellgrenze überschritten ist.[601] Denn die bloße Möglichkeit besagt noch nicht, dass die Wahrscheinlichkeit auch hinreichend ist. Numerisch ausgedrückt: Wieviel mehr größer null muss die Wahrscheinlichkeit des Schadenseintritts sein, um den Grad als hinreichend zu betrachten?[602] Denn: ist die Wahrscheinlichkeit nicht hinreichend, liegt ebenfalls noch keine Gefahr vor.[603] Wo der Umschlagpunkt liegt, ist dabei eine wertende, juristische Entscheidung.[604]

Das Erfordernis der hinreichenden Wahrscheinlichkeit hat die Aufgabe, die Fehleranfälligkeit von Prognosen auf ein rechtsstaatlich hinnehmbares Maß zu beschränken.[605] Dabei soll im Ausweisungsrecht als Maßstab für die hinreichende Wahrscheinlichkeit gelten: mit zunehmendem Ausmaß des möglichen Schadens (abgeleitet aus der abgeurteilten Tat und Strafhöhe) ist die Anforderung an den Grad der Wahrscheinlichkeit des Schadenseintritts abgesenkt.[606] Dies ist die ausweisungsrechtliche Fortschreibung der sicherheitsrechtlichen Gefahrenprognose als Korrelation aus Eintrittswahrscheinlichkeit und (möglichem) Schadensausmaß,

---

ist der Gefahrenverdacht eine Gefahr mit geringer Wahrscheinlichkeit; kritisch hierzu Kugelman, Polizei- und Ordnungsrecht, 5. Kapitel, Rn. 129. – Nach BVerfG, Beschluss vom 04.04.2006, 1 BvR 518/02, Abs. 160, kann dagegen mit einer zu diffusen Tatsachenbasis eine herabgesenkte Wahrscheinlichkeit nicht begründet werden, um damit eine konkrete Gefahr zu bejahen.

598 Leisner, DÖV 2002, 326 (328).
599 Ähnlich Leisner-Egensperger, DÖV 2018, 677 (683).
600 Bäcker, Kriminalpräventionsrecht, S. 91, mit Verweis auf Volckart, R & P 2002, 105 (108).
601 Leisner, DÖV 2002, 326 (327).
602 Vgl. hierzu mit ähnlicher graphischer Darstellung: Nell, Wahrscheinlichkeitsurteile – zugl. Diss, S. 122.
603 Thiel, „Entgrenzung" der Gefahrenabwehr, S. 91. Es soll sich allenfalls um einen Gefahrenverdacht handeln: Thiel, Polizei- und Ordnungsrecht § 8, Rn. 61; Thiel, „Entgrenzung" der Gefahrenabwehr, S. 66; Kirkagac, Verdachtsausweisungen, S. 7 f, der von „Verdachtsausweisungen" spricht, wenn gegen den Ausländer der Nachweis einer konkreten Gefährdung nicht geführt werden kann (S. 8).
604 Volckart, R & P 2002, 105 (108).
605 Kral, Vorfeldbefugnisse, S. 39.
606 BVerwG, Urteil vom 15.01.2013, 1 C 10.12, Rn. 15 = NVwZ-RR 2013, 435 = InfAuslR 2013, 217.

die wie folgt lautet: Je höher die drohende Gefahr, desto geringer sind die Anforderungen, die an die Wahrscheinlichkeit des Eintritts zu stellen sind.[607]

Diese Faustregel, auch als Formel der umgekehrten Proportionalität zwischen Schadensausmaß und -wahrscheinlichkeit[608] beziehungsweise Je-Desto-Formel[609] bezeichnet, ist nicht unproblematisch. Auch wenn sie im Polizeirecht häufig zu brauchbaren Ergebnissen führe, so *Denninger,* simplifiziere sie dennoch das Bedingungsgefüge.[610] *Nell* schreibt: „Sie ist zu einfach: sie berücksichtigt nur das Ausmaß des Schadens [...] und führt deshalb nur zu einer der abzuwägenden Handlungsalternativen, nämlich der Alternative, ein Risiko hinzunehmen."[611] Und auch *Leisner-Egensperger*[612] beschreibt als „zentrale[s] Problem der konkreten Gefahr" die grundsätzliche Frage, „in welchen Beziehungen das potenzielle, spätere Schadensereignis bereits konkretisiert sein muss."

Bevor genauer zu untersuchen ist, ob sich diese Formel ohne weiteres auf das Ausweisungsrecht übertragen lässt, ist zunächst festzustellen: Es gilt jedenfalls kein niedrigerer Wahrscheinlichkeitsmaßstab als sonst im Gefahrenabwehrrecht. Dies zeigt sich aus der Abgrenzung zur Abschiebungsanordnung durch sogenannte Gefährder nach § 58a AufenthG. Bei dieser handelt es sich um eine gegenüber der Ausweisung nach § 53 AufenthG selbständige ausländerrechtliche Maßnahme der Gefahrenabwehr für die „[a]bweichend von dem sonst im Gefahrenabwehrrecht geltenden Prognosemaßstab der hinreichenden Eintrittswahrscheinlichkeit mit seinem nach Art und Ausmaß des zu erwartenden Schadens differenzierenden Wahrscheinlichkeitsmaßstab [...] eine bestimmte Entwicklung nicht wahrscheinlicher sein [muss] als eine andere."[613] Das Bundesverfassungsgericht hat dieser unterschiedlichen Auslegung zu den („allgemeinen") Ausweisungstatbeständen zugestimmt.[614] Dies wird mit der durch § 58a AufenthG geschützten „besonderen Gefahr" gerechtfertigt, die sich nach Auffassung des Bundesverwaltungsgerichts nicht aus dem Wahrscheinlichkeitsmaßstab, sondern aus dem Gewicht und der Bedeutung des geschützten Rechtsguts ergibt.[615]

Da der Gesetzgeber – wenngleich dies streitig ist –[616] in § 58a AufenthG somit eine andere Gefahrenprüfung vorausgesetzt und eine eigenständige Tatbestandsvoraussetzung der „besonderen Gefahr" installiert hat, gilt ein derart abgesenkter Wahrscheinlichkeitsmaßstab im Bereich des § 53 AufenthG nicht.

---

607 Zur Gefahrenprognose im Sicherheitsrecht: Voßkuhle, Der Gefahrbegriff im Polizei- und Ordnungsrecht, JuS 2007, 908.
608 Nell, Wahrscheinlichkeitsurteile, S. 163.
609 Götz/Geis, Allgemeines Polizei- und Ordnungsrecht, § 6, Rn. 7.
610 Denninger, in: Lisken/Denninger, Handbuch des Polizeirechts, Kap. D, Rn. 53.
611 Nell, Wahrscheinlichkeitsurteile, S. 183.
612 Leisner-Egensperger, DÖV 2018, 677 (684).
613 BVerwG, Beschluss vom 31.05.2017, 1 VR 4.17, Rn. 21.
614 BVerfG, Kammerbeschluss vom 24. Juli 2017, 2 BvR 1487/17, Rn. 39.
615 Vgl. hierzu (ablehnend): Schlichte/Austermann, ZAR 2018, 62 (65).
616 Näher hierzu Schlichte/Austermann, ZAR 2018, 62 (66).

Wird die Ausweisung aufgrund einer strafrechtlichen Verurteilung verfügt, ist die Anknüpfungstatsache für die Gefahrenbeurteilung, die prognostisch fortgeschrieben[617] werden muss, das vormalige strafbare Verhalten.[618] Wenn das Bundesverwaltungsgericht – allerdings zur Frage des Ausschlusses eines Abschiebeverbots im Rahmen von § 51 Abs. 3 S. 1 AuslG 2002 – davon ausgegangen ist, dass erhebliche Straftaten in der Vergangenheit mit einem typischerweise hohen Wiederholungsrisiko verknüpft seien,[619] da dies die gesetzgeberische Wertung sei, und dies „in besonderem Maße für schwere Rauschgiftdelikte, namentlich den illegalen Heroinhandel, der regelmäßig mit einer hohen kriminellen Energie verbunden ist und in schwerwiegender Weise Gesundheit und Leben anderer Menschen gefährdet" gelte, werden hier erkennbar die Faktoren Schadenswahrscheinlichkeit und Schadensauswirkung miteinander vermengt. Ein derartiges fingiertes Schadenseintrittsrisiko gibt es – wie bereits ausgeführt[620] – nicht.

Es bedarf daher der exakten Formulierung: Der Grad der Gefahr im Gefahrenabwehrrecht ist mathematisch gesehen das Produkt von Eintrittswahrscheinlichkeit und zu erwartendem Schadensausmaß.[621] Die Formel führt somit zu einer umgekehrten Proportionalität[622] zwischen der drohenden Schadenshöhe und der Anforderung an die Feststellung der Schadenseintrittswahrscheinlichkeit.[623] Es bleibt der „Grad einer Gefahr gleich, wenn sich die Wahrscheinlichkeit eines Schadenseintritts in dem Verhältnis verringert, in dem sich das Ausmaß des drohenden Schadens erhöht, und umgekehrt."[624]

2. Faktor der zeitlichen Nähe des drohenden Schadenseintritts

Umstritten ist, ob in das Wahrscheinlichkeitsurteil auch die zeitliche Nähe des drohenden Schadenseintritts einzustellen ist.[625] Der zeitlichen Komponente kommt

---

617 Gusy, Polizei- und Ordnungsrecht,§ 3, Rn 113.

618 VG Düsseldorf, Urteil v. 19.01.2016, 27 K 2552/14 = openJur 2016, 773, Rn. 104, wonach Ausgangspunkt der Prognose die „Anlasstat" ist. Vgl. auch Funke, ZAR 2016, 209 (213).

619 Vgl. BVerwG, Fn. 586.

620 Vgl. oben S. 108, aber auch unten S. 151.

621 Vgl. zum Grad der Gefahr auch Nell, Wahrscheinlichkeitsurteile, S. 163–165.

622 Vgl. Thiel, Polizei- und Ordnungsrecht, § 8, Rn. 53; Bäcker, Kriminalpräventionsrecht, S. 93.

623 Vgl. Gusy, Polizei- und Ordnungsrecht, § 3, Rn. 119, der eine solche „umgekehrte Proportionalität" im Polizeirecht für anwendbar hält, ohne dies näher zu begründen. Vgl. zur niedrigeren Anforderung an die Wahrscheinlichkeit je höher die drohende Schädigung ist Kingreen/Poscher, Polizei- und Ordnungsrecht, § 4 Rn. 7 m.N.

624 Nell, Wahrscheinlichkeitsurteile, S. 164.

625 Bejahend hierzu Berg, Entscheidung bei ungewissem Sachverhalt, S. 137. Kritisch bezüglich der Frage des letztmöglichen Beurteilungszeitpunkts Leisner, DÖV 2002, 326; a. A. insoweit Gärditz, Strafprozeß und Prävention, S. 31, wonach nicht jede beliebige Nähe des Schadenseintritts zulässig sein soll und nur derjenige

dabei im Rahmen der Prognose künftigen menschlichen Verhaltens Bedeutung zu, die unmittelbar die Eintrittswahrscheinlichkeit betrifft und nicht die Frage der Geeignetheit des Abwehrmittels.

Dies lässt sich an einem fiktiven Beispiel aufzeigen: Liegt der Anlasstat ein Verbrechen des gefährlichen Eingriffs in den Schienenverkehr zur Herbeiführung eines Unglücksfalls (§ 315 Abs. 1, 3 StGB) zugrunde, indem der Verurteilte einen ICE-Radreifen beschädigt, wäre im Wiederholungsfall ein erhebliches Schadensausmaß zu befürchten. Der erforderliche Grad für die Schadenseinrittswahrscheinlichkeit wäre nach der Je-desto-Formel also äußerst niedrig anzusetzen. Der Wahrscheinlichkeitsgrad tendiert dennoch gegen Null, wenn sich der Betroffene in Strafhaft ohne Lockerungsmaßnahmen befindet. Die Möglichkeit zum Schadenseintritt ist praktisch nicht vorhanden. Nach Haftentlassung besteht jedoch die Möglichkeit einer erneuten Tatbegehung. Es könnte eine Gefahr vorliegen. Ist aber ein Gefahrenabwehreingriff bereits zum Zeitpunkt der fortdauernden Haft zulässig, wenn die denkbare Konkretisierung der Gefahr in so weiter Ferne liegt, dass noch eine unüberschaubare Vielzahl an Umständen den Schadenseintritt beeinflussen können, die noch unbekannt sind? Der Betroffene könnte in der Zwischenzeit eine körperliche Erkrankung erleiden, aufgrund derer er einerseits haftunfähig, aber andererseits in jeder Hinsicht – auch im Sinne einer Anstiftung gemäß § 26 StGB – handlungsunfähig wird. Dann wäre zwar die Möglichkeit aufgrund Haftentlassung gegeben, aber der Schadenseintritt dennoch mangels Fähigkeit zur Handlung unmöglich. Dann wäre der Wahrscheinlichkeitsgrad sogar null. Es steht im Beispielsfall somit noch nicht fest, ob der Wahrscheinlichkeitsgrad jemals die erforderliche Größe erreichen wird, um eine Gefahr zu bejahen.

Der zeitliche Faktor der Schadensnähe kann im Falle künftigen menschlichen Verhaltens, ohne dass eine Kausalkette bereits in Gang gesetzt worden wäre, nicht unbeachtet bleiben für die Bestimmung des Grades der Wahrscheinlichkeit. Alternativ müsste die Gefahr verneint werden zum gegenwärtigen Beurteilungszeitpunkt, da mangels ausreichender Anhaltspunkte noch kein Wahrscheinlichkeitsurteil gefällt werden kann. Jedoch ist die Prognose eines „Kontinuums möglicher Zustände" im Gefahrenabwehrrecht regelmäßig erforderlich, beispielsweise im Rahmen einer Zuverlässigkeitsprüfung; hier geht es gerade nicht um ein

Handlungszeitpunkt für die Frage der Rechtmäßigkeit polizeilichen Handelns maßgeblich sei, der so nahe wie möglich am prognostizierten Eintritt des Schadens liege; ausführlich hierzu auch Brenz, System von Abwägungsentscheidungen, S. 112–113, der darauf abstellt, dass ein Abwarten zur Informationsgewinnung, um die möglichst beste Abwehrmaßnahme durchführen zu können, kein Kriterium für die Entscheidung, ob eine Gefahr vorliegt, sondern eine Frage der Rechtsfolge darstellt. Dem ist zwar zuzustimmen für das allgemeine Polizeirecht, allerdings nicht für Fälle, in denen der Gesetzgeber nur eine denkbare Abwehrmaßnahme zuschreibt (so im Falle der Ausweisung). Hier kommt jedoch der zeitlichen Funktion deshalb Bedeutung zu, weil eine unterschiedliche Wahrscheinlichkeitsgrößen in Abhängigkeit zum prognostizierten Eintrittszeitpunkt vorliegen können.

abgrenzbares schädigendes Ereignis, sondern um die Prognose künftigen strafrechtlichen Verhaltens mit einer Wahrscheinlichkeitskurve aufgrund unterschiedlicher Schadenswahrscheinlichkeiten.[626] Insoweit bedarf die Je-Desto-Formel der „Verfeinerung".[627]

Es muss nämlich eine Gesamtwahrscheinlichkeit[628] gebildet werden, in der u.a. auch der Zeitfaktor jedenfalls insoweit eine Rolle spielt, als auf einer gedachten Zeitachse unterschiedliche Schadenswahrscheinlichkeiten vorliegen können.

Es geht bei der Feststellung des Wahrscheinlichkeitsgrades darum, das Bestehen einer Gefahr zu bejahen oder zu verneinen, und nicht um die Verhältnismäßigkeit der Gefahrenabwehrmaßnahme, die ohnehin regelmäßig (wenn auch nicht im Ausweisungsrecht) auf Ermessensnormen beruht.[629] Ohne Berücksichtigung des zeitlichen Faktors müssten sonst ständig Katastrophengefahren bejaht werden, da bei verhältnismäßig hohen Schäden für eine Vielzahl von Menschen bereits eine extrem niedrige Wahrscheinlichkeit des Schadenseintritts einen Eingriff rechtfertigen würde.[630] Nicht jede noch so geringe Wahrscheinlichkeit kann aber beispielsweise freiheitsbeschränkende Verbote begründen.[631]

Dies bestätigt ein anderes fiktives Beispiel: Ist die Ausgangstat ein sexueller Missbrauch im Familienumfeld, besteht während der Inhaftierung keine Möglichkeit zur Wiederholung und damit keine Gefahr.[632] Was ist im Falle der Haftentlassung? Auch hier besteht keine Wiederholungsmöglichkeit,[633] wenn der vormalige Familienverbund nicht mehr fortbesteht und der Betroffene künftig alleine lebt. Es müssen also zur Bejahung einer Gefahr künftige Entwicklungen als Hypothesen eingestellt werden, wenn eine Realisierung der Gefahr erst in langer Zukunft prognostiziert werden soll, wobei sich aufgrund der Vielzahl von Faktoren die Fehleranfälligkeit naturgemäß erhöht, je mehr Kausalitätsvarianten denkbar sind. Dies macht klar, dass die Zeitkomponente Auswirkung auf den Grad einer hinreichenden Wahrscheinlichkeit hat, da die Fehleranfälligkeit steigt, je weiter in die Zukunft prognostiziert wird.[634] Damit wird das Schadensereignis immer unkonkreter. Im

---

626 Nell, Wahrscheinlichkeitsurteile, S. 202.

627 Nell, Wahrscheinlichkeitsurteile, S. 201.

628 Vgl. zur Gesamtwahrscheinlichkeit auch oben Brenz, Fn. 548.

629 Vgl. Darnstädt, Gefahrenabwehr und Gefahrenprognose, S. 76.

630 Vgl. Darnstädt, Gefahrenabwehr und Gefahrenprognose, S. 77. Vgl. auch Leisner, DÖV 2002, 326 (329) mit Bedenken zur Je-Desto-Formel.

631 Vgl. Püttner, Besonders Verwaltungsrecht, S. 38.

632 Zur bereits statistisch besonders niedrigen Wiederholungsgefahr bei bestimmten Sexualstraftaten vgl. Fn. 1168.

633 Alternative Begehungsweisen spielen in der Beispielskonstellation keine Rolle, da diese *zusätzliche* Anknüpfungstatsachen voraussetzen würden (z. B. eine bestehende Pädophilie).

634 Zur strukturellen Schwierigkeit langfristiger Prognosen vgl. Leisner-Egensperger, DÖV 2018, 677 (684).

Laufe der Zeit treten auch Informationen auf, die den Wissenshorizont und damit auch das Wahrscheinlichkeitsurteil beeinflussen können.[635] Es besteht das „Gebot einer vollständigen Beurteilungsgrundlage", weshalb angegeben werden muss, welches die prognostisch relevanten Umstände sind, wozu auch der Zeitpunkt der drohenden Straftat gehören soll.[636] Denn „ohne zeitlichen Fixpunkt ist ein stabiles Wahrscheinlichkeitsurteil nicht möglich".[637] Im Hinblick darauf, dass – wie im Beispiel beschrieben – die „zeitliche Relativität des Wissenshorizonts zu Schwankungen im Wahrscheinlichkeitsurteil führt"[638], kann zu einem Zeitpunkt eine Gefahr vorliegen zu einem anderen nicht. Dabei ist regelmäßig davon auszugehen, dass die zeitliche Nähe meist die Sicherheit der Prognose erhöht.[639]

Dagegen reicht die allgemeine Möglichkeit von Ereignissen nicht aus, um eine konkrete Gefahr zu bestimmen.[640] Lässt sich die Eintrittswahrscheinlichkeit nur behaupten, nicht aber exakt bestimmen, besteht nur eine Schadenseintritts-Möglichkeit, so dass die Je-Desto-Formel nicht weiterführt.[641] Reichen die Erkenntnisse nicht aus, um das Vorliegen einer konkreten Gefahr mit hinreichender Wahrscheinlichkeit zu bejahen, so muss die Behörde den Sachverhalt weiter aufklären, bevor sie über ein Einschreiten zur Gefahrenabwehr entscheiden kann.[642]

Für die Ausweisung nach § 53 AufenthG bestätigt dies auch die Abgrenzung zur Abschiebungsanordnung nach § 58a AufenthG. Dessen Anwendungsbereich ist bereits unterhalb der Schwelle zur konkreten Gefahr eröffnet. § 58a AufenthG verlangt eine „besondere Gefahr", die sich zur konkreten Gefahr „maßgeblich" dadurch abgrenzt, „dass [im Sinne des § 58a AufenthG (...)] eine hinreichend konkretisierte Gefährdung schon dann bestehen kann, wenn sich der zum Schaden führende Kausalverlauf[...] noch nicht mit hinreichender Wahrscheinlichkeit vorhersehen lässt, aber bestimmte Tatsachen auf eine im Einzelfall drohende, im klassischen polizeirechtlichen Sinne aber ‚unspezifische' Gefahr für ein überragend wichtiges Gemeinschaftsgut hinweisen. Dies kann schon dann der Fall sein, wenn zwar noch nicht ein seiner Art nach konkretisiertes und zeitlich absehbares

---

635 Poscher, Gefahrenabwehr – zugl. Diss., S. 114.
636 Bäcker, Kriminalpräventionsrecht, S. 93–94, verneint ein eigenständiges zeitliches Kriterium, da eine Gefahr auch dann bestehen könne, wenn sie noch in weiter zeitlicher Entfernung liege. Dies trifft zu. Er billigt aber der zeitlichen Dimension Bedeutung zu, da eine drohende Straftat ansatzweise konturiert sein müsse. Allerdings stellt sich im Ausweisungsrecht das oben bereits beschriebene Problem des Kontinuums.
637 Poscher, Gefahrenabwehr, S. 114.
638 Poscher, Gefahrenabwehr, S. 116.
639 BVerwGE 45, 51, Urteil vom 26.02.1974, 1 C 31.72 = NJW 1974, 807 (809).
640 Bäcker, Kriminalpräventionsrecht, S. 93.
641 Vgl. Leisner, DÖV 2002, 326 (329).
642 Möller/Warg, Polizeirecht, S. 65, Rn 102, 107.

Geschehen erkennbar ist, das individuelle Verhalten einer Person jedoch die konkrete Wahrscheinlichkeit begründet, dass sie solche Straftaten in überschaubarer
Zukunft begehen wird. Dabei berücksichtigt das Bundesverwaltungsgericht, dass
terroristische Straftaten oft auch von bisher nicht straffällig gewordenen Einzelnen an nicht vorhersehbaren Orten und in ganz verschiedener Weise verübt
werden."[643] Dies zeigt, dass die konkrete Gefahr dagegen ein konkretisiertes und
zeitlich absehbares Geschehen im Blick haben muss.

III. Anforderungen an den Grad der Gefahr im Ausweisungsrecht

Wenn man den generell erforderlichen Wahrscheinlichkeitsgrad umgekehrt
proportional zum Ausmaß des zu befürchteten Schadens bestimmt, bedürfe
es, so *Bäcker*, zur Konkretisierung des Ausmaßes der Prüfung folgender Faktoren: Faktor des abstrakten Rangs des bedrohten Rechtsguts, Faktor der
Intensität der befürchteten Verletzung und Faktor der Zahl der betroffenen
Rechtsgutsträger.[644]

Die hier erforderliche Abwägung, welches Wahrscheinlichkeitsmaß umgekehrt proportional ausreichend ist, um im Hinblick auf die drohende Rechtsgutsbeeinträchtigung eine Gefahr anzunehmen, soll dabei nicht dasselbe sein wie die
Verhältnismäßigkeitsprüfung.[645] Dies führt jedoch zu Schwierigkeiten, wenn das
bedrohte Rechtsgut besonders hochwertig beziehungsweise eine besonders hohe
Zahl von Rechtsgutsträgern betroffen wäre, da – gerade auch im technischen
Sicherheitsrecht – exorbitante Schadensfälle nie völlig ausgeschlossen werden
können.[646] *Brenz* schlägt insoweit vor, dass in die Abwägung, ob eine hinreichende
Gefahr vorliegt oder nicht, die Frage nach dem Übersteigen des Wahrscheinlich-
keitsgrads des allgemeinen Lebensrisikos einzustellen ist.[647]

Es drängt sich bei der Bestimmung des Wahrscheinlichkeitsgrads im Ausweisungsrecht allerdings die Frage auf, ob nicht die Intensität des Eingriffs in die
Rechte des Betroffenen einen limitierenden Faktor darstellt und die Formel der
umgekehrten Proportionalität der Ergänzung bedarf.[648] Dies setzte allerdings voraus, dass die Je-Desto-Formel im Ausweisungsrecht überhaupt Anwendung findet,
was zunächst zu erörtern ist.

---

643 Berlit, ZAR 2018, 89 (93).
644 Bäcker, Kriminalpräventionsrecht, S. 92. Ähnlich Nell, Wahrscheinlichkeitsurteile,
    S. 169.
645 Vgl. Bäcker, Kriminalpräventionsrecht, S. 92.
646 Vgl. Rehbinder, BB 1976, 1 (2).
647 Brenz, System von Abwägungsentscheidungen, S. 111.
648 Ablehnend: Bäcker, Kriminalpräventionsrecht, S. 92.

1. Unions- und konventionsrechtliche Auswirkungen auf die Anwendbarkeit der Je-desto-Formel

a. Einfluss von Art. 8 EMRK

Durch die Anwendbarkeit des Art. 8 EMRK und die Rechtsprechung des Europäischen Gerichtshofs für Menschenrechte wurde das Ausweisungsrecht stark beeinflusst.[649] Art. 8 EMRK betrifft sowohl die Achtung des Familien-, als auch des Privatlebens[650] und gilt auch für Ausländer, die alleinstehend und kinderlos sind beziehungsweise keinen schützenswerten Kontakt nachweisen können. Das Gebot der Achtung des Privatlebens erfordert keine bestimmte Dauer des Aufenthalts.[651] Die Länge der Dauer des Aufenthalts hat jedoch Auswirkung auf die Verhältnismäßigkeitsprüfung, jedenfalls für Betroffene mit langem Aufenthalt und tiefer Verwurzelung – auch als „faktischer Inländer"[652] bezeichnet – verlangt der Europäische Gerichtshof für Menschenrechte als Rechtfertigung gemäß Art. 8 Abs. 2 EMRK eine umfassende Abwägung beziehungsweise Verhältnismäßigkeitsprüfung,[653] um Einzelfallgerechtigkeit zu erreichen.[654]

---

649 Beichel-Benedetti, in: Huber (Hrsg.), Aufenthaltsgesetz, 2. Auflage 2016, AufenthG, Vorbemerkungen zu § 53, Rn. 7.

650 Eckertz-Höfer, ZAR 2008, 41 (43 f.) weist auf den nach der Rspr. des EGMR und des BVerfG „denkbar weiten Schutzbereich" des Art. 8 Abs. 1 EMRK hin, der sich in der Gesamtheit der sozialen Bindungen bzw. dem Netz an persönlichen Beziehungen, der Summe der persönlichen, gesellschaftlichen und wirtschaftlichen Beziehungen also, die für das Privatleben eines jeden Menschen konstitutiv sind und denen angesichts der zentralen Bedeutung dieser Bindungen für die Entfaltung der Persönlichkeit eines Menschen bei fortschreitender Dauer des Aufenthalts wachsende Bedeutung zukomme. – Näher zur eigenständigen menschenrechtlichen Absicherung des über den Schutz des Familienlebens hinausgehenden Schutz sozialer Bindungen vgl. Thym, Migrationsverwaltungsrecht, S. 237, Bast, Aufenthaltsrecht und Migrationssteuerung, S. 193, und zum eigenen Schutzgut der Achtung des Privatlebens, Bast, ebd. S. 199.

651 Im Einzelnen strittig, vgl. Hofmann, in: Kluth/Heusch (Hrsg.), BeckOK AuslR (Stand 01.11.2018), EMRK, Art. 8, Rn. 22.

652 Zum Begriff vgl. Beichel-Benedetti, in: Huber (Hrsg.), Aufenthaltsgesetz, 1. Auflage 2010, AufenthG, § 56 Rn. 2. Zum Spannungsverhältnis zwischen der Gefahrenabwehrperspektive und der Idee der Aufenthaltssicherheit für „faktische Inländer" näher Bast, Aufenthaltsrecht und Migrationssteuerung, S. 201.

653 Vgl. Tanneberg, in: Kluth/Heusch (Hrsg.), BeckOK AuslR (Stand: 01.05.2018), AufenthG, § 53, Rn. 45; Hailbronner, Kommentar zum Ausländerrecht (Stand: März 2015), AufenthG, A 1 vor § 53, Rn. 14 mit Hinweis auf die stark kasuistischen Tendenzen in der EGMR-Rspr.

654 Beichel-Benedetti, in: Huber (Hrsg.), Aufenthaltsgesetz, 1. Auflage 2010, AufenthG, Vorbemerkungen zu §§ 53–56, Rn. 14, 15; Kießling, ZAR 2016, 45 (48) zur Bedeutung der Rechtsprechung des EGMR, BVerfG und BVerwG für die Ausweisung faktischer

Im Hinblick auf den von dem Bundesverwaltungsgericht angenommenen Prognosemaßstab für die Feststellung der Wiederholungsgefahr, wonach ein differenzierender, mit zunehmendem Ausmaß des möglichen Schadens abgesenkter Grad der Wahrscheinlichkeit des Schadenseintritts anzusetzen sei,[655] ist zu beachten, dass der Europäische Gerichtshof für Menschenrechte im Anwendungsbereich der EMRK stets eine Verhältnismäßigkeitsprüfung[656] verlangt, bei der insbesondere auch die nach der Tat vergangene Zeit und das dort gezeigte Verhalten berücksichtigt werden.[657] Der Europäische Gerichtshof für Menschenrechte hält eine Ausweisung nur im Falle einer entsprechenden Bedeutung für die öffentliche Sicherheit aufgrund erheblicher Straftaten überhaupt für verhältnismäßig[658] und zeigt in der Maslov-Entscheidung, dass eine erhebliche Zeit der Legalbewährung („good conduct elapses") Einfluss auf die Gefahr hat, die von dem Betroffenen ausgeht („[the fact] has a certain impact on the assessment of the risk which that person poses to society").[659] Umstände, die gegen eine bestehende konkrete Gefahr sprechen, sind daher – gerade auch im Hinblick auf die Rechtsprechung des Europäischen Gerichtshofs für Menschenrechte -[660] zu berücksichtigen.

Dies zeigt, dass ein starrer Fokus auf die Ausgangstat und ein damit einhergehender reduzierter Wahrscheinlichkeitsmaßstab nicht ohne Weiteres mit den konventionsrechtlichen Vorgaben in Einklang zu bringen ist. Jedenfalls ist eine *individuelle* Prognose unter Einbeziehung der aktuellen Entwicklung des Betroffenen erforderlich.

Grundsätzlich gilt im Anwendungsbereich des Art. 8 Abs. 1 EMRK: Je stärker ein gesetzlicher Eingriff elementare Äußerungsformen der menschlichen Handlungsfreiheit berührt, um so gewichtiger müssen die Gründe sein, die gegen den grundsätzlichen Freiheitsanspruch des betroffenen Bürgers angeführt werden,[661]

Inländer. Zur notwendigen Einzelfallgerechtigkeit bei tiefer Verwurzelung vgl. Farahat, Progressive Inklusion, S. 195.

655   BVerwG, Urteil vom 15.01.2013, 1 C 10.12, Rn 15 = InfAuslR 2013, 217.

656   EGMR, Urteil vom 18.10.2006, 46410/99 (Üner), Abs. 57..

657   EGMR, Urteil vom 25.03.2010, 40601/05, Abs. 54 m. Hinweis auf EGMR Urteil vom 18.10.2006, 46410/99 (Üner), und EGMR, Urteil vom 23.06.2008, 1638/03 (Maslov).

658   Straffreiheit während kürzerer Haftzeit bzw. ein Leben im Verborgenen komme keine besondere Bedeutung im Verhältnis zur Schwere der begangenen Straftat zu, EGMR Urteil vom 25.03.2010, 40601/05, M./Deutschland, Abs. 58.

659   EGMR, Urteil vom 23.06.2008, 1638/03 (Maslov), Abs. 90.

660   Vgl. auch Kirkagac, Verdachtsausweisungen, S. 121, der allerdings auch auf die Uneinheitlichkeit der Rspr. des EGMR zur Frage der Bestimmung des Grades der Wiederholungswahrscheinlichkeit hinweist, insbesondere in Abhängigkeit zur Schwere der Straftat, S. 122.

661   Vgl. Eckertz-Höfer, ZAR 2008, 41 (46), zur Auslegung des Art. 8 Abs. 1 EMRK durch das BVerfG, Kammerbeschluss vom 10.08.2007, 2 BvR 535/06, das insoweit auf seine „bekannte ‚jedesto-Formel' " zurückgreife (mit dieser ist eine Jedesto-Formel im Sinne einer Angemessenheit zwischen Eingriffsintensität und Eingriffsbedeutung gemeint, vgl. Fn. 736, 735).

zumal der Europäische Gerichtshof für Migranten der zweiten oder höherer Generationen zwar keinen absoluten Schutz vor Ausweisungen zubilligt, aber der Rechtsprechung eine Regelvermutung für die Rechtswidrigkeit von Ausweisungen zu entnehmen ist.[662]

b. Einfluss von Art. 14 ARB 1/80 und Art. 12 RL 2013/109 EG

Für Betroffene, die eine Rechtsstellung nach Art. 6 bzw. 7 Abs. 1 ARB 1/80 genießen, ist wegen Art. 14 Abs. 1 ARB 1/80 für eine Ausweisung ein „unionsrechtlicher Bezugsrahmen zu bestimmen", der die Anforderungen an eine Ausweisung definiert: Die Ausweisung orientiert sich insoweit nicht an den Vorgaben für Unionsbürger, sondern an dem Mindestschutz vor Ausweisungen für Drittstaatsangehörige, die die Rechtsstellung von langfristigen Aufenthaltsberechtigten innehaben.[663]

Somit ist das Bestehen einer hinreichend schweren Gefahr für ein Grundinteresse der Gesellschaft für eine beabsichtigte Ausweisung im Sinne des Art. 12 RL 2003/109 EG[664] (Daueraufenthaltsrichtlinie) erforderlich, wobei auch nach der Behördenentscheidung eingetretene Tatsachen zu berücksichtigen sind, die den Wegfall oder eine nicht unerhebliche Verminderung der gegenwärtigen Gefährdung des Verhaltens des Betroffenen mit sich bringen können.[665]

Art. 12 RL 2003/109 EG orientiert sich am Wortlaut der Rechtsprechung des Europäischen Gerichtshofs zur Ausweisung von freizügigkeitsberechtigten Unionsbürgern.[666] Die Differenzierung zwischen Unionsbürgern und Assoziationsberechtigten in der Ziebell-Entscheidung[667] betrifft nur die Fälle von minderjährigen oder mindestens zehn Jahre inlandsaufhältigen Unionsbürgern: Letztere können gemäß der Unionsbürgerrichtlinie nur aus „zwingenden Gründen der öffentlichen

---

662 Vgl. Farahat, Progressive Inklusion, S. 357; Hailbronner, Asyl- und Ausländerrecht, 4. Auflage 2017, § 9, Rn. 1017.

663 EuGH, Urteil vom 08.12.2011, C-371/08, ECLI:EU:C:2011:809 („Ziebell"), Abs. 74, 79–80 = DÖV 2012, 158 = Beck RS 2011, 81925.

664 H. Alexy, in: Hofmann/Hoffmann, Ausländerrecht, 1. Auflage, 2008, ARB 1/80, Art. 14, Rn. 2; Dienelt, in: Bergmann/Dienelt, Ausländerrecht, 12. Aufl. 2018, ARB 1/80, Art. 14, Rn 25. – Voraussetzung für die Anwendbarkeit für Drittstaatsangehörige ist ein mindestens fünfjähriger Daueraufenthalt, Art. 4 RL 2003/109/EG. Zur nationalgesetzlichen Umsetzung vgl. § 9a AufenthG.

665 EuGH, Urteil vom 08.12.2011, C-371/08, ECLI:EU:C:2011:809, („Ziebell"), Rn. 84.

666 Marx, ZAR 2007, 142(149).

667 Da der Europäische Gerichtshof die Gleichsetzung von Assoziationsberechtigten mit Unionsbürgern abgelehnt hat (EuGH, Urteil vom 08.12.2011, C-371/08, ECLI:EU:C:2011:809, („Ziebell") = DÖV 2012, 158 = Beck RS 2011, 81925), muss dies erst recht für Drittstaatsangehörige gelten. Eine Pflicht zur Gleichsetzung von sonstigen Drittstaatsangehörigen mit Unionsbürgern und deren Angehörigen kann der Rechtsprechung des Europäischen Gerichtshofs nicht entnommen werden, vgl. Thym, Migrationsverwaltungsrecht, S. 235.

Sicherheit" (Art. 28 Richtlinie 2004/38 EG (Freizügigkeitsrichtlinie)) ausgewiesen werden. Es handelt sich dabei um einen erhöhten Ausweisungsschutz, der insoweit im Anwendungsbereich des AufenthG nicht zum Tragen kommt.

Wenn auch keine zwingenden Gründe der öffentlichen Sicherheit berührt sein müssen, ist dennoch das Vorliegens einer Gefahr zur Ausweisung Daueraufenthaltsberechtigte erforderlich. Hierbei nimmt der Europäische Gerichtshof das persönliche Verhalten des Betroffenen in den Blick. Dieses müsse erkennen lassen, dass eine *gegenwärtige Gefährdung* der öffentlichen Ordnung gegeben sei.[668] Die Rechtsprechung betraf insoweit zwar nur Unionsbürger und deren Familienangehörige beziehungsweise Berechtigte nach dem Assoziierungsabkommen EWG/Türkei.[669] Allerdings führte diese Rechtsprechung des Europäischen Gerichtshofs und das Inkrafttreten des Richtlinienumsetzungsgesetzes[670] zu einer grundlegenden, materiell-rechtlichen Rechtsprechungsänderung des Bundesverwaltungsgerichts[671] im Ausweisungsrecht hinsichtlich des entscheidungserheblichen Zeitpunkts.

Das Bundesverwaltungsgericht sei – so *Kraft* – davon geleitet gewesen, dass das Unionsrecht „auf die nationalen Rechtsordnungen über seinen sachlichen und persönlichen Anwendungsbereich hinaus" einwirke, „denn eine ‚doppelte Rationalität' von auseinanderlaufendem unionsrechtlich determiniertem und davon nicht beeinflusstem nationalen Recht ist für einen Mitgliedsstaat auf Dauer innerstaatlich nur schwer durchzuhalten."[672]

Das Richtlinienumsetzungsgesetz hätte diese Rechtsprechungsänderung nicht zwingend notwendig gemacht: Es enthielt materiell-rechtliche Änderungen nur hinsichtlich des besonderen Ausweisungsschutzes für Daueraufenthaltsberechtigte[673] und für Heranwachsende beziehungsweise eher klarstellende Änderungen hinsichtlich § 54 beziehungsweise § 55 AufenthG 2005, jedoch keine grundlegende materielle Änderung der Ausweisungssystematik. Soweit das Bundesverwaltungsgericht in seiner Entscheidung anführte, dass durch die Umsetzung der Freizügigkeitsrichtlinie und der Daueraufenthaltsrichtlinie im Wege einer „Gesamtschau" nunmehr generell bei der Beurteilung der Rechtmäßigkeit einer Ausweisung auf die Sach- und Rechtslage im Zeitpunkt der letzten mündlichen Verhandlung oder Entscheidung des Tatsachengerichts abzustellen sei,[674] ließ sich das allein

---

668 Eckertz-Höfer, in: Barwig u. a. (Hrsg.), Perspektivwechsel im Ausländerrecht, S. 106 (112) mit Hinweis auf EuGH, Urteil vom 27.10.1977, Rs. 30/77, ECLI:EU:C:1977:172 = NJW 1978, 479, S. 108.

669 Eckertz-Höfer, in: Barwig u. a. (Hrsg.), Perspektivwechsel im Ausländerrecht, S. 106 (112).

670 Gesetz zur Umsetzung aufenthalts- und asylrechtlicher Richtlinien der Europäischen Union (Bundesgesetzblatt I, 2007 Nr. 42, 27.08.2007, Seite 1970).

671 Urteil vom 15.11.2007, 1 C 45.06 = BVerwGE 130, 20.

672 Kraft, DVBl. 2013, 1219 (1227).

673 Vgl. Gesetzesbegründung zum Entwurf eines Gesetzes zur Umsetzung aufenthalts- und asylrechtlicher Richtlinien der Europäischen Union, BT-Drs. 16/5065, S. 184.

674 BVerwG, Urteil vom 15.11.2007, 1 C 45.06, Rn. 18.

aus dem Umsetzungsgesetz kaum begründen.[675] Das Bundesverwaltungsgericht stellte jedoch ausdrücklich auch auf den immer größeren Anwendungskreis der unionsrechtlichen Regelungen durch die Freizügigkeitsrichtlinie ab.[676] Eine Differenzierung zwischen Unionsbürgern, Assoziationsberechtigten und EG-Daueraufenthaltsberechtigten auf der einen Seite und den sonstigen Ausländergruppen auf der anderen Seite lasse sich – so auch *Mayer* – materiell-rechtlich nicht begründen.[677] Dies sei eine Folge der autorisierten Einwirkung supranationalen Rechts, die Konsistenz von EU-Recht und nationalem Recht gebiete.

Aufgrund des nunmehr bestehenden Gebots der Tatsachengerichte, wegen der Aufklärungspflicht gemäß § 86 Abs. 1 VwGO die Ausweisung bezogen auf die Sach- und Rechtslage im Zeitpunkt der letzten mündlichen Verhandlung zu beurteilen,[678] waren – auch der Rechtsprechung des Europäischen Gerichtshofs folgend[679] – neue Umstände, die gegen eine Wiederholungsgefahr sprechen, zu berücksichtigen.

Nimmt man die Rechtsprechung des Europäischen Gerichtshofs als Maßstab, erscheint eine Fokussierung auf die vorangegangene Tat und eine etwaige reduzierte Anforderung an den Wahrscheinlichkeitsgrad problematisch. Dabei ist allerdings zu beachten, dass das Unionsrecht keinen unmittelbaren Einfluss auf die Personengruppen hat, die ausschließlich in den Anwendungsbereich des § 53 Abs. 1 AufenthG fallen. Das Unionsrecht hat dagegen Bedeutung für die Drittstaatsangehörigen, die über ein Daueraufenthaltsrecht verfügen oder eine Stellung als Assoziationsberechtigte haben, wobei die Regelung des § 53 Abs. 3 AufenthG unten noch gesondert zu untersuchen ist.

c. Begriff der „gegenwärtigen Gefährdung" im Unionsrecht

Nach der Rechtsprechung des Europäischen Gerichtshofs darf für Freizügigkeitsberechtigte eine strafrechtliche Verurteilung für eine „Ausweisungsentscheidung"

---

675 Vgl. Thym, Migrationsverwaltungsrecht, S. 248.

676 BVerwG, Urteil vom 15.11.2007, 1 C 45.06, Rn. 17.

677 Vgl. Mayer, VerwArch 101 (2010), 482 (494–495), zur Frage der Anwendung von Ermessen.

678 BVerwG, Urteil vom 15.11.2007, 1 C 45.06, Rn. 19.

679 Beispielhaft EuGH, Urteil v. 11.11.2004, ECLI:EU:C:2004:708, C-467/02 („Cetinkaya"), Abs. 47: „Daher haben die nationalen Gerichte in Anbetracht der Grundsätze, die im Rahmen der Freizügigkeit der Arbeitnehmer, die Angehörige eines Mitgliedstaats sind, gelten und auf türkische Arbeitnehmer, die die durch den Beschluss Nr. 1/80 eingeräumten Rechte in Anspruch nehmen können, übertragbar sind, bei der Prüfung der Rechtmäßigkeit einer gegen einen türkischen Staatsangehörigen verfügten Ausweisungsmaßnahme nach der letzten Behördenentscheidung eingetretene Tatsachen zu berücksichtigen, die den Wegfall oder eine nicht unerhebliche Verminderung der gegenwärtigen Gefährdung mit sich bringen können, die das Verhalten des Betroffenen für die öffentliche Ordnung darstellen würde."

nur insoweit berücksichtigt werden, als die ihr zugrunde liegenden Umstände ein persönliches Verhalten erkennen lassen, das eine *gegenwärtige Gefährdung* der öffentlichen Ordnung darstellt. Hierzu sei eine Einzelfallprüfung erforderlich im Hinblick auf das persönliche Verhalten des Straftäters sowie die gegenwärtige, tatsächliche und hinreichend schwere Gefahr, die er für die öffentliche Ordnung und Sicherheit darstellt; außerdem seien der Grundsatz der Verhältnismäßigkeit sowie die Grundrechte des Betroffenen zu beachten.[680] Assoziationsberechtigte konnten nach bisheriger Rechtslage nur aufgrund einer Ermessensentscheidung und unter Berücksichtigung der Maßstäbe des § 6 Abs. 2 FreizügG ausgewiesen werden.[681]

Der Verwaltungsgerichtshof Baden-Württemberg schloss hieraus für assoziationsberechtigte türkische Staatsangehörige, dass zum einen im Rahmen der Verhältnismäßigkeitsprüfung Resozialisierungsbemühungen einzustellen seien[682] und eine hinreichend schwere Gefährdung für Rechtsgüter, deren Verletzung ein Grundinteresse der Gesellschaft berühre, erforderlich sei. Diese läge vor, „wenn unter Berücksichtigung aller für und gegen den Betroffenen einzustellenden Gesichtspunkte bei einer wertenden Betrachtungsweise mehr dafür spricht, dass der Schaden in einer überschaubaren Zeit eintreten wird".[683] Das Bundesverwaltungsgericht ist diesem Rechtssatz, dass es unions- beziehungsweise assoziationsrechtswidrig wäre, die Anforderungen an die Prüfung der Wiederholungsgefahr herabzusetzen je nach drohender Gefahr, ausdrücklich nicht beigetreten.

Der Verwaltungsgerichtshof hatte argumentiert, dass der Rechtsprechung des Europäischen Gerichtshofs eine Relativierung des Wahrscheinlichkeitsmaßstabs nicht entnommen werden könne.[684] Das Bundesverwaltungsgericht hält demgegenüber seinen reduzierten Wahrscheinlichkeitsmaßstab aufrecht, ohne sich aber mit der Rechtsprechung des Europäischen Gerichtshofs zu genau dieser Frage auseinanderzusetzen.[685]

Das Bundesverwaltungsgericht wies die Kritik an einer Reduzierung des Wahrscheinlichkeitsmaßstabs mit dem Argument zurück, dass jeder sicherheitsrechtlichen Gefahrenprognose eine Korrelation aus Schadensausmaß und Eintrittswahrscheinlichkeit zugrunde liege, es aber auch ständige Rechtsprechung des Bundesverwaltungsgerichts sei – so schon zu Art. 12 Abs. 3 AufenthG/EWG[686] –,

---

680 EuGH, Urteil vom 22.12.2010, C-303/08, ECLI:EU:C:2010:800, Rn 58–60.
681 Hailbronner, Kommentar zum Ausländerrecht (Stand: März 2015), AufenthG, A 1, vor § 53, Rn 43. Genauer vgl. sogleich lit. d.
682 VGH Mannheim, Urteil vom 07.03.2012, 11 S 3269/11, Rn 53.
683 VGH Mannheim, Urteil vom 07.03.2012, 11 S 3269/11, Rn 54.
684 VGH Mannheim, Urteil vom 07.03.2012, 11 S 3269/11, Rn. 46.
685 BVerwG, Urteil vom 15.01.2013, 1 C 10.12, Rn 15, das sich ausführlich zur Frage verhält, ob der EuGH der Resozialisierung Vorrang vor den Ausweisungsinteressen eingeräumt habe (ebd., Rn 20). Dies ist jedoch keine Frage der Gefahrenprognose, sondern der Verhältnismäßigkeit.
686 Gesetz über Einreise und Aufenthalt von Staatsangehörigen der Mitgliedstaaten der Europäischen Wirtschaftsgemeinschaft vom 22.07.1969, BGBl. I, 1969, Nr. 65.

dass „im Hinblick auf die Bedeutung des Grundsatzes der Freizügigkeit an die nach dem Ausmaß des möglichen Schadens differenzierende hinreichende Wahrscheinlichkeit keine zu geringen Anforderungen gestellt werden dürfen".[687] Dies gelte auch für ARB-Berechtigte.[688]

Dabei hat das Bundesverwaltungsgericht jedoch die eigentliche Kritik des Verwaltungsgerichtshofs umschifft. Dieser hat nicht in Abrede gestellt, dass es differenzierende Wahrscheinlichkeitsmaßstäbe gibt, sondern darauf abgestellt, dass das Bundesverwaltungsgericht auch bei der Anwendung unionsrechtlicher Grundsätze einen „abgesenkte[n] Grad der Wahrscheinlichkeit des Schadenseintritts" anwende „mit der Folge, dass insbesondere bei einer Gefährdung des menschlichen Lebens oder bei drohenden schweren Gesundheitsbeeinträchtigungen auch schon die entfernte Möglichkeit eines Schadenseintritts eine Aufenthaltsbeendigung rechtfertigen kann (...)." Diese Sichtweise sei mit den von dem Europäischen Gerichtshof entwickelten Grundsätzen nicht vereinbar. Aus dessen Rechtsprechung ließen sich keine verifizierbaren und tragfähigen Ansätze für eine derartig weitgehende Relativierung des Wahrscheinlichkeitsmaßstabes entnehmen. Der Europäische Gerichtshof gehe vielmehr von einer engen Auslegung aus und verlange eine hinreichend schwere Gefährdung eines gesellschaftlichen Grundinteresses. Dem liege die Vorstellung zugrunde, dass im Interesse einer möglichst umfassenden Effektivierung der Grundfreiheiten die Aufenthaltsbeendigung und damit die vollständige Unterbindung der jeweils in Frage stehenden Grundfreiheit unter dem strikten Vorbehalt der Erforderlichkeit und Verhältnismäßigkeit stehe.[689] Die Kritik betrifft also eine Relativierung des Wahrscheinlichkeitsmaßstabs.

Das Bundesverwaltungsgericht hatte in der von dem Verwaltungsgerichtshof in Bezug genommenen Entscheidung zu Art. 14 ARB 1/80 vom 02.09.2009[690] zur streitigen Frage ausgeführt:

> *„Bei der Prüfung [der tatsächlichen und schweren Gefährdung] darf eine strafrechtliche Verurteilung nur insoweit berücksichtigt werden, als die ihr zugrunde liegenden Umstände ein persönliches Verhalten erkennen lassen, das eine gegenwärtige Gefährdung der öffentlichen Ordnung darstellt und auf die konkrete Gefahr von weiteren schweren Störungen der öffentlichen Ordnung hindeutet [...].*
> *Die Beurteilung, ob eine hinreichend schwere Gefährdung vorliegt, erfordert [über die mit jedem Rechtsverstoß verbundene Störung der öffentlichen Ordnung hinausgehende – tatsächliche und hinreichend schwere Gefährdung für ein Grundinteresse der Gesellschaft] hinaus eine tatrichterliche Prognose, die sich auf das persönliche Verhalten des Betroffenen stützt. Für die Feststellung der Wiederholungsgefahr gilt ein differenzierender, mit*

---

687 BVerwG, Urteil vom 10.07.2012, 1 C 19.11, Rn. 16 = NVwZ 2013, 365 (366).
688 BVerwG, Urteil vom 15.01.2013, 1 C 10.12, Rn. 16.
689 VGH Baden-Württemberg, Urteil v. 7.03.2012, 11 S 3269/11 = EZAR NF 19 Nr. 57 (5–6).
690 BVerwG, Urteil vom 2.09.2009, 1 C 2.09, Rn. 15, 16.

zunehmendem Ausmaß des möglichen Schadens abgesenkter Grad der Wahrscheinlich-
keit des Schadenseintritts (vgl. Urteil vom 3. August 2004 – BVerwG 1 C 30.02 [...] S
305 f.)."

Das Bundesverwaltungsgericht führt aus, dass es keinen Automatismus zwischen der strafrechtlichen Verurteilung und der Ausweisungsentscheidung geben dürfe, erlaubt aber dennoch die Fortschreibung des in der Anlasstat gezeigten Verhaltens als wesentlichen Faktor für die Frage des Bestehens einer Gefahr.

Der Europäische Gerichtshof hingegen verlangt für den Fall der Ausweisung eines ARB-Berechtigten einen *konkreten* Anlass, der die Annahme rechtfertigt, dass der Betroffene weitere schwere Straftaten begehen werde, die die öffentliche Ordnung im Aufnahmemitgliedstaat stören könnte.[691] Das persönliche Verhalten des Betroffenen muss auf die *konkrete* Gefahr weiterer schwerer Störungen der öffentlichen Ordnung hindeuten.[692] Die Ausweisung muss sich auf ein individuelles Verhalten beziehen, „das eine tatsächliche und hinreichend schwere Gefährdung der öffentlichen Ordnung oder Sicherheit darstellt (...).“[693] Im Kern unterscheidet sich die Rechtsprechung des Bundesverwaltungsgerichts hiervon nicht, wenngleich die Gegenwärtigkeit des Verhaltens, das die Wiederholungsgefahr begründen soll, von dem Europäischen Gerichtshof stärker betont wird. Die Entscheidung des Bundesverwaltungsgerichts könnte dagegen so verstanden werden, dass die Prognose auch ausschließlich auf einer Fortschreibung vergangenen Verhaltens gestützt werden kann.

Dies ergibt sich aus dem Verweis des Bundesverwaltungsgerichts in der Entscheidung vom 02.09.2009 auf seine Entscheidung vom 03.08.2004, in der es unter anderem heißt:

„Die rechtmäßige Ausweisung eines freizügigkeitsberechtigten Unionsbürgers setzt [...]
voraus, dass auf Grund des persönlichen Verhaltens des Betroffenen außer der Störung
der öffentlichen Ordnung, die jede Gesetzesverletzung darstellt, eine tatsächliche und
hinreichend schwere Gefährdung vorliegt, die ein Grundinteresse der Gesellschaft berührt
[...]. Dieser Maßstab verweist anders als der Begriff der Gefahr für die öffentliche Sicher-
heit und Ordnung im deutschen Polizeirecht nicht auf die Gesamtheit aller Rechtsnor-
men, sondern auf einen spezifischen Rechtsgüterschutz, nämlich ein Grundinteresse der
Gesellschaft, das berührt sein muss [...]. Eine strafrechtliche Verurteilung kann eine Aus-
weisung nur insoweit rechtfertigen, als die ihr zu Grunde liegenden Umstände ein per-
sönliches Verhalten erkennen lassen, das eine gegenwärtige Gefährdung der öffentlichen
Ordnung darstellt [...]. Die Gefährdung kann sich im Einzelfall auch allein auf Grund

---

691 EuGH, Urteil v. 10.02.2000, ECLI:EU:C:2000:77, C-340/97 (Nazli), Rn. 64.

692 EuGH, Urteil v. 07.07.2005, ECLI:EU:C:2005:436, C-383/03 (Dogan), Rn. 24.

693 EuGH, Urteil v. 26.11.2002, ECLI:EU:C:2002:712, C-100/01 (Olazabal), Rn. 44. Die Entscheidung betrifft zwar Freizügigkeitsberechtigte, allerdings nimmt EuGH, Urteil vom 18.07.2007, ECLI:EU:C:2007:442, C-325/05 (Derin), Rn. 74, Bezug hierauf als Maßstab auch für Art. 14 ARB 1/80.

des abgeurteilten Verhaltens ergeben [...]. Es besteht aber keine dahin gehende Regel, dass bei schwerwiegenden Taten das abgeurteilte Verhalten die hinreichende Besorgnis neuer Verfehlungen begründet [...]. [...] Ob die Begehung einer Straftat nach deren Art und Schwere [...] ein persönliches Verhalten erkennen lässt, das ein Grundinteresse der Gesellschaft berührt, lässt sich [...] nur auf Grund der Umstände des Einzelfalls beurteilen. Anhaltspunkte hierfür können sich insbesondere auch aus einer Verurteilung wegen in § 47 I und II AuslG aufgeführter Straftaten ergeben. Dies ist indessen nicht im Sinne einer Regelvermutung zu verstehen. Erforderlich und ausschlaggebend ist vielmehr in jedem Fall die unter Berücksichtigung der konkreten Umstände des Einzelfalls vorzunehmende Bewertung des persönlichen Verhaltens des Unionsbürgers und die insoweit anzustellende aktuelle Gefährdungsprognose. Das Erfordernis einer gegenwärtigen Gefährdung der öffentlichen Ordnung besagt nicht, dass eine „gegenwärtige Gefahr" im Sinne des deutschen Polizeirechts vorliegen müsste, die voraussetzt, dass der Eintritt des Schadens sofort und nahezu mit Gewissheit zu erwarten ist. Es verlangt vielmehr eine hinreichende unter Berücksichtigung der Verhältnismäßigkeit nach dem Ausmaß des möglichen Schadens und dem Grad der Wahrscheinlichkeit des Schadenseintritts differenzierende Wahrscheinlichkeit, dass der Ausländer künftig die öffentliche Ordnung i.S. des Art. 39 III EG beeinträchtigen wird [...]. Ob bei der Ausweisung eines Straftäters eine Wiederholungsgefahr in diesem Sinne besteht, kann nicht gleichsam automatisch – bereits aus der Tatsache einer strafrechtlichen Verurteilung – geschlossen, sondern nur auf Grund einer individuellen Würdigung der Umstände des Einzelfalls beurteilt werden. [...]"[694]

Auf den ersten Blick unterwirft das Bundesverwaltungsgericht den Wahrscheinlichkeitsmaßstab daher auch einer europarechtlichen Einschränkung dahingehend, dass es stets einer individuellen Prognose bedürfe, die sich in der Regel nicht alleine auf die vergangene Verurteilung beziehen dürfe. Nicht ganz klar wird dabei, ob es eine solche Regel nach Auffassung des Bundesverwaltungsgerichts auch sonst – also außerhalb europarechtlicher Einschränkungen – im Aufenthaltsrecht gibt. Deutlich wird aber aus der Entscheidung, dass die Prognose aktualisiert werden müsse. Andererseits soll im Einzelfall auch alleine das der Verurteilung zugrunde liegende Verhalten als Anknüpfungspunkt genügen. Dagegen spricht der Europäische Gerichtshof – worauf dieser auch in der Entscheidung Nazli für ARB-Berechtigte Bezug nimmt[695] – davon, dass

„[...] ein Gemeinschaftsbürger [...] nur dann ausgewiesen werden [kann], wenn er nicht nur gegen das Betäubungsmittelgesetz verstoßen hat, sondern sein persönliches Verhalten darüber hinaus eine tatsächliche und hinreichend schwere Gefährdung darstellt, die ein Grundinteresse der Gesellschaft berührt."[696]

---

694 BVerwG, Urteil vom 03.08.2004, 1 C 30.02 = NVwZ 2005, 220 (221–222).
695 EuGH, Urteil vom 10.02.2000, ECLI:EU:C:2000:77, C-340/97 (Nazli), Rn. 58.
696 EuGH, Urteil vom 19.01.1999, ECLI:EU:C:1999:6, C-348/96 (Calfa), Rn. 25.

Aus der Formulierung „darüber hinaus" lässt sich aber erkennen, dass eine bloße Fortschreibung der Vergangenheit nicht ausreichend ist. Allerdings lehnt es das Bundesverwaltungsgericht ausdrücklich ab, den Maßstab dahingehend auszulegen, dass

> „unabhängig vom Gewicht der bedrohten Rechtsgüter von einer tatsächlichen und hinreichend schweren Gefährdung nur ausgegangen werden könne, wenn unter Berücksichtigung aller für und gegen den Betroffenen einzustellende Gesichtspunkte mehr dafür spreche, dass ein Schaden in einer überschaubaren Zeit eintreten werde."

Vielmehr gelte der abgesenkte Grad der Wahrscheinlichkeit in Abhängigkeit von dem zunehmenden Ausmaß des befürchteten Schadens.[697]

Auch nach dem Hessischen Verwaltungsgerichtshof folgt aus Art. 14 ARB 1/80 kein gegenüber dem sonstigen Ausweisungsrecht abweichender Wahrscheinlichkeitsmaßstab, sondern es gelte die Je-Desto-Formel:[698] Der Verwaltungsgerichtshof Baden-Württemberg[699] verfolge dagegen einen „starren" Maßstab, der das Gewicht der durch die Tat bedrohten Rechtsgüter außer Blick nehme.

Dagegen zweifelt *Dienelt*,[700] ob die Ausweisungsvorschriften des AufenthG 2016 mit der Qualifikationsrichtlinie und den Anforderungen des Europäischen Gerichtshofs an zwingende Gründe und eine tatsächliche, gegenwärtige und hinreichend erhebliche Gefahr vereinbar sind. *Kirkagac*[701] vertrat schon bisher die Auffassung, dass es im Widerspruch zur Rechtsprechung des Europäischen Gerichtshofs stehe, wenn man zur Konkretisierung des gemeinschaftsrechtlichen Gefahrenbegriffs auf die Formel von der umgekehrten Proportionalität zwischen Schadensausmaß und Wahrscheinlichkeit ohne weiteres zurückgreife und damit eine entfernte Möglichkeit zur Annahme einer Gefahr genügen lasse.

Für diese Auffassung spricht, dass der Europäische Gerichtshof[702] auch bei terroristischen Gefahren verlangt, dass zwar der Schweregrad der Gefahr berücksichtigt

---

697 BVerwG, Urteil vom 15.01.2013, 1 C 10.12, Rn. 15 = NVwZ-RR 2013, 435 (436).

698 Hessischer VGH, Beschluss vom 05.02.2016 – 9 B 16/16 – Rn 8.

699 Bezogen auf die Entscheidung VGH Mannheim, Urteil vom 7.03.2012, 11 S 3269/11 = EZAR NF 19 Nr. 57 (5–6).

700 Dienelt, Experten ohne Expertise?, migrationsrecht.net.

701 Kirkagac, Verdachtsausweisungen, S. 156.

702 EuGH, Urteil vom 24.06.2015, C-373/13, Rn. 92: „In diesem Zusammenhang muss das vorlegende Gericht auch den Schweregrad der Gefahr beurteilen, die von den Handlungen des Herrn T. für die öffentliche Sicherheit oder Ordnung ausgeht. Es hat insbesondere zu prüfen, ob ihm eine individuelle Verantwortung bei der Durchführung von Aktionen der PKK zugerechnet werden kann. Auch wenn in diesem Zusammenhang die rechtskräftige strafrechtliche Verurteilung von Herrn T. am 3. Dezember 2008 zu berücksichtigen ist, muss das vorlegende Gericht in Anbetracht des Grundsatzes der Verhältnismäßigkeit, den die zu ergreifende Maßnahme zu wahren hatte, gleichwohl untersuchen, ob die Gefahr, die die betreffende Person gegebenenfalls in der Vergangenheit für die öffentliche Sicherheit oder Ordnung

werden müsse, die von den Handlungen des Betroffenen für die öffentliche Sicherheit und Ordnung ausgehe. Auch wenn eine strafrechtliche Verurteilung vorliege, müsse in Anbetracht des Grundsatzes der Verhältnismäßigkeit untersucht werden, ob die Gefahr, die die betreffende Person gegebenenfalls in der Vergangenheit für die öffentliche Sicherheit und Ordnung dargestellt habe, zu dem für die Ausweisung maßgeblichen Zeitpunkt noch immer besteht.

Eine abgestufte und damit auch abstrahierende Gefahrenprognose ist mit dieser Rechtsprechung nicht in Einklang zu bringen,[703] wenn ein Überwiegen des erwarteten Schadenseintritts nicht erforderlich sein soll. Es ist dann auch keine Abgrenzung zu § 58a AufenthG mehr erkennbar, der sich gerade dadurch von § 53 AufenthG unterscheidet, dass dort „wegen der Verlagerung des Schutzes in das Vorfeld (...) eine bestimmte Entwicklung nicht wahrscheinlicher sein muss als eine andere".[704]

Die Rechtsprechung des Europäischen Gerichtshofs betont ein Schwergewicht auf dem künftigen individuellen Verhalten und lässt nicht erkennen, dass eine Reduzierung des Wahrscheinlichkeitsmaßstabs im Hinblick auf das Gewicht der Rechtsgutsbeeinträchtigung dieses Erfordernis entfallen lassen könnte. Dabei nur auf die Vergangenheit abzustellen, stellt ohnehin keinen „konkreten" Anlass für die Aufenthaltsbeendigung dar. Dies bestätigt auch eine weitere Entscheidung im Bereich des Freizügigkeitsrechts. Dort führt der Gerichtshof aus, dass zu ermitteln sei, inwieweit das Verhalten des Betroffenen oder die von ihm begangene Straftat eine tatsächliche, gegenwärtige und erhebliche Gefahr darstelle, die ein Grundinteresse der Gesellschaft oder des Aufnahmemitgliedstaats berühre: „Dabei wird das [...] Gericht zum einen einzuschätzen haben, wie gefährlich das strafrechtlich relevante Verhalten [...] für die Gesellschaft ist, und zum anderen, welche Folgen es für die öffentliche Ordnung oder Sicherheit des betreffenden Mitgliedstaats haben könnte."[705] Eine Absenkung des Erfordernisses der individuellen Gefährlichkeit ist dem nicht zu entnehmen.

Im Anwendungsbereich der Unionsbürgerrichtlinie definiert der Europäische Gerichtshof die tatsächliche und gegenwärtige Gefahr zwar nicht dahingehend, dass die kurzfristige Realisierbarkeit drohen müsste. Denn auch bei noch längerer Haftdauer sei das Merkmal nicht zu verneinen, da die Inhaftierung keinen Bezug zu dem persönlichen Verhalten habe.[706] Erforderlich sei aber im Allgemeinen die Feststellung, dass eine Neigung des Betroffenen bestehen müsse, das Verhalten in Zukunft beizubehalten.[707] Auch insoweit liegt der klare Schwerpunkt auf der

---

der Bundesrepublik Deutschland dargestellt haben mag, zu dem Zeitpunkt, zu dem die im Ausgangsverfahren streitige Entscheidung erging, noch immer bestand."
703 So auch Kirkagac, Verdachtsausweisungen, S. 156.
704 Berlit, ZAR 2018, 89, 93.
705 EuGH, Urteil vom 13.09.2016, EU:C:2016:674, C-304/14, Rn. 46–47.
706 EuGH, Urteil v. 13.07.2017, ECLI:EU:C:2017:542, C-193/16, Rn. 24 = NVwZ 2017, 1191.
707 EuGH, Urteil v. 22.05.2012, ECLI:EU:C:2012:300, C-348/09, Rn. 34 = NVwZ 2012, 1095.

individuellen Verhaltensprognose und nicht einem abgesenktem Wahrscheinlichkeitsmaßstab.

d. Anforderung an den Grad der Wahrscheinlichkeit im Rahmen von § 53 Abs. 3 AufenthG

Nach der Neufassung des § 53 Abs. 3 AufenthG 2015 stellt der Gesetzgeber anerkannte Flüchtlinge, Asylberechtigte, ARB-Berechtigte und Berechtigte nach der Daueraufenthaltsrichtlinie rechtlich gleich.[708]

Aus der Rechtsprechung des Europäischen Gerichtshofs wird für die Ausweisung von freizügigkeitsberechtigten Unionsbürgern als Tatbestandsmerkmal gefordert, dass „das individuelle Verhalten der betroffenen Person eine gegenwärtige, hinreichend schwere Gefahr für ein Grundinteresse der Gesellschaft darstellt".[709] Fraglich ist, ob dies auch der Ausweisungsschutz ist, den § 53 Abs. 3 AufenthG für alle dort erfassten Personengruppen regeln möchte.

Unstreitig ist insoweit, dass aufgrund der nationalgesetzlichen Normierung in § 53 Abs. 3 AufenthG für die dort benannten Personengruppen unionsrechtliche Maßstäbe dahingehend gelten, dass generalpräventive Ausweisungen nicht zulässig sind.[710]

Unklarheit herrscht dagegen, ob für die weitere Auslegung des § 53 Abs. 3 AufenthG unterschiedliche Vorgaben aufgrund des jeweiligen Schutzstatus der Person gelten.[711] Während vertreten wird, dass es sich nicht um einen „eigenen nationalen und völlig identischen Maßstab" für alle unter § 53 Abs. 3 AufenthG fallende

---

708 Huber, NVwZ 2015, 1178 (1180). – Soweit § 53 Abs. 3 AufenthG auch Flüchtlinge im Sinne des 2011/95/EU (Qualifikationsrichtlinie bzw. Anerkennungsrichtlinie) betrifft, werden Zweifel geäußert, ob § 53 Abs. 3 AufenthG den notwendigen Schutzstandard schafft, da insoweit „zwingende" Gründe der öffentlichen Sicherheit und Ordnung die Zurückweisung rechtfertigen müssen (vgl. hierzu *Tanneberger*, in: Kluth/Heusch (Hrsg.), BeckOK AuslR (Stand 01.05.2018), AufenthG, § 53, Rn. 113. Das BVerwG, Urteil vom 22.2.2017, 1 C 3/16, Rn. 47 und 49, geht davon aus, dass § 53 Abs. 3 AufenthG unionsrechtskonform auszulegen sei, in dem Art. 24 Abs. 1 RL 2011/95/EU zu beachten ist.) Dies wird Art. 24 der Richtlinie 2011/95/EU entnommen. Der Europäische Gerichtshof verweist insoweit zur Auslegung auf Art. 27, der Daueraufenthaltsrichtlinie 2004/38/EG (EuGH, Urteil vom 24.06.2015, C-373/13, Abs. 77). Dies soll zur Abwehr von Straftaten nur bei schwersten Straftaten und einer bestehenden Wiederholungsgefahr in Betracht kommen (*Dienelt*, in: Bergmann/Dienelt, Ausländerrecht, 12. Auflage 2018, FreizügG, § 6, Rn. 63).

709 Tanneberger, in: Kluth/, Heusch (Hrsg.), BeckOK AuslR, AufenthG (Stand: 01.08.2017), § 53, Rn. 121a.

710 Beichel-Benedetti, in: Huber (Hrsg.), Aufenthaltsgesetz, 2. Aufl. 2016, AufenthG § 53 Rn. 23; Bauer/Dollinger, in: Bergmann/Dienelt, Ausländerrecht, 12. Aufl. 2018, AufenthG, § 53, Rn. 54.

711 So Beichel-Benedetti, in: Huber (Hrsg.), Aufenthaltsgesetz, 2. Auflage 2016, AufenthG § 53 Rn. 23; ungenau insoweit Bauer/Dollinger, in: Bergmann/Dienelt, Ausländerrecht, 12. Auflage 2018, AufenthG, § 53, Rn. 54, die ausführen, die Vorschrift

Personengruppen handeln soll,[712] lehnt das Bundesverwaltungsgericht diese Auffassung ab. Der Gesetzgeber habe den „unionsrechtlichen Schutzstandard für daueraufenthaltsberechtigte Drittstaatsangehörige" als ausreichend erachtet und nur in einem zweiten Schritt sei zu prüfen, ob jeweils ein strengerer unionsrechtlicher Maßstab im Einzelfall anzuwenden sei.[713] Es soll sich dabei nach der Gesetzesbegründung um eine „Sonderregelung" handeln, die „auch europarechtlichen Vorgaben" Rechnung trage.[714]

Besondere Bedeutung hat die Neuregelung auf ihre Bezugnahme auf die gegenwärtige Gefahr. Im Anwendungsbereich des Art. 27 Abs. 2 Unterabsatz 2 der RL 2004/38/EG (Freizügigkeitsrichtlinie) waren Ausweisungen daran zu messen, ob „das persönliche Verhalten [des Betroffenen] eine tatsächliche, gegenwärtige und erhebliche Gefahr [für die öffentliche Ordnung darstellt], die ein Grundinteresse der Gesellschaft berührt". Das Bundesverwaltungsgericht legte – vor Inkrafttreten des Freizügigkeitsgesetzes – für Unionsbürger die Rechtsprechung des Europäischen Gerichtshofs dahingehend aus, dass „eine strafgerichtliche Verurteilung nur insoweit berücksichtigt werden darf, als sich aus ihr eine gegenwärtige Gefährdung der öffentlichen Ordnung ergibt". Dies bedeute aber nicht, „dass eine ‚gegenwärtige Gefahr' i.S. des deutschen Polizeirechts" erforderlich sei, „die voraussetzt, daß der Eintritt des Schadens sofort und fast mit Gewissheit zu erwarten ist [...]. Es ist aber eine nach Maßgabe des Verhältnismäßigkeitsgrundsatzes zu beurteilende und deswegen nach dem Ausmaß des möglichen Schadens zu differenzierende [...], hinreichende Wahrscheinlichkeit zu verlangen, dass der Ausländer künftig die öffentliche Sicherheit oder Ordnung stören wird."[715] Das Bundesverwaltungsgericht versteht insoweit den Begriff der „gegenwärtigen Gefahr" ausdrücklich nicht im Sinne des deutschen Polizeirechts. Es sei deshalb nicht erforderlich, dass der Eintritt des Schadens sofort und nahezu mit Gewissheit zu erwarten ist.[716] Dies folge daraus, so *Thym*[717], dass zwischen der europarechtlichen Begrifflichkeit nur eine Verwandtschaft zu, aber keine Identität mit der Dogmatik des Gefahrenabwehrrechts bestehe.

In Kenntnis dieser Rechtsprechung hat der Gesetzgeber Art. 27 und 28 der Richtlinie 2004/38/EG in § 6 FreizügG umgesetzt mit dem Erfordernis, dass die Umstände „ein persönliches Verhalten erkennen lassen, das eine gegenwärtige

---

sei „im Lichte" des für die jeweiligen Personengruppen geltenden Unionsrechts auszulegen.

712 VGH Baden-Württemberg, Urteil v. 13.01.2016, 11 S 889/15 = EZAR NF 68 Nr. 19 (10).
713 BVerwG, Urteil vom 22.2.2017, 1 C 3.16, Rn. 46.
714 Begründung des Entwurf eines Gesetzes zur Neubestimmung des Bleiberechts und der Aufenthaltsbeendigung, BT-Drs. 18/4097, S. 50. Dazu, dass dies jedenfalls nicht für alle Betroffenen eine Frage eines unionsrechtlichen Gebots war, vgl. Beichel-Benedetti, in: Huber (Hrsg.), Aufenthaltsgesetz, 2. Aufl. 2016, AufenthG § 53 Rn. 23.
715 BVerwG, Urteil vom 27.10.1978, 1 C 91/76 = NJW 1979, 506 (506–507).
716 BVerwG, Urteil vom 03.08.2004, 1 C 30.02 (Gründe II 1. a) bb)).
717 Thym, Migrationsverwaltungsrecht, S. 231 (Fn. 155).

Gefährdung der öffentlichen Ordnung darstellt." Hier soll die Gegenwärtigkeit nicht polizeirechtlich, sondern gemeinschaftsrechtlich zu verstehen sein.[718]

Dagegen spricht § 53 Abs. 3 AufenthG nun davon, dass das persönliche Verhalten, „gegenwärtig eine schwerwiegende Gefahr für die öffentliche Sicherheit und Ordnung" darstellen muss. Es nennt also ausdrücklich die *Gefahr*, während § 53 Abs. 1 AufenthG von *Gefährdung* spricht und dies § 6 Abs. 2 FreizügG ebenso tut. § 53 Abs. 3 AufenthG spricht auch von der Gefahr für „die öffentliche Sicherheit und Ordnung", während § 6 FreizügG nur von der öffentlichen Ordnung spricht und Art. 27 der Richtlinie 2004/38/EG die öffentliche Ordnung oder Sicherheit im Blick hat. Der Begriff der öffentlichen Sicherheit und Ordnung stammt aus dem deutschen Polizeirecht. Zwar wird dieser im Gesetzeswortlaut dahingehend eingeschränkt, dass die Gefahr ein Grundinteresse berühren muss. Dies ändert aber nichts an der Verwendung der polizeirechtlichen Begrifflichkeit unter den europarechtlichen Vorgaben, die mit dem Gesetz beachtet werden sollten.[719] Dies zeigt nämlich die Gesetzesbegründung zu Abs. 1, wonach der Begriff der öffentlichen Sicherheit und Ordnung im Sinne des Polizei- und Ordnungsrechts zu verstehen ist.[720] Dass dies für Absatz 3 nicht gelten sollte, ist aus der Gesetzesbegründung nicht zu entnehmen.

Damit kann aufgrund des klaren Gesetzeswortlauts ein abgesenkter Wahrscheinlichkeitsmaßstab im Rahmen des § 53 Abs. 3 AufenthG nicht gelten. Zwar hält das Bundesverwaltungsgericht diesen „sogar" bei Unionsbürgern für anwendbar.[721] Der Gesetzeswortlaut ist jedoch eindeutig. Auch in der Gesetzesbegründung ist nicht von Gefährdung, sondern Gefahr die Rede.[722] Im Referentenentwurf war eine derartige Regelung noch nicht vorgesehen, hier sollten die nun in § 53 Abs. 3 AufenthG aufgezählten Personengruppen nur im Rahmen der Bleibeinteressen des § 55 Berücksichtigung finden.[723] Dagegen sprach die Gesetzesbegründung zu § 6 FreizügG von dem Erfordernis einer *Gefährdung*.[724]

Aus dem Gebot der Normklarheit[725] und der nationalgesetzlichen Regelung einer „gegenwärtigen Gefahr", muss diese polizeirechtlich verstanden werden. Das

---

718 Kurzidem, in: Kluth/Heusch (Hrsg.), BeckOK AuslR (Stand 01.02.2018), FreizügigG, § 6, Rn. 8.

719 Vgl. oben Fn. 505.

720 Begründung des Entwurf eines Gesetzes zur Neubestimmung des Bleiberechts und der Aufenthaltsbeendigung, BT-Drs. 18/4097, S. 49.

721 BVerwG, Urteil vom vom 15.01.2013, 1 C 10/12 = NVwZ-RR 2013, 435 (436).

722 Gesetzesbegründung der Bundesregierung, BT-Drs. 18/4097, S. 50.

723 Bundesministerium des Inneren, Referententwurf vom 07.04.2014, S. 14–15.

724 Gesetzentwurf der Bundesregierung Entwurf eines Gesetzes zur Steuerung und Begrenzung der Zuwanderung und zur Regelung des Aufenthalts und der Integration von Unionsbürgern und Ausländern (Zuwanderungsgesetz), BT-Drs. 15/420, S. 104.

725 Vgl. zu den Anforderungen aufgrund des Bestimmtheitsgebots, Funke, ZAR 2016, 209 (215).

bedeutet, dass das schädigende Ereignis bereits begonnen oder mit an Sicherheit grenzender Wahrscheinlichkeit unmittelbar bevorstehen muss.[726] Eine Auslegung dahingehend, dass es auf die Gegenwärtigkeit der Abwehrmöglichkeit ankommen soll, ist abzulehnen.[727] Die Gefahr muss aufgrund des Verhaltens gegenwärtig sein, nicht die Abwehrmöglichkeit. Denn auch ohne Abwehrmöglichkeit, kann eine Gefahr vorliegen.[728] Die „gegenwärtige Gefahr" stellt vielmehr besondere Anforderungen an die zeitliche Nähe des Schadenseintritts und damit auch strengere Anforderungen an den Wahrscheinlichkeitsgrad, da die geforderte Nähe der Gefahr meist die Sicherheit der Prognose erhöhen wird.[729]

e. Zwischenergebnis

Das Unionsrecht und das Konventionsrecht haben Einfluss auf die Anforderungen an die Bestimmung der hinreichenden Wahrscheinlichkeit des Schadensereignisses. Es folgt hieraus nicht, dass eine Bewertung von Schadensausmaß und Eintrittswahrscheinlichkeit in Form eines flexiblen Wahrscheinlichkeitsmaßstabs unzulässig wäre. Jedoch kann der Grad der Wahrscheinlichkeit des Schadenseintritts nicht beliebig abgesenkt werden, weil Unions- und Konventionsrecht die Zukunftsbezogenheit der Gefahrenabwehrmaßnahme im Sinne einer Anknüpfung an die *aktuelle* Situation des Betroffenen betonen. Dies zeigt, dass eine zu starke Orientierung am Faktor des Schadensausmaßes, der an die Vergangenheit in Form einer Verurteilung anknüpft, nicht zulässig ist und die Eintrittswahrscheinlichkeit nicht beliebig abgesenkt werden kann. Eine individuelle Prognose ist stets erforderlich.

Unbeschadet der unions- und konventionsrechtlichen Fragestellung steht die Anwendung der Je-desto-Formel auch in einem – im folgenden Abschnitt erörterten – Spannungsverhältnis zum nationalen Verfassungsrecht.

2. Verfassungsrechtlicher Einfluss auf die Anwendbarkeit der Je-desto-Formel

Anders als im klassischen Polizeivollzugsrecht, in dem beispielsweise ein Mitteiler das Eindringen eines Menschen mit erhobenem Messer der Polizei meldet, die sodann zweifelsfrei ohne tiefergehende Aufklärungspflicht die vermeintlich bereits begonnene Kausalkette beenden darf, auch wenn es sich später als harmlose Filmszene erweist,[730] liegt im Bereich des Ausweisungsrechts nach

---

726 Schoch, Jura, 2003, 472 (475).
727 Vgl. oben Darnstädt (Fn. 579).
728 Brenz, System von Abwägungsentscheidungen, S. 113.
729 BVerwG, Urteil vom 26. 2. 1974 – 1 C 31/72 = NJW 1974, 807 (809).
730 Vgl. Schenke, Polizei- und Ordnungsrecht, § 3, Rn. 77, zur Frage der Reduzierung der Wahrscheinlichkeitsanforderung bei unmittelbar bevorstehendem Schaden mit irreparablen Folgen.

vorangegangener strafrechtlicher Verurteilung ein solch unmittelbar begonnener oder bevorstehender Kausalverlauf regelmäßig nicht vor, da die Behörde erst nach der strafgerichtlichen Verurteilung tätig wird, oftmals sogar während fortdauernder Freiheitsentziehung. Dennoch oder gerade deshalb ist das Wissensdefizit hinsichtlich der Wahrscheinlichkeit des Schadenseintritts regelmäßig sehr hoch, da noch keine neue Kausalkette in Gang gesetzt wurde. Meist wird ein in der Vergangenheit abgeschlossenes Verhalten wesentliche Grundlage für die Prognoseentscheidung sein.[731]

Aufgrund des hohen Unsicherheitsfaktors der Vorhersagbarkeit künftigen menschlichen Verhaltens und der unsicheren Vermutungen, die hinsichtlich des Entstehens einer neuen Kausalkette, die zum Schadensereignis führen soll, eingestellt werden, wird daher häufig eine sehr niedrige Wahrscheinlichkeit vorliegen; denn diese fehlenden Sicherheiten werden regelmäßig durch sogenannte Erfahrungssätze ausgeglichen.[732] Erfahrungssätze werden jedoch als sehr fehlerhaft und von subjektiven Einschätzungen geprägt beschrieben; Begriffe wie „praktische Erfahrungssätze" und „Alltagswissen" seien „inhaltsleere und juristisch kaum überprüfbare Hülsen", die sich allein an praktischen Bedürfnissen orientierten.[733]

Dem steht gegenüber, dass die Ausweisung neben Art. 2 Abs. 1 GG und Art. 8 EMRK in vielen Fällen auch das Ehe- und Familienleben tangiert. Soweit der Schutzbereich des Art. 6 Abs. 1 und 2 GG eröffnet ist, sind im Rahmen der Prüfung der Verfassungsmäßigkeit der Ausweisung zudem die Belange der in der Bundesrepublik Deutschland lebenden Familienmitglieder entsprechend dem Gewicht der Bindungen einzustellen.[734]

Fraglich ist daher, ob die beschriebenen Unsicherheiten durch den abgesenkten Wahrscheinlichkeitsmaßstab ausgeglichen werden können, indem das bedrohte Rechtsgut das überragende Abwägungskriterium darstellt. Oder unterliegt die Reduzierung der Wahrscheinlichkeitsanforderung dem Korrektiv des schwerwiegenden Grundrechtseingriffs?[735]

---

731 Der Anlasstat soll auch eine limitierende Funktion zukommen. Eine hiervon losgelöste Entscheidung über die Gefährlichkeit sei nämlich nicht zulässig, so Kirkagac, Verdachtsausweisungen, S. 65, mit Verweis auf BVerfGE, Urteil vom 10.02.2004, 2 BvR 834/02, 2 BvR 1588/02, Rn. 99, Rn. 127, wonach der wesentliche Prognosefaktor im Strafrecht die Anlasstat ist – auch für die Frage der Anordnung von Maßregeln bzw. nachträglicher Straftäterunterbringung.

732 Vgl. Nell, Wahrscheinlichkeitsurteile, S. 83, 92.

733 Kral, Vorfeldbefugnisse, S. 40.

734 Bauer/Dollinger, in: Bergmann/Dienelt, Ausländerrecht, 12. Aufl. 2018, AufenthG, Vor. §§ 53–56, Rn. 27–29.

735 So sind nach BVerfG, Senatsbeschluss v. 04.04.2006, 1 BvR 518/02, Rn. 158, die Anforderungen an den Grad der Wahrscheinlichkeit einer Rechtsgutverletzung nicht nur mit Rücksicht auf die Größe eines möglichen Schadens, sondern auch im Hinblick auf die Schwere und Erfolgsaussichten des Eingriffs, der zur Gefahrenabwendung eingesetzt wird, zu bestimmen. Ablehnend, aber als Frage der Verhältnismäßigkeit bejahend: Götz/Geis, Allgemeines Polizei- und Ordnungsrecht, § 6, Rn. 8.

Das Bundesverfassungsgericht schreibt die Je-Desto-Formel fort in Richtung einer *gesteigerten* Wahrscheinlichkeitsanforderung bei schwerwiegenden Eingriffen:

> „[D]er [für das Vorliegen einer konkreten Gefahr] geforderte Grad der Wahrscheinlichkeit einer Rechtsgutsverletzung [ist] nicht nur mit Rücksicht auf die Größe eines möglichen Schadens, sondern auch im Hinblick auf die Schwere und Erfolgsaussichten des Eingriffs zu bestimmen (...), der zur Gefahrenabwehr eingesetzt wird."[736]

Und es führt – zur Gefahrenabwehr im Vorfeld konkreter Gefahren – aus:

> „Je gewichtiger die drohende oder erfolgte Rechtsgutsbeeinträchtigung und je weniger gewichtig der Grundrechtseingriff ist, um den es sich handelt, desto geringer darf die Wahrscheinlichkeit sein, mit der auf eine drohende oder erfolgte Verletzung des Rechtsguts geschlossen werden kann, und desto weniger fundierend dürfen gegebenenfalls die Tatsachen sein, die dem Verdacht zugrunde liegen (...). Die Anforderungen an den Wahrscheinlichkeitsgrad und die Tatsachenbasis der Prognose dürfen allerdings nicht beliebig herabgesenkt werden, sondern müssen auch in angemessenem Verhältnis zur Art und Schwere der Grundrechtsbeeinträchtigung und zur Aussicht auf den Erfolg des beabsichtigten Rechtsgüterschutzes stehen. Selbst bei höchstem Gewicht der drohenden Rechtsgutsbeeinträchtigung kann auf das Erfordernis einer hinreichenden Wahrscheinlichkeit nicht verzichtet werden.(...)."[737]

Zutreffend weist *Kirkagac*[738] darauf hin, dass es sich dabei um ein „zweipoliges" Verhältnis von gefährdetem Rechtsgut und Intensität der [Grundrechts-] Beeinträchtigung" handelt. Das Bundesverwaltungsgericht dagegen beschränkt sich auf einen Pol, nämlich die Korrelation aus potentieller Rechtsgutsgefährdung und Schadenswahrscheinlichkeit.[739]

Die Auffassung, dass auch die Intensität der Beeinträchtigung Auswirkungen auf die Feststellungen der hinreichenden Gefahr hat, ist nicht unumstritten. *Bäcker*

Vermittelnd: Schenke, Polizei- und Ordnungsrecht, § 3, Rn. 77, der zwar von einem abgestuften System je nach Schwere der erwarteten – ggf. irreparablen – Schäden ausgeht, wobei aber auch das Maß der Beeinträchtigung durch die Maßnahme eine Rolle für die Frage des Vorliegens einer Gefahr spiele. – Auch das BVerwG, Urteil v. 04.10.2012, 1 C 13.11 = ZAR 2013, 120–124, Rn. 18 geht davon aus, dass die Erheblichkeit des Eingriffs der Maßnahme Auswirkungen auf die Anforderungen an den Wahrscheinlichkeitsmaßstab hat.

736 BVerfG, Senatsbeschluss vom 04.04.2006, 1 BvR 518/02, Rn. 158. Vgl. hierzu auch zur Bedeutung im Anwendungsbereich des Art. 8 EMRK oben Eckertz-Höfer, Fn. 661, die dies ebenfalls „jedesto-Formel" nennt.

737 BVerfG, Senatsbeschluss vom 04.04.2006, 1 BvR 518/02, Rn. 136.

738 Kirkagac, Verdachtsausweisungen, S. 52, unter Verweis auf die Entscheidung des BVerfG, Fn. 735.

739 Diese Auffassung vertritt auch Brenz, System von Abwägungsentscheidungen, S. 111.

führt aus, dass der Wahrscheinlichkeitsgrad aus einem „Gesamt-Wahrscheinlichkeitsschluss" zu folgern sei, bei dem die für und gegen einen Schadenseintritt sprechenden Umstände gewichtet werden müssten. Dabei soll es nicht nur auf die Beweiskraft von Indizien ankommen, sondern auch auf die Anfangswahrscheinlichkeit im Sinne einer Basisrate. Die hierfür erforderliche Schätzung der Basisrate müsse – bei schriftlichen Bescheiden – offengelegt werden. Je mehr Indizien vorhanden seien, desto unbedeutender werde die Basisrate. Ob nun eine Gefahr vorliegt oder nicht, hänge davon ab, ob der Gesamtwahrscheinlichkeitsgrad den „Umschlagpunkt", ab dem eine Gefahr vorliege, erreicht ist. Die Abwägung, wann der Umschlagpunkt erreicht ist, soll aber nicht Gegenstand einer Verhältnismäßigkeitsprüfung sein und die Rechte des Eingriffsbetroffenen nicht einschließen.[740] Vielmehr handele es sich dabei um eine Frage des polizeilichen Ermessens.[741]

Problematisch an dieser Auffassung ist, dass nicht jede Gefahrenabwehrmaßnahme ein Ermessen zulässt. Der systematische Einwand, dass dem Wahrscheinlichkeitsmaßstab neben der Wahl des angemessenen Mittels keine Bedeutung zukomme, wenn die Rechtsgutsgefährdung mit der Eingriffsintensität in Relation gesetzt werde, vermag auf den ersten Blick plausibel zu erscheinen: Zwischen dem „Ob" des Eingriffs und dem „Wie" besteht systematisch ein Unterschied.[742] Jedoch folgt daraus nicht, dass bei diesen unterschiedlichen Wertungsentscheidungen (Gefahrenmaßstab und Angemessenheit verschiedener Maßnahmen) nicht teilweise identische Kriterien angesetzt werden dürften. Die Frage der Angemessenheit des Mittels ist erst zu prüfen, wenn eine Gefahr bejaht wurde.

Es ist auch nicht überzeugend, aus der polizeigesetzlichen Systematik den Rückschluss zu ziehen, dass die Eingriffsintensität keine Bedeutung für die Anforderung an die hinreichende Gefahr hätte. Zwar ist es zutreffend, dass die Polizeigesetze unterschiedliche Anforderungen an die Gefahr für bestimmte Standardbefugnisse stellen im Sinne teilweise erhöhter Anforderungen wie einer „Gefahr für Leib und Leben". Daraus kann aber nicht der Rückschluss gezogen werden, dass das Gewicht des grundrechtlich geschützten Gutes nicht in die Wertungsentscheidung, ab welchem Wahrscheinlichkeitsgrad eine Gefahr vorliegt, einbezogen werden dürfe, da dann derartige Gefahrenqualifikationen unnötig seien.[743] Wenn der Gesetzgeber für bestimmte Standardbefugnisse erhöhte Gefahrenanforderungen stellt, gibt er einen Teil der Wertungsentscheidung vor, weil er Fehlentscheidungen der Polizei damit verringern und die Wichtigkeit des Rechtsguts des Adressaten der Maßnahme betonen möchte. Stützen sich Eingriffe dagegen auf Generalklauseln, muss

---

740 Bäcker, Kriminalpräventionsrecht, S. 90–92.
741 Bäcker, Kriminalpräventionsrecht, S. 92; Brenz, System von Abwägungsentscheidungen, S. 110; a. A.: Hansen-Dix, Gefahr im Polizeirecht, S. 39; Kral, Vorfeldbefugnisse, S. 42.
742 Hierzu genauer Brenz, System von Abwägungsentscheidungen, S. 108.
743 So aber Brenz, System von Abwägungsentscheidungen, S. 110, zum Gefahrbegriff im Polizeirecht.

die Wertungsentscheidung im individuellen Einzelfall getroffen und kann nicht vom Gesetzgeber vorgegeben werden. Dass hier das Gewicht des betroffenen Rechtsguts des Adressaten grundsätzlich nicht eingestellt werden dürfte, ist daher kein zwingender Umkehrschluss aus der Existenz gesetzgeberisch vorgegebener Qualifikationen des Gefahrbegriffs.

Richtig erscheint, dass der Wahrscheinlichkeitsmaßstab, ab dem eine Gefahr vorliegt, nicht nur vom Ausmaß des Schadens, sondern „auch von der Rechtsguts- beeinträchtigung, die durch die zu ergreifende Maßnahmen hervorgerufen wird und als verhältnismäßig in Kauf zu nehmen ist, also vom Ausmaß des Schadens, der auf der ‚anderen Seite' in den Abwägungsprozess einzustellen ist",[744] abhängt.

Die Formel der umgekehrten Proportionalität bedarf je nach Ausgestaltung des materiellen Rechts der Ergänzung. Besteht aufgrund des materiellen Rechts auf Rechtsfolgenebene nur eine, gesetzlich vorgegebene Handlungsmöglichkeit für die Behörde – so auch im Bereich des Ausweisungsrechts –, ist für die Begründung der Gefahr die Auswirkung der Maßnahme und damit die Intensität auf die Rechts- güter ein Faktor im Rahmen der Feststellung des Grades der Gefahr und nicht der Verhältnismäßigkeit.[745]

Dabei kann die Wertungsentscheidung nicht vollständig in die Frage der Zumutbarkeit der Maßnahme als Verhältnismäßigkeitsprüfung verlagert wer- den. Vielmehr zeigt die gelegentliche Erhöhung des Wahrscheinlichkeitsmaß- stabs durch den Gesetzgeber (auch im Fall des § 53 Abs. 3 AufenthG) gerade, dass diese eben doch in Abhängigkeit zur Rechtsfolge steht. Wenn nur eine Rechtsfolge möglich ist, weil der Gesetzgeber diese entweder vorgibt oder tatsächlich keine Auswahl der Mittel besteht, hat dies Auswirkungen auf die Anforderung an die hinreichende Wahrscheinlichkeit der Gefahr. Soll in die Rechte eines durch § 53 Abs. 3 AufenthG Betroffenen eingegriffen werden, verlangt der Gesetzgeber eine gegenwärtige schwerwiegende Gefahr und setzt somit selbst die Rechtsfolge in das Verhältnis zur Gefahrenanforderung.

Die Erhöhung des Maßstabes in § 53 Abs. 3 AufenthG bedeutet aber nicht im Umkehrschluss einen stets niedrigeren Maßstab im Rahmen des § 53 Abs. 1 AufenthG. Vielmehr ist die Erhöhung eine erhöhte Mindestanforderung, die die Bedeutung des Eingriffsguts betont, während die Festlegung des Maßstabs in § 53

---

744 So Nell, Wahrscheinlichkeitsurteile, S. 185, der dies am Beispiel des Versammlungs- rechts und der Ingewahrsamnahme aufzeigt, allerdings nicht immer auf der Ebene der Gefahr ansiedelt, sondern teilweise auch im Rahmen der Verhältnismäßigkeits- prüfung.

745 Vgl. auch Nell, Wahrscheinlichkeitsurteile, S. 185, der dies anhand des § 15 Ver- sammlungsgesetz erläutert. Zwar setzt § 15 Versammlungsgesetz eine „unmittelbare Gefährdung" voraus. Nell stellt aber ebenfalls darauf ab, dass es darauf ankommt, ob eine polizeiliche Generalermächtigung hinsichtlich *verschiedener* Abwehrmaßnah- men oder eine Spezialermächtigung für *eine* konkrete Abwehrmaßnahme vorliegt. Nur in ersterem Fall soll die Frage ein Verhältnismäßigkeitsgesichtspunkt sein.

Abs. 1 AufenthG einzelfallabhängig zu bestimmen ist und die Aufklärung und Berücksichtigung der Eingriffstiefe im Einzelfall nicht entbehrlich macht. Das folgt aus dem Rang des Grundrechts, in das eingegriffen werden soll.

Da bereits die behördliche Erwägung, eine Verfügung der Ausweisung zu erlassen, häufig mit erheblichen Rechtsnachteilen verbunden ist,[746] muss die Behörde bereits auf Tatbestandsebene eine rasche Gefahrenvorprüfung unter Berücksichtigung der Eingriffsintensität vornehmen, ohne in eine gegebenenfalls langwierigere Verhältnismäßigkeitsprüfung eintreten zu müssen.[747]

Es bedarf bei der Festlegung des erforderlichen Wahrscheinlichkeitsmaßstabs und nicht erst bei der Frage der Angemessenheit der Berücksichtigung der Verhältnismäßigkeit im Hinblick auf die Eingriffsintensität. Dies folgt aus dem Erfordernis der *hinreichenden* Wahrscheinlichkeit, die „Verbindung der Adjektive ‚hinreichend' und ‚wahrscheinlich', ist nämlich die einfachgesetzliche Ausprägung des rechtsstaatlichen Verhältnismäßigkeitsgrundsatzes".[748]

Die Notwendigkeit der zweipoligen Betrachtung folgt aus dem Verhältnismäßigkeitsgrundsatz,[749] der ein „Abwägungsgesetz" verlangt, das *R. Alexy* wie folgt beschreibt: „Je höher der Grad der Nichterfüllung oder Beeinträchtigung des einen Prinzips ist, desto größer muss die Wichtigkeit der Erfüllung des anderen sein" (Gewichtsformel).[750] Die Ausweisung mit ihrem besonders schwerwiegenden Grundrechtseingriff, verlangt daher die Beachtung eines besonders wichtigen anderen Prinzips – hier der Wichtigkeit der Ausweisung. Dass hier das Schadensausmaß Relevanz entfalten kann, ist zwar richtig. Allerdings bleibt die Wichtigkeit

---

746 Vgl. § 79 Abs. 2 AufenthG, wonach während eines laufenden Ermittlungs- bzw. Strafverfahrens nicht über eine Erteilung bzw. Verlängerung des Aufenthaltstitels entschieden werden kann, „es sei denn, über den Aufenthaltstitel kann ohne Rücksicht auf den Ausgang des Verfahrens entschieden werden." Wenn die Behörde aber kennen kann, dass die Schwelle zur Gefahr nicht überschritten sein kann, liegt ggf. ein Fall des zweiten Halbsatzes vor. – Gem. § 72 Abs. 1 AufenthG ist die Zustimmung der Staatsanwaltschaft vor Erlass der Ausweisungsverfügung zu beteiligen, soweit ein laufendes Ermittlungs- oder Strafverfahren vorliegt. Auch hierin kann eine Belastung liegen. – Besondere Relevanz hat die Mitteilung der Ausländerbehörden an die Strafvollzugsbehörden über die Prüfung von Ausweisung, da hieraus Vollzugsnachteile entstehen (beispielhaft: Verwaltungsvorschriften zum Strafvollzugsgesetz, VV Nr. 2 zu § 10, VV Nr. 6 zu § 11.) Vgl. zur Auswirkung auf die Vollzugsplanung, Tzschaschel, Ausländische Gefangene, S. 101.

747 Ähnlich zur Versammlungsfreiheit Nell, Wahrscheinlichkeitsurteile, S. 187.

748 Leisner-Egensperger, DÖV 2018, 677 (683). Im Ergebnis ebenso Brenz, System von Abwägungsentscheidungen, S. 109, der jedoch vom Anforderung an den Grad der Wahrscheinlichkeit die Angemessenheit der Maßnahme abhängig macht und (ebd., S. 70) ausführt, dass die betroffenen Eingriffsgüter und die Schutzgüter miteinander abzuwägen seien.

749 Vgl. Hansen-Dix, Gefahr im Polizeirecht, S. 43.

750 R. Alexy, AöR 140 (2015), 497 (501–502).

gegenüber dem mit der Ausweisung als Eingriffsmaßnahme sicher eintretenden Grundrechtseingriff vage, wenn die Wahrscheinlichkeit des Gefahreneintritts einen hohen Unsicherheitsfaktor aufweist.

In die Gewichtsformel ist ein zweites, das epistemische Abwägungsgesetz einzusetzen, das wie folgt lautet: „Je schwerer ein Eingriff in ein Grundrecht ist, desto größer muss die Sicherheit der ihm zugrunde liegenden Prämissen sein."[751] Die Werte der Sicherheitsvariablen aus empirischen und normativen Prämissen sind daher von höchster Bedeutung („Sicherheitsgleichung").[752] Das konkret betroffenen Grundrecht wird in den Ausweisungsfällen – insbesondere bei sogenannten faktischen Inländern – regelmäßig einen hohen Wert aufweisen, während der abstrakte Wert der öffentlichen Sicherheit nur einen mittleren Wert erreichen kann.[753]

Eine Je-Desto-Formel gilt daher nicht nur in Bezug auf den Gefahrenbegriff, sondern auch in Richtung des Grundrechtsschutzes: „Je mehr dabei der gesetzliche Eingriff elementare Äußerungsformen der menschlichen Handlungsfreiheit berührt, umso sorgfältiger müssen die zu seiner Rechtfertigung vorgebrachten Gründe gegen den grundsätzlichen Freiheitsanspruch des Bürgers abgewogen werden."[754]

Dabei bedeutet Abwägung auch die Notwendigkeit der Gewinnung von Sicherheit im Sinne von Sachverhaltsaufklärung und nicht nur die Frage der Verhältnismäßigkeit der Rechtsfolge. Die für die Prognoseentscheidung maßgebliche Güterabwägung betrifft die „Tiefe des Rechtseingriffs der Maßnahme einerseits und die Wahrscheinlichkeit und das Gewicht der potentiellen Rechtsgutsbeeinträchtigung, falls die Maßnahme unterbleibt, andererseits".[755] Es sind also zu berücksichtigen: der Rang des Rechtsguts, in das eingegriffen werden soll, zum anderen das polizeiliche Schutzgut.[756]

Auch das Bundesverwaltungsgericht hat die Formel der umgekehrten Proportionalität in Relation zur Eingriffsintensität gesetzt: Bei ihrer Anwendung „auf unmittelbare Eingriffe der Polizei in die Freiheit der Person darf allerdings nicht übersehen werden, dass hier die Eingriffsschwelle aus verfassungsrechtlichen Gründen im allgemeinen höher liegt als etwa bei Verwaltungsakten nach

---

751 R. Alexy, AöR 140 (2015), 497 (503), ebenso Borowski, Grundrechte als Prinzipien, 2018, S. 354; vgl. auch Hansen-Dix, Gefahr im Polizeirecht, S. 39, 42.

752 R. Alexy, AöR 140 (2015), 497 (503).

753 Dabei ist insbesondere zu berücksichtigen, dass jedenfalls für den Fall der Beendigung eines Aufenthaltsrechts durch die Ausweisung das allgemeine Persönlichkeitsrecht als Menschenrecht tangiert ist, vgl. oben BVerfG, Fn. 16. Dem allgemeinen Persönlichkeitsrecht kommt dabei auch außerhalb der innersten Sphäre ein gegenüber der allgemeinen Handlungsfreiheit gesteigerter Grundrechtsschutz zu, Borowski, Grundrechte als Prinzipien, 2018, S. 351.

754 Thym, DVBl. 2008, 1346 (1351).

755 Markwardt/Brodersen, NJW 2000, 692 (694).

756 Vogel, in: Drews/Wacke, Gefahrenabwehr, 1986, § 13, S. 224.

den Generalermächtigungen des Polizei- und Ordnungsrechts".[757] Derartige verfassungsrechtliche Gründe bestehen im Falle der Ausweisung ebenfalls.

Die Anforderungen an die Begründung des Wahrscheinlichkeitsurteils sind gesteigert, wenn in ein besonders wertvolles Rechtsgut eingegriffen werden soll.[758] Der „Sicherheitsgrad der Prognose"[759] ist abhängig von der Eingriffsintensität. Dies bedeutet für die untersuchungsgegenständliche Frage, dass die ausreichend sichere Bestimmung der individuellen Wahrscheinlichkeit des Schadenseintritts unerlässlich ist.

C. Ergebnis Kapitel 3

Das Tatbestandsmerkmal der Gefährdung nach § 53 Abs. 1 AufenthG verlangt bei spezialpräventiven Ausweisungen nach strafrechtlicher Verurteilung eine Gefahr im Sinne des allgemeinen Polizei- und Sicherheitsrechts. Im Anwendungsbereich des § 53 Abs. 3 AufenthG ist eine gegenwärtige Gefahr im polizeirechtlichen Sinne erforderlich. Eine polizeirechtliche Gefahr setzt voraus, dass eine hinreichende Wahrscheinlichkeit dafür besteht, dass in einem absehbaren Zeitraum der Schaden für das Schutzgut eintritt. Dieses Schadensereignis muss in Eckpunkten skizzierbar sein.

Die Formel der umgekehrten Proportionalität ist im Ausweisungsrecht anwendbar. Wie groß die Schadenswahrscheinlichkeit sein muss, damit sie hinreichend ist, ist variabel.[760] Es gilt ein dynamischer Gefahrenbegriff, der in Abhängigkeit zu Schadensausmaß und Schadenswahrscheinlichkeit steht. Andernfalls käme es beim größtmöglichen Schadensausmaß nicht mehr auf die Schadenswahrscheinlichkeit an, solange sie nur nicht Null beträgt. Da aber jeder Mensch potentiell auch zu schwersten Straftaten in der Lage ist, würde eine Gefahr nahezu immer bestehen. Daher bedarf die Formel von der umgekehrten Proportionalität abhängig vom konkreten Rechtsgebiet der „Verfeinerung"[761] – so auch im Ausweisungsrecht.

Diese Verfeinerung ist zum einen unions- und konventionsrechtlich geboten. Zum anderen ist auch aufgrund nationalen Rechts zur Feststellung einer konkreten Gefahr der Gesamtwahrscheinlichkeitsgrad festzustellen. Für dessen Prüfung gilt:

(1) Würde man den erforderlichen Wahrscheinlichkeitsgrad so verstehen, als dass konkrete Anhaltspunkte für ein (fortbestehendes) gefährdendes Verhalten nicht notwendigerweise individuell festzustellen wären, wäre dies mit der Rechtsprechung des Europäischen Gerichtshofs nicht in Einklang zu bringen. Für Assoziations- und Daueraufenthaltsberechtigte verlangt der

---

757 BVerwG, Urteil vom 26.02.1974, 1 C 31.72 = BVerwGE 45, 51 (61) = JurionR 1974, 13840, Rn. 40 (zur Ingewahrsamnahme).
758 Neumann, Vorsorge und Verhältnismäßigkeit 1994, S. 54.
759 Hansen-Dix, Gefahr im Polizeirecht, S. 39, 42.
760 Vgl. Nell, Wahrscheinlichkeitsurteile, S. 123.
761 Nell, Wahrscheinlichkeitsurteile, S. 201.

Europäische Gerichtshof bei der Prüfung der Gefahr für das Rechtsgut eine Prognose anhand von konkreten, aktuellen Umständen, die auf ein künftiges gefährliches Verhalten schließen lassen. Gerade an diesem Erfordernis der Gegenwärtigkeit[762] hat sich die deutsche Rechtsprechung zum maßgeblichen Entscheidungszeitpunkt im Ausweisungsrecht entwickelt.

(2) Der Verwaltungsgerichtshof Baden-Württemberg hat versucht, dieses Konkretheitserfordernis im Anwendungsbereich des ARB 1/80 mit der Formel zu beschreiben, dass eine hinreichende Gefährdung dann vorläge, wenn mehr für einen Schadenseintritt in absehbarer Zeit spreche. Das Bundesverwaltungsgericht setzt dagegen keine Mindestanforderungen an die Wahrscheinlichkeit des Schadenseintritts und erlaubt auf den ersten Blick, den Faktor des Schadensausmaßes so hoch anzusetzen, dass der Faktor der individuellen Schadenseintrittswahrscheinlichkeit fast gegen Null tendieren kann. Würde eine Auslegung der Rechtslage in diese Richtung erfolgen, würde aber nicht mehr auf konkrete und aktualisierte Anhaltspunkte abgestellt, sondern nur die abgeurteilte Tat fortgeschrieben. Dies wäre unions- beziehungsweise konventionsrechtlich nicht zulässig. Der Faktor der Wahrscheinlichkeit des Schadenseintritts kann nicht beliebig abgesenkt werden. Ist der Eintritt des Schadensereignisses weniger wahrscheinlich als der Nichteintritt, ist dies ein Indiz dafür, dass keine hinreichende Wahrscheinlichkeit vorliegt.

(3) Das Bestehen eines benannten Ausweisungsinteresses betrifft nicht die individuelle Schadenseintrittswahrscheinlichkeit, sondern steht in Beziehung zum Faktor des drohenden Schadensausmaßes. Dies sind sich unterscheidende Faktoren.

(4) Das Tatbestandsmerkmal der „Gefährdung" in § 53 Abs. 1 AufenthG ist nicht erfüllt, wenn die Unsicherheit der Schadenswahrscheinlichkeit nicht im Verhältnis zum Grundrechtseingriff der Maßnahme steht. Dies ist keine Frage der Verhältnismäßigkeit auf Rechtsfolgenebene. Vielmehr bestimmt die Intensität des Grundrechtseingriffs die Anforderung an den Grad der Wahrscheinlichkeit. Hinreichend ist die Wahrscheinlichkeit nicht, wenn der erforderliche Sicherheitsgrad der Prognose nicht erreicht ist. Der Faktor des schwerwiegenden Grundrechtseingriffs erhöht die Anforderung an die Höhe der Schadenseintrittswahrscheinlichkeit und verlangt mehr Sicherheit, desto gravierender der Eingriff ist.
Die Folge ist das Gebot einer in Abhängigkeit zur Eingriffsintensität stehenden Sachaufklärungspflicht.

(5) Die individuelle Schadenseintrittswahrscheinlichkeit ist auf einer gedachten Zeitachse nicht statisch, sondern veränderlich. Dies muss als Unsicherheitsfaktor begriffen werden. Der Unsicherheitsfaktor lässt die Gesamtwahrscheinlichkeit sinken. Der Schadenseintritt verlangt das Bestehen oder Nichtbestehen einer Vielzahl unbekannter Glieder in einer Kausalkette, die

---

762 EuGH, Urteil vom 8. 12. 2011, ECLI:EU:C:2011:809, C-371/08 (Ziebell), Rn. 84.

zum hypothetischen Abschluss das Schadensereignis führen soll. Soweit fehlende Glieder aufgrund der Unmöglichkeit, die Zukunft vorhersehen zu können, durch Vermutungen, die als Erfahrungssätze besonders fehleranfällig sind, ersetzt werden, steht dies in Konkurrenz zum Faktor der Eingriffsintensität. Je weiter in die Zukunft prognostiziert wird und je unklarer der Kausalverlauf ist, desto mehr sinkt die Sicherheit.

Da die Anforderungen an die Gefahrenprognose im Ausweisungsrecht abhängig von der Intensität des konkreten Grundrechtseingriffs sind, folgt hieraus bei einem intensiven Grundrechtseingriff das Gebot der bestmöglichen Aufklärung der Schadenseintrittswahrscheinlichkeit. Zwar bildet der Faktor des erwarteten Schadensausmaßes das Schutzgut der öffentlichen Sicherheit und Ordnung ab. Der Eintrittswahrscheinlichkeit kommt jedoch höhere Bedeutung zu, je stärker die Eingriffsmaßnahme Grundrechtsrelevanz hat. Das Gebot der bestmöglichen Aufklärung der Eintrittswahrscheinlichkeit setzt daher eine individuelle Prognose zur Prüfung der Eintrittswahrscheinlichkeit voraus. Inhalt und Umfang der individuellen Gefahrenprognose sind Untersuchungsgegenstand des folgenden Kapitels.

Kapitel 4 Inhalt und Umfang der ausweisungsrechtlichen Gefahrenprognose

Bevor die Prognose im Ausweisungsrecht im Einzelnen behandelt wird, soll einleitend untersucht werden, wie die prognostische Praxis in der Strafrechtspflege gehandhabt wird. Denn in der Historie des Ausweisungsverfahrens stehen die dortigen Prognoseentscheidungen in der Regel vor der Ausweisungsverfügung oder erfolgen gegebenenfalls parallel zum Ausweisungsverfahren, etwa durch Aussetzung einer Freiheitsstrafe zur Bewährung (§ 56 StGB), der Aussetzung eines Strafrests zur Bewährung (§ 57 StGB) oder der Rückstellung der Strafe (§ 35 BtMG), um nur die für die hiesige Fragestellung wesentlichsten Entscheidungen zu nennen.

A. Formen der Kriminalprognose

Die strafrichterliche Prognoseentscheidung, ob sich der Betroffene künftig straffrei führen wird oder nicht, erfolgt teilweise nach sachverständiger Beratung, teilweise ohne mittels einer *intuitiven Prognose* – einer auf Erfahrung basierenden Vorgehensweise.[763] Diese – auch als „erste Generation der Kriminalprognose"[764] bezeichnete Form des Prognostizierens – wird als von Rechtspraktikern selbst erarbeitetes Verfahren beschrieben, das auf Lebens- und Berufserfahrung beruhe, gleichzeitig aber auch kritisch als nicht erfahrungswissenschaftliches, sondern eher alltagstheoretisches und implizit normatives Vorgehen hinterfragt.[765] Sie basiere auf subjektiven Einschätzungen von Anwendern ohne psychiatrische und psychologische Ausbildung, weshalb sie „kaum als wissenschaftliche Prognoseform"[766] bezeichnet werden könne beziehungsweise als „unwissenschaftlich"[767] eingeordnet werden müsse. Es bestehe bei dieser Methode die Gefahr der „unkontrollierbaren Kriterienreduktion";[768] zwar könnten auch erfahrene Entscheidungsträger

---

763 Huber, in: Frisch/Vogt (Hrsg.), Prognoseentscheidungen in der strafrechtlichen Praxis, S. 43 (50).

764 Rettenberger, Forensische Psychiatrie Psychologie Kriminologie, 2018, 28 (29).

765 Böllinger, in: Frisch/Vogt, Prognoseentscheidungen in der strafrechtlichen Praxis, S. 191 (200 ff., 203 m. w. N.).

766 Jung, in: Frisch/Vogt, Prognoseentscheidungen in der strafrechtlichen Praxis, S. 267 (270).

767 Dünkel, in: Kindhäuser/Neumann/Paeffgen, StGB, 5. Auflage, 2017, StGB § 57, Rn. 116. Vgl. hierzu auch Rettenberger, Forensische Psychiatrie, Psychologie und Kriminologie, 2018, 28 (29).

768 Dessecker, Gefährlichkeit und Verhältnismäßigkeit – zugl. Habil., S. 196.

Merkmale heranziehen, deren Bedeutung sich in der Prognoseforschung bestätigt hätten, jedoch setzten auch „relativ einfache Prognoseinstrumente" eine vorherige Schulung voraus.[769] Es wird auch gewarnt, dass jeder kriminalprognostisch tätige Berufsanfänger, der sich eines etablierten Instruments bediene, „schlagartig zum vermeintlichen Experten der kriminalprognostischen Beurteilung dieses Verurteilten [werde] – selbst, wenn er von ihm kaum mehr weiß als das Strafregister."[770] Auch wenn es sich bei der intuitiven Prognose nicht um eine wissenschaftlichen Methode handelt, soll im Weiteren der Begriff „Methode" verwendet werden, da damit die Vorgehensweise der Verknüpfung zwischen Prognosebasis und Prognoseergebnis gemeint ist (vgl. näher hierzu S. 205).

Die Gefahren der intuitiven Methode wird dahingehend beschrieben, dass Vorurteile, Alltagstheorien zur Kriminalität, unterschiedliches Einfühlungsvermögen und eine verzerrte Wahrnehmung der Kriminalität die Beurteilung beeinflussten. Wer beruflich selten mit positiven Entwicklungen, sondern mit negativen Verläufe befasst sei, überschätze häufig die negativen Risiken.[771] Es bestehe die Gefahr der Beweislastumkehr aufgrund von Typisierungen und Kategorisierungen.[772]

Dagegen wird als *klinische* Prognose die Einzelfallprognose von Psychiatern und Psychologen nach entsprechender Untersuchung beschrieben. Diese *aktuarische* beziehungsweise *statistische* Prognose – der zweiten Generation –[773] berücksichtigt bestimmte Merkmale oder Faktoren bei Rechtsverletzungen (Prognosetafeln) beziehungsweise unternimmt eine Strukturprognose anhand von Strukturen und Syndromen.[774] Prognosetafeln, die die Zugehörigkeit zu einer Risikogruppe

769 Dessecker, Gefährlichkeit und Verhältnismäßigkeit – zugl. Habil., S. 196.
770 Kröber, Forensische Psychiatrie, Psychologie und Kriminologie, 2018, 1 (2).
771 Zum Ganzen Dünkel, in Kindhäuser/Neumann/Paeffgen, StGB, 5. Auflage, 2017, StGB § 57, Rn. 116.
772 Pollähne, Kriminalprognostik, S. 154. – Eine derartige Gefahr der Beweislastumkehr deutet sich in Formulierung wie der Folgenden an, wenn der Bayerische Verwaltungsgerichtshof – im Rahmen einer ansonsten sehr ausführlichen Begründung der Wiederholungsgefahr, die hier nicht bewertet werden soll, – ausführt: *„In fast allen vom Senat überprüften Ausweisungsfällen sind Strafrestaussetzungen bzw. Vollstreckungszurückstellungen (zum Teil mehrfach) erfolgt, jedoch erneut Straftaten nicht lange nach dem Ablauf der jeweiligen Bewährungszeit (oder sogar noch während dieser) begangen worden."* (BayVGH, Beschluss vom Beschluss v. 10.10.2017 – 19 ZB 16.2636). Dabei wird erkennbar auch das von *Dünkel* benannte Problem (Fn. 771) tangiert.
773 Rettenberger, Forensische Psychiatrie, Psychologie und Kriminologie, 2018, 28 (29).
774 Jung, in: Frisch/Vogt, Prognoseentscheidungen in der strafrechtlichen Praxis, S. 267 (270, 272 ff.) auch zur Berücksichtigung sog. Prognosetafeln, die jedenfalls dann keine Aussagekraft haben können, wenn wesentliche Veränderung der Rahmenbedingungen eintreten; 274); zu den Prognosemethoden Dessecker, Gefährlichkeit und Verhältnismäßigkeit – zugl. Habil., 2004, S. 192 ff. mit Kritik auch der klinischen Prognose, die weiterzuentwickeln sei. Zur klinischen Prognose ausführlich auch

voraussetzen, dürften aber nicht unkritisch angewendet werden, da selbst bei einer Übereinstimmung von Alter, Geschlecht oder strafrechtliche Vorbelastung ältere Prognosetafeln eine andere Generation betreffen.[775] Es handele sich bei solchen statistische Prognosen um „keine Individualprognosen, sondern Aussagen über die Rückfallhäufigkeiten von Personengruppen, die sich durch bestimmte Merkmale kennzeichnen lassen".[776] Diese Methode begünstige „Prädiktorvariablen", die selbst auf Zuschreibungsprozessen wie der Annahme, dass frühere Straffälligkeit spätere Straffälligkeit am Besten erkläre, beruhten.[777] Gerade bei schweren Straftaten mit oftmals geringen Basisraten entstehe die Gefahr der unzutreffenden Einordnung als (weiter) gefährlich, also falsch positiv, da die Zahl steige, je niedriger die Basisrate sei (bei vorsätzlichen Tötungsdelikten liegt diese bei null bis drei Prozent).[778] Die Basisrate bildet das Vorkommen von Tätern eines Delikts in einer bestimmten, nach allgemeinen Kriterien definierten Menge ab, wobei für die Kriminalprognose die Basisrate der Rückfälligen relevant ist.[779]

Die aktuarischen Prognoseinstrumente wurden in dritter Generation fortgeschrieben, um dynamische Risikofaktoren besser erfassen zu können.[780]

Vorstellbar ist, dass die klinischen Methode nur anwendbar ist, wenn zureichende Anhaltspunkte für einen Zusammenhang zwischen krankhaften Störungen und der Straftatenbegehung bestehen könne.[781] Zwischenzeitlich werden jedoch komplexe klinisch-idiographische Prognosemethoden herangezogen, die verschiedene Prognoseinstrumente miteinander verbinden.[782] Gerade für bestimmte Gruppen von Delikten beziehungsweise Tätern wurden besondere Prognosekriterien entwickelt, ohne dass ein krankhafter Zusammenhang bestehen muss.[783] Die Grundlagen der Prognose bilden hier nicht psychiatrische Diagnosen oder die Persönlichkeitsstruktur, sondern die Feststellungen im Strafverfahren über den Betroffenen und seine Tat: „Das Delinquenzmuster in der Vergangenheit ist wesentlicher Gegenstand der standardisierten kriminalprognostischen Instrumente, und es hat sich herausgestellt, dass bereits ein relativ kleiner Satz von Merkmalen wie Alter bei Delinquenzbeginn, Zahl der Vorstrafen, Art der Delikte, Bewährungsbruch etc.

Stree/Kinzig, in: Schönke/Schröder, Strafgesetzbuch, 29. Auflage, 2014, StGB § 56, Rn. 20.

775 Vgl. Dessecker, Gefährlichkeit und Verhältnismäßigkeit, S. 193.

776 Dessecker, Gefährlichkeit und Verhältnismäßigkeit, S. 193.

777 Dessecker, Gefährlichkeit und Verhältnismäßigkeit, S. 194.

778 Dünkel, in: Kindhäuser/Neumann/Paeffgen, StGB, 5. Auflage 2017, StGB, § 57, Rn. 125. Grundlegend zur geringen Aussagekraft von sog. Basisraten: Kröber, Forensische Psychiatrie, Psychologie und Kriminologie, 2001, 121.

779 So Volckart, R & P 2002, 105 (106), dieser auch eingehend zum Begriff der Basisrate.

780 Rettenberger, Forensische Psychiatrie, Psychologie, Kriminologie, 2018, 28 (29).

781 Vgl. hierzu näher Pollähne, Kriminalprognostik, S. 153.

782 Rettenberger, Forensische Psychiatrie Psychologie Kriminologie, 2018, 28 (29).

783 Dünkel, in: Kindhäuser/Neumann/Paeffgen, StGB, 5. Aufl. 2017, StGB, § 57, Rn. 121 ff.

ein erhebliches Maß an Aufklärung über die gruppenstatistische Wahrscheinlichkeit eines delinquenten Rückfalls ermöglicht", führt insoweit *Kröber* zum aktuellen Stand der Prognoseforschung aus; allerdings mit der – wichtigen – Einschränkung, dass eine individuelle Prognose dennoch aufwendig und komplex sei und sich nicht auf eine Betrachtung der Vorstrafen beschränke.[784] *Boetticher u.a.* weisen darauf hin, dass die „Arbeit des Gutachters [darin besteht (...),] Befunde in der Beurteilung auszuwerten, sie zu erläutern und den Bezug zur Gutachtenfragestellung herzustellen." Es sei nicht ausreichend, anhand einzelner Merkmale oder Scorewerte den Tatbestand zu subsumieren. Unternehme dies das Gericht, „träte [es] von den studierten Grundlagen der Rechtswissenschaft über in die (im besten Fall) nur nachvollzogenen Tiefen der Psychologie und Psychiatrie als Erfahrungswissenschaften."[785] Die Persönlichkeit eines Menschen ist nämlich nicht von statistischen Charaktermerkmalen geprägt.[786]

Soweit das Gesetz eine individuelle Gefahrenprognose verlangt, wird eine Kombination von statistischer und klinischer Prognose favorisiert.[787] Nach neueren Forschungen soll die klinisch-idiografische Methode – hierzu sogleich – in Kombination mit der standardisierten Erfassung der sogenannten basalen Risikofaktoren zu einer „signifikanten Verbesserung der Prognosegüte" führen.[788]

B. Kriminalprognose in der strafrechtlichen Praxis

Soweit in der strafrichterlichen Praxis ein Gutachten zur Frage der Gefahr künftiger Straffälligkeit durch einen Sachverständigen herangezogen wird, handelt es sich dabei um ein Gutachten zur *Kriminalprognose*, die als Untergruppe der „Legalprognose" (im Sinne künftigen legalen Verhaltens)[789] verstanden wird und dem strafrechtlichen Entscheider wissenschaftlich fundierte Wahrscheinlichkeitseinschätzungen an die Hand geben soll zur Beurteilung der Frage, ob ein straffällig gewordener Mensch *zukünftig* erneut eine kriminelle Tat begehen wird,[790] also

---

784 Zum Ganzen Kröber, Forensische Psychiatrie, Psychologie und Kriminolgie, 2018, 1 (2)

785 Boetticher u.a., NStZ 2009, 478 (480).

786 Grünebaum, in: Volckart/Grünebaum, Maßregelvollzug, S. 8.

787 Eine derartige Kombination erscheine wünschenswert, so Kinzig, in: Schönke/Schröder, Strafgesetzbuch, 30. Auflage 2019, StGB § 56, Rn. 22, soweit eine individuelle Gefährlichkeitsprognose zu erfolgen hat.

788 Kröber, Forensische Psychiatrie, Psychologie und Kriminolgie, 2018, 1 (3), mit Nachweisen zu den Untersuchungen.

789 Kritisch zur Begrifflichkeit, da niemand voraussagen könne, ob sich eine Person künftig ausschließlich gesetzmäßig verhalten werde, Pollähne, Kriminalprognostik, S. 8.

790 Pollähne, Kriminalprognostik, 2011, S. 8.

gegen Strafgesetze verstoßen wird.[791] Dies betrifft im Falle der Begutachtungen häufig die Prüfung der Erwartung von Straftaten von hohem Schweregrad.[792]

Im Rahmen von Entscheidungen nach §§ 63, 64, 66, 56, 57, 57a StGB, § 88 JGG muss die positive oder negative Erwartung künftigen strafrechtlichen Verhaltens geprüft werden. Dabei ist jedoch nicht die generelle oder abstrakte Gefährlichkeit[793] in den Blick zu nehmen, sondern individuell zu prüfen, ob von der Person eine konkrete Gefahr der Begehung einer kriminellen Tat ausgeht – vergleichbar dem „polizeirechtlichen Begriff der Gefahrenprognose".[794] In § 454 Abs. 2 S. 2 StPO (Verfahren bei Reststrafenaussetzung) geht der Gesetzgeber davon aus, dass es Sachverständigen möglich ist, sich in kriminalprognostischen Gutachten „zu der Frage zu äußern, ob bei dem Verurteilten keine Gefahr mehr besteht, dass dessen durch die Tat zutage getretene Gefährlichkeit, fortbesteht." Der Gesetzgeber schreibt bei der Aussetzung lebenslanger Freiheitsstrafen die Einholung eines solchen Gutachtens zwingend vor, bei Verurteilungen wegen einer in § 66 Abs. 3 S. 1 StGB genannten Straftat zu einer zeitigen Freiheitsstrafe von mindestens zwei Jahren dann, wenn nicht auszuschließen ist, dass Gründe der öffentlichen Sicherheit einer vorzeitigen Entlassung des Verurteilten entgegenstehen.

Die Einholung eines Gutachtens ist auch zur Rechtfertigung fortdauernder Freiheitsentziehung häufig erforderlich. Im Bereich des Maßregelvollzugs hat das Bundesverfassungsgericht[795] wesentliche Grundsätze herausgearbeitet, inwieweit die richterliche Prognoseentscheidung einer sachverständigen Beratung bedarf:

> „Es ist unverzichtbare Voraussetzung rechtsstaatlichen Verfahrens, dass Entscheidungen, die den Entzug der persönlichen Freiheit betreffen, auf ausreichender richterlicher Sachaufklärung beruhen. Dabei steigen die Anforderungen an die Sachverhaltsaufklärung mit der Dauer des Maßregelvollzugs. Insbesondere bei länger dauernder Unterbringung besteht regelmäßig die Pflicht, bei richterlichen Entscheidungen über die Fortdauer der Sicherungsverwahrung einen besonders erfahrenen Sachverständigen zu Rate zu ziehen, der die richterliche Prognose durch ein hinreichend substantiiertes und zeitnahes Gutachten vorbereitet."

---

791 Vgl. Gretenkord, in: Rettenberger/Von Franqué (Hrsg.), Handbuch kriminalprognostischer Verfahren, S. 19; Dahle/Schneider-Njepel, in: Bliesener/Lösel/Köhnken, Lehrbuch der Rechtspsychologie.

792 Dahle/Schneider-Njepel, in: Bliesener/Lösel/Köhnken, Lehrbuch der Rechtspsychologie, S. 422.

793 Die Gefährlichkeit einer Person ist ohnehin keine feststellbare Tatsache, sondern eine Umschreibung für eine ungünstige Kriminalprognose, so Grünebaum, in: Volckart/Grünebaum, Maßregelvollzug, S. 8; vgl. auch Volckart, R & P 2002, 105, wonach die Gefährlichkeit eines Menschen keine positiv feststellbare Eigenschaft sei und die außerpersönlichen Umstände außer acht lasse, die das Kriminalitätsrisiko beeinflussen.

794 Pollähne, Kriminalprognostik, S. 9.

795 BVerfG, Kammerbeschluss vom 14.01.2005, 2 BvR 983/04, Rn. 13.

Dabei hat der Sachverständige im Rahmen von Prognosebegutachtungen eine Wahrscheinlichkeitsaussage über das künftige Legalverhalten des Verurteilten zu treffen, die das Gericht in die Lage versetzt, die Rechtsfrage der fortbestehenden Gefährlichkeit eigenverantwortlich zu beantworten.[796] Eine interdisziplinäre siebenundzwanzigköpfige Arbeitsgruppe, bestehend aus Richtern am Bundesgerichtshof, Kriminologen, forensischen Psychiatern und Psychologen, Sexualmedizinern und Rechtsanwälten veröffentlichte 2006 „Empfehlungen für die Erstattung forensischer Prognosegutachten".[797] Die Weiterentwicklung der rechtlichen Rahmenbedingungen für Prognosen im Strafverfahren wurden 2019 in aktualisierten „Empfehlungen für Prognosegutachten" nachvollzogen.[798]

Die Ausweitung legalprognostischer Expertise und die internationale Forschungstätigkeit hätten in den letzten 15 Jahren zu einem „deutlichen Erkenntniszuwachs" und einer „verbesserten Fundierung der methodischen Grundlagen von Kriminalprognosen" geführt.[799]

Grundsätzlich lassen sich wissenschaftlich fundierte Verhaltensprognosen – vereinfacht dargestellt – auf zweierlei methodischem Weg erstellen:[800]

* statistisch-nomothetischer Ansatz: die Prognosebeurteilung stützt sich auf empirisch kontrollierte Erfahrungen mit ähnlichen Tätergruppen über Rückfallhäufigkeiten und Rückfallprädikatoren; soweit Vergleichbarkeit festgestellt wird, wird für den Einzelfall ein Scorewert gebildet und im Vergleich zur durchschnittlichen Rückfallquote eine individuelle Rückfallwahrscheinlichkeit erarbeitet;[801]
* klinisch-idiografischer Ansatz[802]: er zielt auf die Herausarbeitung eines auf den Einzelfall zugeschnittenen Erklärungsmodells für die Anlasstat und ihre Hintergründe. Aus dieser Individualtheorie werden die verantwortlichen personalen und situationalen Risikofaktoren extrahiert und im Weiteren die Frage untersucht, ob sich seit der Anlasstat Hinweise auf substanzielle Veränderungen ergeben. Die klassischen klinischen Verfahren werden mit typologieorientierten, dimensionalen und strukturellen Ansätzen verbunden.[803]

---

796 OLG Karlsruhe, Beschluss vom 18.07.2013, 1 Ws 14/13, 1 Ws 15/13, Rn 12.

797 Boetticher u.a., NStZ 2006, 537.

798 Boetticher u.a,. NStZ 2019, 553.

799 Dahle, Grundlagen der Kriminalprognose, INFO 2008, 51–83 (51). Beichel, Ausweisungsschutz und Verfassung – zugl. Diss., S. 55, kritisiert, dass im Gegensatz zur methodologische Diskussion um die Richtigkeit strafrechtlicher Prognosen im Ausweisungsrecht kaum jemand die Gefahr der Fehlprognose zu plagen scheint.

800 Dahle, in: Volbert/Steller (Hrsg.), Handbuch der Rechtspsychologie, S. 444 (446 f.); zu den Prognosemethoden und Verfahren näher Pollähne, Kriminalprognostik, S. 156 ff.

801 Ausführlich bei Pollähne, Kriminalprognostik, S. 157 m.N.

802 Dahle, in: Volbert/Steller (Hrsg.), Handbuch der Rechtspsychologie, S. 444 (456).

803 Pollähne, Kriminalprognostik, S. 176.

Darüber hinaus wurden spezielle Rückfallprognoseinstrumente[804] für spezielle Zielgruppen und Anwendungszwecke entwickelt, namentlich jugendliche Täter, Gewalttaten in Partnerschaften, Sexualstraftäter, Brandstifter (in Entwicklung)[805], psychisch kranke oder gestörte Straftäter[806]. In der Gutachterpraxis werden derzeit Prognoseinstrumente der „dritten Generation" bevorzugt: Es handelt sich dabei um Sammlungen von Risikomerkmalen, deren Bedeutung im Einzelfall jeweils einzuschätzen ist.[807] Zu den bekanntesten Verfahren gehört das *Levels of Service Inventory – Revised (LSI-R)*[808], das auf einer kognitiv-behavioralen Theorie kriminellen Verhaltens basiert und 54 Risiko- und Schutzfaktoren umfasst, denen insgesamt potentielle Risikobereiche zugeordnet sind:

- Art und Umfang der strafrechtlichen Vorgeschichte
- Leistungsbereich
- Umgang mit Finanzen
- familiärer und partnerschaftlicher Bereich
- Wohnumfeld
- Freizeitverhalten
- weiteres sozialen Umfeld
- Umgang mit Suchtmitteln
- psychopathologischer Bereich.

Neuere Forschungsergebnisse zeigten, so *Kröber*, dass die statistisch-aktuarischen Erkenntnisse im Rahmen der Kriminalprognoseerstellung wegen genauerer Vorhersageleistungen als klinische Untersuchungen berücksichtigt werden müssen. Dies dürfe aber nicht zu einem „Basisraten" führen und verlange eine ausreichende Ausbildung in Anwendung und Interpretation dieser Methoden.[809] Soweit das Recht eine individuelle Prognose verlange, müsse weiterhin ein klinisch-idiographisches Vorgehen erfolgen, so *Rettenberger*, das allerdings nicht intuitiv, sondern „methodisch angemessen strukturiert" sein müsse – d. h. unter richtiger Auswahl der geeigneten Instrumente für den Einzelfall.[810]

Zusammenfassend lässt sich festhalten, dass die Aufgabe des Gutachters darin besteht, aus einer Zusammenführung von individueller Analyse der ursprünglichen

---

804 Dahle, in: Volbert/Steller (Hrsg.), Handbuch der Rechtspsychologie, S. 444 (458).
805 V. Franqué, in: Rettenberger/von Franqué, Handbuch kriminalprognostischer Verfahren, S. 357 (358).
806 Yundina/Tippelt/Nedopil, in: Rettenberger/von Franqué (Hrsg.), Handbuch kriminalprognostischer Verfahren, S. 311; zu den tatspezifischen Prognoseinstrumenten vgl. auch Pollähne, Kriminalprognostik, S. 170 ff.; zu den täterspezifischen, Pollähne, Kriminalprognostik, S. 174 ff.
807 Dahle, in: Volbert/Steller (Hrsg.), Handbuch der Rechtspsychologie, S. 444 (455).
808 Dahle, in: Volbert/Steller (Hrsg.), Handbuch der Rechtspsychologie, S. 444 (456).
809 Zum Ganzen Kröber, Forensische Psychiatrie, Psychologie und Kriminologie, 2001, 121.
810 Rettenberger, Forensische Psychiatrie Psychologie Kriminologie, 2018, 28 (31; 35).

Gefährlichkeit, der weiteren Entwicklung und Zukunftsperspektiven in objektiver und subjektiver Hinsicht unter Berücksichtigung der Risikofaktoren, eine Prognoseaussage zu treffen, ob die ursprüngliche Gefährlichkeit fortbesteht, in dem eine „graduierende Einschätzung der fortbestehenden Risiken" festgestellt wird.[811] Hierbei sind auch hypothetische zukünftige, möglicherweise risikosteigernde Entwicklungen zu erörtern, die aus einer Rekonstruktion der mit der Delinquenz in Zusammenhang stehenden individuellen Umstände erfolgen.[812] Das Gutachten unternimmt also eine Fortschreibung in die Zukunft nach einer ausführlichen Analyse der bisherigen Entwicklungslinien, ihrer Bedeutsamkeit und der Stabilität des Untersuchten.[813]

Die Kriminalprognose setzt bei ihrer Wahrscheinlichkeitsaussage dabei als erste Prämisse auf einen Erfahrungssatz, wonach Menschen mit bestimmten Merkmalen (Prädiktoren der 1. Klasse) unter bestimmten Außenumständen (Prädiktoren der 2. Klasse) während einer bestimmten Zeitspanne in einer bestimmten Art und Weise handeln. Als zweite Prämisse prüft die Kriminalprognose, ob der Betroffene solche Merkmale (also die Prädiktoren der ersten Klasse) aufweist und er voraussichtlich unter solchen Umständen (Prädiktoren der zweiten Klasse) leben wird und daher voraussichtlich ebenso handeln wird.[814]

Soweit im Rahmen der Begutachten eine Zuordnung zu einer Risikogruppe mit hohem, mittlerem oder niedrigem Risiko erfolgen kann, bleibt dennoch die Prüfung des individuellen Rückfallrisikos entscheidend, da dieses von einer Bezugsgruppe erheblich abweichen kann.[815]

Dabei ersetzt das Prognosegutachten nicht die Entscheidung des Richters. Vielmehr „hilft [der Sachverständige] mit seinen erfahrungswissenschaftlichen Erkenntnismöglichkeiten dem Gericht bei der Feststellung der für die Prognose notwendigen Tatsachen".[816] Hierbei erfolgt durch den Richter keine Vorhersage künftiger Straftatenbegehung, es handel ich um eine wertende Betrachtung unter Berücksichtigung auch der Interessen von einer Tat betroffener Rechtsgutsträger[817] – unter Einbeziehung der Frage der Erheblichkeit drohender Taten und des erforderlichen Grads an Wahrscheinlichkeit.[818]

---

811 Boetticher u.a., NStZ 2006, 537 (544).
812 Dahle/Schneider-Njepel, in: Bliesener/Lösel/Köhnken, Lehrbuch der Rechtspsychologie, S. 422 (434).
813 Boetticher u.a., NStZ 2006, 537 (544).
814 Nachgebildet nach Volckart, R & P 2002, 105 (111).
815 Boetticher u.a., NStZ 2006, 537 (543).
816 Boetticher u.a., NStZ 2006, 537 (540).
817 Frisch, in: Frisch/Vogt (Hrsg.), Prognoseentscheidungen in der strafrechtlichen Praxis, S. 55 (75 f.)
818 Pollähne, Kriminalprognostik, S. 221 m. N.

C. Prognoseentscheidungen in der Praxis von Verwaltung und Verwaltungsgerichtsbarkeit

Es ist zu prüfen, welche Anforderungen an die Prognosebeurteilung im Rahmen des Ausweisungsrechts zu verlangen sind. Von besonderer Relevanz für die untersuchungsgegenständlichen Fallkonstellationen ist die Auswirkung strafrichterlicher Prognosen auf die Prognoseentscheidung der Verwaltung oder des Verwaltungsgerichts.

I. Berücksichtigung strafgerichtlicher Prognoseentscheidungen im Rahmen der sicherheitsrechtlichen Prognosebeurteilung

1. Grundsatz der Rechtsprechung zur eigenständigen Prognoseentscheidung im Ausweisungsrecht

Im Falle spezialpräventiver Ausweisung setzt die Verfügung eine konkrete Wiederholungsgefahr voraus.[819] Nach der einheitlichen Rechtsprechung der Verwaltungsgerichte haben die Ausländerbehörden insoweit eine eigenständige Prognoseentscheidung zur Wiederholungsgefahr zu treffen, ohne an die Feststellungen und Beurteilungen des Strafgerichts gebunden zu sein.[820]

Im Ausgangspunkt ist zunächst klar, dass im Rahmen der Ausweisungsentscheidung eine Gefahrenprognose erforderlich ist und es sich dabei um eine in diesem Verfahren zu klärende Rechtsfrage handelt.[821] Wesentlicher Prüfungsgegenstand dieser Arbeit ist die Frage des notwendigen Aufklärungsumfangs und der Auswirkung strafgerichtlicher Entscheidungen.

2. Prüfungsmaßstab der Prognose im Ausweisungsrecht

Die Prognoseentscheidung im Ausweisungsrecht betrifft eine auf Tatsachen gestützte Prognose, ob eine hinreichende – unter Berücksichtigung des differenzierenden Maßstabs – Wahrscheinlichkeit besteht, dass der Betroffene künftig Straftaten begehen wird.[822] Nach der Rechtsprechung des Bundesverwaltungsgerichts ist zu klären, ob es dem Betroffenen gelingen wird, ein straffreies Leben zu führen: Die der Ausweisung zugrunde liegende Prognoseentscheidung beziehe sich

---

819 OVG Sachsen-Anhalt, Beschluss vom 06.02.2017, 2 L 119/15, juris Rn. 17.

820 BVerwG, Urteil v. 15.01.2013, 1 C 10.12, Rn. 18; OVG Sachsen-Anhalt, Beschluss v. 06.02.2017, 2 L 119/15, juris Rn. 17; BayVGH, Beschluss v. 13.05.2016, 10 ZB 15.492 = JurionRS 2016, 18051, Rn. 15. Zur aktuellen Rechtsprechung Berlit, NVwZ-Extra 4/2019, 1 (11).

821 Vgl. BayVGH, Beschluss vom 08.11.2017, 10 ZB 16.2199, Rn 6.

822 Vgl. Cziersky-Reis, in: Hofmann, Ausländerrecht, 2. Aufl. 2016, AufenthG, § 53, Rn. 22.

nicht nur auf die Dauer der Bewährungszeit, sondern habe einen „längeren Zeithorizont" in den Blick zu nehmen. Einem während der Haft gezeigten Verhalten und der Führung nach einer vorzeitigen Haftentlassung komme zwar erhebliches tatsächliches Gewicht zu. Dies habe aber nicht zur Folge, dass mit einer strafrechtlichen Aussetzungsentscheidung ausländerrechtlich eine Wiederholungsgefahr zwangsläufig oder zumindest regelmäßig entfalle. Maßgeblich sei, ob der Betroffene tatsächlich vorhandene Integrationsfaktoren geltend machen könne, wobei das Potenzial, sich während der Bewährungszeit straffrei zu führen, nur einen Faktor darstelle.[823]

Bei der Prüfung der Wiederholungsgefahr sollen insbesondere zu berücksichtigen sein:[824] die Höhe der verhängten Strafe, die Schwere der konkreten Straftat, die Umstände ihrer Begehung, das Gewicht des bei einem Rückfall bedrohten

---

[823] BVerwG, Urteil vom 15.01.2013, 1 C 10.12, Rn. 19.

[824] BVerwG, Beschluss vom 06.05.2011, 10 B 30.10 (Rn. 6) zu § 60 Abs. 8 S. Alt. 2 AufenthG unter Verweis auf BVerwG, Urteil vom 16.11.2000, 9 C 6.00. – Soweit frühere Verurteilungen einer entsprechenden Prognose zugrunde gelegt werden, ist zu beachten, ob Verurteilungen bzw. Erkenntnisse aus Ermittlungsverfahren von der Ausländerbehörde verwertet werden dürfen. Für Verurteilungen, die aus dem Bundeszentralregister getilgt werden müssen, besteht ein vollumfängliches Verwertungsverbot gem. § 51 BZRG ein, das auch im Verwaltungsrecht gilt. Dies bedeutet, dass die Ausländerbehörde die insoweit erlangten Erkenntnisse auch dann nicht mehr verwerten darf, wenn sie diese nicht durch eine Auskunft aus dem Bundeszentralregister, sondern auf anderem Wege erhalten hat (vgl. hierzu BVerwG Urteil vom 28.01.1997, 1 C 17.94 = JurionRS 1997, 12590, Rn. 25, wonach das Verwertungsverbot für Ausweisungsentscheidungen zu berücksichtigen ist; BVerwG, Beschluss vom 23.09.2009, 1 B 16.09, Rn. 3). Dagegen sollen Erkenntnisse, die nur im Erziehungsregister gespeichert sind, aus denen die Ausländerbehörde wegen gem. § 61 Abs. 1 BZRG keine Auskunft erhält, dennoch verwertbar sein, wenn sie über diese – beispielsweise durch die Polizei aufgrund Mitteilung gem. § 87 Abs. 2 bzw. 4 AufenthG – Kenntnis erlangt hat. Dies soll auch dann gelten, wenn Strafmakelbeseitigung gem. §§ 97, 100 JGG i. V. m. § 41 Abs. 2 BZRG eingetreten ist (kritisch hierzu Jung, StV 2017, 760 (762). Nach dem BVerwG, Beschluss vom 23.09.2009, 1 B 16.09 dürfen auch Erkenntnisse verwertet werden, wenn die Ausländerbehörde nicht zulässiger Auskunftsempfänger war, solange keine Tilgungsreife eingetreten ist (dort Rn. 3). Vgl. auch BVerwG, Urteil vom 05.06.2014, 10 C 4.14, zur Verwertbarkeit trotz Strafmakelverbrauchs im Einbürgerungsverfahren). Die Auffassung ist nicht unproblematisch: Es kann durch Anordnung gem. § 63 Abs. 2 BZRG auch eine vorzeitige Tilgung einschließlich Verwertungsverbot gem. § 63 Abs. 4 i. V. m. § 51 BZRG eintreten, ohne dass der Behörde Auskunft erteilt würde. Insbesondere kann aufgrund der allgemeinen Tilgungsfrist des § 63 Abs. 1 BZRG (Entfernung der Eintragungen aus dem Erziehungsregister mit Vollendung des 24. Lebensjahres) im Einzelfall eine gegenüber den Tilgungsfristen des § 46 BZRG im Erwachsenenrecht deutlich längere Verwertbarkeit bestehen, obwohl dieser Unterschied mit dem Erziehungsgedanken und der begrenzten Zahl der Auskunftsberechtigten korreliert (vgl. hierzu *Bücherl*, in: Graf (Hrsg.), Beck OK StPO (Stand: 15.10.2018), BZRG, § 59,

Rechtsguts, die Persönlichkeit des Täters und die Entwicklung und Lebensumstände bis zum maßgeblichen Entscheidungszeitpunkt.

Dabei ist es allerdings bedenklich, wenn es für die Prognose auf die „Höhe der verhängten Freiheitsstrafe" deshalb ankommen soll, weil sich in ihr das „Maß der Schuld"[825] widerspiegele. Das öffentlich-rechtliche Gefahrenabwehrrecht dient nicht dem Schuldausgleich und es deutet sich ein Verstoß gegen das Übermaßverbot an. Aus dem Maß der Schuld lässt sich für die Frage der Wiederholungsgefahr nichts ableiten, da auch ein hohes Maß an Schuld eine fehlende Wiederholungsgefahr keineswegs ausschließt.[826] Gemeint sein soll wohl eher, dass aus der Höhe der Strafe ein Rückschluss auf die Bedeutung des verletzten Rechtsguts und damit auf die Frage der Bedeutung einer künftigen Rechtsgutverletzung für den Fall der Wiederholung möglich sein soll, wobei insoweit der Unterschied zur Frage des Rückfallgewichts nicht klar wird.

Es ist auch ungenau, wenn es unter Verweis auf die Rechtsprechung des Bundesverwaltungsgerichts für die „Gefährdungsprognose" auch auf „das Gewicht des Ausweisungsinteresses" ankommen soll.[827] Das Ausweisungsinteresse ist kein Faktor für die Frage der Eintrittswahrscheinlichkeit einer Gefahr. Sie kann neben ihrer Bedeutung für die Interessenabwägung bei der Prognose nur die Frage des Gewichts des drohenden Schadensausmaßes betreffen.[828]

Es soll zu berücksichtigen sein, ob die gebotene Einsicht, Aufarbeitung und Auseinandersetzung mit dem strafrechtlichen Verhalten und dessen Folgen zu einem grundlegenden Persönlichkeitswandel des Betroffenen geführt hat.[829] Eine tatbestandlich erforderliche Gefahrenprognose soll die Betrachtung der „gesamten Persönlichkeit des Betroffenen" einschließlich des Nachtatverhaltens erforderlich machen.[830] Das sind zweifelsfrei wichtige Anknüpfungspunkte für die Prognoseentscheidung. Damit ist aber noch nichts darüber ausgesagt, wie diese Merkmale zu ermitteln sind.

3. Berücksichtigung von Entscheidungen im Strafverfahren bzw. Strafvollstreckungsverfahren

Von besonderer Bedeutung ist, ob und wie sich Bewährungsentscheidungen der Strafgerichte auf die Prognose im Ausweisungsverfahren auswirken können.

Rn. 1, 2.), und eine längere Verwertbarkeit durch Nichtauskunftsberechtigte von dem Gesetzgeber zu bezweifeln ist.

825 So BayVGH, Beschluss vom 16.11.16, 10 ZB 16.81, Rn. 11.

826 Vgl. zu den Basisdaten Dünkel, in: Kindhäuser/Neumann/Paeffgen, StGB, 5. Aufl. 2017, StGB, § 57, Rn. 125.

827 So Fleuß, ZAR 2019, 59 (60).

828 Vgl. oben S. 139.

829 Marx, Ausländer-, Asyl- und Flüchtlingsrecht, 5. Aufl. 2015, § 7 Aufenthaltsbeendigung, Rn. 168, mit Verweis auf BVerwG, Urteil vom 14.05.2013 – 1 C 13.12 -, Rn 13.

830 Bergmann/Hörich, ZAR 2016, 296 (297).

Zunächst stützen sich die Ausländerbehörde und das Verwaltungsgericht bei der Frage des Ausweisungsanlasses beziehungsweise der Abwägung der Interessen auf die Feststellungen des Strafgerichts. Dessen Urteil nehmen sie als Grundlage für die Feststellung des Ausweisungsinteresses.[831] Es steht somit im Raum, dass eine Bindung an die Prognose im Rahmen von Bewährungsentscheidungen bestehen könnte und es einer eigenständigen Prognose im Ausweisungsverfahren gar nicht mehr bedarf.

In der Praxis des Ausweisungsverfahrens werden die strafrichterlichen Prognoseentscheidungen, wenn es um Bewährungsaussetzungen geht, jedoch keineswegs immer als tragfähig für die eigene Ausweisungsentscheidung angesehen. Dies begegnet Kritik in der Literatur: Im Ausweisungsrecht werde oftmals nicht beachtet, dass eine Abweichung von der strafrichterlichen Entscheidung nur bei Vorliegen „überzeugender Gründe" in Betracht käme und der sachkundigen strafrichterlichen Prognose bei der Prüfung der Wiederholungsgefahr wesentliche Bedeutung zukomme.[832] Eine Bewährungsaussetzung nach § 56 StGB stünde der Annahme einer Wiederholungsgefahr regelmäßig entgegen, auch Beschlüsse nach § 57 StGB stellten ein gewichtiges Indiz dar, dass die Wiederholungsgefahr nicht bestehe; hiervon dürfe regelmäßig nur abgewichen werden, wenn wegen differierender Gesetzeszwecke unterschiedliche Wahrscheinlichkeitsmaßstäbe angewandt worden seien, eine bessere, neuere Erkenntnisbasis vorliege oder eine offensichtlich verfehlte Prognoseentscheidung ergangen sei.[833]

Die Frage hat durch den Kammerbeschluss des Bundesverfassungsgerichts vom 19.10.2016, 2 BvR 1943/16, zusätzlich an Brisanz gewonnen, da der Beschluss Widerspruch[834] hervorgerufen hat. Der Beschluss und die Diskussion bedarf der vertieften Analyse, da sie den Blick auf die grundlegenden Fragen der Prüfung der Wiederholungsgefahr im Falle spezialpräventiv begründeter Ausweisungen schärft. Insbesondere den 19. Senat des Bayerischen Verwaltungsgerichtshofs, dessen Entscheidung durch das Bundesverfassungsgericht aufgehoben worden war, haben die Ausführungen des Bundesverfassungsgerichts veranlasst festzustellen, dass die Auffassung des Verfassungsgerichts „unrichtig"[835] sei und das öffentliche Sicherheitsinteresse vernachlässige.[836] So führt der Bayerische Verwaltungsgerichtshof aus, das Bundesverfassungsgericht verlange nach einer

---

831 Vgl. Beichel, Ausweisungsschutz und Verfassung – zugl. Diss., S. 54; Knödler, NK 2007, 156 (157).

832 Mayer, VerwArch 101 (2010), 482 (545).

833 Mayer, VerwArch 101 (2010), 482 (545).

834 Vgl. Berlit, NVwZ-Extra 6/2017, 1 (13), der ausführt, dass die Argumentation des Bundesverfassungsgerichts sich nicht auf die Rechtsprechung des Bundesverwaltungsgerichts stützen könne, wenn sie so verstanden werden solle, dass der gefahrenabwehrrechtliche Maßstab mit dem straf(vollstreckungs-)rechtlichen Maßstab für die Wiederholungsgefahr identisch sei.

835 BayVGH, Beschluss vom 10.10.2017, 19 ZB 16.2636, Rn. 15.

836 Vgl. BayVGH, Beschluss vom 02.05.2017, 19 CS 16.2466.

„substantiierten Begründung, wenn von der strafgerichtlichen Einschätzung abgewichen werden soll, in Verbindung mit der Forderung nach einer breiteren Tatsachengrundlage, etwa einem Sachverständigengutachten"

und verfolge auch aufgrund der

„Heranziehung des Grundsatzes der Einheit der Rechtsordnung"

insgesamt den Ansatz,

„dass eine Frage, die in einem Gerichtsverfahren bereits geklärt ist, in einem anderen Gerichtsverfahren nur mit besseren Gründen anders entschieden werden darf, und [zeige] damit den Gegensatz zur bundesverwaltungsgerichtlichen Rechtsprechung deutlich auf."[837]

Das Bundesverwaltungsgericht hatte in einer Entscheidung vom 15.03.2013 dem Baden-Württembergischen Verwaltungsgerichtshof[838] widersprochen und ausgeführt:[839]

„Das Berufungsgericht hat den Rechtssatz aufgestellt, dass Aussetzungsentscheidungen der Strafgerichte nach § 57 Abs. 1 StGB, jedenfalls wenn zu ihrer Vorbereitung fachkundige Stellungnahmen oder fachwissenschaftliche Gutachten eingeholt worden seien, vom Verwaltungsgericht regelmäßig in der Weise berücksichtigt werden müssten, dass die Ausweisung keinem Grundinteresse der Gesellschaft des Mitgliedstaats entspreche. Das Verwaltungsgericht könne eine solche Entscheidung nur ausnahmsweise unbeachtet lassen, wenn sie sich als offenkundig fehlerhaft erweise oder infolge aktueller Entwicklungen überholt sei. Dies hält einer revisionsrechtlichen Prüfung (...) nicht stand. Ein derartiges Regel-/Ausnahmeverhältnis ist weder dem nationalen Recht noch dem Unionsrecht zu entnehmen."

Das Bundesverfassungsgericht hatte in dem Beschluss vom 19.10.2016 betont:[840]

---

837 BayVGH, Beschluss vom 02.05.17, 19 CS 16.2466, Rn. 7.
838 VGH Baden-Württemberg, Urteil vom 07.03.2012, AZ 11 S 3269/11, Rn. 55. Dieser hatte damit argumentiert, dass jedenfalls dem Unionsrechts bzw. Assoziationsrechts eine „Relativierung derartiger Aussetzungsentscheidungen auf eine bloße Indizwirkung nicht vollständig gerecht" werde. Der Ansatz von der bloßen Indizwirkung unterstelle, dass ohne weiteres ein gesellschaftliches Grundinteresse des Mitgliedstaats weiterhin tatsächlich und hinreichend schwerwiegend gefährdet und eine Beschränkung der Freizügigkeit bzw. ein Entzug des assoziationsrechtlichen Aufenthaltsrechts gerechtfertigt sein könne, obwohl die Gesellschaft des Mitgliedsstaates gerade durch die Strafrestaussetzung ihre Wertung zum Ausdruck bringe, dass sie um des Täters und seiner Resozialisierung willen – durchaus nicht risikofrei – bereit sei, diesem ein Leben in Freiheit, wenn auch zunächst mit gewissen Auflagen, zu ermöglichen.
839 BVerwG, Urteil vom 15.01.2013, 1 C 10.12, Rn. 17.
840 BVerfG, Kammerbeschluss vom 19.10.2016, Rn. 21.

„Zwar trifft es im Ausgangspunkt zu, dass Ausländerbehörde und Verwaltungsgerichte für die Frage der Wiederholungsgefahr nicht an die Strafaussetzungsentscheidung der Strafvollstreckungskammern gebunden sind. Solchen Entscheidungen kommt jedoch eine erhebliche indizielle Bedeutung zu. Jedenfalls soweit die Prognose der Wiederholungsgefahr Bedeutung im Rahmen einer grundrechtlich erforderlichen Abwägung hat, bedarf es einer substantiierten Begründung, wenn von der strafgerichtlichen Einschätzung abgewichen werden soll (vgl. BVerfG, Beschluss der 1. Kammer des Zweiten Senats vom 27. August 2010 – 2 BvR 130/10 -, juris, Rn. 36 m.w.N.)."

Der Streitpunkt betrifft die Frage, ob Bewährungsentscheidungen im strafgerichtlichen beziehungsweise Strafvollstreckungsverfahren erhebliche beziehungsweise „wesentliche"[841] Indizwirkung[842] in Richtung einer nicht (mehr) bestehenden hinreichenden Wiederholungsgefahr zukommt. Das Bundesverwaltungsgericht verneint insbesondere bei Reststrafenaussetzungen gemäß § 57 Abs. 1 StGB eine dahingehende „Beweiserleichterung" zugunsten des Ausländers im Ausweisungsverfahren.[843]

Der Bayerische Verwaltungsgerichtshof weist darauf hin, dass das Bundesverfassungsgericht die Rechtsprechung des Bundesverwaltungsgerichts nicht fortschreibe. Es liege vielmehr ein „deutlicher Gegensatz" zu dieser vor, ohne dass die Fehlerhaftigkeit der Rechtsprechung des Bundesverwaltungsgerichts aufgezeigt worden sei.[844] Das Bundesverwaltungsgericht vertrete die „Rechtsmeinung", dass „keine Notwendigkeit im Ausweisungsverfahren besteht, die Richtigkeit der Strafrestaussetzung zu widerlegen. Strafrestaussetzungen und Ausweisungsentscheidungen haben nicht dieselbe Prognose zur Grundlage; die Rechtsordnung ist insoweit aus guten Gründen nicht einheitlich."[845] Die „Annahme des Bundesverfassungsgerichts", „dass strafvollstreckungsrechtliche Entscheidungen die ausweisungsrechtliche Prognose in der Regel präjudizieren", sei abzulehnen.[846]

Denn die jeweils zu stellenden Prognosen basierten auf unterschiedlichen Rechtsvorschriften in einem jeweils eigenem Regelungskontext und seien deshalb an unterschiedlichen Maßstäben zu orientieren: Ein Beschluss über die Aussetzung

---

841 VG Berlin, Urteil vom 3.02.2012, 35 K 160.11 = openJur 2012, 16744, Rn. 41 im Bereich der gegenwärtigen Gefahr im Sinne des § 53 Abs. 3 AufenthG.

842 BVerfG, Beschluss vom 19.10.2016, 2 BvR 1943/16; OVG Sachsen-Anhalt, Beschluss vom 06.02.2017–2 L 119/15, juris Rn. 17; Marx, Ausländer-, Asyl- und Flüchtlingsrecht, 5. Auflage 2015, § 7 Aufenthaltsbeendigung, Rn. 168.

843 BVerwG, Urteil vom 02.09.2009, 1 C 2/09 (Rn. 18) = NVwZ-RR 2010, 389 (390) – im Anwendungsbereich von § 55 Abs. 1 AufenthG 2005 i. V. m. Art. 14 Abs. 1 ARB 1/80, also dem Erfordernis einer vom persönlichen Verhalten ausgehenden Gefährdung im Sinne einer „konkreten Wiederholungsgefahr" (ebd. Rn. 18). Zum Beweismaß ausführlich unten: S. 222.

844 BayVGH, Beschluss vom 02.05.2017, 19 CS 16.2466, Rn. 7.

845 BayVGH, Beschluss vom 02.05.2017, 19 CS 16.2466, Rn. 8–13.

846 BayVGH, Beschluss vom 10.10.2017, 19 ZB 16.2636, Rn. 21.

des Strafrests treffe zur ausweisungsrechtlichen Frage, ob der Ausländer (auch) in Zukunft eine Bedrohung der öffentlichen Sicherheit darstelle, keine unmittelbar verwertbare Aussage; ihm sei insbesondere nicht die *Überzeugung* zu entnehmen, dass der Ausländer nach der Beendigung strafvollstreckungsrechtlicher Einwirkungen keine Bedrohung der öffentlichen Sicherheit darstellen wird. Der Ausländer könne eine solche Bedrohung darstellen und die Strafrestaussetzung dennoch rechtmäßig sein.[847]

Das Bundesverfassungsgericht führt insoweit aus, dass es jedenfalls dann, wenn die Frage der Wiederholungsgefahr für die Ausweisung bestimmend ist – gegebenenfalls im Wege einer „grundrechtlich erforderlichen Abwägung" – einer „substantiierten Begründung" bedürfe, wenn von der strafgerichtlichen Einschätzung *abgewichen* werden solle.[848] Damit kommt der Entscheidung noch über die Frage der Tatbestandsmäßigkeit der (Wiederholungs-) Gefahr hinausgehende Bedeutung zu, da das Bundesverfassungsgericht die Frage der Wiederholungsgefahr auch als Abwägungskriterium heranzieht, soweit es grundrechtlich geboten ist.

Diese Problematik wird – soweit ersichtlich – in der verwaltungsgerichtlichen Rechtsprechung bisher nicht aufgegriffen. Das Bundesverfassungsgericht stellt gerade nicht nur auf die Frage des tatbestandlichen Erfordernisses der Wiederholungsgefahr ab, sondern auf deren Berücksichtigung im Wege der verfassungsrechtlichen Abwägung. Aus ihr folgt – das hat das Bundesverfassungsgericht schon zu § 81g StPO, der ebenfalls eine sicherheitsrechtliche Abwägungsentscheidung erforderlich macht, entschieden – für die Annahme der Wiederholungsgefahr ein „erhöhtes Begründungserfordernis", „wenn ein anderes Gericht bereits im Rahmen der Entscheidung über eine Strafaussetzung zur Bewährung eine günstige Sozialprognose getroffen hat".[849]

Dieses erhöhte Begründungserfordernis ist Ausdruck der Verschärfung des Wahrscheinlichkeitsmaßstabs aufgrund der Eingriffsintensität in die Grundrechte des Betroffenen, also die konkrete Auslegung des Adjektivs der „hinreichenden" Wahrscheinlichkeit als Ausformung des Verhältnismäßigkeitsgrundsatzes[850] und der notwendigen Anforderung an die Sicherheit der Gefahrenprognose.[851] Das ergibt sich aus Folgendem:

Das Bundesverfassungsgericht hat, wenngleich nicht wörtlich so ausgeführt, durch den Hinweis auf das verfassungsrechtliche Abwägungsgebot aber dennoch klar aufgezeigt, dass eine Rechtsprechung fehlerhaft ist, die diese Bedeutung

---

847 BayVGH, Beschluss vom 02.05.2017, 19 CS 16.2466, Rn. 8–13.

848 BVerfG, Kammerbeschluss vom 19.10.2016, 2 BvR 1943/16, Rn. 21.

849 Zu erhöhten Begründungsanforderungen im Rahmen der präventiven Anordnung DNA-Identitätsfeststellung gem. § 81g StPO, BVerfG, Kammerbeschluss vom 10.03.2009, 2 BvR 400/09, Rn. 4.

850 Vgl. zur Bedeutung der „hinreichenden Wahrscheinlichkeit" oben Leisner-Egensperger, Fn. 724.

851 Vgl. oben zur Berücksichtigung der Eingriffsintensität ab S. 138.

des Grundrechtseingriffs nicht beachtet und einen Wahrscheinlichkeitsmaßstab zugrunde legt, der die Eingriffsintensität bei der Abwägungsentscheidung nicht berücksichtigt.

Soweit *Berlit*[852] ausführt, dass die „Beschlusspraxis" – gemeint: des Bundesverwaltungsgerichts -, für eine Auffassung dahingehend nichts her gebe, dass der „gefahrenabwehrrechtliche Maßstab mit dem straf(vollstreckungs-)rechtlichen Maßstab für die Wiederholungsgefahr identisch" sei, das Bundesverfassungsgericht aber die Beschlusspraxis des Bundesverwaltungsgerichts herangezogen habe, trifft dies nicht vollständig zu. In seiner Kernaussage bezieht sich das Bundesverfassungsgericht nicht auf die Rechtsprechung des Bundesverwaltungsgerichts, sondern auf seine eigene Beschlusslage. So verweist es in der Entscheidung vom 19.10.2016[853] auf seine eigene Entscheidung vom 27.08.2010.[854] Dort heißt es, dass

„[n]ach der Rechtsprechung des Bundesverwaltungsgerichts (...) für die ausländerbehördliche Prüfung der Wiederholungsgefahr vor allem eine etwaige strafrichterliche Entscheidung über die Strafaussetzung zur Bewährung von Bedeutung [ist]. Allerdings besteht für die Ausländerbehörde unbeschadet dessen, dass sie in der Regel von der Richtigkeit der strafrichterlichen Entscheidung ausgehen darf, keine rechtliche Bindung an die tatsächlichen Feststellungen und an die Beurteilungen des Strafrichters. Das gilt auch bezüglich der Entscheidung über die Strafaussetzung zur Bewährung. Trotzdem ist diese für die Ausländerbehörde von tatsächlichem Gewicht. Sie stellt eine wesentliche Entscheidungsgrundlage für die Beurteilung der Wiederholungsgefahr und damit zugleich für die Erforderlichkeit der Ausweisung dar. Die Ausländerbehörde wird zwar berücksichtigen, dass dem Strafrecht und dem Ausländerrecht unterschiedliche Gesetzeszwecke zugrunde liegen. Sie muss aber der sachkundigen strafrichterlichen Prognose bei ihrer Beurteilung der Wiederholungsgefahr wesentliche Bedeutung beimessen und wird von ihr grundsätzlich nur bei Vorliegen überzeugender Gründe abweichen. Solche können zum Beispiel dann gegeben sein, wenn der Ausländerbehörde umfassenderes Tatsachenmaterial zur Verfügung steht, das genügend zuverlässig eine andere Einschätzung der Wiederholungsgefahr erlaubt (vgl. BVerwGE 57, 61 <66>; 102, 12 <20 f.>). Dies gilt namentlich bei einer Strafaussetzung nach § 56 StGB, während die Aussetzung des Strafrestes zur Bewährung im Sinne des § 57 StGB ausweisungsrechtlich geringeres Gewicht hat (vgl. BVerfG, Beschluss der 1. Kammer des Zweiten Senats vom 1. März 2000 – 2 BvR 2120/99 -, NVwZ 2001, S. 67 <69>; BVerwGE 112, 185 <193>; BVerwG, Urteil vom 2. September 2009 – 1 C 2/09 -, NVwZ 2010, S. 389 <390>; Discher, in: GK-AufenthG, Vor §§ 53 ff. Rn. 1241 <Juni 2009>). Jedenfalls soweit die Prognose der Wiederholungsgefahr Bedeutung im Rahmen einer grundrechtlich erforderlichen Abwägung hat, bedarf es einer substantiierten

---

852 Berlit, NVwZ-Extra, 6/2017, S. 1 (13).
853 Vgl. Fn. 840.
854 BVerfG, Beschluss vom 27.08.2010, 2 BvR 130/10, Rn. 36; Hervorhebung durch Verfasser.

Begründung, wenn von der strafgerichtlichen Einschätzung abgewichen werden soll (vgl. Discher, a.a.O., Rn. 1231 <Juni 2009>)."

Das Bundesverfassungsgericht hat somit mehrfach entschieden, dass Strafaussetzungsentscheidungen – unter Bezug auf die Rechtsprechung des Bundesverwaltungsgerichts – immer erhebliche Bedeutung im Rahmen der Prüfung der Wiederholungsgefahr haben: Entscheidungen nach § 56 StGB in besonderem Maße, Entscheidungen nach § 57 StGB in reduziertem Maße. Im Falle einer Berücksichtigung der Wiederholungsgefahr auf grundrechtlicher Abwägungsebene dagegen müsse das Abweichen von der strafrichterlichen Entscheidung substantiiert begründet werden. Hier nimmt das Bundesverfassungsgericht die Rechtsprechung des Bundesverwaltungsgerichts nicht in Bezug. Die Notwendigkeit der Abwägung begründet das Bundesverfassungsgericht in dem am 19.10.2016 entschiedenen Fall damit, dass für „faktische Inländer" aufgrund der besonderen Härte, die eine Ausweisung für diese Personengruppe mit sich bringe, im Rahmen der ohnehin wegen Art. 2 Abs. 1 GG erforderlichen Verhältnismäßigkeitsprüfung besonders Rechnung zu tragen sei.[855] Das Bundesverfassungsgericht deutet jedoch an, dass die Abwägungsfrage sich nicht nur für sogenannte faktische Inländer stellt, sondern auch im Falle „besonderer verfassungsrechtlicher Gewährleistungen"[856], womit vor allem der Schutzbereich des Art. 6 Abs. 1 GG gemeint sein dürfte.

Das Bundesverfassungsgericht hat hier die Anforderungen an die Feststellung der *hinreichenden Wahrscheinlichkeit* und damit die Auslegung des Tatbestands der konkreten Gefahr im Blick und nicht das Gebot der Abwägung der Interessen im Sinne des § 53 Abs. 2 AufenthG. Es ist also die konkrete Anforderung an den Wahrscheinlichkeitsmaßstab betroffen. Dieser Befund, dass der Wahrscheinlichkeitsmaßstab mit der Eingriffstiefe korreliert, wird dadurch bestätigt, dass das Bundesverfassungsgericht für die Annahme einer – vom grundrechtlichen Rahmen abhängigen – „relevanten Wiederholungsgefahr" im Ausweisungsverfahren im Falle einer Bewährungsaussetzung eine *breitere Tatsachengrundlage* verlangt. Das sei etwa dann der Fall, wenn die Ausländerbehörde oder das Gericht ein Sachverständigengutachten in Auftrag gegeben hätten, das eine Abweichung zulasse, oder wenn die vom Ausländer in der Vergangenheit begangenen Straftaten fortbestehende konkrete Gefahren für höchste Rechtsgüter erkennen ließen, wobei es für die Annahme fortbestehender konkreter Gefahren für höchste Rechtsgüter „konkreter Feststellungen zu den [durch den Betroffenen] drohenden Straftaten" bedürfe.[857] Aus der Entscheidung wird deutlich, dass allgemeine Erfahrungssätze oder statistische Rückfallerwägungen die Hürde zur Relevanz

---

855 BVerfG, Kammerbeschluss vom 19.10.2016, 2 BvR 1943/16, Rn. 18, 19. Zur Bedeutung des Begriffs des faktischen Inländers resultierend aus Art. 8 EMRK, vgl. Nettesheim, in: Meyer-Ladewig, EMRK, Anhang zu Art. 8 EMRK, Rn. 10.

856 BVerfG, Kammerbeschluss vom 19.10.2016, 2 BvR 1943/16, Rn. 18.

857 BVerfG, Kammerbeschluss vom 19.10.2016, 2 BvR 1943/16, Rn. 24.

der Gefahr – genauer: den Umschlagpunkt zur hinreichenden Wahrscheinlichkeit nicht erreichen können.

Das Oberverwaltungsgericht Nordrhein-Westfalen legt die Entscheidung des Bundesverfassungsgerichts dahingehend aus, dass eine Strafvollstreckungsentscheidung nur dann Grundlage einer für den Betroffenen günstigen, also negativen Prognose der Wiederholungsgefahr im Rahmen einer ausländerrechtlichen Ausweisungsentscheidung sein könne, wenn sie von einem vergleichbaren Wahrscheinlichkeitsmaßstab ausginge und auf einer zutreffenden – zumindest aber nachvollziehbar bewerteten – Tatsachengrundlage beruhe. Dies habe das Bundesverfassungsgericht „ersichtlich" als nicht weiter zu erörternde Grundvoraussetzung seiner Entscheidung zugrunde gelegt.[858] Kein vergleichbarer Maßstab läge vor, wenn die Strafvollstreckungsentscheidung – lediglich – darauf beruhe, dass „die Wahrscheinlichkeit künftigen straffreien Verhaltens größer sei als diejenige, dass der Kläger erneut Straftaten begeht"; dies sei nicht der Maßstab, den das Bundesverwaltungsgericht bei Ausweisungsentscheidungen zugrunde lege. Im Ausweisungsrecht gälten mit Blick auf die bei einer erneuten Straffälligkeit bedrohten Schutzgüter[859] „eher geringere Anforderungen" an die Feststellung der Wiederholungsgefahr und der „differenzierende Wahrscheinlichkeitsmaßstab".[860]

Diese – erkennbar im Widerspruch zur gerade zitierten Anforderung an eine für das Verwaltungsverfahren verlangte breiteren Tatsachengrundlage stehende – Auffassung impliziert, dass das Bundesverfassungsgericht nicht im Blick gehabt hätte, dass insbesondere auch das Bundesverwaltungsgericht einen unterschiedlichen Wahrscheinlichkeitsmaßstabs seit langer Zeit zur Begründung macht, um ein Abweichen von der strafgerichtlichen Entscheidung begründen zu können.[861] Tatsächlich hat das Bundesverfassungsgericht jedoch gerade die von dem Oberverwaltungsgericht Nordrhein-Westfalen herangezogene Maßstabsunterscheidung, die ja auf generellen Erwägungen beruht, nicht bestätigt. Denn es spricht davon, dass eine Abweichung von der strafgerichtlichen Einschätzung einer substantiierten Begründung bedürfe, (jedenfalls) wenn die Frage der Wiederholungsgefahr im Rahmen einer grundrechtlich gebotenen Abwägung Bedeutung habe.

Kernpunkt ist die Frage des Prognosemaßstabs der jeweiligen Entscheidungen: Die Verwaltungsgerichtsrechtsprechung begründet ihre Auffassung, einer nicht nur nicht bestehenden Bindungswirkung, sondern auch nicht erforderlichen substantiierten Begründung der Abweichung von Bewährungsentscheidungen damit, dass sich jeweils die Prognosemaßstäbe unterschieden.[862]

---

858 OVG Nordrhein-Westfalen, Urteil v. 12.07.2017, 18 A 2735/15, Rn. 76.

859 Hier: Leben und Gesundheit der Bevölkerung durch Handeltreiben mit Betäubungsmitteln in nichtgeringer Menge.

860 OVG Nordrhein-Westfalen, Urteil v. 12.07.2017, 18 A 2735/15, Rn. 64–65; Rn. 77.

861 BVerwG, Urteil vom 13.12.2012, 1 C 20/11, Rn. 23.

862 BVerwG, Urteil vom 28.01.1997, 1 C 17/94, zur Abweichung zu § 56 StGB = JurionRS 1997, 12590, Rn. 22, 23.

Die Prognosen unterlägen unterschiedlichen Zwecken und Regelungen:[863] Bei der Entscheidung nach § 57 Abs. 1 StGB gehe es um die Frage, ob die Wiedereingliederung eines in Haft befindlichen Straftäters weiter im Vollzug stattfinden müsse oder durch vorzeitige Haftentlassung verantwortet werden könne, wobei hier der Resozialisierungsgesichtspunkt im Vordergrund stehe, auch sei der Prognosezeitraum auf die Bewährungszeit beschränkt.

Die Reststrafenaussetzung zur Bewährung diene zudem der Aufrechterhaltung eines Legalbewährungsdrucks und könne langfristig eher zur Straffreiheit führen als eine Vollverbüßung der Freiheitsstrafe, selbst wenn im Anschluss Führungsaufsicht angeordnet werde. Diese könne keinen vergleichbaren Druck aufbauen wie die Gefahr des Widerrufs der Reststrafenbewährung.[864] Ähnlich verhalte es sich mit Bewährungsentscheidungen nach § 36 BtMG. Die Chance auf langfristige Drogenfreiheit nach Betäubungsmitteltherapie liege bei „deutlich unter 50%".[865] Ohnehin sei das Strafrecht nur in eingeschränkter Weise geeignet, die von einem Betroffenen im Einzelfall ausgehende Gefahr abzuwehren, da nach Verbüßung der Strafe stets eine Entlassung zu erfolgen habe, wenn kein Fall der Sicherungsverwahrung vorläge.[866]

Im Ausweisungsverfahren sei dagegen ein *längerer* Prognosezeitraum[867] anzusetzen und es gehe um die Frage, ob das Risiko eines Misslingens der Resozialisierung von der deutschen Gesellschaft oder von der Gesellschaft im „Heimatstaat"[868] beziehungsweise „Herkunftsstaat des Ausländers"[869] getragen werden müsse. Im

---

863 BVerwG, Urteil vom 15.01.2013, 1 C 10.12, Rn. 19. – Im Gegensatz dazu: Beichel, Ausweisungsschutz und Verfassung – zugl. Diss. S. 57, der auf die Nähe der strafgerichtliche Prognosen – gerade im Bereich des Maßregelvollzugs – zum Ausweisungsrecht hinweist. Was nicht fernliegt, da die Maßregeln der Sicherung und Besserung nur verhängt werden dürfen, wenn sie zur Bedeutung der vom Täter begangenen und zu erwartenden Taten sowie zu dem Grad der von ihm ausgehenden Gefahr außer Verhältnis steht, § 62 StGB. A. A. Markwardt/Brodersen, NJW 2000, 692 (694), die sich im Bereich der präventiv-polizeilichen Maßnahmen nach § 81b Alt. 2 StPO oder § 81g StPO der Auffassung des BVerwG anschließen, wonach es für eine Aussetzung zur Bewährung nach § 56 StGB kriminalpolitisch ausreichen könne, dass die Wahrscheinlichkeit künftiger Straffreiheit größer sei als die erneuter Straffälligkeit. Weshalb sich dies auf §§ 64, 64, 66 StGB übertragen lasse, begründen die Autoren allerdings nicht. Vgl. hierzu auch BVerfG, Fn. 849.
864 BayVGH, Beschluss vom 02.05.2017, 19 CS 16.2466, Rn. 12 f.
865 BayVGH, Beschluss vom 02.05.2017, 19 CS 16.2466, Rn. 13.
866 OVG Nordrhein-Westfalen, Urteil vom 12.07.2017, 18 A 2735/15, Rn. 70; BayVGH, Beschluss vom 02.05.2017, 19 CS 16.2466, Rn. 12.
867 Vgl. BVerwG, Urteil vom 16.11.2000, 9 C 6.00 = NVwZ 2001, 442–444.
868 BVerwG, Urteil vom 15.01.2013, 1 C 10.12, Rn 19.
869 BayVGH, Beschluss vom 03.03.2016, 10 ZB 14.844, juris – Rn. 13. – Häufig wird es sich weder um den „Heimatstaat" noch den „Herkunftsstaat" handeln, nämlich wenn der Betroffene in der Bundesrepublik Deutschland geboren ist, vgl. Farahat, Progressive Inklusion, S. 200.

Ausweisungsrecht orientiere sich die Prognoseentscheidung nicht an Resoziali-sierungsgesichtspunkten, sondern „an strengeren Kriterien" und Maßstäben, die „darüber hinaus eine längerfristige Gefahrenprognose [erfordern]".[870] Es sei zu prüfen, ob es dem Betroffenen über den Bewährungszeitraum hinaus gelingen werde, ein straffreies Leben zu führen.[871]

Im Hinblick auf die besondere Bedeutung dieser Fragestellung für die vorliegende Untersuchung bedarf es daher einer Darstellung des strafrechtlichen Prognosemaß-stabs im Zusammenhang mit den hier besonders interessierenden strafrichterlichen Entscheidungen.

a. Strafrechtlicher Prognosemaßstab

Es ist zu unterscheiden zwischen den verschiedenen Entscheidungen im Strafverfah-ren beziehungsweise im Strafvollstreckungsverfahren.

aa. Bewährungsaussetzungen gem. § 56 StGB bzw. § 21 JGG

(1) Bedeutung der Bewährungsentscheidung

Die Strafaussetzung zur Bewährung gemäß § 56 StGB beziehungsweise § 21 JGG setzt stets eine positive Prognose voraus, die nach dem Gesetzeswortlaut sogar weiter reicht als die des § 53 AufenthG. Wenn ein benanntes Ausweisungsinteresse erst ab einer gewissen Erheblichkeitsschwelle[872] (vgl. § 54 Abs. 2 Nr. 9 AufenthG) der Bege-hung von Straftaten in der Vergangenheit ausgehen soll, ist davon auszugehen, dass auch hinsichtlich des durch die Ausweisung abzuwehrenden Schadens die Begehung von Straftaten von einigem Gewicht gemeint sein muß.

---

870 VG Düsseldorf, Urteil vom 19.01.2016, 27 K 2552/14, Rn. 97; Hamburgisches OVG, Beschluss vom 24.05.2018, 1 Bf 72/17.Z, Rn. 16.

871 BayVGH, Beschluss vom 03.03.2016, 10 ZB 14.844, juris – Rn. 13 im Anschluss an BVerwG, Urteil vom 15.01.2013, 1 C 10.12, Rn 19.

872 Auf den Streit über die Frage, ob ein Ausweisungsinteresse überhaupt begründet werden kann, wenn eine Straftat mit weniger als einem Jahr Freiheitsstrafe geahn-det wird, kommt es hier nicht genauer an, da jedenfalls eine gewisse Erheblich-keitsschwelle erreicht sein muss und nicht jede Straftat ausreichen kann. – Zum erwähnten Streit ist zu verwiesen wie folgt: *Für teleologische Reduktion*: VG Göt-tingen, Beschluss v. 22.06.2016, Az. 1 B 123/16, Rn. 26; *Cziersky-Reis*, in: Hofmann, Ausländerrecht, 2. Auflage, 2016, AufenthG, § 54, Rn. 70; *gegen eine teleologische Reduktion*: VG München, Urteil vom 01.02.2017, M 9 K 16.1028. Vgl. auch BayVGH, Beschluss vom 19.9.2016, 19 CS 15.1600, Rn. 33 (dort fälschlich als § 54 Abs. 1 Nr. 9 AufenthG bezeichnet), wonach auch Geldstrafe zu 50 Tagessätzen wegen Versto-ßes gegen das AufenthG ausreichen sollen; offen gelassen: BayVGH, Beschluss v. 21.03.2016, 10 ZB 15.1968, Rn. 12.

Die Legalprognose im Strafrecht ist im Grundsatz nicht unterschiedlich zu der ordnungsrechtlichen.[873] Denn: Für eine Bewährungsaussetzung nach § 56 StGB ist die positive[874] Legal[875]- beziehungsweise günstige Kriminalprognose[876] dahingehend erforderlich, dass von dem Verurteilten zu erwarten ist, dass er *keine* Straftaten mehr begehen wird. § 56 StGB zielt darauf ab, den Verurteilten für alle Zukunft, also nicht nur für eine begrenzte Zeit, insbesondere nicht nur in der Bewährungszeit zu einem gesetzmäßigen Leben anzuhalten; der Prognosezeitraum ist somit nicht auf die Bewährungszeit beschränkt.[877]

Bei der Prognoseentscheidung sind alle Umstände des Einzelfalls zu berücksichtigen, insbesondere auch die Persönlichkeit und das Vorleben des Täters.[878]

Für die Jugendstrafe ist gemäß § 21 Abs. 1 JGG die Aussetzung zur Bewährung dann vorzunehmen, wenn zu erwarten ist, dass der Jugendliche auch ohne die Einwirkung des Strafvollzugs unter der erzieherischen Einwirkung in der Bewährungszeit künftig einen rechtschaffenen Lebenswandel führen wird.[879] Auch hier liegt also eine richterliche Prognose vor, dass der Jugendliche keine weiteren Straftaten begehen wird.[880]

Wenn vertreten wird, dass Bewährungsaussetzungen aufgrund der „großzügigen Handhabung der Strafgerichte" keine gewichtige Indizwirkung zukomme,[881] fehlt für diese Behauptung nicht nur ein Beleg, sondern auch eine Begründung, welcher Makel mit „Großzügigkeit" verbunden sein soll. Derartige Aussagen beinhalten keine Erkenntnis über die Treffgenauigkeit strafrichterlicher Entscheidungen. Die Prognoseentscheidung unterliegt auch nicht dem Zweifelssatz.[882] Das Bundesverfassungsgericht hat klargestellt, dass die Ausländerbehörde „in der Regel von der Richtigkeit der strafrichterlichen Entscheidung ausgehen darf".[883]

---

873 Ebenso Beichel, Ausweisungsschutz und Verfassung – zugl. Diss., S. 54, 78.

874 Ostendorf, in: Kindhäuser/Neumann/Paeffgen, StGB, 5. Aufl. 2017, StGB, § 56, Rn. 4.

875 V. Heintschel-Heinegg, v. Heintschel-Heinegg (Hrsg.), Beck OK StGB (Stand: 01.05.2018), StGB, § 56, Rn. 14.

876 Groß, in: Münchener Kommentar StGB, 3. Auflage 2016, StGB, § 56, Rn. 14.

877 Pollähne, Kriminalprognostik, S. 76 m. N.; Stree/Kinzig, in: Schönke/Schröder, Strafgesetzbuch, 29. Auflage 2014, StGB, Rn. 15.

878 Näher zu den Prognosekriterien Schäfer/Sander/Gemmeren, Praxis der Strafzumessung, 6. Auflage 2017, ab Rn. 208.

879 Zum Wertungswiderspruch hinsichtlich des besonders schwerwiegenden Ausweisungsinteresses auf im Falle der Aussetzung der Jugendstrafe zur Bewährung, vgl. Bergmann/Hörich, ZAR 2016, 296 (298).

880 Bergmann/Hörich, ZAR 2016, 296 (298).

881 Tanneberger, in: Kluth/Heusch (Hrsg.), BeckOK AuslR (Stand: 01.05.2018), AufenthG § 53, Rn. 26.

882 Schäfer/Sander/Gemmeren, Praxis der Strafzumessung, 6. Auflage 2017, Rn. 1301 und 1302 (näher auch zur strittigen Frage, ob einzelne Tatsachenfeststellungen dem „in dubio pro reo"-Grundsatz unterliegen können).

883 BVerfG, Kammerbeschluss vom 27.08.2010, 2 BvR 130/10, NVwZ 2011, 35, 36 f.

Es bestehen auch Zweifel an einer großzügigen Handhabung der Bewährungsentscheidungen. Die Aussetzung zur Bewährung darf – soweit die individuellen
Voraussetzungen vorliegen – nach Auffassung des Bundesgerichtshofs für das allgemeine Rechtsempfinden nicht unverständlich erscheinen und das Vertrauen der
Bevölkerung in die Unverbrüchlichkeit des Rechts nicht erschüttern.[884] Ohnehin
wird in der Literatur kritisch betrachtet, dass das deutsche Strafrecht sich zunehmend auf die Herstellung von Sicherheit und Kontrolle fokussiere und damit die
Gefahr einhergehe, das Schuldprinzip als limitierenden Faktor nicht ausreichend
zu beachten.[885] Untersuchungen zur Sanktionierung in den USA zeigen auf, dass
die Frage der Bewährung umstrittener und weniger die zu erwartende Rechtsfolge
sei als früher.[886] Auch die deutsche Rechtsprechung soll eine Tendenz zu härterer
Sanktionierung zeigen verbunden mit einem „Übergang zu einem dem Strafrecht
eigentlich systemfremden Präventionsrecht."[887]

(2) Gesetzeszweck der Bewährung

Im Hinblick auf die wiederholte Betonung unterschiedlicher Zwecke zwischen der
Bewährungsentscheidung und der Ausweisungsentscheidung ist zu hinterfragen,
welchem Zweck die Bewährung tatsächlich dient.

Es ist nicht verständlich, wenn der Resozialisierungszweck – wenn auch nicht
ausdrücklich, aber doch mitschwingend – als eine Art soziale Wohltat verstanden
wird. Tatsächlich verfolgt die Resozialisierung nichts anderes als Spezialprävention. Die Resozialisierung zielt darauf ab, dass ein verurteilter Straftäter die Chance
erhalten müsse, sich „nach Verbüßung seiner Strafe wieder in die Gesellschaft einzuordnen."[888] Der Anspruch auf resozialisierende Ausgestaltung des Strafvollzugs
beruht auf Art. 2 Abs. 1 i. V. m. Art. 1 Abs. 1 GG.[889] Dabei hat die Resozialisierung
keineswegs nur das persönliche Freiheitsinteresse im Blick: „Nicht zuletzt dient die
Resozialisierung dem Schutz der Gemeinschaft selbst: diese hat ein unmittelbares
eigenes Interesse daran, dass der Täter nicht wieder rückfällig wird und erneut
seine Mitbürger oder die Gemeinschaft schädigt."[890]

---

884 BGH, Urteil vom 06.07.2017, 4 StR 415/16, Rn. 29, 30.
885 Hierzu näher: Hassemer, in: v. Arnauld, Staack (Hrsg.), Sicherheit versus Freiheit?,
     S. 39 (53); Jasch, KJ 2014, 237 (247).
886 Garland, Kultur der Kontrolle, S. 316.
887 Schäfer/Sander/Gemmeren, Praxis der Strafzumessung, 6. Aufl. 2017, Rn. 16, 20.
888 Joecks, in: Joecks/Miebach (Hrsg.), Münchener Kommentar StGB, 3. Aufl. 2017, Ein-
     leitung, Rn. 65 mit Verweis auf BVerfG, Urteil v. 05.06.1973, 1 BvR 536/82 (Lebach).
889 BVerfG, Urteil vom 01.07.1998, 2 BvR 441/90, Rn. 132; Di Fabio, in: Herdegen/Scholz/
     Klein, (Hrsg). Maunz/Dürig, Grundgesetz Kommentar (Stand: 85. EL November
     2018), GG, Art. 2 Abs. 1, Rn. 216; Dreier, in: Dreier, Grundgesetz, 3. Auflage 2013,
     GG, Art. 2 Abs. 1, Rn. 78.
890 BVerfG, Urteil vom 05.06.1973, 1 BvR 536/82 (Lebach) = GRUR 1973, 541 (548).

Auch die Aussetzung zur Bewährung nach § 56 StGB ohne Vollzug der Freiheits-strafe ist ein „Essentiale eines modernen Rechtsfolgensystems auf der Grundlage des rechtsstaatlichen Übermaßverbots und des sozialstaatlichen Resozialisierungs-anspruchs."[891] Es soll eine „Resozialisierung in Freiheit" erreicht werden.[892] „Im Vor-dergrund stehen bei der Strafaussetzung mit dem Resozialisierungsgedanken [...] spezialpräventive Überlegungen. Der Täter soll die Gelegenheit haben, sich auch ohne Verbüßung der Strafe wieder in die Gemeinschaft einzufügen."[893]

Im Ergebnis zielt also die Bewährungsaussetzung ebenfalls auf die Verhinderung von Straftaten und eine spezialpräventive Wirkung ab und dient dabei auch dem Schutz der Allgemeinheit. Bereits die Verhängung der Strafe als solche dient der Ver-hinderung der Begehung von Straftaten in der Zukunft.[894]

(3) Auswirkungen der Gesetzesänderung 2016 auf die Bedeutung der Bewährungsaussetzung für die Prognoseentscheidung

Durch das „Gesetz zur erleichterten Ausweisung von straffälligen Ausländern und zum erweiterten Ausschluss der Flüchtlingsanerkennung bei straffälligen Asylbewer-bern"[895] wurden die benannten Ausweisungsinteressen dahingehend verschärft, dass auch zur Bewährung ausgesetzte Entscheidungen ein (besonders) schwerwiegendes Ausweisungsinteresse begründen (§§ 54 Abs. 1 Nr. 1, Nr. 1a, Abs. 2 Nr. 1, Nr. 1a Auf-enthG).[896] Es könnte hieraus gefolgert werden, dass durch die Gesetzesänderung der Bewährungsentscheidung für die Frage der Wiederholungsgefahr keine Bedeutung mehr zukommt.

Bewährungsaussetzungen bei Freiheitsstrafen über ein Jahr, § 56 Abs. 2 StGB, verlangen neben einer positiven Prognose gemäß § 56 Abs. 1 StGB das Hinzutreten besonderer Umstände, um die Bewährungsaussetzung zu rechtfertigen. Dies führt für das Ausweisungsverfahren zu doppelter Relevanz, wenn eine Freiheitsstrafe von mehr als einem Jahr zur Bewährung ausgesetzt wurde. Denn zum einen stellt sich die Frage der Wiederholungsgefahr bereits aufgrund der strafrichterlichen Prognoseent-scheidung, zum anderen sind die besonderen Umstände jedenfalls bei der Abwägung der Interessen gemäß § 53 Abs. 2 AufenthG zu berücksichtigen.[897]

Der Gesetzgeber hat zwar ausdrücklich auch zur Bewährung ausgesetzte Freiheitsstrafen als Fälle des besonders schwerwiegenden beziehungsweise

---

891 Groß, in: Joecks/Miebach (Hrsg.), Münchener Kommentar StGB, 3. Aufl. 2016, StGB, Vor. § 56, Rn. 1.

892 Ostendorf, in: Kindhäuser/Neumann/Paeffgen, StGB, 5. Aufl. 2017, StGB, Vor. §§ 56 ff., Rn. 3.

893 Kinzig, in: Schönke/Schröder, Strafgesetzbuch, 30. Auflage 2019, StGB, § 56, Rn. 3.

894 Beckmann, NJW 1983, 537 (538–539).

895 Vom 11.03.2016, BGBl. I 2016, Nr. 12.

896 Näher hierzu: Cziersky-Reis, ANA-ZAR, 2016, 1.

897 Vgl. hierzu bereits zum alten Recht: Knödler, NK 2007, 156 (157).

schwerwiegenden Ausweisungsinteresses normiert,[898] dies ändert aber nichts an der Notwendigkeit des Vorliegens der Wiederholungsgefahr im Rahmen des Tatbestands des § 53 AufenthG.

Die in Folge der Silvesterereignisse in Köln zum Jahreswechsel 2015/2016 erfolgte Gesetzesverschärfung wird insoweit zwar als Wertungswiderspruch beschrieben.[899] Allerdings betrifft die „Widersprüchlichkeit"[900] die Frage der Gewichtung im Rahmen der erforderlichen Abwägung,[901] da eine zur Bewährung ausgesetzte Freiheitsstrafe wohl regelmäßig weniger gewichtig sein dürfte als eine nicht zur Bewährung ausgesetzte.[902] Eine Derogation der strafrichterlichen Prognose für die ausweisungsrechtliche Gefahrenprognose folgt aus der Gesetzesänderung jedoch nicht.[903] Die systematische Stellung des § 54 AufenthG wurde nicht geändert und die Ausweisungsinteressen ersetzen nicht das Tatbestandsmerkmal der Gefahr.[904]

Es wird im Hinblick auf die Frage nach einem Wertungswiderspruch zwischen dem Bestehen eines Ausweisungsinteresse auch im Falle einer Verurteilung zu einer Freiheitsstrafe mit Bewährungsaussetzung als Gegenargument betont, dass die Sozialprognose hinsichtlich einer Bewährungsaussetzung nicht mit der Prognose im Ausweisungsrecht gleichzusetzen sei: In der Strafrechtspraxis würden relativ geringe Freiheitsstrafen zur Bewährung ausgesetzt, weil die Haft zu einer Verschlechterung der Persönlichkeitsstruktur führen könne. Dies ändere nichts an der Rechtsuntreue des Verurteilten. Die positive Sozialprognose begründe keine positive Integrationsprognose, da das Strafrecht implizit von daueraufhältigen Personen ausgehe.[905]

Die Auffassung ist jedoch abzulehnen. Das Strafrecht hat nicht vorrangig „daueraufhältige Personen" im Blick, sondern gilt bei Inlandsstraftaten für Jedermann,

---

898 Vgl. Cziersky-Reis, ANA-ZAR, 2016, 1.

899 Bauer/Beichel-Benedetti, NVwZ, 2016, 416 (429).

900 Vgl. auch Hörich/Bergmann, Verfassungsblog vom 03.03.2016.

901 Die identischen Gesetzesentwürfe der Regierungsfraktionen Gesetzentwurf vom 16.02.2016, BT-Drs. 18/7537, S. 1, 7 f. und der Bundesregierung BR-Drs. 43/16, S. 2, 6 f., befassen sich nur mit der Frage des besonderen Ausweisungsinteresses und nicht mit der Frage der Gefahr.

902 Aus § 56 Abs. 3 StGB folgt, dass Freiheitsstrafen von sechs Monaten bis einem Jahr dann, wenn eine positive Prognose besteht, regelmäßig zur Bewährung auszusetzen sind, soweit die Verteidigung der Rechtsordnung dies nicht gebietet. Der Strafrichter entscheidet somit im Falle einer Aussetzung zur Bewährung auch darüber, ob eine Aussetzung zur Bewährung geboten ist – beispielsweise bei drohender Nachahmung oder Häufung bestimmter Taten, vgl. Schäfer/Sander/Gemmeren, Praxis der Strafzumessung, 6. Auflage 2017, Teil 2, Rn. 226.

903 Bauer/Beichel-Benedetti, NVwZ, 2016, 416 (419), die dies ebenfalls aus dem Gesetzgebungsverfahren und der Systematik ableiten, wenngleich die Auffassung zu § 54 Abs. 1 Nr. 2 AufenthG nicht überzeugt (vgl. Fn. 499, 815).

904 Vgl. oben S. 96.

905 Zum Ganzen: Kluth, ZAR 2016, 121 (130).

§ 3 StGB, und aufgrund des Territorialitätsprinzip ohne Rücksicht auf die Nationalität des Täters.[906] § 56 Abs. 1 StGB ist zwingendes Recht: die Vollstreckung auch kurzer Freiheitsstrafen kann nur zur Bewährung ausgesetzt werden, wenn eine positive Prognose besteht und nicht aus einem davon unabhängigen Ziel der Haftvermeidung.[907] Der Unterschied zwischen kurzen[908] und nicht kurzen Freiheitsstrafen liegt vielmehr gemäß § 56 Abs. 3 StGB darin, dass bei Freiheitsstrafen von unter sechs Monaten die Bewährung trotz bestehender günstiger Prognose nicht mit der Begründung verneint werden darf, dass die Vollstreckung zur Verteidigung der Rechtsordnung geboten sei.

Soweit auf eine Integrationsprognose abgestellt wird, mag eine solche für die Frage der Abwägung Relevanz entfalten, was hier nicht näher zu prüfen ist. Für das Tatbestandsmerkmal der Gefahr kommt es aber auf die Wiederholungsgefahr und damit auf die Kriminalprognose an. Insoweit stellt die Bewährungsentscheidung auch nach Auffassung des Bundesverwaltungsgerichts einen Integrationsfaktor dar.[909] Die Gesetzesänderung führt zu keiner anderen Bewertung der Bedeutung von Aussetzungsentscheidungen bei der Gefahrenprognose.

bb. Reststrafenbewährung, § 57 Abs. 1 StGB

Im Bereich der Teilvollstreckung von Freiheitsstrafe und einer Strafaussetzungsentscheidung hinsichtlich des verbleibenden Strafrestes gem. § 57 Abs. 1 StGB hat das Bundesverfassungsgericht für die strafvollstreckungsrechtliche Entscheidung zur Vorgabe gemacht, dass einerseits das „Gebot der bestmöglichen Sachaufklärung" gelte und es keine festen Regeln dafür gäbe, welche Umstände bei der Prognose besonders zu gewichten sei. Bei lang dauerndem Vollzug gewinne das Verhalten im Vollzug oder die aktuellen Lebensverhältnisse wichtige Informationen für die Kriminalprognose. Ein einseitiges Abstellen auf die Gefährlichkeit aufgrund in der Vergangenheit liegender Umstände sei jedenfalls bei längerer beanstandungsfreier Führung nicht ohne weiteres zulässig. Derartige Schlussfolgerungen über die fortbestehende Gefährlichkeit „setzen regelmäßig differenzierte Erkenntnisse über die Persönlichkeitsstruktur des Betroffenen und deren Entwicklung im Vollzug voraus, die (...) meist nur mit Hilfe eines Sachverständigen zu gewinnen sein werden." Auf der anderen Seite sei es verfassungsrechtlich zulässig, eine *erhöhte* Wahrscheinlichkeit für die künftige *Straffreiheit* zur Voraussetzung der Aussetzung zu machen.[910]

---

906 Eser/Weißer, in: Schönke/Schröder, Strafgesetzbuch, 30. Auflage 2019, StGB, Vorbemerkungen zu §§ 3–9, Rn. 17.

907 Zum stets bestehenden Erfordernis einer günstigen Prognose Groß, in Joecks/Miebach (Hrsg.), Münchener Kommentar StGB, 3. Aufl. 2016, § 56, Rn. 14.

908 Nach § 46 Abs. 1 StGB sind Strafen bis sechs Monate kurze Freiheitsstrafen.

909 Vgl. oben BVerwG Fn. 823.

910 BVerfG, Kammerbeschluss v. 24.10.1999, 2 BvR 1538/99 = NJW 2000, 502 (503, 504).

Das Bundesverwaltungsgericht erlaubt im Ausweisungsverfahren neben einer anderen Tatsachenbewertung auch eine zur Strafvollstreckungsentscheidung unterschiedliche Würdigung, weil im Rahmen des § 57 Abs. 1 StGB anders als bei der Bewährungsaussetzung nach § 56 StGB „naturgemäß" Resozialisierungsgesichtspunkte im Vordergrund stünden. Dies folge schon daraus, dass die Stellungnahme der Justizvollzugsanstalt gem. § 454 Abs. 1 S. 2 und 4 StPO maßgebliche Bedeutung für die Strafvollstreckungsentscheidung habe.[911]

Nach Auffassung des Bayerischen Verwaltungsgerichtshofs verfolge die Bewährungsaussetzung vorwiegend kriminalpolitische Ziele, indem durch den Bewährungsdruck von der Begehung künftiger Straftaten abgehalten werden solle. Eine positive Prognose im Sinne des § 56 StGB sei nicht Voraussetzung für die Entscheidung. Vielmehr komme es darauf an, ob die Strafaussetzung verantwortet werden könne. Dafür genüge eine „gewisse Wahrscheinlichkeit" für den Erfolg der Resozialisierung. Dieser Prognosemaßstab weiche deutlich von dem des § 56 StGB ab.[912]

Fraglich ist somit, ob eine derartige deutliche Abweichung von dem Maßstab des § 56 StGB vorliegt. Das Gesetz sieht vor, dass nach Verbüßung der gesetzlich vorgegebenen Mindestdauer (§§ 57 Abs. 1 Nr. 1 bzw. Abs. 2 StGB) der noch zu vollstreckende Teil der Reststrafe zur Bewährung ausgesetzt werden kann, wenn dies unter Berücksichtigung der Sicherheitsinteressen der Allgemeinheit verantwortet werden kann, § 57 Abs. 1 Nr 2 StGB. Die Rechtslage zur Aussetzung gem. § 57 Abs. 1 StGB hat sich 1998 geändert:[913] Voraussetzung der Bewährungsaussetzung ist gemäß § 57 Abs. 1 Nr. 2 StGB nicht mehr, dass „verantwortet werden kann zu erproben, ob der Verurteilte außerhalb des Strafvollzugs keine Straftaten mehr begehen wird", sondern dass „[die Bewährungsaussetzung] unter Berücksichtigung des Sicherheitsinteresses der Allgemeinheit verantwortet werden kann". Zusätzlich wurde das „Gewicht des bei einem Rückfall bedrohten Rechtsguts als Prognosekriterium" eingefügt, § 57 Abs. 1 Satz 2. Die Gesetzesänderung sollte – neben weiteren Regelungen (z.B. Erforderlichkeit der Gutachtenseinholung gem. § 454 Abs. 2 StPO, Therapieauflagen im Rahmen von Bewährungsentscheidungen) – „den Gerichten und Strafvollzugsbehörden bessere und flexiblere Möglichkeiten [...] eröffnen, um den Schutz der Bevölkerung insbesondere vor Sexualdelikten zu verbessern".[914] Die Gesetzesänderung zielte darauf ab, dass keine Aussetzungsentscheidung „ohne günstige Sozialprognose zu Lasten der öffentlichen Sicherheit möglich" ist und es „von dem Gewicht des bei einem Rückfall bedrohten Rechtsguts und dem Sicherheitsbedürfnis der Allgemeinheit abhängig ist, welches Maß an Erfolgswahrscheinlichkeit für eine Aussetzung des Strafrestes nach § 57

---

911 BVerwG, Urteil vom 16.11.2000, 9 C 6.00 = DÖV 2001, 341(342).
912 BayVGH, Beschluss vom 02.05.2017, 19 CS 16.2466, Rn. 10.
913 Gesetz vom v. 26.01.1998, BGBl. I 1998, 160.
914 Gesetzesbegründung der CDU/CSU- und F.D.P.-Bundestagsfraktionen vom 13.01.1993, BT-Drs. 13/7163, S. 5.

StGB zu verlangen ist."[915] Die Gesetzesbegründung weist ausdrücklich darauf hin, dass der öffentliche Eindruck, eine positive Sozialprognose sei nicht erforderlich, „unzutreffend" ist.[916]

Die erhebliche Ausweitung der Fälle, in denen gem. § 454 Abs. 2 StPO Sachverständigengutachten zur Aufklärung der Prognosetatsachen in demselben Änderungsgesetz eingeführt wurde, zielte nicht etwa auf Fragen der Resozialisierung ab. Vielmehr stützte es sich darauf, dass es wegen dem „erhöhten Sicherheitsbedürfnis der Allgemeinheit" rechtspolitisch trotz des damit verbundenen Organisations- und Kostenaufwands dringend geboten sei, „den Richter in die Lage [zu] versetzen, die Art der von dem Verurteilten drohenden Straftaten und das mit der vorzeitigen Entlassung verbundene Risiko wesentlich zuverlässiger einzuschätzen."[917]

Die prozeduralen Anforderungen an die Prognoseentscheidung gem. § 57 Abs. 1 StGB, sind daher nicht etwa niedriger als im Rahmen des § 56 StGB. Aufgrund der gesetzlichen Vorgaben in § 454 Abs. 2 StPO ist die Aufklärungsintensität, die das Gericht vor einer Aussetzungsentscheidung vornehmen muss, deutlich erhöht. Eine vergleichbare Vorschrift gibt es zu § 56 StGB nicht. Zwar ist § 454 Abs. 2 StPO eine Verfahrensvorschrift, die nicht den Prognosemaßstab des § 57 Abs. 1 StGB zu definieren vermag.[918] Jedoch hat das Bundesverfassungsgericht[919] eine Auslegung des § 57 Abs. 1 StGB dahingehend, dass

„eine Entlassung (...) aufgrund des bei einem möglichen Rückfall bedrohten Rechtsguts nur in Betracht kommt, wenn eine künftige Straffreiheit aufgrund eindeutiger positiver Umstände erwartet werden kann"

und es hierfür einer

„tragfähige[n] Grundlage für die Erwartung künftiger Straffreiheit"

bedürfe, ausdrücklich gebilligt. Eine solche Auslegung ist mit dem Wortlaut des § 56 Abs. 1 StGB vergleichbar. Demnach erfolgt die Aussetzung,

„[...] wenn zu erwarten ist, dass der Verurteilte sich schon die Verurteilung zur Warnung dienen lassen und künftig auch ohne die Einwirkung des Strafvollzugs keine Straftaten mehr begehen wird".

Dass dabei die Prognose im Rahmen von § 57 StGB von § 56 StGB insoweit abweicht, als dort bereits die Verurteilung den Betroffenen von der Begehung von Straftaten

---

915 Gesetzesbegründung der CDU/CSU- und F.D.P.-Bundestagsfraktionen vom 13.01.1993, BT-Drs. 13/7163, S. 7.

916 Gesetzesbegründung der CDU/CSU- und F.D.P.-Bundestagsfraktionen vom 13.01.1993, BT-Drs. 13/7163, S. 7.

917 Gesetzesbegründung der CDU/CSU- und F.D.P.-Bundestagsfraktionen vom 13.01.1993, BT-Drs. 13/7163, S. 9.

918 Vgl. Pollähne, Kriminalprognostik, S. 85 m. N.

919 BVerfG, Kammerbeschluss vom 11.01.2016, 2 BvR 2961/12, 2 BvR 2484/13, Rn. 34.

abhalten soll, liegt in der Natur der Sache. Es ist ein Teil der Strafe vollstreckt worden und daher die Hypothese zu prüfen, ob hierdurch auf den Betroffenen entsprechend eingewirkt wurde.[920] Der unterschiedliche Maßstab beruht darauf, dass der Verurteilte die gegen ihn verhängte Strafe bereits teilweise als Freiheitsentzug erlitten hat und im Strafvollzug resozialisierend auf ihn eingewirkt wurde.[921]

Der Gesetzgeber hat bei der Frage der Reststrafenaussetzung festgelegt, dass das Strafvollstreckungsgericht als wesentliche Gesichtspunkte („insbesondere", § 57 Abs. 1 S. 2 StGB) zu berücksichtigen hat: Die Persönlichkeit des Verurteilten inklusive des Vorlebens; die Umstände der Tat und das Gewicht des bei einem Rückfall bedrohten Rechtsguts;[922] das Verhalten im Vollzug; Lebensverhältnisse und Wirkungen, die von einer Aussetzungsentscheidung zu erwarten sind. In der Praxis wird der Aufarbeitung der Tat zusätzlich besondere Bedeutung bei der Aussetzungsentscheidung zugeschrieben.[923]

Die Prognose des § 57 StGB ist daher kein „weniger" gegenüber der Prognose nach § 56 StGB. Während die Prognose nach § 56 StGB die Erwartung künftiger Straffreiheit aufgrund der Verurteilung verlangt, setzt die Prognose nach § 57 StGB mit der Verantwortbarkeitsklausel eine Bewertung in Bezug auf das Sicherheitsinteresse der Allgemeinheit voraus.[924]

Wenn generalisierend behauptet wird, die Prognose weiche von § 56 StGB insoweit ab, als eine Erwartung künftiger Straffreiheit nicht verlangt werde,[925] ist dies nicht zutreffend. Ihr Maßstab ist variabel: Eine günstige Prognose nach § 57 StGB muss „umso sicherer [sein], je schwerer eine neue Straftat wäre und je stärker

---

920 In diese Richtung auch V. Heintschel-Heinegg, in: v. Heintschel-Heinegg (Hrsg.), Beck OK StGB (Stand: 01.05.2018), § 57, Rn. 8 zum wesentlichen Unterschied.

921 BGH, Beschluss vom 25.03.2003, StB 4/03, 1 AR 266/03, juris Rn. 5.

922 Hierin liegt nach Pollähne, Kriminalprognostik, S. 86, sogar eine Doppelverwertung des Sicherheitsinteresses der Allgemeinheit.

923 Vgl. Pollähne, Kriminalprognostik, 2011, S. 87 ff.

924 Vgl. Groß, in: Joecks/Miebach (Hrsg.), Münchener Kommentar StGB, 3. Auflage 2016, StGB, § 57, Rn. 15.

925 So jedoch BayVGH, Beschluss v. 02.05.2017, 19 CS 16.2466, Rn. 10; wobei insoweit zu der bei § 57 StGB nicht erforderlichen Erwartung künftiger Straffreiheit auch auf Stree/Kinzig, in: Schönke/Schröder, Strafgesetzbuch, 29. Aufl. 2014, StGB, § 57, Rn. 10. Bezug genommen wird, ohne diese vollständig zu zitieren. Wenn diese ausführen, eine derartige Erwartungsklausel würde die Möglichkeit zur Aussetzung des Strafrestes zu sehr einschränken, fügen sie jedoch sogleich einschränkend hinzu: „Abzuwägen ist jedoch zwischen den zu erwartenden Wirkungen des erlittenen Strafvollzugs und den Sicherheitsinteressen der Allgemeinheit." Auch das Berufen auf Kühl, in: Lackner/Kühl, StGB (gemeint wohl 27. Aufl. 2011 oder Heger in der 28. Auf. 2014) ist unvollständig, wenn dort unter anderem ausgeführt wird, dass „[das SexBG die Gewichte bei der Gesamtwürdigung zugunsten der Wahrung des Sicherheitsinteresses verschoben [hat]." (Kühl, ebd. 27. Aufl. 2011, StGB, § 57, Rn. 7, Heger, ebd. 28. Aufl. 2014, StGB, § 57, Rn. 7).

sie damit das allgemeine Sicherheitsinteresse berühren würde."[926] Anders ausgedrückt: „Je höherwertige Rechtsgüter in Gefahr sind, desto geringer muss das Rückfallrisiko sein."[927]

Eine Darstellung, wonach es für eine Aussetzungsentscheidung ausreiche, dass „eine Chance besteht", dass der Betroffene die *Bewährungszeit* durchsteht,[928] ist unzutreffend. Weder ist der Maßstab zeitlich auf die Bewährungszeit beschränkt, sondern auch hier kommt es auf die künftige Straffreiheit an. Insbesondere gibt es keinen Maßstab, wonach jede Chance ausreiche, um die Bewährungsaussetzung zu verantworten. Vielmehr müsse stets der Bezug zu den Sicherheitsinteressen der Allgemeinheit beachtet werden:

> *„Dies bedeutet, dass je nach der Schwere der Straftaten, die vom Verurteilten nach Erlangung der Freiheit im Falle eines Bewährungsbruchs zu erwarten stünden [...], unterschiedliche Anforderungen an das Maß der Wahrscheinlichkeit für ein künftiges strafloses Leben der Verurteilten zu stellen sind."*[929]

Hinzu tritt, dass der Aufklärungsumfang der Strafvollstreckungskammer in der Regel wesentlich breiter ist als der des Strafrichters im Rahmen der Entscheidung nach § 56 StGB: Die Staatsanwaltschaft und die Justizvollzugsanstalt sind zwingend zu hören und es bestehen Mitwirkungsrechte (vgl. § 454 Abs. 1 S. 2, § 454 Abs. 2 S. 3 StPO); häufig liegt darüber hinaus das Gutachten eines Sachverständigen vor.

Die Auffassung des Bundesverwaltungsgerichts, wonach aus der Notwendigkeit zur Anhörung der Justizvollzugsanstalt folge, dass „anders als bei der [...] Strafaussetzung nach § 56 StGB [...] naturgemäß eher Resozialisierungsgesichtspunkte" im Vordergrund stünden,[930] vermag nicht zu erklären, weshalb der Entscheidung nach § 57 StGB im Ausweisungsverfahren keine wesentliche Bedeutung zukommen soll. Der Sinn der Anhörung besteht gerade darin, dass das „Vollzugspersonal eine fundierte Stellungnahme über [das] Verhalten im Vollzug sowie über die für die Prognose [...] relevanten Tatsachen abgeben kann.[931] Sie enthält ein „Zeugnis

---

926 Groß, in: Joecks/Miebach (Hrsg.), Münchener Kommentar StGB, 3. Aufla. 2016, StGB, § 57, Rn. 16. Vgl. auch Kinzig, in: Schönke/Schröder, Strafgesetzbuch, 30. Auflage 2019, StGB, § 57, Rn. 15; Heger, in: Lackner/Kühl, StGB, 29. Aufl. 2018, StGB § 57, Rn. 9.

927 Krehl, in: Jahn/Krehl/Löffelmann/Güntge, Verfassungsbeschwerde, Rn. 931. – Dabei sollen Unsicherheiten zu Lasten des Verurteilten gehen (OLG Bamberg, Beschluss vom 16.03.2016, 1 Ws 107/16, juris Rn. 6. Str., zur ablehnenden Auffassung vgl. Dünkel, in: Kindhäuser/Neumann/Paeffgen, StGB, 5. Aufl. 2017, StGB § 57, Rn. 17; differenzierend: Kinzig, in: Schönke/Schröder, Strafgesetzbuch, 30. Aufl. 2019, § 57, Rn. 14.).

928 So jedoch BayVGH, Beschluss v. 02.05.2017, 19 CS 16.2466, Rn. 10.

929 BGH, Beschluss vom 25.04.2003, StB 4/03 = BeckRS 2003, 04089.

930 Vgl. BVerwG, Urteil vom 16.11.2000, Fn. 824.

931 Nestler, in: Knauer/Kudlich/Schneider (Hrsg.), Münchener Kommentar StPO, 1. Auflage 2019, StPO, § 454, Rn. 42.

über das Verhalten des Verurteilten im Vollzug" und ein „eindeutiges Votum" zur Frage der Entlassung.[932] Aus der Notwendigkeit zur Einholung einer fachlichen Stellungnahme der Justizvollzugsanstalt zu schließen, dass die Entscheidung eher Resozialisierungsgesichtspunkten folge als die nach § 56 StGB ist nicht sachgerecht. Vielmehr dient die Stellungnahme einer bestmöglichen Prognoseentscheidung durch die Strafvollstreckungskammer und bietet sogar Vorteile gegenüber der Entscheidungsgrundlage nach § 56 StGB. Wenn das Bundesverwaltungsgericht in derselben Entscheidung als wesentliche Anknüpfungstatsache für die Prognoseentscheidung im Ausweisungsverfahren die „Persönlichkeit des Täters" und die „Lebensumstände bis zum maßgeblichen Entscheidungszeitpunkt" anführt,[933] besteht auch ein Begründungswiderspruch. Die Stellungnahme der Justizvollzugsanstalt gibt nämlich gerade über die Persönlichkeit und die Entlassungssituation Auskunft und beinhaltet Erkenntnisse, über die weder der Richter im Rahmen einer Entscheidung nach § 56 StGB noch die Ausländerbehörde verfügt. Richtig ist vielmehr, dass auch bei der Aussetzung gem. § 56 StGB die Resozialisierung im Vordergrund steht (vgl. S. 163). Eine Unterschiedlichkeit der Zwecksetzung der Bewährung und der wesentlichen Gesichtspunkte für die Bewährungsentscheidung besteht nicht, maßgeblich ist jeweils eine günstige Kriminalprognose.

Dass der Entscheidung nach § 57 StGB per se weniger Gewicht zukomme als eine Entscheidung nach § 56 StGB ist weder aus dem Gesetzeswortlaut, der Gesetzesbegründung noch der Gesetzesanwendung herzuleiten. „Die populäre Vorstellung, die Reststrafaussetzung sei die Belohnung für gute Führung in der Vollzugsanstalt, stimmt mit dem Gesetz nicht überein."[934] Ein stattgebender Beschluss gemäß § 57 StGB unterliegt auch keinem Automatismus: Die Entlassungsquote nach § 57 Abs. 1 Nr. 2 StGB lag bezogen auf das Jahr 2014 bei etwa zwanzig Prozent.[935]

---

932 Appl, in: Hannich (Hrsg.), Karlsruher Kommentar StPO, 7. Aufl. 2013, StPO, § 454, Rn. 11.

933 BVerwG, Urteil vom 16.11.2000, 9 C 6.00 = DÖV 2001, 341 (343), vgl. auch Fn. 824.

934 Groß, in: Joecks/Miebach (Hrsg.), Münchener Kommentar StGB, 3. Aufl. 2016, StGB, § 57, Rn. 4.

935 Nachweis bei Groß, in: Joecks/Miebach (Hrsg.), Münchener Kommentar StGB, 3. Auflage 2016, StGB, § 57, Rn. 6. Die statistischen Berechnungen variieren, vgl. auch: Deutscher Bundestag, Handlungsmöglichkeiten zur Einschränkung der Strafaussetzung der Bewährung, WD 7-3000-152/17, S. 9.

cc. Rückstellungen und Bewährungsaussetzung bei Betäubungsmittelabhängigkeit

Die Aussetzungsentscheidungen gem. § 88 JGG und §§ 35, 36 BtMG unterscheiden sich von denen des § 57 Abs. 1 StGB im Wesentlichen nur durch die nicht bestehende Mindestdauer der Verbüßung.[936]

Nach der Rückstellung der Strafvollstreckung zur Durchführung einer Rehabilitationsbehandlung bei ein einer aufgrund Betäubungsmittelabhängigkeit begangener Tat (§ 35 BtMG) kann nach der Behandlung die Strafe insgesamt oder ein bestehender Strafrest zur Bewährung ausgesetzt werden, § 36 Abs. 2 BtMG.

Der Entscheidung des Bundesverfassungsgerichts vom 19.10.2016[937] lag eine derartige Aussetzung des Strafrestes gem. § 36 BtMG zugrunde.

Nach dem Bayerischen Verwaltungsgerichtshof kommt eine derartige Aussetzungsentscheidung für das Ausweisungsverfahren jedoch keine besondere Bedeutung zu. Die Wahrscheinlichkeit dauerhafter Drogenabstinenz nach Therapien gem. § 35 BtMG liege deutlich unter 50 Prozent, im Falle einer zweiten Therapie nach einem Rückfall noch deutlich niedriger. Ohnehin würden Bewährungsaussetzung nach § 36 BtMG häufig nur erfolgen, um durch den Bewährungsdruck die Begehung von Straftaten zu verhindern und die Therapiebereitschaft zu erhöhen.[938] Dieses Mittel der Bewährungsaussetzung sei als Resozialisierungsmittel der vollständigen Vollstreckung der Freiheitsstrafe mit anschließender Führungsaufsicht überlegen. Die Prognoseentscheidung nach § 36 BtMG orientiere sich deshalb abweichend von § 57 Abs. 1 StGB „nur wenig an Prognoseindizien wie dem Vorleben und den Tatumständen, dagegen mehr an den Erwartungen aufgrund der Therapie". Diese „Reduktion" der Anforderungen an eine positive Prognose folge dem Gedanken, dass die Allgemeinheit schließlich auch künftig mit dem Straftäter leben müsse und es daher besser sei, zur Therapiebereitschaft zu motivieren bzw. einen Legalbewährungsdruck aufrecht zu erhalten.[939] Eine solche Strafaussetzungsentscheidung sei mit der Prognose im Ausweisungsverfahren nicht zu vergleichen.

Tatsächlich hat die Aussetzungsentscheidung nach regulär beendeter Suchttherapie in erster Linie auf den Erfolg der Behandlung abzustellen. Dies wird zutreffend damit begründet, dass nicht zunächst eine Strafrückstellung zur

---

936 Pollähne, Kriminalprognostik, S. 91; Weber, BtMG, 5. Aufl. 2017, BtMG, § 35, Rn. 48; Apfel/Strittmatter, Praxiswissen Strafverteidigung im Betäubungsmittelstrafrecht, Rn. 1059; weitere Nachweise vgl. auch 2019, § 36, Rn. 70, der meint, die Prognoseentscheidung nach § 36 BtMG orientiere sich nur wenig am Vorleben und den Tatumständen, sondern an der vorausgegangen Behandlung, der Persönlichkeit des Verurteilten, dem Verhalten in der Therapie und dem aufgrund der Therapie zu erwartenden Verhalten. Vgl. hierzu auch Fn. 960 und 961.

937 Az. 2 BvR 1943/16, Rn. 10; eingehend hierzu oben S. 152.

938 BayVGH, Beschluss vom 02.05.2017, 19 CS 16.2466, Rn. 9 ff.

939 BayVGH, Beschluss vom 02.05.2017, 19 CS 16.2466, Rn. 13.

Rehabilitationsbehandlung erteilt werden kann mit der Erwartung der Reststrafenaussetzung im Falle des regulären Therapieendes, später diese Aussetzung aber dann beispielsweise wegen der Schwere der Schuld aus generalpräventiven Gründen abgelehnt werden kann.[940]

Wenn die Gefahr der Begehung schwerer Straftaten droht, kommt jedoch bereits eine Aussetzung gem. § 35 BtMG nicht in Betracht.[941] Das Verfahren zur Rückstellung der Strafe zum Therapieantritt unterliegt strikten Vorgaben: Die zur Vollstreckung offene Strafe darf zwei Jahre nicht übersteigen (§ 35 Abs. 3 BtMG), die der Verurteilung zugrunde liegende Tat muss in kausalem Zusammenhang mit der Abhängigkeit liegen und neben der Rückstellungsentscheidung der Staatsanwaltschaft ist eine Zustimmung des Tatrichters erforderlich, § 35 Abs. 1 BtMG. Der Aspekt der Generalprävention und des Schuldausgleichs ist bereits im Rahmen der Rückstellungsentscheidung zu prüfen,[942] so dass es falsch wäre, der Entscheidung nach § 36 BtMG einen defizitären Prüfungsumfang zuzuschreiben, der nur noch die Frage des erfolgreichen Therapieabschlusses zum Gegenstand habe. Vielmehr hat das Gericht eine Gefährlichkeitsprognose im Rahmen einer Gesamtwürdigung vorzunehmen, in die alle Umstände des Einzelfalls einzustellen sind und für die keineswegs ein eingeschränkter Prüfungsmaßstab gilt:[943] ausgehend von den Delikten in der Vergangenheit ist die Wiederholungsgefahr zu prüfen – insbesondere ob es sich um schwerere Gewaltdelikte oder gewerbsmäßiges Handeltreiben mit Betäubungsmitteln handelt.[944]

Der Bayerischen Verwaltungsgerichtshof weist selbst darauf hin, dass der Gesetzgeber in § 56 und § 57 Abs. 1 StGB „im Wesentlichen dieselben Tatsachen/Tatsachenkomplexe" als Prognosekriterien aufführe, die auch das Bundesverwaltungsgericht bei Ausweisungsentscheidungen „für relevant erachtet".[945] Anders als der Verwaltungsgerichtshof ausführt, entspricht die Prognose nach § 36 BtMG nach ihrer gesetzlichen Ausgestaltung im Wesentlichen der Prognose nach § 57 Abs. 1 StGB.[946]

Eine substantiierte Begründung, die das Bundesverfassungsgericht für ein Abweichen eines derartigen Beschlusses im Rahmen der Prüfung der

940 Kornprobst, in: Joecks/Miebach (Hrsg.), Münchener Kommentar StGB, 3. Auflage 2017, BtMG § 36, Rn. 50.

941 Vgl. Pollähne, Kriminalprognostik, S. 92, auch mit Nachweisen zur Rechtsprechung.

942 Kornprobst, in: Joecks/Miebach (Hrsg.), Münchener Kommentar StGB, 3. Auflage 2017, BtMG § 36, Rn. 49.

943 Vgl. Weber, BtMG, 5. Auflage 2017, BtMG, § 36 Rn. 55; § 35, Rn. 156.

944 Vgl. Weber, BtMG, 5. Aufl. 2017, BtMG § 36 Rn. 62; H. Apfel/G. Strittmatter, Praxiswissen Betäubungsmittelstrafrecht, Rn. 1059. Vgl. auch OLG Dresden zu erhöhten Anforderungen an eine günstige Kriminalprognose bei Beschaffungskriminalität, Beschluss v. 27.01.2006, 2 Ws 31/06 = OLG-NL 2006, 165.

945 BayVGH, Beschluss vom 02.05.2017, 19 CS 16.2466, Rn. 18.

946 Kornprobst in: Joecks/Miebach (Hrsg.), Münchener Kommentar StGB, 3. Auflage 2017, BtMG, § 36, Rn. 47.

Wiederholungsgefahr verlangt, kann daher nicht daran liegen, dass der Maßstab des § 36 BtMG von dem des § 57 StGB abweiche; ein Verweis auf statistisch hohe Rückfallquoten reicht dafür nach Auffassung des Bundesverfassungsgerichts ebenfalls nicht aus.[947]

Das Gesetzgebungsverfahren spricht ebenfalls gegen die Auslegung des Bayerischen Verwaltungsgerichtshofs. Die Voraussetzungen für eine Strafrestaussetzung nach § 36 BtMG sind ebenso wie die Prognose nach § 57 StGB durch das Gesetz vom 28.01.1998 geändert worden, um dem Sicherheitsanliegen der Allgemeinheit besonderes Gewicht zukommen zulassen.[948] Dabei ist bei der Prognoseentscheidung insbesondere zu berücksichtigen, welche Art von Straftaten künftig von dem Verurteilten zu erwarten sind. Das Maß der Erfolgswahrscheinlichkeit hängt davon ab, welches Rechtsgut bedroht ist und welche Wertigkeit daher dem Sicherheitsbedürfnis der Allgemeinheit zukommt.[949]

Wenn der Verwaltungsgerichtshof[950] ausführt, dass das Konzept des § 35 BtMG zwar die Sicherheit der Allgemeinheit „generell" berücksichtige, weil es die Rehabilitation fördern wolle, eine Prüfung, ob die „konkrete Zurückstellung mit den Sicherheitsinteressen der Allgemeinheit vereinbar sei", aber nicht stattfinde, trifft es zunächst zu, dass die Entscheidung über die *Zurückstellung* der (weiteren) Strafvollstreckung gem. § 35 BtMG nach ihrem Wortlaut eine Prüfung der Sicherheitsinteressen nicht vorsieht.[951] Allerdings ist mit der Zurückstellung eine fortlaufende Kontrolle der Durchführung der Therapie verbunden (§ 35 Abs. 4 S. 1 BtMG) einschließlich einer Berichtspflicht der Therapieeinrichtung über einen Therapieabbruch (§ 35 Abs. 4 S. 2 BtMG). Wie bereits oben ausgeführt, liegt ein defizitärer Beurteilungsmaßstab nicht vor, da bereits für die Zurückstellungsentscheidung des § 35 BtMG eine Prognose und Abwägung zwischen dem Rehabilitationsinteresse und Sicherheitsbelangen zu erfolgen hat[952] und keine negative Kriminalprognose

947 BVerfG, Kammerbeschluss vom 19.10.2016, 2 BvR 1943/16, Rn. 22.
948 Gesetz vom v. 26.01.1998, BGBl. I 1998, 160: Die Bewährungsaussetzung gem. § 36 Absatz 1 Satz 3 BtMG setzt demnach voraus, dass „dies unter Berücksichtigung des Sicherheitsinteresses der Allgemeinheit verantwortet werden kann", während vorher eine Erprobung ausreichte. Die Änderung ist daher analog der Änderung zu § 57 Abs. 1 StGB erfolgt, um „auch für den Bereich des Betäubungsmittelstrafrechts [klarzustellen], daß bei der Entscheidung über die Aussetzung des Strafrestes zur Bewährung das Sicherheitsinteresse der Allgemeinheit und das Gewicht des bei einem Rückfall bedrohten Rechtsguts zu berücksichtigen sind." (Gesetzentwurf der Bundesregierung vom 25.09.1997, Bt-Drs. 13/8586, S. 9).
949 Kornprobst in: Joecks/Miebach (Hrsg.), Münchener Kommentar StGB, 3. Auflage 2017, BtMG, § 36, Rn. 48. Vgl. – zur abweichenden Meinung Patzack, Fn. 936.
950 BayVGH, Beschluss vom 02.05.2017, 19 CS 16.2466, Rn. 13.
951 Oğlakcıoğlu, NStZ, 2017, 297 (301) mit Nachweisen zur Rspr.
952 Kornprobst, in: Joecks/Miebach (Hrsg.), Münchener Kommentar StGB, 3. Auflage 2017, BtMG, § 35, Rn. 143.

vorliegen darf – insbesondere nicht die Gefahr, dass der Betroffene die Therapie zur Begehung von Straftaten nutzt.[953]

Soweit der Verwaltungsgerichtshof weiter meint, die Zurückstellung setze sogar eine ungünstige Prognose voraus, da im Falle einer günstigen Prognose eine Strafaussetzung nach § 57 Abs. 1 StGB vorrangig sei, verkennt er, dass ein solcher Vorrang nicht besteht. Denn eine Rückstellung nach § 35 BtMG kommt auch in Betracht, wenn eine Strafaussetzung nach § 57 Abs. 1 StGB aufgrund der nicht erreichten Mindestverbüßungsdauer noch gar nicht möglich ist. Die Anwendbarkeit des § 56 bzw. 57 Abs. 1 StGB soll zwar vorrangig zu prüfen sein.[954] Dies ist allerdings nur eingeschränkt richtig. Die Entscheidung über die Rückstellung rifft gem. § 35 Abs. 1 BtMG die Vollstreckungsbehörde, während die Entscheidung nach § 57 Abs. 1 StGB das (Strafvollstreckungs-) Gericht trifft. Wenn ein Antrag gem. § 35 BtMG gestellt wird, findet eine Vorrangprüfung gem. § 57 Abs. 1 StGB regelmäßig gar nicht statt, da das Vollstreckungsgericht nicht mit der Sache befasst ist, soweit nicht zufällig zeitgleich eine Reststrafenprüfung ansteht. Dies gilt auch für das Verfahren nach § 56 StGB. Wenn dem Tatrichter keine Auskünfte vorliegen, ob für eine Rehabilitationsbehandlung überhaupt ein Therapieplatz und eine Kostenzusage vorliegt, wird er eine solche auch nicht als Bewährungsauflage anordnen. Dagegen erfolgt die Rückstellung nach § 35 BtMG erst, wenn der Nachweis von dem Betroffenen erbracht ist.

Zudem kommt – sobald nicht mehr als zwei Jahre Freiheitsstrafe zu vollstrecken sind – eine Zurückstellung gem. § 36 BtMG auch dann in Betracht, wenn ein Betroffener die zeitlichen Voraussetzungen der Strafaussetzung des § 57 Abs. 1 oder Abs. 2 StGB nicht erfüllt oder eine Bewährungsaussetzung nach § 56 StGB nicht möglich ist, da die Strafe mehr als zwei Jahre beträgt.

Es ist daher unzutreffend, wenn der Bayerische Verwaltungsgerichtshof ausführt, die Vorschrift des § 35 BtMG „setzt im Gegenteil eine so ungünstige Prognose voraus, dass (...) eine Strafaussetzung nach § 57 StGB nicht möglich ist".[955] Dies belegen auch die von ihm in Bezug genommenen Fundstellen nicht. Vielmehr betreffen diese zum einen die Frage, dass eine Bewährungsaussetzung gem. *§ 56 StGB* nicht trotz positiver Prognose mit der Begründung versagt werden kann, *weil* eine Rückstellung nach § 35, § 36 BtMG möglich sei.[956] Und es wird zum anderen

953 Weber, BtMG, 5. Auflage 2017, BtMG, § 35, Rn. 155.
954 Volkmer, in: Körner/Patzack/Volkmer, BtMG, 8. Aufl. 2016, BtMG § 35, Rn. 479; Kinzig, in: Schönke/Schröder, Strafgesetzbuch, 30. Aufl. 2019, StGB, § 57, Rn. 2A; Kornprobst, in: Joecks/Miebach (Hrsg.), Münchener Kommentar StGB, 3. Aufl. 2017, BtMG, § 35, Rn. 8, 9.
955 BayVGH, Beschluss vom 02.05.2017, 19 CS 16.2466, Rn. 13.
956 Volkmer, in Körner/Patzack/Volkmer, BtMG, 8. Auflage 2019, BtMG § 36, Rn. 479 (vom BayVGH in Bezug genommen). Ebenso Kinzig, in: Schönke/Schröder, Strafgesetzbuch, 30. Auflage 2019, StGB, § 57, Rn. 2a): „Die Aussetzung des Strafrestes nach § 57 geht der Zurückstellung der Vollstreckung allerdings vor und darf daher nicht unter Berufung auf die Möglichkeit der Zurückstellung versagt werden (...)." – Hervorhebungen durch Verfasser.

betont, dass § 35 BtMG gerade auch dann in Betracht kommt, wenn eine positive Prognose noch nicht gestellt werden kann, weil eine für erforderlich gehaltene Rehabilitationsbehandlung noch nicht vorbereitet wurde. § 35 BtMG kommt nämlich *auch* in Fällen negativer Prognose Betracht, in denen *wegen* der Betäubungsmittelabhängigkeit eine Bewährungsaussetzung nach § 56 beziehungsweise § 57 StGB mangels positiver Prognose nicht möglich ist.[957] Eine negative Prognose ist keine Tatbestandsvoraussetzung des § 35 BtMG.[958]

Die Entscheidung über die *Aussetzung* der Strafe zur Bewährung gemäß § 36 Abs. 1 S. 3 beziehungsweise Abs. 3 BtMG stellt eine richterliche Ermessensentscheidung nach Abschluss der Therapie dar, bei der nach dem Gesetzeswortlaut die Sicherheitsinteressen in dem gleichen Maße zu berücksichtigen sind wie im Rahmen einer Aussetzungsentscheidung gem. § 57 Abs. 1 StGB. Dabei werden die Vollstreckungsbehörde, der Betroffene und die Therapieeinrichtung angehört.[959]

Soweit die Meinung vertreten wird, diese Entscheidung orientiere sich abweichend von § 57 Abs. 1 StGB „nur wenig"[960] am Vorleben bzw. den Tatumständen des Betroffenen, lässt sich dies weder mit dem Gesetzeswortlaut und noch der Gesetzesbegründung belegen. Eine derartige Handhabung in der Praxis ist nicht nachgewiesen und es fällt auf, dass diese Ansicht auf einen Gesetzeswortlaut abstellt, der nicht mehr in Kraft ist.[961] Vielmehr ist bei der Entscheidung des § 36 Abs. 1 S. 3 BtMG auch zu berücksichtigen, inwieweit die Strafbarkeit ursächlich auf Betäubungsmittelabhängigkeit oder – auch – auf andere Ursachen beruht und inwieweit die Delinquenzursachen fortbestehen oder nicht.[962]

---

957 Vgl. Weber, BtMG, 5. Aufl. 2017, BtMG § 35, Rn. 154 – Hervorhebungen durch Verf.
958 Und wird deshalb auch nicht von Patzak, in Körner/Patzack/Volkmer, BtMG, 8. Auflage 2016, BtMG, § 35, Rn. 49 als solche aufgeführt, obwohl der BayVGH auf die Fundstelle Bezug nimmt.
959 Vgl. Fabricius, in Körner/Patzack/Volkmer, BtMG, 9. Aufl. 2019, BtMG § 36, Rn. 61.
960 So Patzak, in Körner/Patzack/Volkmer, BtMG, 8. Aufl. 2016, BtMG § 36, Rn. 70, ebenso in der Folgeauflage Fabricius in der 9. Aufl. 2019 (ebd.); a. A. vgl. Fn. 943, 944.
961 Patzak, in Körner/Patzack/Volkmer, BtMG, 8. Aufl. 2016, § 36, Rn. 64 (in der 9. Aufl. 2019 von Fabricius fortgeschrieben (ebd.)), verwendet die Formulierung „(...) sobald verantwortet werden kann zu erproben, dass der Verurteilte keine Straftaten mehr begehen wird." Die Formulierung ist nicht unproblematisch. Durch das Gesetz vom v. 26.01.1998, BGBl. I 1998, S. 160 wurde in § 36 Abs. 1 S. 3 BtMG gerade diese Formulierung gestrichen (vgl. Gesetzesbegründung der CDU/CSU- und F.D.P.-Bundestagsfraktionen vom 13.01.1993, BT-Drs. 13/7163, S. 5). Der vorherige Wortlaut des § 36 Abs. 1 S. 3 BtMG „verantwortet werden kann zu erproben, ob der Verurteilte keine Straftaten mehr begehen wird" wurde ersetzt durch: „dies unter Berücksichtigung des Sicherheitsinteresses der Allgemeinheit verantwortet werden kann". Vgl. Fn. 948.
962 Vgl. Kornprobst, in: Joecks/Miebach (Hrsg.), Münchener Kommentar StGB, 3. Auflage 2017, BtMG § 36, Rn. 51.

Dies bedeutet auch für die Entscheidung nach § 36 BtMG, „dass je nach der Schwere der Straftaten, die von dem Verurteilten in Freiheit zu erwarten stünden, unterschiedliche Anforderungen an das Maß der Wahrscheinlichkeit für ein künftiges straffreies Leben zu stellen sind" und „lediglich eine Chance für ein positives Ergebnis" nicht ausreichend ist.[963]

dd. Bewährungsaussetzung und freiheitsentziehender Maßregelvollzug

Die Anordnung von Maßregeln der Sicherung und Besserung gem. § 61 StGB setzt das Bestehen einer Gefahr (z. B. § 64 StGB – Unterbringung in einer Entziehungsanstalt) beziehungsweise Gefährlichkeit für die Allgemeinheit (§ 63 StGB – Unterbringung in einer psychiatrischen Anstalt) voraus.[964] Sie muss im Verhältnis „zur Bedeutung der vom Täter begangenen und zu erwartenden Taten sowie zu dem Grad der von ihm ausgehenden Gefahr" stehen, § 62 StGB. Die Gefahr im Maßregelrecht wird als historisch und konzeptionell nah zum öffentlichen Gefahrenabwehrrecht beschrieben.[965]

Die Unterbringung in der Sicherungsverwahrung setzt eine negative Prognose voraus, nämlich einen Hang zur Begehung weiterer schwerer Straftaten, § 66 Abs. 1 Nr. 4 StGB. Problematisch ist jedoch in diesem Zusammenhang, dass zwar im Falle der Anordnung der Sicherungsverwahrung ein besonders schweres Ausweisungsinteresse bestehen soll, § 54 Abs. 1 Nr. 1 AufenthG, die Sicherungsverwahrung jedoch unbefristet angeordnet wird,[966] und eine Erledigung erst nach zehn Jahren Unterbringung eintritt, soweit nicht eine Verlängerung erfolgt, § 67d Abs. 3 StGB. An die Begründung einer durch eine Ausweisung abzuwehrenden Gefahr werden daher im Falle der Anordnung der Sicherungsverfahren besonders hohe Anforderungen zu stellen sein, da sich eine solche während der Dauer der Sicherungsverwahrung regelmäßig nicht realisieren kann.[967]

Freiheitsentziehende Maßregeln können gem. § 67d Abs. 2 StGB zur Bewährung ausgesetzt werden, „wenn zu erwarten ist, dass der Untergebrachte außerhalb des Maßregelvollzugs keine erheblichen rechtswidrigen Taten mehr begehen wird."[968]

---

963 Weber, BtMG, 5. Auflage 2017, BtMG, § 36, Rn. 49.
964 Für die Untersuchung sind insoweit Maßregeln wie Berufsverbot oder Fahrverbot nicht von Interesse, da die Anordnung wenig Aussagekraft über die Verurteilung hinaus hat.
965 Vgl. Pollähne, Kriminalprognostik, S. 104.
966 Ullenbruch/Drenkhahn/Morgenstern, in: Joecks/Miebach (Hrsg.), Münchener Kommentar StGB, 3. Auflage 2016, StGB, § 66, Rn. 3.
967 Vgl. auch VGH Nordrhein-Westfalen und BayVGH, Fn. 866, wonach gerade aus der Nichtanordnung der Sicherungsverwahrung die Gefährlichkeit von entlassenen Straftätern folgen soll.
968 Auch § 67d StGB wurde durch das Gesetz vom v. 26.01.1998, BGBl. I 1998, 160 (vgl. oben zur Gesetzesbegründung Fn. 914 f.) geändert. Eingehend hierzu Pollähne, Kriminalprognostik, S. 120.

Diese Prognose soll über die des § 57 StGB hinausgehen und die Erwartung des Bewährungserfolges voraussetzen.[969] Von Bedeutung für die Prognoseentscheidung sollen weniger das Verhalten im Maßregelvollzug, sondern vor allem das Anlassdelikt, die prädeliktische Persönlichkeit, die postdeliktische Persönlichkeitsentwicklung sowie der soziale Empfangsraum sein.[970] Es müsse zu erwarten sein, dass der Betroffene außerhalb des Vollzugs keine erheblichen rechtswidrigen Straftaten begehe.[971]

Nach Auffassung des Verwaltungsgerichts Düsseldorf ist nach einem Beschluss gem. § 67d Abs. 2 S. 1 StGB eine Erneuerung der Einschätzung des verbleibenden Gefahrenpotenzials – jedenfalls für die Frage des Sofortvollzugs – erforderlich.[972] Der Bayerische Verwaltungsgerichtshof vertritt die Ansicht, dass die Bewährungsentscheidung nach § 67d StGB für die ausländerrechtliche Prognose wenig Aussagekraft habe, da sie einen wesentlich kürzeren Prognosezeitraum in den Blick nehme. Die Anordnung der Maßregel sei bereits zulässig, wenn das Bewahren vor einem Rückfall auch nur für eine Dauer ab einem Jahr erwartet werde. Eine langfristige Bewahrung vor dem Rückfall könne nicht als Ziel der Behandlung im Maßregelvollzug festgelegt werden, weil dann eine „entsprechend lange Unterbringungszeit erforderlich" wäre, das Gesetz aber – im Bereich des § 64 StGB – keine längere Unterbringung als für zwei Jahre erlaube, § 67d Abs. 1 StGB.[973]

Die Auffassung ist unzutreffend. Zum einen ist die Beurteilungszeitspanne umstritten und differenziert zu betrachten; es werden auch deutlich längere Erfolgsfristen genannt, um die Anordnung nach § 64 StGB rechtfertigen zu können.[974] Zum anderen kann als Ziel sogar die Heilung des Betroffenen festgelegt werden, wie sich aus § 64 Abs. 1 S. 2 StGB ergibt. In welchem korrelativen Verhältnis die Zeitspanne der konkreten Aussicht auf das Unterlassen rechtswidriger Taten – also die erwartete Dauer des Behandlungserfolgs – zur Dauer der Unterbringung – also der Dauer der Behandlung – stehen soll, erläutert der Verwaltungsgerichtshof nicht. Zumal es sich nur um eine Grundfrist handelt, die sich abhängig von der Begleitstrafe erhöht, wie der Verwaltungsgerichtshof selbst anmerkt.[975]

Ebenso wenig verständlich ist die Auffassung des Bayerischen Verwaltungsgerichtshofs, wonach die Erwägungen hinsichtlich der „relativ kurzen Zeitspanne"[976] eines erwarteten Behandlungserfolgs für die Rechtmäßigkeit der *Anordnung* der

969 Heger/Pohlreich, in: Lackner/Kühl, StGB, 29. Auflage 2018, StGB, § 67d, Rn. 3.
970 Kinzig, in: Schönke/Schröder, Strafgesetzbuch, 30. Aufl. 2019, StGB, § 67d, Rn. 5.
971 Kinzig, in: Schönke/Schröder, Strafgesetzbuch, 30. Aufl. 2019, StGB, § 67d, Rn. 3.
972 VG Düsseldorf, Beschluss vom 02.10.2012, 24 L 1366/12 = BeckRS 2012, 58353.
973 BayVGH, Beschluss vom 10.10.2017, 19 ZB 16.2636, Rn. 21.
974 Van Gemmeren, in: Joecks/Miebach (Hrsg.), Münchener Kommentar StGB, 3. Auflage 2016, StGB, § 64, Rn. 62.
975 BayVGH, Beschluss v. 10.10.2017, 19 ZB 16.2636, Rn. 21.; vgl. van Gemmeren, in: Joecks/Miebach (Hrsg.), Münchener Kommentar StGB, 3. Aufl. 2016, StGB, § 64, Rn. 73.
976 BayVGH, Beschluss vom 10.10.2017, 19 ZB 16.2636, Rn. 21.

Maßregel zu übertragen sei auf die Prognose bei der Aussetzung zur Bewährung gem. § 67d Abs. 2 S. 1 StGB. Es handelt sich um völlig unterschiedliche Prognosen: die eine erfolgt vor Beginn der Maßnahme und befasst sich mit der Frage, ob die Maßregel angeordnet werden darf; die andere Prognose erfolgt auf Grundlage der Behandlung während der Unterbringung und befasst sich mit der Frage, ob die Maßregel zur Bewährung auszusetzen ist. Eine Bewährungsanordnung führt zusätzlich zur Anordnung der Führungsaufsicht, die *mindestens* weitere zwei Jahre beträgt, § 68c Abs. 1 StGB, und mit Weisungen gem. § 68b StGB versehen werden kann. Es ist vor der Entscheidung nach § 67d Abs. 2 StGB oder vor einer Erledigungsentscheidung nach § 67d Abs. 5 StGB ein Sachverständigengutachten zur Kriminalprognose einzuholen (§ 463 Abs. 3 StPO). Die Aussetzung der Maßregel zur Bewährung bedingt zudem noch keine Aussetzung einer je nach Einzelfall noch zu vollstreckenden Restfreiheitsstrafe zur Bewährung.

Soweit der Bayerische Verwaltungsgerichtshof in der zitierten Entscheidung weiter ausführt, dass etwas mehr als die Hälfte von Betroffenen, die mit guter Prognose entlassen wurden, innerhalb von zwei bis drei Jahren erneut straffällig würden und es bei etwas mehr als der Hälfte (gemeint ist wohl: dieser Personen) erneut zu einer Freiheitsstrafe oder zu einem Widerruf der Aussetzung des Maßregelvollzugs komme, ist diese Feststellung wenig aussagekräftig. Weder wird hier zwischen dem Anordnungsgrund der Maßregel (Alkohol, Betäubungsmittel und so weiter) differenziert, noch hinsichtlich der Art der Straffälligkeit. Die Forschung zu diesen Fragen wird ohnehin als „rar" und „methodologisch problematisch"[977] beschrieben. Es liegt angesichts der Unterschiedlichkeit individueller Erkrankungen und ihrer Intensität auf der Hand, dass die Behandlungserfolge schwerlich statistisch dargestellt werden können. Insgesamt sind verallgemeinernde Aussagen über die vermeintlich geringe Bedeutung von Entscheidungen nach § 67d Abs. 2 StGB nicht ertragreich, da es sich um komplexe Einzelfallentscheidungen handelt.

Im Hinblick auf die hohen formellen und materiellen Anforderungen an die Aussetzung zur Bewährung ist es jedoch verfehlt, diesen Entscheidungen – wie es der Bayerische Verwaltungsgerichtshof unternimmt – aufgrund „der Rechtslage" ein „wesentlich kleiner[es]" Maß an Erfolgswahrscheinlichkeit als das für eine „positive ausländerrechtliche Gefahrenprognose" zuzuschreiben.[978] Das Gesetz verlangt die Erwartung, dass der Betroffene „keine erheblichen Straftaten mehr begehen wird", § 67d Abs. 2 S. 1 StGB.

ee. Führungsaufsicht

In den Fällen des § 68 StGB ordnet das Gericht für spezielle Straftaten Führungsaufsicht neben der Strafe an, wenn die Gefahr besteht, dass der Verurteilte weiter

---

977 Pollähne, in: Kindhäuser/Neumann/Paeffgen, StGB, 5. Auflage 2017, StGB, § 64, Rn. 6 mit Nachweisen.
978 BayVGH, Beschluss vom 10.10.2017, 19 ZB 16.2636, Rn. 21.

Straftaten begehen wird. Die Fragestellung ist für die Untersuchung insoweit nicht von besonderer Bedeutung, da sie in den Fällen der gesetzlichen Anordnungspflicht zunächst keine individuelle Prognoseentscheidung beinhaltet.

Allerdings kann das Gericht in diesen Fällen gemäß §§ 68 Abs. 2, 68f StGB von der Anordnung absehen, wenn zu erwarten ist, dass der Betroffene auch ohne Führungsaufsicht keine Straftaten mehr begehen wird.[979] Diese Prognose soll strenger sein als die des § 57 Abs. 1 Nr. 2 StGB, da es sich um eine Ausnahmevorschrift handele.[980] Es müssten besondere Umstände vorliegen, die das Absehen von Führungsaufsicht erlauben.[981] Die Prognose soll § 56 StGB entsprechen.[982]

Bei der fakultativen Anordnung der Führungsaufsicht gem. § 68 Abs. 1 StGB nach vollständiger Verbüßung der Freiheitsstrafe bestehen in der Literatur Zweifel an der besonders ungünstigen prognostischen Einstufung, zumal die Gefahr der „false positives", also der zu Unrecht als (noch) gefährlich eingestuften vormaligen Täter teilweise verkannt, d.h. das Kriminalitätsrisiko überschätzt werde.[983] Die Quote zu Unrecht als gefährlich eingeschätzter Gewaltstraftäter soll bei über 80 Prozent liegen.[984]

b. Auswirkungen des Erfordernisses der schwerwiegenden Gefahr im Sinne des § 53 Abs. 3 auf den Prognosemaßstab

Für das Erfordernis der schwerwiegenden Gründe im Sinne des § 56 AufenthG 2005 (Ausweisung trotz besonderem Ausweisungsschutz) wurde vorgebracht, dass der Ausweisungsanlass von besonderem Gewicht Anhaltspunkte dafür verlange, dass in Zukunft eine schwere Gefährdung der öffentlichen Sicherheit oder Ordnung durch neue Verfehlungen ernsthaft droht und damit vom Betroffenen eine bedeutsame Gefahr für ein wichtiges Schutzgut ausgeht. Eine lediglich entfernte Möglichkeit weiterer Störungen mangels Ausschlusses einer Wiederholungsgefahr reiche insoweit nicht aus. Für die Einschätzung der Gefährlichkeit eines

---

979 Dazu, dass das fehlende Absehen von der Führungsaufsicht nicht zwangsläufig zu einer negativen Prognose im Ausweisungsverfahren führt, vgl. VGH Baden-Württemberg, Urteil vom 15.11.2017, 11 S 1555/16, Rn. 64–67. Dem Nichtabsehen von Führungsaufsicht soll dagegen nach dem BayVGH durchaus Relevanz zukommen können, vgl. Beschluss v. 28.04.2017, 10 ZB 15.2066, Rn. 17.

980 Vgl. Pollähne, Kriminalprognostik, S. 127 f.

981 Ostendorf, in: Kindhäuser/Neumann/Paeffgen, StGB, 5. Auflage 2017, StGB, § 68f Rn. 12, § 68e, Rn. 12.

982 Groß, in: Joecks/Miebach (Hrsg.), Münchener Kommentar StGB, 3. Auflage 2016, StGB, § 68e, Rn. 11.

983 Dessecker, Gefährlichkeit und Verhältnismäßigkeit – zugl. Habil., S. 190 ff. m. w. N. Hierzu auch näher Ostendorf, in: Kindhäuser/Neumann/Paeffgen, StGB, 5. Auflage 2017, StGB, vor §§ 68 ff., Rn. 16.

984 Dünkel, in: Kindhäuser/Neumann/Paeffgen, StGB, 5. Aufl. 2017, StGB, § 57, Rn. 111.

strafgerichtlich verurteilten Ausländers sei von „tatsächlichem Gewicht", ob ihm gem. § 56 StGB Strafaussetzung zur Bewährung bewilligt worden ist.[985] Die Regelung des § 56 AufenthG 2005 besteht nicht fort. Der in § 56 AufenthG 2005 benannte Personenkreis mit besonderem Ausweisungsschutz fällt nun teilweise unter § 53 Abs. 1 AufenthG, teilweise unter § 53 Abs. 3 AufenthG. Dort sind nicht mehr schwerwiegende Gründe der öffentlichen Sicherheit und Ordnung, sondern eine gegenwärtige und schwerwiegende Gefahr aufgrund des Verhaltens des Betroffenen erforderlich.

Das Verwaltungsgericht Berlin hält eine gegenwärtige hinreichend schwere Gefahr regelmäßig dann nicht für gegeben, wenn das Strafvollstreckungsgericht nach „strenger, kritischer" Betrachtung der Sozialprognose eine Bewährungsaussetzung beschlossen hat, soweit keine besonderen Umstände für eine fortbestehende Gefahr vorlägen. Nur aufgrund einer „belastbaren Grundlage" könne von einer derartigen Einschätzung abgewichen werden.[986]

Das Bundesverwaltungsgericht vertritt die Auffassung, dass für die ebenfalls unter § 53 Abs. 3 AufenthG fallenden assoziationsrechtlich privilegierten türkischen Staatsangehörigen aus der Rechtsprechung des Europäischen Gerichtshofs keine Bindung der Verwaltungsbehörden bzw. -gerichte an Bewährungsentscheidungen der Strafgerichte bestehe.[987] Dabei sei dem Resozialisierungsgedanken der Bewährungsentscheidung kein Vorrang vor der Ausweisung durch den Europäischen Gerichtshof eingeräumt worden. Dieser sei in seinem Urteil vom 29.04.2004 nicht der Generalanwältin gefolgt, die in ihren Schlussanträgen darauf abgestellt habe, dass das vorlegende Gericht auch hätte prüfen müssen, in welchem Land eine Resozialisierung eher möglich wäre.

Diese Begründung ist ungenau: Die Generalanwältin[988] führte drei Hauptpunkte an, wovon die Frage des Resozialisierungsortes ein Unterpunkt für eine Verhältnismäßigkeitsprüfung sei, die den nationalen Behörden und Gerichten möglich sein müsse. Sodann kommt sie zu dem Ergebnis, dass eine Ausweisung, die keine Verhältnismäßigkeitsprüfung unter Berücksichtigung des Art. 8 EMRK erlaube, mit Gemeinschaftsrecht nicht in Einklang zu bringen sei. Dem hat sich der Europäische Gerichtshof angeschlossen, ohne dabei jeden von der Generalanwältin ausgeführten Einzelaspekt zu Art. 8 EMRK ausdrücklich aufzugreifen. Vielmehr hat der Europäische Gerichtshof ausgeführt, dass Art. 8 EMRK erhebliche Bedeutung zukomme und bei der Beurteilung, ob der beabsichtigte Eingriff in einem angemessenen Verhältnis zu dem angestrebten Ziel stehe, *insbesondere* Art und Schwere der vom Betroffenen begangenen Straftat, die Dauer des Aufenthalts im Aufnahmemitgliedstaat, die Zeit, die seit der Begehung der Straftat verstrichen

---

985 Kraft, DVBl. 2013, 1219 (1222).

986 VG Berlin, Urteil vom 03.02.2012, 35 K 160.11 = openJur 2012, 16744, Rn. 41.

987 BVerwG, Urteil vom 15.01.2013, 1 C 10.12, Rn. 20.

988 Schlussanträge der Generalanwältin Stix-Hackl in der Rechtssache C-482/01 und C-491/01 vom 11.09.2003, Rn. 53 ff., ECLI:EU:C:2003:455.

ist, die familiäre Situation des Betroffenen und das Ausmaß der Schwierigkeiten, denen ein Ehegatte und möglicherweise vorhandene Kinder im Herkunftsland des Betroffenen begegnen könnten.[989] Die Betonung des Bundesverwaltungsgerichts, dass ein Einzelaspekt der Generalanwältin nicht in der Entscheidung aufgegriffen werde, steht im Widerspruch zu der Tatsache, dass auch andere Einzelaspekte nicht aufgegriffen wurden, sondern das Wort „insbesondere" gewählt wurde.

Zutreffend ist allerdings, dass im Anwendungsbereich des Assoziierungsabkommens der Rechtsprechung des Europäischen Gerichtshofs kein Vorrang dahingehend zu entnehmen ist, dass eine Bewährungsaussetzungsentscheidung eine Ausweisung grundsätzlich ausscheiden lasse. Der Europäische Gerichtshof fordert insoweit eine umfassende Einzelfallprüfung, ob eine gegenwärtig hinreichend schwere Gefährdung von dem Betroffenen ausgeht. Die Bewährungsaussetzungsentscheidung ist dabei ausdrücklich zu berücksichtigen.[990] Soweit das Bundesverwaltungsgericht ausführt, dass das Ausweisungsrecht nicht der Resozialisierung diene, ist dennoch festzuhalten, dass nach der Rechtsprechung des Europäischen Gerichtshofs gerade die Resozialisierungsbemühung der Drogentherapie das assoziationsrechtliche Aufenthaltsrecht nicht etwa gefährdet, sondern aufrechterhält.[991]

In der Vergangenheit hat das Bundesverwaltungsgericht eine Auffassung, dass die Bewährungsaussetzungsentscheidung vorwiegend ein Mittel erzieherischer Wirkung sei und einem anderen Maßstab als dem der präventiven Verwaltungsfolgeentscheidung folge, *nicht* bestätigt.[992] Denn die Bewährungsaussetzungsentscheidung verlange eine überwiegende Wahrscheinlichkeit künftiger Straffreiheit. Die Bewährungsaussetzung gem. § 56 StGB führe – wenngleich[993] es Einzelfallausnahmen wegen der Schwere des möglichen Schadens geben könne – zu der Regel:

> *„Eine hinreichend schwere, ein Grundinteresse der Gesellschaft berührende Gefährdung der öffentlichen Sicherheit oder Ordnung wird in der Regel nicht vorliegen, wenn der Strafrichter gerade die begründete Erwartung künftiger Straflosigkeit bejaht."*[994]

Dieser zu § 12 AufenthG/EWG ergangenen Entscheidung kommt besondere Bedeutung im Anwendungsbereich des § 53 Abs. 3 AufenthG 2015 zu, denn das Bundesverwaltungsgericht verlangte zu § 12 AufenthG/EWG[995] keine über § 53 Abs. 3 AufenthG hinausgehende Gefahr.

---

989 EuGH, Urteil vom 29.04.2004 (Orfanopoulus und Oliveri), Rs. C-482/01 und C-493/01, insbesondere Rn. 99. – Hervorhebung durch Verfasser.
990 EuGH, Urteil vom 08.12.2011 (Ziebell), Rs. C- 371/08, Rn. 85 i. V. m. Rn. 39.
991 EuGH, Urteil vom 11.11.2004 (Cetinkaya), Rs. C-467/02, Rn. 49.
992 BVerwG, Urteil vom 27.10.1978, 1 C 91.76 = NJW 1979, 506 (507).
993 Kritisch zu dieser Aufweichung der Regel Huber/v. Harbou, in: Johlen/Oerder (Hrsg.), MAH Verwaltungsrecht, § 23, Rn. 99.
994 BVerwG, Urteil vom 27.10.1978, 1 C 91.76 = NJW 1979, 506 (507).
995 BVerwG, Beschluss v. 02.06.1983, 1 B 80.83 = BeckRS 1983, 31264682: *„Durch die Rechtsprechung [...] ist geklärt, daß [...] die Ausweisung aus Anlaß einer strafgerichtlichen*

Auch der Folgevorschrift kommt in soweit Bedeutung zu. Der Wortlaut des § 6 Abs. 2 S. 2 und 3 FreizügG lautet:

> *„Es dürfen nur im Bundeszentralregister noch nicht getilgte strafrechtliche Verurteilungen und diese nur insoweit berücksichtigt werden, als die ihnen zu Grunde liegenden Umstände ein persönliches Verhalten erkennen lassen, das eine gegenwärtige Gefährdung der öffentlichen Ordnung darstellt. Es muss eine tatsächliche und hinreichend schwere Gefährdung vorliegen, die ein Grundinteresse der Gesellschaft berührt.“*

§ 53 Abs. 3 AufenthG stellt darauf ab, ob

> *„das persönliche Verhalten des Betroffenen gegenwärtig eine schwerwiegende Gefahr für die öffentliche Sicherheit und Ordnung darstellt, die ein Grundinteresse der Gesellschaft berührt und die Ausweisung für die Wahrung dieses Interesses unerlässlich ist.“*

Die Bundesregierung führte in der Begründung zu § 6 Abs. 2 FreizügG an:[996]

> *„Die Gefahrenprognose ist zu begründen. Die Entscheidung des Strafgerichts zur Strafaussetzung zur Bewährung ist auch für die Gefahrenprognose der Ausländerbehörde verbindlich.“*

Soweit § 6 Abs. 2 FreizügG so ausgelegt wird, dass die Ausländerbehörde die Prognose lediglich „berücksichtigen“ müsse, sie aber nicht bindend sei,[997] steht dies im Widerspruch zur damaligen Gesetzesbegründung. Aufgrund des gleichen Regelungsinhalts, wonach es auf das persönliche Verhalten und die Gegenwärtigkeit ankommen soll, ist diese auch fortzuschreiben.

Da der Gesetzeswortlaut des § 53 Abs. 3 AufenthG keinen geringeren Schutz als § 6 Abs. 2 FreizügG formuliert und ebenfalls tragend auf das persönliche Verhalten und die gegenwärtige Gefahr abstellt, ist die Verbindlichkeit der Bewährungsentscheidung nicht anders zu beurteilen. Der Unterschied kann nicht in dem Rechtsgut der Sicherheit bestehen, da es im Falle der strafrechtlichen Verurteilung auf das

---

Verurteilung des Ausländers u.a. eine konkrete Gefahr neuer Störungen der öffentlichen Sicherheit oder Ordnung erfordert und daß über das Vorliegen einer derartigen Wiederholungsgefahr aufgrund aller wesentlichen Umstände des Einzelfalls zu entscheiden ist; es muß eine tatsächliche und hinreichend schwere Gefährdung vorliegen, die ein Grundinteresse der Gesellschaft berührt.“

996 Gesetzentwurf der Bundesregierung Entwurf eines Gesetzes zur Steuerung und Begrenzung der Zuwanderung und zur Regelung des Aufenthalts und der Integration von Unionsbürgern und Ausländern (Zuwanderungsgesetz), vom 07.02.2003, BT-Drs. 15/420, S. 105

997 So Kurzidem, in: Kluth/Heusch (Hrsg.), BeckOK AuslR (Stand 01.02.2018), FreizügG, § 6, Rn. 9 mit Verweis auf Rechtsprechung zu ARB-Berechtigten. A. A.: Dienelt, in: Bergmann/Dienelt, Ausländerrecht, 12. Auflage 2018, FreizügG, § 6, Rn. 26, wonach eine Sanktion mittels Geldstrafe oder Freiheitsstrafe keine hinreichende schwere Gefährdung für ein wichtiges Gemeinschaftsgut darstelle; Cziersky-Reis, in: Hofmann, Ausländerrecht, 2. Auflage 2016, FreizügG, § 6, Rn. 26–28.

Schutzgut der öffentlichen Ordnung ankommt. Eine schwerwiegende Gefahr kann daher bei einer Aussetzung gem. § 56 StGB durch das Strafgericht nicht begründet werden.

c. Auswirkungen von Prognoseentscheidungen bei besonderer Fachkompetenz bzw. Beratung des strafrechtlichen Entscheiders

aa. Jugendrichterliche Entscheidungen

Eine Differenzierung dahingehend, ob es sich um jugend- oder erwachsenenstrafrechtliche Bewährungsentscheidungen handelt, ist im Hinblick auf die Frage der Auswirkung auf das Ausweisungsverfahren nicht erkennbar.

Dies liegt zunächst auch nicht auf der Hand, da der Gesetzgeber jedenfalls hinsichtlich des Ausweisungsinteresses nach § 54 AufenthG 2015 nicht (mehr) unterscheidet, ob eine Verurteilung nach Jugend- oder Erwachsenenstrafrecht erfolgt ist. § 54 Nr. 1 AufenthG 2005 erforderte insoweit noch eine erhöhte Mindeststrafe von zwei Jahren Jugendstrafe ohne Bewährung für die Regelausweisung, während bei der bewährungslosen Erwachsenenstrafe eine Mindesthöhe nicht normiert war. Auf die im Ausweisungsrecht fehlenden Berücksichtigung der unterschiedlichen Zwecke des Jugendstrafrechts, das in erster Linie dem Erziehungsgedanken folgt, und dem Erwachsenenstrafrecht und dem daher problematischen Rückschluss auf eine Prognose künftigen Verhaltens allein aufgrund einer Verurteilung, wurde in der Literatur hingewiesen.[998] Die Kritik ist hier nicht zu vertiefen, da es nicht die Aufgabe der Untersuchung ist, die Ausweisungsvorschriften zu bewerten.

Die unterschiedlichen Rechtsfolgen von Erwachsenen- und Jugenddelinquenz zeigen jedoch, dass der Gesetzgeber den Besonderheiten von Jugendkriminalität einschließlich der Frage der Wiederholungsgefahr mit dem Jugendgerichtsgesetz Rechnung tragen möchte. Neben die grundsätzliche Schwierigkeit von Prognosen hinsichtlich künftigen individuellen Verhaltens (vgl. unten S. 221) tritt hier hinzu, dass – selbst bei Wiederholungstätern – mit Beginn des Heranwachsendenalters die Täterschaft regelmäßig endet.[999] Diese kriminologischen Erkenntnisse im

---

998 Beichel, Ausweisungsschutz und Verfassung – zugl. Diss., S. 74, kritisiert bereits diesen Widerspruch und weist zudem darauf hin, dass das Jugendrecht im Wesentlich spezialpräventiv ausrichtet ist. Dies gilt jedenfalls dann, wenn die Jugendstrafe nicht wegen der Schwere der Schuld erforderlich ist, § 17 Abs. 2 JGG. Auch dann ist aber der Erziehungsgedanke jedenfalls bei der Strafzumessung zu berücksichtigen, vgl. BGH, Urteil vom 19.04.2016, 1 StR 95/16, Rn. 5; zur Frage der Schwere der Schuld beim Heranwachsenden und der erhöhten Höchststrafe BGH, Urteil vom 22.06.2016, 5 StR 524/15, Rn. 11. Kritisch auch Hörich/Bergmann, Verfassungsblog 30.03.2016.

999 Vgl. ausführliche Analyse zum in der Regel erst ab dem Heranwachsenden-Alter zu erwartenden Beginn des Delinquenzabbruchs und den unterschiedlichen Gründen hierfür Boers/Herlth, MschKrim 2016, 101 (117); Bergmann/Hörich, ZAR 2016, 296 (299) m. w. N.

Ausweisungsverfahren bei der Prüfung der Wiederholungsgefahr nicht zu beachten, liefe auf einen rechtswidrigen Schematismus hinaus.

Hinzutritt die gesteigerte Bedeutung jugendrichterlicher Entscheidungen. Dem Jugendrichter kommt von Gesetzes wegen eine besondere Stellung zu: sowohl in Bezug auf die instanzgerichtlichen Entscheidungen als auch auf seine Aufgabe als Vollstreckungsleiter für den Bereich der Jugendstrafe. Der Jugendrichter verfügt nach der gesetzlichen Konzeption gemäß § 37 JGG über besondere Sachkunde, darüber hinaus sind die Jugendstaatsanwaltschaft (§§ 36, 37 JGG) und die Jugendgerichtshilfe an dem Verfahren beteiligt. Letztere unterstützt gemäß § 38 Abs. 2 JGG die beteiligten Behörden durch Erforschung der Persönlichkeit, der Entwicklung und der Umwelt des Beschuldigten und äußert sich zu den Maßnahmen, die zu ergreifen sind.

Die „leitende Norm"[1000] des § 2 Abs. 1 JGG zielt darauf, neuer Straffälligkeit entgegenzuwirken, und verlangt nach der Gesetzesbegründung[1001] bei der Gesetzesanwendung die „besondere Beachtung kriminologischer, pädagogischer, jugendpsychologischer und anderer fachlicher Erkenntnisse". Maßstab für jugendrichterliche Entscheidung ist nach der Gesetzesbegründung keine „intendierte Auswirkung auf andere", sondern „allein der erzieherische Bedarf und gegebenenfalls die Schuld des konkret wegen einer Straftat vor Gericht stehenden jungen Menschen".[1002] Die jugendrichterliche Bewährungsentscheidung zielt daher allein auf Spezialprävention.

Die Strafaussetzungsentscheidungen gemäß § 88 JGG im Rahmen des Jugendstrafvollzugs trifft der Jugendrichter als Vollstreckungsleiter gemäß § 82 JGG. Die Sicherheitsinteressen der Allgemeinheit sind zu berücksichtigen. Der Vollstreckungsleiter befasst sich bereits während des Vollzugs mit der *Wesensart* des einzelnen Jugendlichen, verfolgt dessen Entwicklung im Vollzug, hält mit der Anstaltsleitung und den Vollzugsbediensteten Fühlung und nimmt an Vollzugsangelegenheiten von größerer Bedeutung beratend teil, wobei ihm das Aktenmaterial gemäß Nr. 6 der Richtlinien zum Jugendgerichtsgesetz (die Strafakten beziehungsweise das Vollstreckungsheft) vorliegt, so dass seine Entscheidung auf einer fachlich und tatsächlich breiten Entscheidungsgrundlage beruht.[1003] Während die Verwaltungsbehörde und das Verwaltungsgericht in der Regel allein aufgrund des Akteninhalts entscheiden, verfügt der Vollstreckungsleiter über umfangreiches tatsächliches Wissen im Hinblick auf den einzelnen Jugendlichen unter Einbeziehung der Fachkompetenz der Vollstreckungsbehörden sowie besondere Sachkunde, die

---

1000 Eisenberg, ZJJ 2018, 144 (145).

1001 Gesetzesentwurf der Bundesregierung zur Änderung des Jugendgerichtsgesetzes vom 04.09.2007, BT-Drs. 16/6293, S. 10.

1002 Gesetzesentwurf der Bundesregierung zur Änderung des Jugendgerichtsgesetzes vom 04.09.2007, BT-Drs. 16/6293, S. 10.

1003 Vgl. Richtlinien zum Jugendgerichtsgesetz zu § 82–85, VI Nr. 7 vom 01.08.1984.

eine Aus- und Fortbildungspflicht beinhaltet.[1004] Ein Abweichen von Bewährungs-entscheidungen im Jugendstraf- bzw. Jugendstrafvollstreckungsverfahren ohne Einholung ausreichender fachliche Expertise, ist daher schwerlich begründbar.

bb. Auswirkung von (Sucht-) Therapien auf die Prognoseentscheidung

Besondere Bedeutung kommt der Frage der Wiederholungsgefahr bei einem Zusammenhang zwischen der strafrechtlichen Verurteilung und einer Betäubungs-mittelabhängigkeit zu. Dies gilt insbesondere für Betäubungsmittelstraftaten, da die Verwaltungsgerichtsbarkeit derartigen Verurteilungen – auch wegen Art. 83 Abs. 1 Unterabsatz 2 AEUV – besondere Beachtung im Sinne eines betroffenen Grundinteresses der Gesellschaft schenkt.[1005] Die wesentlichen Aussagen über die Auswirkung von Therapien werden sich jedoch auf andere Therapien übertragen lassen.

Im Ausgangspunkt ist es aber nicht ausreichend, von der Begehung von Straf-taten nach dem Betäubungsmittelgesetz ohne weiteres auf eine Gefährdung höchs-ter Gemeinwohlgüter und eine kaum widerlegbare Rückfallgefahr zu schließen.[1006] Auch bei Betäubungsmittelstraftaten bedarf es der Differenzierung, was bereits aus den unterschiedlichen Strafrahmen der §§ 29–30b BtMG (Geldstrafe bis 15 Jahre Freiheitsstrafe) folgt.

Ohnehin wird teilweise der Unterschied zwischen Betäubungsmittelabhän-gigkeit und Betäubungsmittelstraftaten nicht ausreichend herausgearbeitet. Der Bayerische Verwaltungsgerichtshof unterscheidet beispielsweise nicht zwischen der Frage der Gefahr eines drohenden Konsumrückfalls und der Gefahr der Bege-hung von Straftaten, die eine Ausweisung rechtfertigen. Vielmehr setzt er offenbar Betäubungsmittelkonsum und die Begehung erheblicher Straftaten gleich, wie an der Formulierung: „Fortbestehen oder Beendigung von Delinquenz/Sucht"[1007] zu erkennen ist. Zwar mag eine Suchterkrankung die Gefahr der Begehung von Straf-taten nach dem Betäubungsmittelgesetz begünstigen, allerdings ist der Konsum als solches kein Straftatbestand.

Soweit feststellbar, findet hier auch in der Rechtsprechung keine Abgrenzung bzw. Berücksichtigung der Wertung des § 54 Abs. 2 Nr. 4 AufenthG statt. Demnach entfällt ein Ausweisungsinteresse gerade dann, wenn Konsumenten von Heroin, Kokain oder einem vergleichbar gefährlichen Betäubungsmittel zu einer erforder-lichen Rehabilitation dienenden Behandlung *bereit* sind beziehungsweise sich ihr nicht entziehen. Dies betrifft zwar nicht das Tatbestandsmerkmal der Wiederho-lungsgefahr. Allerdings muss der gesetzgeberischen Wertung bei der Bestimmung

---

1004 Wellershoff, in: Gertler/Kunkel/Putzke (Hrsg.), Beck OK JGG (Stand: 01.02.2019), JGG, § 37, Rn. 7.
1005 BayVGH, Beschluss vom 10.10.2017, 19 ZB 16.2636, Rn. 8.
1006 OVG Sachsen-Anhalt, Beschluss vom 06.02.2017, 2 L 119/15 – juris, Rn 17.
1007 BayVGH, Beschluss vom 02.05.2017, 19 CS 16.2466, Rn. 18.

des Wahrscheinlichkeitsmaßstabs Relevanz zukommen. Die Therapiemaßnahme wirkt sich nicht nur auf die individuelle Prognose aus, sondern entspricht dem gesetzgeberischen Willen, wie er in § 54 Abs. 2 Nr. 4 AufenthG zum Ausdruck bringt, so dass gesetzlich gefordertes beziehungsweise gewünschtes Verhalten erhöhte Anforderungen an die Eingriffsschwelle setzen.

Es sollen zwar im Zusammenhang mit *vorsätzlich* begangenen Betäubungsmittelstraftaten die §§ 54 Abs. 1 Nr. 1 und Abs. 2 Nr. 1 bzw. 2 AufenthG dem § 54 Abs. 2 Nr. 4 AufenthG vorgehen und im Falle „illegalen Besitzes" von Betäubungsmitteln § 54 Abs. 2 Nr. 9 AufenthG in Betracht kommen.[1008] Die Auffassung ist mit der Gesetzesbegründung jedoch kaum vereinbar. Demnach ist von einer Ausweisung wegen Drogenkonsums regelmäßig abzusehen,

> „*wenn konkrete Anhaltspunkte dafür vorliegen, dass der Ausländer auf Grund einer erforderlichen, seiner Rehabilitation dienenden Behandlung keine Drogen mehr gebrauchen wird und sich dies etwa aus der Zurückstellung der Strafvollstreckung gemäß § 35 des Betäubungsmittelgesetzes ergibt. Der Ausländer hat die für seine Person günstigen Gesichtspunkte vorzutragen und hierbei die erforderlichen Gutachten vorzulegen.*"[1009]

§ 35 BtMG erfordert gerade eine Verurteilung zu einer Freiheits- oder Jugendstrafe wegen einer schuldhaft, „auf Grund einer Betäubungsmittelabhängigkeit" begangenen Tat (§ 35 Abs. 1 Abs. 1 BtMG). Dies muss zwar keine Straftat nach dem Betäubungsmittelgesetz sein, aber darauf kommt es für § 54 Abs. 1 Nr. 1 bzw. Abs. 2 Nr. 1, 2 AufenthG auch nicht an. Soweit – zutreffend – darauf verwiesen wird, dass der Gesetzgeber in der Begründung einen Nachweis durch den Betroffenen verlangt und hierfür auch richterliche Anordnungen zur Rehabilitation gem. §§ 56 Abs. 3, 56c StGB bzw. § 64 StGB in Betracht kämen, verstärkt dies den Befund.[1010] Auch § 56 StGB setzt eine rechtskräftige Verurteilung wegen einer schuldhaft begangenen Tat voraus. Dass der Gesetzgeber bei der Begründung nur Strafrückstellungen wegen *fahrlässiger* Taten im Blick gehabt hätte, ist nicht ersichtlich. Eine fahrlässige Tat nach dem Betäubungsmittelgesetz, die unter § 54 Abs. 2 Nr. 1 AufenthG fallen würde, gibt es schon – wenn es keine Gesamtstrafe wäre – wegen des Strafrahmens, der bei einem Jahr endet (§ 29 Abs. 4 StGB), nicht. Der Fahrlässigkeit kommt im Betäubungsmittelstrafrecht ohnehin nur eine völlig untergeordnete Bedeutung zu.[1011]

1008 So Bauer/Dollinger, in: Bergmann/Dienelt, Ausländerrecht, 12. Auflage 2018, AufenthG, § 54, Abs. 60. – Hervorhebung durch Verf.

1009 Gesetzentwurf der Bundesregierung „Entwurf eines Gesetzes zur Neubestimmung des Bleiberechts und der Aufenthaltsbeendigung", BT-Drs. 18/4097, S. 52.

1010 Bauer/Dollinger, in: Bergmann/Dienelt, Ausländerrecht, 12. Auflage 2018, AufenthG, § 54, Abs. 62.

1011 Kotz/Oğlakcıoğlu, in: Joecks/Miebach (Hrsg.), Münchener Kommentar StGB, 3. Auflage 2017, BtMG, § 29, Rn. 1697. Im Jahre 2014 ist statistisch eine Straftat wegen Fahrlässigkeit gem. § 29 Abs. 4 BtMG erfasst im Verhältnis zu über 55.000 Straftaten nach dem BtMG.

Wenn die Gesetzesbegründung eine Rückstellung gem. § 35 BtMG ausdrücklich als konkreten Anhaltspunkt dafür definiert, „dass der Ausländer auf Grund einer erforderlichen, seiner Rehabilitation dienenden Behandlung keine Drogen mehr gebrauchen wird", kann dies nicht im Rahmen der Prüfung der Wiederholungsgefahr von geringem Gewicht sein.

Es ist somit nicht angebracht, positiven Stellungnahmen von Therapieeinrichtungen für die Prognose keine besondere Bedeutung zukommen zu lassen. Anders sieht dies der Bayerische Verwaltungsgerichtshof: Derartige Stellungnahmen seien nicht objektiv und stellten auch keine Gutachten dar; „Drogenberater" seien Interessenvertreter ihrer Klienten.[1012] Dabei verweist der Verwaltungsgerichtshof unzutreffend auf Literatur, die eine andere Fragestellung erörtert.[1013] Denn der Therapiebericht nach einer Behandlung im Sinne des § 35 BtMG betrifft gemäß § 36 Abs. 5 BtMG das *Ergebnis* der Behandlung in einer (stationären oder ambulanten) Einrichtung durch den Behandler. Dessen Anhörung vor der Bewährungsentscheidung gemäß § 36 Abs. 1 BtMG ist gesetzlich vorgeschrieben (§ 36 Abs. 5 BtMG), gerade wegen dessen „verlässlicher prognostischen Beurteilung".[1014]

Der Verwaltungsgerichtshof verwechselt den Therapiebericht *nach Abschluss* einer Therapie mit der Stellungnahme eines Drogenberaters zur *Beantragung* der Rückstellung nach § 35 BtMG. Die Begründung des Verwaltungsgerichtshofs, dass dem Bericht keine Bedeutung zukomme, da der Drogenberater ein Interessenvertreter des Betroffenen sei und die Therapieeinrichtungen Wirtschaftsunternehmen seien – tatsächlich handelt es sich teilweise auch um gemeinnützige Einrichtungen –,[1015] ist unzutreffend. Das Gesetz verlangt nämlich die Einholung einer Stellungnahme des Behandlers und nicht eines Drogenberaters. Die Behandler sind Verfahrensbeteiligte, die insoweit nicht der Schweigepflicht unterliegen.[1016] Vom Inhalt des Berichts können sie wirtschaftlich nicht profitieren, da dieser *am Ende* der Behandlung erstellt wird.

Teilweise wird zur Entkräftung einer Wiederholungsgefahr der Nachweis eines erfolgreichen Abschluss einer Therapie verlangt, wobei der Betroffene die Erwartung eines künftigen drogen- und straffreien Verhaltens nach Therapieende *glaubhaft* machen müsse. Dies setze eine beanstandungsfreie Führung außerhalb des Straf- beziehungsweise Maßregelvollzugs voraus, da sonst nicht mit der notwendigen Sicherheit von einem dauerhaften Einstellungswandel ausgegangen werden könne.[1017] Wie sich der Erfolg einer Therapie messen lassen soll und welcher

---

1012 BayVGH, Beschluss vom 2.05.2017, 19 CS 16.2466, Rn. 48 f.

1013 So vertritt Patzak, in: Körner/Patzack/Volkmer, BtMG, 8. Auflage 2016, BtMG § 35, Rn. 253, keineswegs die Auffassung des BayVGH, die Fundstelle betrifft gerade nicht die Frage der Bewertung des *Behandlungsberichts*, sondern der Stellungnahme eines Drogenberaters bei der *Beantragung* der Rückstellung, vgl. Fn. 1014.

1014 Patzak, in: Körner/Patzack/Volkmer, BtMG, 8. Auflage 2016, BtMG § 36, Rn. 63.

1015 Vgl. Fn. 1392.

1016 Weber, BtMG, 5. Auflage 2017, BtMG § 36, Rn. 125.

1017 BayVGH, Beschluss vom 29.05.2018, 10 ZB 17.1739 = BeckRS 2018, 11351, Rn. 9.

Zeitraum in den Blick zu nehmen ist, um einen dauerhaften Einstellungswandel zu belegen, wird dabei ebenso wenig konkretisiert, wie die Anforderungen an ein „Glaubhaftmachen". Besonders problematisch ist in diesem Zusammenhang die vorgenannte Auffassung[1018] zur eingeschränkten Berücksichtigungsfähigkeit von Therapieberichten.

Somit kommt dem Therapiebericht besondere Bedeutung auch für das Ausweisungsverfahren zu. Es handelt sich um ein von dem Gesetzgeber aufgrund der besonderen fachlichen Kompetenz und Fähigkeit zur verlässlichen prognostischen Beurteilung zwingend vorgeschriebene Entscheidungsgrundlage im Rahmen des § 36 BtMG. Wie dargestellt, gilt für § 36 BtMG ebenfalls die Maßgabe der Beachtung des Sicherheitsbedürfnisses der Allgemeinheit. Es fehlt daher an einer sachlichen Rechtfertigung, dem Therapiebericht eine entscheidende Bedeutung im Ausweisungsverfahren abzusprechen und statt dessen ein weder legal definiertes noch in der Rechtsprechung näher konkretisiertes Glaubhaftmachen eines Einstellungswandels zu verlangen.

cc. Im Strafvollstreckungsverfahren eingeholte Sachverständigengutachten

Auch dann, wenn im Rahmen der Entscheidung nach § 57 Abs. 1 StGB ein kriminalprognostisches Gutachten eingeholt worden ist, soll es keine Regelvermutung für eine fehlende Wiederholungsgefahr geben.[1019]

Selbst wenn die Strafvollstreckungsentscheidung sich auf ein kriminalprognostisches Gutachten stützte, solle diese „letztlich" keine rechtliche Bindung haben, da sich auch das Gutachten im Strafvollstreckungsverfahren inhaltlich an den materiellen strafrechtlichen Voraussetzungen einer Aussetzungsentscheidung orientiere.[1020]

Diese Begründung ist jedoch nicht überzeugend. Zum einen wird das Prognosegutachten zunächst aufgrund einer konkreten Fragestellung des jeweiligen Gerichts im Rahmen eines Beweisbeschlusses erhoben, so dass eine allgemeingültige Aussage, welchem Maßstab das Gutachten folgt, nicht möglich ist. Zum anderen wird das Strafvollstreckungsgericht stets ein Gutachten anfordern, das den „Mindestanforderungen für Prognosegutachten" entspricht. Demnach hat es Auskunft darüber zu erteilen, welche Straftaten künftig drohen und wie hoch die Wahrscheinlichkeit deren Begehung ist, da „das individuelle erforderliche Maß an Wahrscheinlichkeit der Legalbewährung (...) maßgeblich von dem bedrohten Rechtsgut abhängt. Je schwerer das Übel bei einem Rückfall sein wird, desto größer ist das Sicherheitsbedürfnis der Allgemeinheit zu veranschlagen."[1021] Hierin

---

1018 BayVGH, Beschluss vom 02.05.2017, 19 CS 16.2466, Rn. 48 f.
1019 BVerwG, Urteil vom 15.01.2013, 1 C 10.12, Rn 17.
1020 BayVGH, Beschluss vom 03.03.2016, 10 ZB 14.844, juris, Rn. 13 im Anschluss an BVerwG, Urteil vom 15.01.2013, 1 C 10.12, Rn. 19.
1021 Boetticher u.a., NStZ 2006, 537 (539, 540).

eine unterschiedlich materiell-rechtliche Fragestellung zu erkennen, erschließt sich nicht. Die Frage der Wiederholungsgefahr als Ausweisungsgrund betrifft genau dies.[1022] In dem Gutachten „wird (...) nicht nur die empirisch zu begründende Rückfallwahrscheinlichkeit erfragt, sondern [es erfolgt] eine individuelle Analyse der Vergangenheit und deren denkbare Extension in die Zukunft unter Zugrundelegung unterschiedlicher Risikoszenarien."[1023]

Ein Abweichen von einer Strafaussetzungsentscheidung nach entsprechender sachverständiger Beratung kann daher nur in Betracht kommen, wenn die Entscheidung des Strafvollstreckungsgerichts offenkundig verfehlt ist.

Nicht ausreichend wäre es dagegen anzuführen, das Strafvollstreckungsgericht oder der Sachverständige hätten nicht alle Anknüpfungstatsachen zutreffend gewürdigt. Das folgt schon daraus, dass nicht zu erwarten ist, dass in einer richterlichen Entscheidung jeder Einzelaspekt ausdrücklich ausgeführt wird und in den schriftlichen Gründen Erwähnung finden muss.

Sollen – andere oder ergänzende – Anknüpfungstatsachen zum Gegenstand der Prognoseentscheidung gemacht werden, ist aber insbesondere zu fordern, dass vor einer abweichenden Prognoseentscheidung der Sachverständige im Rahmen der Verwaltungs- bzw. verwaltungsgerichtlichen Entscheidung ergänzend gehört wird. Zwar trifft nicht der Sachverständige die Gefahrenprognose, sondern berät den Entscheidungsträger. Es wäre aber falsch, wenn im Rahmen des Verwaltungsrechtsstreits ein Sachverständigengutachten, das im Strafvollstreckungsverfahren eingeholt wurde, zwar einerseits berücksichtigt wird,[1024] andererseits davon ausgegangen wird, dass der Sachverständige von unzutreffenden Anknüpfungstatsachen

---

1022 Vgl. oben S. 149.

1023 Boetticher u.a., NStZ 2009, 478 (408).

1024 Zur Zulässigkeit der Verwertung im Verwaltungsrechtsstreit vgl. BayVGH, Urteil vom 30.10.2012, 10 B 11.2744, Rn. 37. – Soweit das Gericht von § 173 S. 1 VwGO i. V. m. § 411a ZPO Gebrauch macht und auf ein Gutachten zurückgreift, das in einem anderen Verfahren erstattet wurde, handelt es sich um einen Sachverständigenbeweis. (Schübel-Pfister, in: Eyermann, VwGO, 15. Auflage 2019, VwGO, § 98, Rn. 34) Wenn das Gericht dem Gutachten nicht folgen möchte (hierzu Rudisile, in: Schoch/Schneider/Bier (Hrsg.), VwGO (Stand: 35. EL, September 2018), VwGO, § 98, Rn. 105), muss es daher dem Sachverständigen Gelegenheit zur Stellungnahme geben bzw. bei Unvollständigkeit oder Unzulänglichkeit den Sachverständigen zur mündlichen Erläuterung laden (Rudisile, in: Schoch/Schneider/Bier (Hrsg.), VwGO (Stand: 35. EL, September 2018), VwGO, § 98, Rn. 169). Die Auffassung, dass eine Bindung an das Gutachten nicht bestünde, weil der Gutachtenauftrag sich an einer anderen materiell-rechtlichen Fragestellung orientiere (vgl. BayVGH, Fn. 1020) das Gutachten aber gleichzeitig zu verwerten, wäre daher verfahrensrechtlich zweifelhaft. – Soweit ein Sachverständigengutachten aus einem anderen Verfahren nur als Erkenntnismittel eingeführt wird bzw. werden soll, gilt das Anhörungsrecht entsprechend § 98 VwGO in Verbindung § 411 Abs. 3 ZPO, vgl. BVerwG, Beschluss vom 19.08.2010, 10 B 22.10.

ausgegangen ist. Es ist nämlich gerade die Aufgabe des Gutachters, mit seinen erfahrungswissenschaftlichen Erkenntnismöglichkeiten dem Gericht bei der Feststellung der für die Prognose notwendigen Tatsachen zu helfen.[1025] Die Wesentlichkeit der Anknüpfungstatsachen für die Prognose zu bestimmen, ist somit originärer Gegenstand des Sachverständigenauftrags.[1026]

d. Auswirkung von Legalbewährung auf die Prognoseentscheidung

Der Legalbewährung, d.h. der fehlenden Straffälligkeit während der Haft beziehungsweise während der Bewährungszeit soll bei der Prognoseentscheidung „sehr wenig" bzw. „wenig" Gewicht zukommen, so der Bayerische Verwaltungsgerichtshof – allgemeiner Erfahrung und der Absicht des Gesetzgebers, dass die Haft aufgrund ihrer Umstände eine disziplinierende und ordnende Wirkung habe und die Möglichkeit dissozialer Verhaltensweisen[1027] erheblich einschränke. Der drohende Widerruf der Bewährungsaussetzung sei ebenso wie die drohende Ausweisung ein Druckmittel. Dies bewirke jedoch „in einem großen Teil der Fälle" keinen inneren Wandel, sondern druckmittelbedingtes Anpassungsverhalten ohne Nachhaltigkeit.[1028] Der Legalbewährungsdruck sei nicht geeignet, das Unterlassen von Straftaten „absolut zu erzwingen."

Damit setzt sich der Verwaltungsgerichtshof in Widerspruch zu dem in derselben Verwaltungsstreitsache zuvor ergangenen Aufhebungsbeschluss des Bundesverfassungsgerichts. Dieses hatte es für nicht ausreichend erachtet, eine positive Entwicklung des Verurteilten ohne ausreichende Indizien darauf zurück zu führen, der Betroffene habe sich erst unter dem Druck des Ausweisungsverfahrens zur Therapie beziehungsweise zum rechtstreuen Verhalten entschlossen. Denn ein solches Verhalten werde dem Resozialisierungsziel des deutschen Strafvollzugs gerecht und es sei mit dem „Grundsatz der Einheit der Rechtsordnung" nicht zu vereinbaren, wenn ein solches im Strafvollzug erwartetes und während laufender Bewährung gefordertes Verhalten ausländerrechtlich gegen den Betroffenen gewertet werde. Etwas anderes könne nur gelten, wenn *offensichtlich* sei, dass die Bemühungen des Betroffenen ausschließlich dem Ausweisungsverfahren geschuldet sei.[1029]

Der Bayerische Verwaltungsgerichtshof ist insoweit der Auffassung, dass diese Annahme des Bundesverfassungsgerichts der Komplexität der Problematik nicht gerecht werde, wenn eine „Aufwertung des während Haft, Bewährungszeit und

---

1025 Boetticher u.a., NStZ 2006, 537 (540).
1026 Vgl. BVerwG, Beschluss vom 27.03.2000, 9 B 518.99 = JurionRS 2000, 17830, Rn. 12, zur Tatsachenermittlung durch den Sachverständigen.
1027 Die Verwendung von psychiatrischen Fachbegriffen im Zusammenhang mit „allgemeiner Erfahrung" erscheint bedenklich, ohne entsprechende Feststellungen hierzu zu treffen, vgl. Internationale Klassifikation der Krankheiten ICD-10, F60.1.
1028 Zum Ganzen: BayVGH, Beschluss vom 02.05.2017, 19 CS 16. 2466, Rn. 35 f.
1029 BVerfG, Beschluss v. 19.10.2016, 2 BvR 1943/16, Rn. 22. Hervorhebung durch Verf.

Ausweisungsverfahren gezeigten Legalverhaltens" dahingehend erfolgte, dass ein (nur) rechtfertigungsbedürftig Prognoseaspekt zu einem „praktisch nicht abwägbaren Entscheidungskriterium" werde. Dieser Maßstab verhindere eine vollumfängliche sowie rational nachvollziehbare Prognoseentscheidung und vernachlässige das öffentliche Sicherheitsinteresse.Schließlich sei das „Vorspiegeln eines inneren Wandels bzw. die begrenzte Fähigkeit zu einem solchen Wandel in aller Regel nicht offensichtlich erkennbar".[1030]

Das Verwaltungsgericht Saarlouis ist der Auffassung, dass die ordnungsgemäßen Führung in Strafhaft keine Bedeutung für die Frage einer „gegenwärtigen Wiederholungsgefahr" habe, da es sich dabei um eine Selbstverständlichkeit handele.[1031] Tatsächlich handelt es sich bei ordnungsgemäßem Verhalten aber mindestens um einen neutralen Prognosefaktor und im Einzelfall auch um einen günstigen Faktor,[1032] jedenfalls um eine deutlich komplexere Fragestellung, als sie das Verwaltungsgericht erkennt. Von wem eine Gefahr für die öffentliche Sicherheit und Ordnung ausgehen soll, kann man vermeintlich Selbstverständliches nicht zwingend erwarten.

Im Bereich der Prognosebegutachtung ist anerkannt, dass eine gutachterliche „Prüfung der relevanten Entwicklungen in der Zeit seit der Tat [...] weitere Aussagen über die Persönlichkeit des Probanden, über mögliche Veränderungsprozesse und sein Veränderungspotential erlaubt".[1033]

4. Kritische Würdigung und Zwischenergebnis

Ein Abweichen von Bewährungsentscheidungen im Ausweisungsverfahren ist nicht ohne Weiteres zulässig und bedarf überzeugender Gründe.[1034]

Das Bundesverfassungsgericht erinnert in diesem Zusammenhang in seiner Entscheidung vom 19.10.2016 an den „Grundsatz der Einheit der Rechtsordnung".[1035]

1030 BayVGH, Beschluss vom 02.05.2017, 19 CS 16. 2466, Rn. 36.

1031 VG Saarlouis, Urteil vom 14.09.2018, 6 K 210/17 = BeckRS 2018, 22622, Rn. 31.

1032 Differenzierend hierzu: Dünkel, in: Kindhäuser/Neumann/Paeffgen, StGB, 5. Auflage 2017, StGB, § 57, Rn. 29. So liege beispielsweise ein günstiger Faktor vor, wenn der Verurteilte zuvor impulsiv oder durch Disziplinlosigkeit aufgefallen sei.

1033 Boetticher u.a., NStZ 2006, 537 (544).

1034 Mayer, VerwArch 101 (2010), 482 (505) ist zustimmen, dass ein Abweichen von Bewährungsentscheidungen der Strafjustiz im Verwaltungsverfahren nur aus überzeugenden Gründen in Betracht kommen kann: „*Den Ausländerbehörden kommt es insoweit nicht zu, die Entscheidungen der Strafgerichte und Vollstreckungskammern außerhalb des aufgezeigten Rahmens [neuere Erkenntnisse, verfehlte Begründung, unterschiedlicher Wahrscheinlichkeitsmaßstab (Anm. d. Verf.)], namentlich ohne Vorliegen zusätzlicher Erkenntnisse oder offensichtlicher Mängel wertend nachzuzeichnen, zu relativieren, umzudeuten oder gar in ihr Gegenteil zu verkehren – leider ein immer wieder zu beobachtendes Phänomen.*"

1035 BVerfG, Beschluss v. 19.10.2016, 2 BvR 1943/16, Rn. 22; vgl. auch Knödler, NK 2007, 156 (157).

Es dürfe nicht im ausländerrechtlichen Verfahren etwas gegen den Betroffenen gewertet werden, was in einem anderen Rechtsgebiet erwartet werde. Nicht anders ist die Gesetzesbegründung zu § 54 Abs. 2 Nr. 4 AufenthG zu verstehen, die der Behandlung von Suchterkrankungen im Strafvollstreckungsverfahren sogar einen Vorrang vor der Ausweisung zuschreibt.

Die Entscheidung des Verfassungsgerichts vom 19.10.2016 begegnet Kritik auf Seiten der Verwaltungsgerichtsbarkeit. Dass der aufenthaltsrechtliche, gefahren-abwehrrechtliche Maßstab mit dem straf(vollstreckungs)rechtlichen Maßstab für die Wiederholungsgefahr identisch sein könnte, sei mit der Beschlusspraxis des Bundesverwaltungsgerichts nicht in Einklang zu bringen.[1036] Damit ist aber nicht dargelegt, worin sich die von dem Bundesverwaltungsgericht[1037] angeführte „aus-länderrechtliche Prognose" tatsächlich von der Prognose im Rahmen von Bewäh-rungsentscheidungen unterscheidet.

Es wird angeführt, dass das Strafrecht der Resozialisierung diene, das öffentliche Recht der Abwehr künftiger Gefahren.[1038] Ist das ein unterschiedlicher Maßstab? Resozialisierung meint Wiedereingliederung des Täters in die Gesellschaft.[1039] Dies ist nichts anderes als Prävention vor künftigen Straftaten. Die Bewährungsausset-zung zielt vorrangig auf Spezialprävention[1040] und dient der Gemeinschaft.[1041] Die strafrechtliche Sanktion hat wesentlich die künftige Verhinderung von Straftaten im Blick, die (positive) Bewährungsentscheidung selbst betrifft ausschließlich die Frage der Spezial*prävention*. Dabei liegt die Aufgabe des Strafrechts „überwiegend [...] im Schutz von Rechtsgütern vor Gefährdung oder Verletzung", woraus auch dessen Zwecke und Ziele folgen.[1042]

Strafrechtliche Prognoseentscheidungen haben das Sicherheitsinteresse der Allgemeinheit unter Berücksichtigung des Grads der Wahrscheinlichkeit erneuter Straffälligkeit und der für diesen Fall betroffenen Rechtsgüter zum Gegenstand.[1043] Dies gilt auch für Entscheidungen über Reststrafenaussetzungen, die auf Basis eines flexiblen Wahrscheinlichkeitsurteils zu treffen sind. Sie dienen ausschließlich der Spezialprävention und unterliegen aufwendigen Verfahrensvorgaben.

Die strafrechtlichen Kriminalprognoseentscheidungen beruhen daher nicht auf einem sich vom Gefahrenabwehrrecht unterscheidenden Maßstab. Der Unterschied liegt vielmehr in dem unterschiedlichen Grundrecht, das von der

---

1036 Berlit, NVwZ-Extra, 6/2017, 1 (13).

1037 BVerwG, Urteil vom 15.01.2013, 1 C 10.12, Rn. 18.

1038 Vgl. BVerwG, Urteil vom 16.11.1999, 1 C 11/99 = NVwZ-RR 2000, 320 (321).

1039 Di Fabio, in: Maunz/Dürig, Grundgesetz Kommentar (Stand: 84. EL August 2018), GG, Art. 2 Abs. 1, Rn. 216.

1040 V. Heintschel-Heinegg, in: v. Heintschel-Heinegg (Hrsg.), Beck OK StGB (Stand 01.11.2018), § 56, Vorbemerkung.

1041 BVerfG, Urteil vom 05.06.1973, 1 BvR 536/72 = NJW 1973, 1226 (1231).

1042 Joecks, in: Joecks/Miebach (Hrsg.), Münchener Kommentar StGB, 3. Auflage 2017, StGB, Einleitung, Rn. 31.

1043 BVerfG, Kammerbeschluss vom 11.01.2016, 2 BvR 2961/12, Rn. 28.

Eingriffsmaßnahme betroffen ist: Der allgemeinen Handlungsfreiheit beziehungsweise dem allgemeinen Persönlichkeitsrecht im Falle der Ausweisung und des Freiheitsgrundrechts im Falle der Freiheitsentziehung.

Das Bundesverfassungsgericht lässt auch im Bereich des Freiheitsgrundrechts dem verfahrensrechtlichen Gebot einer besonders sorgfältigen und eingehenden Prüfung aller Umstände ausdrücklich *Verfassungsrang* zukommen,[1044] woraus aber auch folgt, dass es keinen Automatismus zur Bewährungsaussetzung gibt. Dabei nimmt das Bundesverfassungsgericht in dieser Entscheidung zu § 57 StGB Bezug auf seinen Beschluss vom 08.10.1984[1045] zum Maßregelvollzug, der in besonderem Maße dem Sicherheitsinteresse der Bevölkerung dient. Dort hat es das Bundesverfassungsgericht für erforderlich gehalten, bei der Prüfung der Verhältnismäßigkeit der Fortdauer des Freiheitsentzugs auch die voraussichtlichen Wirkungen der im Falle der Aussetzung der Maßregelvollstreckung zur Bewährung kraft Gesetzes eintretenden Führungsaufsicht und der damit verbindbaren weiteren Maßnahme der Aufsicht und Hilfe, insbesondere der Tätigkeit eines Bewährungshelfers und der Möglichkeit bestimmter Weisungen einzustellen. Derartige Maßnahmen können also nach der Rechtsprechung des Bundesverfassungsgerichts die Annahme einer Reduktion der Gefahr für die Allgemeinheit begründen.

Soweit ersichtlich, erfolgt eine solche Berücksichtigung im Ausweisungsrecht dagegen nicht, obwohl der Grundrechtseingriff ähnlich schwerwiegend ist und daher das Einstellen der voraussichtlichen Wirkung von Weisungen als positivem Faktor bei der Frage der Prognose verfassungsrechtlich geboten ist. Es entsteht in der Praxis der Eindruck, dass Weisungen gemäß § 56c StGB im Ausweisungsverfahren tendenziell eher negativ und als Ausdruck fortbestehender Wiederholungsgefahr ausgelegt werden.[1046] Es ist aber nicht selbsterklärend, vom Gesetzgeber

---

1044 BVerfG, Kammerbeschluss vom 11.01.2016, 2 BvR 2961/12, Rn. 30.

1045 BVerfG, Senatsbeschluss vom 08.10.1984, 2 BvR 1150/80 = BVerfGE 70, 297 (314).

1046 Beispielhaft die Erwähnung bei Berlit, NVwZ extra 2018, Heft 7, 1 (12) mit Hinweis auf BayVGH, Beschluss v. 12.6.2017, 10 ZB 17.853 = BeckRS 2017, 113704 zu § 88 JGG. Der Verwaltungsgerichtshof hielt hier ein „Abweichen von der strafrichterlichen Prognose" für richtig, weil dem Betroffen die Weisungen auferlegt worden sei, sich unverzügliche um die Aufnahme in das Projekt Rubikon zu bemühen und „auch die Strafvollstreckungskammer davon ausgegangen [ist], dass es sich beim Kläger um einen jugendlichen gewaltbereiten Intensivtäter handelt, der auch nach der Entlassung aus der Haft einer engmaschigen Kontrolle und Unterstützung bedarf, um nicht wieder mit Gewaltstraftaten auffällig zu werden." Abgesehen davon, dass hier nicht die Strafvollstreckungskammer, sondern der Vollstreckungsleiter entschieden haben dürfte, ist die Begründung problematisch. Zum einen ist es widersprüchlich, ein Abweichen von einer Entscheidung damit zu begründen, dass man sich dieser anschließt, zum anderen wird gerade das Bewährungsprojekt „Rubikon", das keine Behandlungs- sondern Bewährungsmaßnahme darstellt, als besonders erfolgreich beschrieben (vgl. Bayerisches Staatsministerium des Innern, für Bau und Verkehr (Hrsg.), Sichereitsbericht, S. 31–32). – Nach BayVGH, Beschluss vom 02.05.2017,

vorgesehenen Maßnahmen zur Sicherung des Bewährungserfolgs im Ausweisungsverfahren keine Relevanz im Sinne einer niedrigeren Wiederholungsgefahr zukommen zu lassen.

Soweit im Rahmen einer Bewährungsentscheidung ein Bewährungshelfer bestellt wird, steht dies einer positiven Prognose nicht entgegen, da ansonsten keine Bewährungsaussetzung erfolgen dürfte.[1047] Weisungen nach § 56c StGB sind ohnehin die Regel.[1048] Die Weisung stellt dabei „einen Weg dar, die Vollstreckung einer an sich verwirkten Freiheitsstrafe abzuwenden und unterliegt schon wegen dieser besonderen Zweckrichtung einer spezifischen zeitlichen und sachlichen Begrenzung."[1049] Sie dienen der Einflussnahme auf die Lebensgestaltung des Betroffenen und mittelbar der Vermeidung von Straftaten.[1050] Es ist systematisch falsch, aufgrund der Anordnung von Weisungen die Prognose des Strafrichters zu relativieren, da in seine Prognoseentscheidung die von ihm verhängten Weisungen mit eingestellt sind.[1051] Zwar kommen Weisungen nicht in Betracht, wenn der Betroffene keiner Hilfe bedarf, da dies die gesetzliche Voraussetzung ist (§ 56c StGB). Die Anordnung von Weisungen ändert aber nichts daran, dass eine positive Prognoseentscheidung ergangen ist, und verlangt vielmehr eine Aussage, weshalb *trotz* der Weisungen, die schließlich überwacht werden, die Wiederholungsgefahr fortbestehen soll.

Die Argumentation der unterschiedlichen Prognosezeiträume vermag das Abweichen von Bewährungsentscheidungen ebenfalls nicht zu begründen:

Träfe es zu, dass die strafrechtliche Prognose die Bewährungszeit im Blick hätte, wäre schon nicht ersichtlich, weshalb es den Ausländerbehörden und Verwaltungsgerichten möglich wäre, Prognosen über einen Zeitraum von mehr als fünf Jahren anstellen zu können. Denn die Bewährungszeit beträgt – zum Zeitpunkt der ersten Bewährungsentscheidung – gemäß § 56a StGB zwischen zwei und fünf Jahren. Ausgehend von einem über fünf Jahre hinausgehenden Prognosezeitraum fragt sich, woraus die Beurteilungsfähigkeit für einen längeren Prognosemaßstab bestehen soll.[1052] Die Rückfallwahrscheinlichkeit reduziert sich mit zunehmender

---

19 CS 16.2466, Rn. 11, soll ein Ausschöpfen der Bewährungszeit auf „Besorgnisse des Strafgerichts betreffend den Antragsteller" schließen lassen.

1047 VG Berlin, Urteil vom 03.02.2012, 35 K 160.11 = openJur 2012, 16744, Rn. 44.

1048 Kinzig, in: Schönke/Schröder, Strafgesetzbuch, 30. Auflage 2019, StGB, § 56c, Rn. 4.

1049 BVerfG, Beschluss vom 14.11.1990, 2 BvR 1462/87, NJW 1991, 1043 (1044).

1050 Weber, in: Weber, BtMG, 5. Aufl. 2017, BtMG, Vorbemerkungen zu §§ 29 ff., Rn. 1210.

1051 Vgl. Schäfer/Sander/Gemmeren, Praxis der Strafzumessung, 6. Aufl. 2017, Rn. 16, 216.

1052 Darauf, dass die Treffsicherheit von Prognosen umso genauer sei, je kürzer der Prognosezeitraum ist, da dieser den Ist-Zustand fortschreibe, weist Schuhmann, in: Frisch/Vogt (Hrsg.), Prognosteentscheidungen in der strafrechtilchen Praxis, S. 31 (33).

Dauer, die höchste Rückfallwahrscheinlichkeit liegt im ersten Jahr nach der Verurteilung beziehungsweise Entlassung.[1053]

Das Bundesverwaltungsgericht[1054] hält – für die Frage der Wiedereinreisesperre – offenbar einen Prognosezeitraum von maximal zehn Jahren für möglich. Weiter in die Zukunft lasse sich die Persönlichkeitsentwicklung – insbesondere jüngerer Menschen – kaum abschätzen, ohne spekulativ zu werden. Diese Rechtsprechung hat der Gesetzgeber in § 11 Abs. 3 S. 3 AufenthG 2015 aufgegriffen.[1055] Nach dem Gesetzeswortlaut ist aber zu beachten, dass eine längere als fünfjährige Sperrfrist nur verhängt werden darf, wenn der Ausländer auf Grund einer strafrechtlichen Verurteilung ausgewiesen worden ist *oder* wenn von ihm eine schwerwiegende Gefahr für die öffentliche Sicherheit und Ordnung ausgeht. Es folgt hieraus also im Falle der Ausweisung wegen strafrechtlicher Verurteilung nicht, dass der Gesetzgeber hier eine Aussage über die Prognosefähigkeit getroffen hätte. Vielmehr kann gemäß § 11 Abs. 4 AufenthG die Befristungsentscheidung abgeändert werden. Das ist bei der Frage der Feststellung der Wiederholungsgefahr zur Begründung der Ausweisung nicht möglich, es wird ein grundsätzlich unabänderliches Wahrscheinlichkeitsurteil gefällt. Für die Beurteilung der Frage einer über einen Bewährungszeitraum hinausgehenden Prognosemöglichkeit der Verwaltungsbehörde und des Verwaltungsgerichts hilft § 11 AufenthG somit nicht weiter. Es handelt sich bei § 11 Abs. 3 AufenthG um eine Limitierung der Befristung und nicht um eine Normierung des Zeitraums der „ausländerrechtlichen Prognose" (dazu S. 209).

Tatsächlich gibt das Gesetz dem strafrichterlichen Entscheider aber gar nicht vor, dass der Prognosezeitraum und der Bewährungszeitraum übereinstimmen müssen, wie die Verwaltungsgerichtsrechtsprechung meint.[1056] Vielmehr fordert § 56 Abs. 1 S. 1 StGB, dass der Verurteilte *künftig* keine Straftaten mehr begehen wird.[1057] Es besteht nach dem Gesetz ein „ewiger" Prognosezeitraum, der zwar gewisser Einschränkung bedarf, aber nicht mit dem Bewährungszeitraum zusammenfällt.[1058] Der Bewährungszeitraum ist der Zeitraum, innerhalb dem die Strafaussetzung widerrufen werden kann, und nicht der Prognosezeitraum, innerhalb dem keine Straftaten erwartet würden. Er betrifft vielmehr die Frage, wie lange der Verurteilte voraussichtlich der Hilfe, Weisungen und Aufsicht bedarf.[1059]

1053 Jehle/Albrecht/Hohmann-Fricke/Tetal, in: Bundesministerium der Justiz und für Verbraucherschutz (Hrsg.), Legalbewährung nach strafrechtlichen Sanktionen, S. 6.

1054 BVerwG, Urteil vom 13.12.2012, 1 C 19.11, Rn. 40.

1055 Vgl. Gesetzentwurf der Bundesregierung, Entwurf eines Gesetzes zur Neubestimmung des Bleiberechts und der Aufenthaltsbeendigung, BT-Drs. 18/4097, S. 36.

1056 Von einem derartigen prognostischen Zeitraum geht auch Brunn, NJOZ 2014, 361 aus.

1057 Vgl. Schuhmann, in: Frisch/Vogt (Hrsg.), Prognoseentscheidungen in der strafrechtilchen Praxis, S. 31 (33).

1058 Vgl. Pollähne, Kriminalprognostik, S. 76.

1059 Heger, in: Lackner/Kühl, StGB, 29. Auflage 2018, StGB, § 56a, Rn. 1.

Für Entscheidungen nach § 57 StGB beziehungsweise § 36 BtMG gilt nichts anderes, da diese auf § 56a beziehungsweise § 57f StGB verweisen. Es geht bei Aussetzungsentscheidungen nach § 57 StGB zwar *auch* um die Frage, „ob der Täter das Potenzial hat, sich während der Bewährungszeit straffrei zu führen",[1060] aber eben nicht *nur*, wie das Bundesverwaltungsgericht meint, wenn es fortführt: „Die der Ausweisung zu Grunde liegende Prognoseentscheidung bezieht sich [...] nicht nur auf die Dauer der Bewährungszeit, sondern hat einen längeren Zeithorizont in den Blick zu nehmen."

Wenn die Verwaltungsgerichtsrechtsprechung das Abweichen von der Bewährungsentscheidung mit unterschiedlichen Prognosezeiträumen begründen will, weil es bei der Ausweisungsentscheidung „[...] vor allem um die Beurteilung, ob es dem Ausländer gelingen wird, über die Bewährungszeit hinaus ein straffreies Leben zu führen"[1061] ginge, müsste es bei der strafrechtlichen Entscheidung anders sein, sonst läge kein unterschiedlicher Zeitraum vor. Das würde bedeuten, dass der Strafrichter, der eine Bewährungszeit von zwei Jahren festlegt, sich nur in der Lage sieht, für zwei Jahre eine günstige Sozialprognose zu stellen, bei einer fünfjährigen Bewährungszeit aber für fünf Jahre keine Straftaten erwartet werden. Das ist selbstredend unzutreffend.

Es kommt bei der Bewährungsentscheidung auf die Frage an, ob die Erwartung besteht, dass der Betroffene ohne Vollzug der Freiheitsstrafe künftig keine Straftaten begeht oder, weil dies nicht zu erwarten ist, die Freiheitsstrafe zu vollstrecken ist. In beiden Fällen geht es um die Zukunft ohne Einwirkung oder Kontrolle und nicht um den Bewährungszeitraum. Die Annahme unterschiedlicher Prognosezeiträume ist somit falsch.

Es ist ohnehin fragwürdig, wenn im Ausweisungsverfahren zwar die strafgerichtlichen Feststellungen, die der Verurteilung zugrunde liegen, zur Begründung des Ausweisungsinteresses herangezogen werden, einer Bewährungsentscheidung jedoch, selbst „wenn [das Gericht] im Strengbeweisverfahren auf Grund mündlicher Verhandlung entschieden und aussagekräftig prognostiziert [hat]"[1062], keine wesentliche Bedeutung beigemessen wird.

Die Untersuchung hat gezeigt, dass sich dieses Abweichen weder mit divergierenden Gesetzeszwecken, Prognosezeiträumen oder Wahrscheinlichkeitsurteilen begründen lässt: es geht jeweils um die Gefahr der Begehung künftiger Straftaten in der Zukunft für einen grundsätzlich nicht beschränkten Zeitraum unter Berücksichtigung des allgemeinen Sicherheitsinteresses.

Dieses Dilemma möglicherweise vor Augen wird eine Rechtfertigung zur Abweichung von Bewährungsentscheidungen daraus abgeleitet, dass im Strafrecht eine andere Frage zu beantworten sei als im Ausweisungsrecht: Während die Strafaussetzungsentscheidung klären müsse, ob das Risiko eines Rückfalles

---

1060 BVerwG, Urteil vom 15.01.2013, 1 C 10/12, Rn. 19.

1061 BayVGH, Beschluss vom 06.06.2017, 10 ZB 17.588, Rn. 5.

1062 Bauer/Beichel-Benedetti, NVwZ, 2016, 416 (419).

für die (deutsche) Gesellschaft verantwortet werden könne oder ob der Betroffene durch die (weitere) Strafvollstreckung wiedereingegliedert werden müsse, gehe es im Falle der Ausweisung um die Frage, ob dieses Risiko „von der deutschen Gesellschaft oder von der Gesellschaft im Heimatstaat des Ausländers" zu tragen sei.[1063] Dabei handelt es sich aber nur scheinbar um eine Zuspitzung in Richtung einer vom Strafrecht abweichenden gefahrenabwehrrechtlichen Perspektive, tatsächlich jedoch um eine rechtspolitische.

Ein solcher Maßstab der Risikoverteilungslast wirft unweigerlich Folgeprobleme auf: Sind Ausweisungen von Migranten der zweiten Generation[1064] im Falle der Bewährungsaussetzung dann unzulässig, da die deutsche Gesellschaft den „Heimatstaat" abbildet? Sind der „Heimatstaat" oder der mit derselben Frage der Risikolast herangezogene „Herkunftsstaat"[1065] Synonyme? Wie unterscheiden sich „Heimatstaat", „Herkunftsstaat" und „Heimatland"? So handelt es sich – was überraschend erscheint – nach Auffassung des Oberverwaltungsgerichts des Saarlands im Falle eines in Deutschland geborenen und immer hier lebenden, lediglich zu Besuchsaufenthalten gelegentlich in die Türkei gereisten über 40jährigen türkischen Staatsangehörigen bei der Türkei um das „Heimatland".[1066] Es bedarf wenig Phantasie, sich verschiedene Varianten von Lebensverläufen im Kleinkindalter, die nicht in der Verantwortung des später von der Ausweisung Betroffenen lagen, vorzustellen, um zu erkennen, dass solche Begrifflichkeiten nicht als Abgrenzungsmerkmal dienen können, sondern unweigerlich zu Wertungswidersprüchen führen.

Zumal es an einer gesetzlichen Grundlage für eine derartige Formel fehlt. Diese Fragestellung erlaubte vielmehr den Ausländerbehörden und den Verwaltungsgerichten Rechtsetzung, wenn die Entscheidung über eine Risikoverteilung zwischen den betroffenen Gesellschaften als maßgebliche Frage für die Ausweisungsentscheidung auf sie übertragen werden würde. Die Entscheidung, welche Risiken die Gesellschaft zu tragen hat, obliegt – soweit Risiken überhaupt regelbar sind – dem Gesetzgeber.

Gemeint sein kann also nur, dass nach Auffassung des Bundesverwaltungsgerichts das Risiko der Wiederholung von Straftaten durch Ausländer das Land der jeweiligen Staatsangehörigkeit zu tragen hat und die Frage der Zumutbarkeit der

---

1063 BVerwG, Urteil vom 15.01.2013, 1 C 10.12, Rn. 19.

1064 Vgl. zur Frage des „Herkunftsstaates" bei Migranten der zweiten Generation Farahat, Progressive Inklusion, S. 200.

1065 So der BayVGH, Beschluss vom 03.03.2016, 10 ZB 14.844, Rn. 13.

1066 OVG Saarland, Beschluss vom 27.03.2018, 2 B 48/18 = JurionRS 2018, 13445, wonach die Annahme des Verwaltungsgerichts nicht zu beanstanden sei, dass der Betroffene sich in seinem Heimatland zumutbar eingliedern könne, da er sich „in der Vergangenheit immer wieder in der Türkei (z.B. anlässlich von Urlaubsreisen) aufgehalten" habe und „der türkischen Sprache jedenfalls in gewissem Umfang mächtig" sei.

Ausweisung sich danach richtet, ob es sich bei diesem Staat um das „Heimatland"
oder den „Herkunftsstaat" handelt. Zu Ende gedacht wäre dann jeder (nicht völlig
unerheblich) straffällig gewordene Ausländer auszuweisen und hiervon nur aus
Verhältnismäßigkeitsgesichtspunkten abzusehen, wenn das Land seiner Staatsangehörigkeit das „Heimatland" abbildet.

Diese Frage der Risikoverteilungslast führt jedoch nicht zum Kern des Prob-
lems. Sie wurde vom Gesetzgeber bereits beantwortet: Das *Risiko* der Begehung
von Straftaten durch Menschen, die sich im Inland aufhalten, trägt die deutsche
Gesellschaft. Eine Ausweisung von ausländischen Staatsangehörigen setzt dagegen
eine hinreichend wahrscheinliche *Gefahr* der Begehung von Straftaten voraus und
nicht nur ein Rückfallrisiko. Die Frage der Risikoverteilung verdeckt die Anforderung an die Prüfung der Tatbestandsmäßigkeit des § 53 Abs. 1 AufenthG durch
eine rechtspolitische Konstruktion der gesellschaftlichen Lastentragungspflicht
für eigene Staatsangehörige, die aber nicht die Legitimation für eine Eingriffsmaßnahme darstellen kann.

Die Annahme des Bundesverfassungsgerichts, dass der Bewährungsaussetzung
wesentliche Indizwirkung zukomme ist dagegen kein rechtspolitischer Gesichtspunkt, sondern ein normativ, nämlich aus den Grundrechten hergeleitetes erhöhtes Begründungserfordernis bei der *Feststellung* einer Gefahr. Diese Annahme wird
in das Gegenteil verkehrt, wenn sich die Behörde oder das Verwaltungsgericht
von der Prämisse leiten lassen, dass eine Bewährungsaussetzungsentscheidung
darauf beruhen könnte, dass der Betroffene einen inneren Wandel nur vorgespie-
gelt hat.[1067] Dies blendet aus, dass beispielsweise im Rahmen einer gutachterlichen
Prüfung der Wiederholungsgefahr keineswegs lediglich Erklärungen des Untersuchten eine Rolle spielen. Auch die Vorstellung, dass ein Legalverhalten außerhalb der Haft nur dem Wohlverhaltensdruck der Bewährungsaussetzung oder des
Ausweisungsverfahrens geschuldet sein könnte, geht von einem Bild eines Verurteilten aus, der stets planend und berechnend agiert, was kaum den Regelfall
abbilden dürfte.

Der Einwand des Bayerischen Verwaltungsgerichtshofs[1068], dass das Bundes-
verfassungsgerichte eine Evidenz dahingehend zugrundelege, dass beispielsweise
eine ordnungsgemäße Führung in der Haft stets zu einem Verneinen der Wiederholungsgefahr führen müsse, solange nicht offensichtlich sei, dass der Betroffene sich nur unter dem Druck des Ausweisungsverfahrens angemessen verhalten
habe, missachtet den Hinweis des Bundesverfassungsgerichts, dass das Bejahen
einer Wiederholungsgefahr sehr wohl möglich ist, wenn der Betroffene einer gutachterlichen Untersuchung[1069] unterzogen wird und hieraus Anhaltspunkte für ein
Bestehen der Gefahr ersichtlich sind.

1067 BayVGH, Beschluss vom 02.05.2017, 19 CS 16. 2466, Rn. 36.
1068 BayVGH, Beschluss vom 02.05.2017, 19 CS 16. 2466, Rn. 36.
1069 BVerfG, Kammerbeschluss vom 19.10.2016, 2 BvR 1946/16, Rn. 24.

Aus dem Beschluss des Bundesverfassungsgerichts vom 19.10.2016 ergibt sich das Gegenteil dessen, was der Bayerische Verwaltungsgerichtshof in die Entscheidung interpretiert, wenn er meint, dass „im Falle der Anwendung eines solchen Evidenzmaßstabs im Strafvollstreckungsrecht (etwa in der Art, dass eine günstige Prognose aufgrund ordnungsgemäßer Führung zu stellen ist, solange nicht offensichtlich ist, dass die ordnungsgemäße Führung ausschließlich dem jeweils angewendeten Druckmittel des Strafvollstreckungsrechts geschuldet ist) [...] beispielsweise ein differenzierter Führungsbericht oder ein Prognosegutachten jede Bedeutung verlieren"[1070] würde. Tatsächlich hat das Bundesverfassungsgericht nämlich entschieden, dass es

> „[n]icht ausreichend ist [...], eine positive Entwicklung des Verurteilten ohne aussagekräftige Indizien darauf zurückzuführen, der Ausländer habe sich erst unter dem Druck des Ausweisungsverfahrens zur Therapie – beziehungsweise allgemeiner zu einem rechtstreuen Verhalten – entschlossen."[1071]

Ein differenzierter Führungsbericht oder ein Sachverständigengutachten, aus dem sich Zweifel an einer eigenmotivierten positiver Führung beziehungsweise Therapiebereitschaft folgen, wäre ein derartiges Indiz, das das Verfassungsgericht als Gegenpol sehr wohl erwähnt. Ein solches Gutachten kann die Frage, ob der Untersuchte auch fähig ist, eine etwaige Einstellungsänderung umzusetzen und welche Faktoren insoweit von Bedeutung sind, durchaus beantworten. Dagegen ist es eben kein aussagekräftiges Indiz, einen fehlenden inneren Wandel nur zu vermuten und ein Anpassungsverhalten wegen der Erwartung im Strafvollstreckungsverfahren beziehungsweise dem Ziel der Abwehr einer Ausweisung zu unterstellen.

Wenn darauf abgestellt wird, dass Bewährungsdruckmittel „nicht geeignet [sind], das Unterlassen von Straftaten auf Dauer zu erzwingen, und in einem großen Teil der Fälle [...] keinen inneren Wandel, sondern nur ein druckmittelbedingtes Anpassungsverhalten ohne Nachhaltigkeit" bewirkten,[1072] wird der (unmögliche) Beweis einer negativen Tatsache – nämlich des Ausschlusses der Wiederholungsgefahr – gefordert.

Es ist schon nicht verständlich, eine durch ein drohendes Ausweisungsverfahren entstandene Motivation zur Änderung ungünstiger Prognoseumstände als mit einem Makel behaftet zu bewerten. Zum ersten ist auch die gerade auf Verhaltensänderung zielende ausländerrechtliche Verwarnung[1073] durchaus anerkannt, zum

---

1070 BayVGH, Beschluss vom 02.05.2017, 19 CS 16. 2466, Rn. 36.

1071 BVerfG, Kammerbeschluss vom 19.10.2016, 2 BvR 1946/16, Rn. 22.

1072 BayVGH, Beschluss vom 10.10.2017, 19 ZB 16.2636, Rn. 35. Ähnlich VG Saarlouis, wonach ordnungsgemäßes Verhalten im Strafvollzug nicht zuletzt im eigenen Interesse des Betroffenen liege, VG Saarlouis, Urteil vom 14.09.2018, 6 K 210/17 = BeckRS 2018, 22622, Rn. 31.

1073 Vgl. Erwähnung in EGMR, Urteil vom 27.10.2005, Individualbeschwerde Nr. 32231/02, Absatz 17; BayVGH, Urteil vom 21.11.2017, 10 B 17.818, Rn. 28; zum

zweiten erwartet der Gesetzgeber in § 54 Abs. 2 Nr. 4 AufenthG genau ein solches Verhalten, zum dritten entspricht es der polizeirechtlichen Systematik, dass der Polizeipflichtige selbst sein Verhalten entsprechend der Störungsbeseitigung ausrichten soll und ein Eingreifen dann nicht mehr erforderlich ist.

Eine solche Auffassung verlangte eine Absolutheit des Ausschlusses einer Wiederholungsgefahr und stellt günstigen Prognosetatsachen die Einschränkung gegen eine Nachhaltigkeit sprechende Lebenserfahrung entgegen, die, da sie nicht verifizierbar ist, naturgemäß auch nicht falsifiziert werden kann.[1074] Statt eine positiv festzustellenden Gefahr vorauszusetzen überbordet eine solche Interpretation der Ausweisungsvorschriften dem Betroffenen, den Nachweis eines Ausschlusses von einer Regelvermutung zu führen. Dies entspricht jedoch nicht der gesetzlichen Regelung.

II. Notwendigkeit der sachverständigen Beratung

Im Ausweisungsverfahren erfolgt die Prognoseentscheidung regelmäßig ohne Einholung von Sachverständigengutachten. Gängige Praxis ist die intuitive Prognose (vgl. näher S. 201, 206). Sie erfolgt auf Grundlage der Tatsachen, die sich aus dem Akteninhalt ergeben, im Wesentlichen durch Beiziehung von Urteilen oder Akten der Strafverfolgungsbehörden. Die intuitive Prognose wurde in der Vergangenheit – in der Strafrechtswissenschaft – deutlich kritisiert. Es wird gar eine „Flucht in die intuitive Prognose" beschrieben, eine „Art ‚Verweigerungsstrategie' gegenüber den Sozialwissenschaften" und „im Grunde eine Absage an methodisches Vorgehen" mit der Gefahr, dass richterliche Auffassungen zu schablonenhaften Entscheidungen führen könnten und die notwendige Informationsgewinnung vernachlässigt werde.[1075]

Eine intuitive Prognose ist gerade im Strafvollstreckungsverfahren aufgrund teils gesetzlich normierter teils verfassungsrechtlich gebotener Beiziehung von kriminalprognostischen Sachverständigen häufig nicht ausreichend (vgl. S. 165, 166).

Wenn man annimmt, dass sich ein modernes Verwaltungsrecht gegenüber anderen Disziplinen nicht verschließt,[1076] erklärt sich die Zurückhaltung gegenüber

---

Rechtsinstitut der Verwarnung: OVG Münster, Urteil vom 19. 7. 1978, IV A 535/77 = NJW 1979, 510.

1074 Umso bedeutender ist daher die Frage der Aufklärungsnotwendigkeit und Beweislast hinsichtlich bestehender Wiederholungsgefahr als Tatbestandsvoraussetzung (vgl. hierzu unten Seite 222).

1075 Hierzu näher: Jung, in: Frisch/Vogt, Prognoseentscheidungen in der strafrechtlichen Praxis, S. 267 (273).

1076 So Thym, Migrationsverwaltungsrecht, S. 35, der dem inter- und transdiziplinäre Diskurs ein allgemeines Kennzeichen der reformierten Verwaltungswissenschaft. zuschreibt Eine nachbarwissenschaftliche informierte und reflektierte Rechtswissenschaft wahre die Erfordernisse disziplinärer Identität und übertrage die Erkenntnisse anderer Sichtweisen nur in Anerkennung der Besonderheiten der Rechtswissenschaftlich als normativer Disziplin.

der Berücksichtigung erfahrungswissenschaftlicher Gutachten nicht. Die Einholung von Prognosegutachten ist dem Besonderen Verwaltungsrecht auch nicht grundsätzlich fremd. Es sei nur an das Waffen- oder Fahrerlaubnisrecht erinnert. Trotz deutlich geringerem Grundrechtseingriffs im Verhältnis zur Ausweisung bei gleichzeitig hohem potentiellen Risiko für die Bevölkerung, das von ungeeigneten Waffenträgern oder Kraftfahrzeugführern ausgeht, schaltet der Gesetz- bzw. Verordnungsgeber hier teilweise ein Begutachtungsverfahren vor, bevor die Verwaltung bestimmte Eingriffsentscheidung vornehmen kann (vgl. § 6 Abs. 2 WaffG; § 46 i.V.m. § 11 FeV). Lediglich bei Nichtbeibringung des Gutachtens[1077] fingiert hier der Gesetzgeber die Nichteignung, soweit hinreichend konkrete Tatsachen Zweifel an der Eignung begründen (§ 45 Abs. 4 WaffG)[1078] beziehungsweise erlaubt die Fiktion der Nichteignung, § 11 Abs. 8 FeV. Dabei ist besonders interessant, dass dies im Fahrerlaubnisrecht (anders in §§ 5, 6 WaffG) auch in Fällen gilt, in denen sich die Eignungszweifel aus einer begangenen Straftat ergeben.[1079] Hier darf die Behörde somit nicht ohne entsprechende Anordnung der gutachterlichen Aufklärung auf die fehlende Eignung schließen. Der Wertungswiderspruch im Hinblick auf die Intensität des Eingriffs im Vergleich zum Vollzug einer Ausweisung ist nicht zu übersehen.

Im Falle der Ausweisung ist die Einholung eines Sachverständigengutachtens aber nicht aufgrund expliziter Normierung geboten. Zu fragen ist daher, ob sich nicht aus der Auslegung des materiellen und formellen Rechts die Notwendigkeit ergibt.

1. Entscheidungspraxis im Ausweisungsrecht

Wie ausgeführt werden in der verwaltungsgerichtlichen Rechtsprechung Prognosegutachten im Zusammenhang mit Ausweisungsverfahren regelmäßig nicht für erforderlich erachtet. Bei der Prognoseentscheidung bewege sich das Gericht „im Fall der Ausweisung eines strafgerichtlich verurteilten Ausländers regelmäßig in Lebens- und Erkenntnisbereichen, die dem Richter *allgemein* zugänglich sind."[1080]

1077 Dabei gibt der Gesetz- bzw. Verordnungsgeber auch klare Vorgaben, wie derartige Gutachten auszusehen haben bzw. wer diese vornehmen darf, vgl. § 4 Abs. 2 AWaffV.

1078 Heubrock, in: Bliesener/Lösel/Köhnken (Hrsg.), Lehrbuch der Rechtspsychologie, S. 331 (341), der darauf hinweist, dass sich derartige Tatsachen beispielsweise aus einer Dreijahresabfrage des Bundeszentralregisters ergeben können, mithin aufgrund von Straftaten des Waffenkartenbesitzers.

1079 Z. B. § 13 Nr. 2 lit. c FeV i.Vm. § 316 StGB; § 11 Abs. 3 Nr. 5, 6, 7 FeV – „erhebliche Straftaten" im Straßenverkehr oder auch außerhalb des Straßenverkehrs, die auf ein hohes Aggressionspotential schließen lassen.

1080 BVerwG, Beschluss vom 11.09.2015, 1 B 39.15, Rn. 12 (Hervorhebung d. Verf.); BayVGH, Beschluss vom 08.11.2017, 10 ZB 16.2199, Rn. 7.

Der Einholung eines Prognosegutachtens bedürfe es nur im Ausnahmefall, beispielsweise bei einer psychiatrischen Erkrankung des Betroffenen.[1081]

Die Grenze zur der Notwendigkeit zur Einholung eines Sachverständigengutachtens soll demnach dort verlaufen, wo die allgemeine Lebenserfahrung endet. Reiche diese nicht mehr aus, um die Persönlichkeit des Betroffenen zutreffend beurteilen zu können, sei im Zweifel ein Gutachten einzuholen.[1082] Soweit im Fall der Anfechtung einer spezialpräventiv begründeten Ausweisung das Gericht von der Einholung eines Sachverständigengutachtens zur Frage der Wiederholungsgefahr absieht, soll dies einen Verfahrensfehler (erst) dann darstellen, wenn es die Grenzen der ihm zur Verfügung stehenden Sachkunde überschreite und sich nicht mehr in dem Lebens- und Erkenntnisbereichen bewege, die dem Richter allgemein zugänglich sei.[1083]

Das Bundesverfassungsgericht deutet die Notwendigkeit der sachverständigen Beratung durchaus – wenngleich einzelfallabhängig – an. So streicht es heraus, dass es sich jedenfalls bei entsprechenden Anhaltspunkten für eine nicht mehr bestehende Abhängigkeit aufdränge zu untersuchen, ob es als unwahrscheinlich anzusehen sei, dass ein wegen Handeltreibens mit Betäubungsmitteln verurteilter Betroffener erneut mit Drogen handeln werde und zwar – „wenn erforderlich" – durch Einholung eines Sachverständigengutachtens.[1084]

Dass die maßgeblichen Beweisfragen durchaus dem Sachverständigenbeweis zugänglich sein können,[1085] zeigt die Rechtsprechung des Bundesverwaltungsgericht in einem Verfahren auf, in dem die Wiederholungsgefahr im Instanzenzug verneint worden war. So hat es auf Revision der Beklagten hin einen Rechtsfehler darin gesehen, dass das Berufungsgericht dem Beweisantrag der Beklagten auf Einholung eines fachpsychiatrischen Gutachtens nicht nachgegangen sei. Der Beweisantrag habe auf „Aufklärung der Tatsache, ob der Kläger die psychische Situation und die Denk- und Wahrnehmungsmuster [...], so weit überwunden hat, dass von ihm keine Gefahr weiterer vergleichbarer Straftaten [...] mehr ausgeht" abgezielt.[1086] Das Bundesverwaltungsgericht geht daher bei der Frage der

---

1081 BVerwG, Beschluss v. 14.03.1997, 1 B 63.07, Rn. 3. Zum Beispiel der Notwendigkeit der sachverständigen bei einer psychiatrischen Erkrankung: BVerwG, Beschluss vom 11.09.2015, 1 39.15, Rn. 12 m. w. N.; Entscheidungsaufhebung wegen Ablehnung eines Beweisantrags der Ausländerbehörde auf Einholung eines psychiatrischen Gutachtens, „ob der Kläger die psychische Situation und die Denk- und Wahrnehmungsmuster, (...) die der abgeurteilten Straftat (...) zugrunde liegen, so weit überwunden hat, dass von ihm keine Gefahr mehr ausgeht." (BVerwG, Urteil v. 04.10.2012, 1 C 13.11 = ZAR 2013, 120–124, Rn. 9,19).

1082 Marx, Ausländer-, Asyl- und Flüchtlingsrecht, 5. Auflage, 2015, § 7 Aufenthaltsbeendigung, Rn. 168.

1083 Richter, NVwZ 1999, 726,730).

1084 BVerfG, Kammerbeschluss vom 10.08.2007, 2 BvR 535/06 = NVwZ 2007, 1300 (1302) – Hervorhebung durch Verf.

1085 Vgl. hierzu ebenfalls unten S. 229.

1086 BVerwG, Urteil vom 04.10.2012, 1 C 13.11 = ZAR 2013, 120 (121).

Wiederholungsgefahr ebenfalls von einer aufklärungsfähigen Beweistatsache aus – jedenfalls was die Anknüpfungstatsachen für die Prognose betrifft. Dabei ist zu beachten, dass kriminalprognostische Methoden nicht auf die Fälle beschränkt sind, in denen der Betroffene bei Tatbegehung eine krankhafte Störung aufgewiesen hat (vgl. S. 147).

Nach Auffassung des Bundesverwaltungsgerichts kommen Prognosegutachten als Beweismittel zur Unterstützung der Entscheidung des Verwaltungsgerichts bezüglich der Wiederholungsgefahr grundsätzlich in Betracht.[1087] Insbesondere bei wiederholten Straftaten bedürfe es jedoch zwar möglicherweise der Beiziehung der Strafakten, jedoch keines Gutachtens, da die Wiederholungsgefahr von den Gerichten regelmäßig ohne Hinzuziehung eines Sachverständigen beurteilt werden könne.[1088] Es sei auch den Ausländerbehörden beziehungsweise Gerichten überlassen, welche Prognosemethode angewandt werde.[1089]

Es ist jedoch zu hinterfragen, ob diese Anforderungen an die Prognoseentscheidung ausreichend sind.

2. Allgemeine Anforderungen an Prognoseentscheidungen

a. Wesen der Prognose im Gefahrenabwehrrecht

Eine Prognoseentscheidung ist „keine Wahrsagerei",[1090] sondern Ausdruck eines Wahrscheinlichkeitsurteils, dem zunächst eine Feststellung der Gewissheit über die Basistatsachen vorauszugehen hat,[1091] aufgrund derer auf zukünftige Tatsachen geschlossen werden kann.[1092]

Eine Prognoseentscheidung setzt – im untersuchungsgegenständlichen Kontext – voraus, dass ein „verknüpfendes Band" zwischen den als Prognosegrundlage dienenden Tatsachen und der Erwartung des Schadenseintritts besteht, das dem „Gesetz der Kausalität" folgt.[1093] Diese Erwartung muss über den bloßen Verdacht eines künftigen Schadenseintritts und Vermutungen,[1094] die allein die Möglichkeit

---

1087 BVerwG, Beschluss vom 22.10.2008, 1 B 5.08 – juris Rn. 5.

1088 Kraft, DVBl. 2013, 1219 (1224). Vgl. auch BVerwG, Beschluss vom 04.05.1990, 1 B 82.89, Abs. 7; BVerwG, Beschluss vom 05.12.1989, 1 B 168.89, Abs. 2; ähnlich für die Prognose im Waffenrecht nach strafrechtlicher Verurteilung: BVerwG, Beschluss vom 09.01.90, 1 B 1.90, Abs. 3. Allerdings wird dort die *Zuverlässigkeit* als positives Tatbestandsmerkmal verlangt wird und der Gesetzgeber hat in § 5 Abs. 1 bzw. 2 WaffG das Entfallen der Zuverlässigkeit kraft Gesetzes bzw. Regel normiert.

1089 BVerwG, Beschluss vom 30.12.1988, 1 B 123.88.

1090 Darnstädt, Gefahrenabwehr und Gefahrenprognose, S. 8.

1091 Vgl. Kokott, Beweislastverteilung und Prognoseentscheidungen, 1993, S. 30.

1092 Darnstädt, Gefahrenabwehr und Gefahrenprognose, S. 9.

1093 Brunn, NJOZ 2014, 361 (368).

1094 Vgl. Brunn, NJOZ 2014, 361 (369) allerdings zur Gefahrenprognose im Versammlungsrecht, die eine „unmittelbare Gefährdung" voraussetzt. Für das Erfordernis

eines Schadenseinritts nicht aber eine konkrete Gefahr begründen,[1095] hinausgehen.

Anders als die Vorhersage, die falsch sein kann, beinhaltet die Prognose lediglich eine Aussage über die Eintrittswahrscheinlichkeit;[1096] eine Gewissheit über zukünftige Umstände kann es schließlich nicht geben.[1097] Dies entbindet aber nicht davon, eine hinreichende Wahrscheinlichkeit des Schadenseintritts festzustellen.[1098]

Das klassische Modell der Gefahrenabwehr geht dabei von einem „beim Staat [...] vorhandenen Wissens von der Kausalität zwischen Gegenwart und zukünftigen Schadensereignissen in einer determinierten, zuverlässig vorhersehbaren Ordnung" aus.[1099] Im Bereich des Polizei- und Ordnungsrechts soll sich die Vollzugspolizei im Einzelfall auf Erfahrungswissen verlassen dürfen, um im Einsatzgeschehen Entscheidungen treffen zu können, während die Ordnungsbehörde auf breiterer Grundlage – nach dem Stand von Wissenschaft und Technik – entscheiden müsse.[1100] Bei bestehenden Unsicherheiten habe die Behörde – in Abhängigkeit zu der Bedrohungslage – zur Vermeidung pflichtwidriger Prognoseentscheidungen gegebenenfalls Maßnahmen zur Erlangung einer hinreichend tragfähigen Entscheidungsgrundlage zu ergreifen.[1101]

Im Falle der Ausweisung nach strafgerichtlicher Verurteilung ist eine unverzügliche Entscheidung regelmäßig nicht erforderlich. Hier liegt die Prognosegrundlage in einer vorangegangenen Straftat, der Anknüpfungspunkt also in der Vergangenheit und nicht in der Gegenwart. Die Erwartung eines Schadenseintritts besteht in der Annahme der Begehung künftiger Straftaten von ähnlichem Gewicht, nicht dagegen besteht im Normalfall ein bereits begonnener Kausalverlauf, der unterbunden werden soll. Es fragt sich vielmehr worin hier das „verknüpfende Band" liegt. Denn soweit man die Straftat als tatbestandsmäßige, rechtswidrige und

---

der konkreten Gefahr im hiesigen Kontext kann im Hinblick auf den tiefen Grundrechtseingriff nichts anderen gelten.

1095 Darnstädt, Gefahrenabwehr und Gefahrenprognose, S. 73 f.

1096 Grundlegend hierzu: Schwabenbauer/Kling, VerwArch 101 (2011), 231 (234).

1097 Vgl. Kokott, Beweislastverteilung und Prognoseentscheidungen, S. 30.

1098 Instruktiv und näher hierzu Kokott, Beweislastverteilung und Prognoseentscheidungen, S. 30–34. – Nach BVerfG, Beschluss vom 08.10.1985, 2 BvR 1150/80 u. 1504/82, BVerfG 70, 792 (318 f.), bedarf es für die Feststellung einer Gefahr im Sinne des § 63 StGB und Fortdauer des Maßregelvollzugs einer hinreichenden Konkretisierung der Gefahr der Begehung erheblicher Straftaten im Sinne einer Bestimmung des Grades der Wahrscheinlichkeit zukünftiger rechtswidriger Taten.

1099 Wollenschläger, Wissensgenerierung, S. 12.

1100 Würtenberger, in: Ehlers/Fehling/Pünder (Hrsg.), Besonderes Verwaltungsrecht (Bd. 3), 3. Auflage 2013, § 69, Rn 235. Für einen sektorenspezifischen Maßstab an die Vorgaben für die Bewältigung von Unsicherheiten und Ungewissheiten im Recht: Thiel, „Entgrenzung" der Gefahrenabwehr, S. 66.

1101 Thiel, „Entgrenzung" der Gefahrenabwehr, S. 74 f.

schuldhafte menschliche Handlung definiert,[1102] ist klar, dass die Wiederholung von einer unbestimmbaren Vielzahl von Faktoren abhängig ist. Sie steht unter dem Einfluss der Gelegenheit zur Begehung, persönlichem Handlungsdruck, der Motivlage, der Persönlichkeitsentwicklung und inneren Einstellung, um nur einige zu nennen. So äußert das Bundesverfassungsgericht im Falle eines vormals drogenabhängigen Konsumenten, der sich wegen konsumbedingtem Handeltreibens mit Betäubungsmittel strafbar machte, Zweifel am Bestehen einer Wiederholungsgefahr bei Wegfall der Abhängigkeit.[1103]

Ob eine Prognose zu erfolgen hat, ergibt sich zunächst aus dem Gesetz. Polizei- oder ordnungsrechtliche Verfügungen verlangen eine Prognose über das Vorliegen einer Gefahr für die geschützten Rechtsgüter.[1104] Da die Ausweisung eine ordnungsrechtliche Verfügung ist, bedarf sie einer Gefahrenprognose. Eine solche Prognose setzt einen „Fallbezug" voraus, kann also erst getroffen werden, wenn im Einzelfall eine Rechtsgutverletzung droht.[1105]

Zunächst ist eine Diagnose vorzunehmen, mit anderen Worten eine auf gesicherten tatsächlichen Erkenntnissen beruhende *Prognosebasis*[1106] zu bestimmen durch die Ermittlung der Fakten, des vorhandenen Erfahrungswissens sowie wissenschaftlicher und technischer Erkenntnissen.[1107] Es wird vertreten, dass hierunter „mitunter" auch die allgemeine Lebenserfahrung gehöre.[1108] Letzteres ist abzulehnen. Die allgemeine Lebenserfahrung ist das Gegenteil eines Faktums, sondern eine subjektiv geprägte Behauptung, die allenfalls bei der Bildung von Erfahrungssätzen eine Rolle spielen kann.

Die Prognose zielt auf die Feststellung (*Prognoseergebnis*), dass das *Prognoseereignis,* also der erwartete zukünftige Sachverhalt mit einer gewissen Wahrscheinlichkeit eintritt *(Wahrscheinlichkeitsmaßstab).*[1109] Für die Bestimmung des Wahrscheinlichkeitsmaßstabs beziehungsweise -grads sei zunächst eine Anfangswahrscheinlichkeit (die sogenannte Basisrate) zu bestimmen, die regelmäßig – so beschreibt es *Bäcker* für polizeiliche Prognosen – auf einer Schätzung beruhen werde, da die Basisrate bei polizeilichen Wahrscheinlichkeitsschlüssen vielfach unbekannt sei. Dabei seien für den zu bildenden Gesamtwahrscheinlichkeitsschluss als Indizien alle für und gegen den Schadenseintritt sprechenden Umstände heranzuziehen. Ein Prognosefehler liege vor, wenn die in Abhängigkeit

1102 Kaspar, Strafrecht – Allgemeiner Teil, § 4, Rn. 59.
1103 Vgl. Fn. 1084.
1104 Breuer, Der Staat 16 (1997), 21 (48).
1105 Lepsius, VVDStRL 63 (2004), 266 (293).
1106 Vgl. Ossenbühl, in: Erichsen/Hoppe/v. Mutius (Hrsg.), Festschrift für Christian-Friedrich Menger, S. 731 (733).
1107 Schoch, Jura, 2003, 472 (473).
1108 So Schoch, Jura, 2003, 472 (473).
1109 Zu den Begrifflichkeiten der Prognose: Schwabenbauer/Kling, VerwArch 101 (2011), 231 (232). – Hervorhebungen durch Verfasser.

der Verfügbarkeit von Indizien stehende Relevanz der Basisrate falsch bewertet werde.[1110] Folgt man diesem Ansatz, ist die Bedeutung statistischer Rückfallwerte methodisch umso weniger relevant je mehr Individualtatsachen herangezogen werden können.

Das „Herzstück der Prognose" ist die Prognosemethode: „Die Entwicklung oder Auswahl sowie die Handhabung eines „situationsadäquaten Erfahrungssatzes".[1111] Mit Hilfe der Prognosemethode wird ein Sachverhalt der Zukunft ermittelt,[1112] wobei es sich nicht um Subsumtion, sondern um ein – juristisches[1113] – Wahrscheinlichkeitsurteil handelt.[1114] Dieses beruht nicht auf einem feststehenden Sachverhalt, wie er Gegenstand der Subsumtion ist.[1115] Es handelt sich daher nicht um einen logischen Schluss[1116] im Sinne der Syllogistik.[1117]

Aus den der Prognosebasis zugrundeliegenden Tatsachen folgt mittels der Prognosemethode die Aussage, weshalb mit welcher Wahrscheinlichkeit das in der Zukunft liegende Schadensereignis eintritt.[1118] Anschließend ist zu entscheiden, ob der ermittelte Wahrscheinlichkeitsgrad ausreicht, um eine Gefahr zu bejahen.[1119]

b. Wahl der Prognosemethode

Wie dargestellt soll eine Festlegung der Prognosemethode für die Verwaltung bzw. das Verwaltungsgericht nicht bestehen.[1120] Das Ergebnis hieraus ist, dass – soweit ersichtlich – im Wesentlichen die sogenannte intuitiv gebildete Prognose zum Tragen kommt.[1121] Es bestehen Bedenken, ob eine derartige, praktisch unkontrollierbare Anwendung individuellen Erfahrungswissens ausreichend ist, um weitreichende, nicht eilbedürftige Entscheidungen wie die einer Ausweisung zu treffen.

1110 Zum Ganzen Bäcker, Kriminalpräventionsrecht, S. 91.
1111 Schwabenbauer/Kling, VerwArch 101 (2011), 231(234).
1112 Vgl. Schwabenbauer/Kling, VerwArch 101 (2011), 231(233).
1113 Zur Abgrenzung vom statistischen oder logischen Wahrscheinlichkeitsbegriff eingehend: Dürig, Beweismaß und Beweislast – zugl. Diss., 1999, S. 13–19.
1114 Ossenbühl, in: Erichsen/Hoppe/v. Mutius (Hrsg.), Festschrift für Christian-Friedrich Menger, S. 731 (732); Schwabenbauer/Kling, VerwArch 101 (2011), 231(234).
1115 Ossenbühl, in: Erichsen/Hoppe/v. Mutius (Hrsg.), Festschrift für Christian-Friedrich Menger, S. 731(733)
1116 Der logische Wahrscheinlichkeitsbegriff setzt eine Hypothese in eine logische Beziehung zu einem bestimmten Erfahrungssatz und kann den Grad der Bestätigung der Information bestimmen, jedoch keine Aussage über die Wirklichkeit treffen, so Dürig, Beweismaß und Beweislast – zugl. Diss., S. 14, 16.
1117 Schwabenbauer/Kling, VerwArch 101 (2011), 231(233).
1118 Vgl. Schwabenbauer/Kling, VerwArch 101 (2011), 231(233).
1119 Vgl. Bäcker, Kriminalpräventionsrecht, S. 91.
1120 BVerwG, Beschluss vom 30.12.1988, 1 B 123.88, vgl. oben Fn. 1089.
1121 Zum Begriff der „intuitiven Methode": vgl. oben S. 141, zur Kritik: vgl. oben S. 200.

Zunächst ist nachvollziehbar, dass jede Prognosemethode ein „Defizit an Rationalität" aufweist.[1122] Prognosen werden auch als „uninformierte Entscheidungen"[1123] beschrieben. Dieses Defizit an Rationalisierbarkeit beziehungsweise objektiver Beweisbarkeit soll durch Erfahrungssätze – auch als Gesetzmäßigkeiten oder statistische Sätze bezeichnet – geschlossen werden: durch aus Erfahrung gewonnene, generalisierte empirische Behauptungen.[1124] Auch die Folgerung aus durch Beobachtung gewonnenen Informationen auf nicht beobachtbare Aussagen fällt hierunter.[1125] Soweit Erfahrungssätze als Mittel zur Feststellung eines zukünftigen Sachverhalts herangezogen werden, ist nachvollziehbar, dass diese ebenfalls „nicht vollumfänglich rationalisierbar" sind.[1126]

Die Lösung für dieses Defizit kann jedoch nicht darin bestehen, schwerwiegende Eingriffsmaßnahmen auf vermeintliches Erfahrungswissen – im Sinne allgemeiner Erfahrungssätze – zu stützen, insbesondere dann, wenn es anderweitig aufgefüllt werden kann. Denn: scheinbar Selbstverständliches ist nicht ohne weiteres als empirisch fundiert anzusehen.[1127] Wenngleich die statistische Wahrscheinlichkeit nur ein Hilfsmittel für die (richterliche) Überzeugungsbildung sein kann, die auf einem „subjektiven" Wahrscheinlichkeitsurteil des Richters beruht,[1128] verbietet sich eine „vorschnelle [...] Flucht in rein subjektive Wertungen"[1129] bei stark – wie dies bei Ausweisungen der Fall ist – in den persönlichen Lebensbereich eingreifenden Verwaltungsentscheidungen, die zudem gemäß § 39 Abs. 1 S. 2 VwVfG auch hinsichtlich der Entscheidungsfindung ausreichend zu begründen sind.[1130] Denn, dass es „keine ‚objektiven' Prognosen [...] und keine ‚objektive Wahrscheinlichkeit' geben kann, ändert [...] nichts an dem Postulat, dass nur unter bestimmten, normativ festgelegten Voraussetzungen eine zum Eingriff berechtigende Gefahr angenommen werden darf."[1131]

Gleichzeitig ist das Treffen unabänderlicher Entscheidungen auf Grundlage unsicherer Prognosen besonders problematisch.[1132] Je mehr Spezifika ein Geschehen in der Vergangenheit aufweist, darauf weisen *Schwabenbauer/Kling* überzeugend hin, und je breiter damit der Erfahrungsschatz sein müsste, desto weniger kann empirisch-analytisches Wissen bereits als Prognosemethode, angeführt

1122 Schwabenbauer/Kling, VerwArch 101 (2011), 231 (242) unter Fortschreibung von Ossenbühl, in: Erichsen/Hoppe/v. Mutius (Hrsg.), Festschrift für Christian-Friedrich Menger, S. 733 (Fn. 3).
1123 Bull/Mehde, Allgemeines Verwaltungsrecht, 2015, Rn. 460.
1124 Koch/Rüßmann, Juristische Begründungslehre, S. 283.
1125 Koch/Rubel/Hesselhaus, Allgemeines Verwaltungsrecht, 2003, § 5, Rn. 131.
1126 Schwabenbauer/Kling, VerwArch 101 (2011), 231 (241–242)
1127 Vgl. Schwabenbauer/ Kling, VerwArch 101 (2011), 231 (242).
1128 Kokott, Beweislastverteilung und Prognoseentscheidungen, 1993, S. 32.
1129 Bull/Mehde, Allgemeines Verwaltungsrecht, 2015, Rn. 564.
1130 Vgl. Bull/Mehde, Allgemeines Verwaltungsrecht, 2015, Rn. 564.
1131 Kokott, Beweislastverteilung und Prognoseentscheidungen, S. 32–33.
1132 Vgl. Püttner, Verwaltungslehre, S. 265, Rn. 42.

werden: Auf allgemeinem Erfahrungswissen beruhende Annahmen stellen nämlich nur dann eine rationale Begründung dar, wenn sie auf einem „möglichst hohen
Grad empirischer Fundiertheit" beruhen.[1133]

Die Prognose künftigen menschlichen Verhaltens ist komplex und besonders
schwierig.[1134] Es ist schon fraglich, ob die Erwartung von Geschehensabläufen, die
auf willensgesteuertem, menschlichen Verhalten beruhen, überhaupt Bestandteil
von Erfahrungssätzen sein kann.[1135] Bei der Prognose künftigen menschlichen Verhaltens soll die lineare Trend-Extrapolation zur Anwendung kommen: die Vermutung, dass sich ein über längere Zeit beobachteter Trend fortsetzen werde.[1136] Diese
wird im Bereich der Kriminalprognose besonders kritisch gesehen, soweit nicht
auch Faktoren, die gegen die Fortentwicklung des Trends sprechen, berücksichtigt
werden.[1137] Soweit in die Zukunft reichende Lebensverhältnisse einzustellen sind,
könne nicht nur auf statistische Erhebungen zurückgegriffen werden und es müssten Entwicklungstendenzen ermittelt werden, statt „Erfahrungssätze [...] aufgrund
der Momentaufnahme einer statistischen Situationsanalyse" zu bilden.[1138]
    Zumal Erfahrungssätze das gesetzliche Tatbestandsmerkmal nicht aus dem
Blick verlieren dürfen.[1139] Der Erfahrungssatz muss in den hier interessierenden
Fällen in Richtung einer konkreten Gefahr für ein von § 53 AufenthG geschütztes
Rechtsgut aufgrund vorangegangenem strafrechtlich relevantem Verhalten zeigen,
also die Gefahr der erneuten Begehung von (vergleichbaren) Straftaten begründen.
    Wie wenig ein Erfahrungssatz angebracht ist, kann am Beispiel, Betäubungs-
mittelabhängige werden auch nach Therapien regelmäßig rückfällig, aufgezeigt
werden: Die Betäubungsmittelabhängigkeit ist keine Straftat, der Rückfall ebenfalls
nicht (vgl. oben S. 185). Eine „Abtrennungsregel der deduktiven Logik"[1140] dahingehend, dass alle therapierten beziehungsweise vormals Drogenabhängigen wieder
Drogen*straftaten* begehen werden, lässt sich nicht bilden. Bei Erfahrungssätzen
besteht, wie *Berg* darlegt, die große Gefahr darin, dass sie nicht den gesetzlichen
Tatbestand, sondern einen von den Gerichten selbst in Verkennung des Gesetz-
mäßigkeitsgebots aufgestellten eigenen Tatbestand belegen.[1141] Die – aus der (richterlichen) Lebenserfahrung folgende – hohe Wahrscheinlichkeit eines Rückfalls
in alte Gewohnheiten, ist ein Beispiel hierfür, wenn diese gar keine Straftaten

---

1133 Schwabenbauer/Kling, VerwArch 101 (2011), 231 (242).
1134 Vgl. Püttner, Verwaltungslehre, S. 265, Rn. 42.
1135 Vgl. Berg, Entscheidung bei ungewissem Sachverhalt, S. 112.
1136 Püttner, Verwaltungslehre, S. 265, Rn. 42.
1137 Naplava, in: Groenemeyer/Wieseler (Hrsg.), Soziologie sozialer Probleme und
    sozialer Kontrolle, 2008, S. 195.
1138 Berg, Entscheidung bei ungewissem Sachverhalt, S. 112 mit vertieften Hinweisen
    hierzu.
1139 Vgl. Berg, Entscheidung bei ungewissem Sachverhalt, S. 112
1140 Zur Abtrennungsregel siehe Koch/Rüßmann, Juristische Begründungslehre, S. 277.
1141 Berg, Entscheidung bei ungewissem Sachverhalt, S. 112.

darstellen, aber solche prognostiziert werden müssten, um den Tatbestand auszufüllen.

Derartige Prognosen zukünftigen menschlichen Verhaltens beziehungsweise zukünftiger Reaktionen beruhen auf der Annahme einer „inhärenten" Eigenschaft der Person, einer Disposition aufgrund von Erfahrungen mit dieser Person.[1142] Dabei wird allerdings mit der Frage nach der Wiederholung eines Verhaltens die Ebene des „stabilen Erfahrungs- und Regelwissens" verlassen, wie *Schwabenbauer/ Kling*, erläutern.[1143] Denn es leuchtet ein, dass neben dem individuellen Verhalten stets auch die Rahmenbedingungen notwendiges Kausalitätsmerkmal sind, das Verhalten einer Person immer in einer Beziehung zu seiner Umwelt steht. Ein Mensch ist nämlich nicht gefährlich im Sinne einer positiv feststellbaren Eigenschaft, sondern birgt allenfalls auch von außerpersönlich abhängenden Umständen das „Risiko" künftiger Straffälligkeit.[1144] Erfahrungswerte können daher nicht alle Kausalitätsfaktoren erfassen: „Der Rückgriff auf taugliche Erfahrungswerte [...] angesichts der auf unzähligen inneren und äußeren Einflussfaktoren beruhenden Unwägbarkeiten menschlichen Verhaltens ist komplex und ihre Auswahl besonders sensibel für den Einfluss impliziten Wissens und von Vorurteilen der maßgeblichen Entscheidungsträger, seien es nun Behörden oder Gerichte. Die intuitive deterministische Verknüpfung der Vergangenheit [...] ist deshalb nicht zulässig (wenngleich in der Praxis die Regel)."[1145] Sie verstehe nämlich die Zukunft nur als eine auf der Zeitachse verschobene Gegenwart, ohne sich strukturell von ihr zu unterscheiden.[1146]

Wenn bei Erfahrungssätzen unterschieden würde zwischen Erfahrungs*grund*sätzen, die für sich alleine zur Überzeugungsbildung geeignet sein sollen, und einfachen Erfahrungssätzen, die nur in Verbindung mit anderen Umständen eine hinreichende Gewissheit begründen können,[1147] versteht es sich von selbst, dass es keinen Erfahrungsgrundsatz geben kann, wonach eine Straftat in der Vergangenheit für sich alleine die Gefahr künftiger Straffälligkeit in der Zukunft begründet. Dies lässt sich einfach beweisen: So besteht die Gefahr der Wiederholung einer beim Steuern eines Kraftfahrzeugs begangenen Strafbarkeit nicht mehr, wenn

---

1142 Koch/Rubel/Hesselhaus, Allgemeines Verwaltungsrecht, 2003, § 5, Rn. 147 ff.
1143 Schwabenbauer/Kling, VerwArch 101 (2011), 231 (243).
1144 Vgl. Volckart, R & P 2002, 105 (105–106).
1145 Schwabenbauer/Kling, VerwArch 101 (2011), 231 (243).
1146 Schwabenbauer/Kling, VerwArch 101 (2011), 231 (243) unter Verweis auf Wollenschläger, Wissensgenerierung, 2009, S. 13, der ein derartiges Verständnis dann für anwendbar hält, wenn ihm bekannte „Erfahrungsregeln" zugrunde liegen (ebd. S. 12). Eine Erfahrungsregel sei beispielsweise, dass das Herumstreunen eines ausgewachsenen Löwen in einer Stadt die Gesundheit oder das Leben von Passanten gefährde. Es gäbe aber auch Entscheidungskonstellationen, in denen ein solches Erfahrungswissen nicht vorhanden sei (ebd. S. 17).
1147 So Dürig, Beweismaß und Beweislast, 2009, S. 48 m.N.

man zukünftig kein Kraftfahrzeug mehr steuert. Wenn bereits kein Erfahrungssatz ersichtlich ist, wonach aus dem Leugnen einer Tat auf eine fortbestehende Gefährlichkeit geschlossen werden könnte,[1148] ist es erst recht nicht möglich, aus der Straffälligkeit als solche einen derartigen Erfahrungsgrundsatz zu begründen. Es müssten demnach, wenn es sich denn um einen einfachen Erfahrungssatz handeln würde, jedenfalls weitere Umstände hinzutreten, um eine hinreichende Wahrscheinlichkeit zu belegen. Ohnehin bedarf das Berufen auf Erfahrungswissen und erst recht auf Erfahrungsgrundsätze, denen das Maß eines Anscheinsbeweises zukommen soll, eines besonders hohen Bestätigungsgrades.[1149]

Auch generellen Aussagen in Richtung einer der Person „innewohnende" Gesetzmäßigkeit – wie:

Eine bestimmte Klasse von Umständen hat häufig eine bestimmte Art von Schadensereignissen zur Folge, an denen der Betroffene beteiligt ist. -

ist jedenfalls im Bereich weitreichender Grundrechtseingriffe problematisch, da sie eine „Disposition eines Individuums" beschreiben, für die es an einer ausreichenden Bestimmtheit fehlt – gerade auch was den Zeitpunkt der behaupteten Folge betrifft.[1150] Im Hinblick auf die Variabilität des Wahrscheinlichkeitsgrades (vgl. S. 114) können derartige Aussagen daher eine hinreichende Wahrscheinlichkeit kaum beschreiben.

Es wird bei einer Annahme, eine Person werde ihr kriminelles Potential (irgendwann) verwirklichen, auch hinterfragt, ob es sich dabei um ein *Gefahrenurteil* handelt oder nicht nur um eine Befürchtung; sie soll nach *Bäcker* lediglich eine *Gefährlichkeits*prognose begründen können; nicht dagegen eine Gefahr im Sinne polizeilicher Ermächtigung.[1151] Dies trifft, wie soeben dargelegt, dann zu, wenn ausschließlich die Gefährlichkeit einer Person festgestellt wird. Diese sagt nämlich nichts darüber aus, ob sich ihre Gefährlichkeit auch mit hinreichender Wahrscheinlichkeit realisieren wird. Es wird erkennbar, dass auch der Einritt der Umstände, die zur dispositionellen Eigenschaft hinzutreten müssen, um ein Schadensereignis erwarten zu lassen, Gegenstand der Prognose sein müssen.

1148 Vgl. BVerfG, Kammerbeschluss v. 11.01.2016, 2 BvR 2961/12, 2 BvR 2484/13, Rn. 29.

1149 Hierzu mit Nachweisen Dürig, Beweismaß und Beweislast, 2009, S. 48; vgl. auch Schwabenbauer/Kling, VerwArch 101 (2011), 231 (243).

1150 So Darnstädt, DVBl. 2017, 88 (91), dessen Ausführungen auch der Beispielssatz nachgebildet ist.

1151 Bäcker, Kriminalpräventionsrecht, S. 117. A.A. OVG Münster, Urteil vom 05.07.2017, 5 A 607/11 = NRW Rechtsprechungsdatenbank, Rn. 160 zur Frage der Dauerobservation von Sexualstraftätern nach Haftentlassung. Demnach sei eine Gesamtwürdigung im Hinblick auf begangene Straftaten und Entwicklung im Strafvollzug ausreichend.

Nun mag es im fiktiven Fall, dass ein Polizeivollzugsbeamter eine augenscheinlich mit einer – vermeintlich scharfen[1152] – Schusswaffe agierende und Passanten bedrohende Personen wahrnimmt, mit Erfahrungswissen zu begründen sein, dass für den Fall des Abdrückens der Waffe eine Todesgefahr gegeben ist, auch wenn das Auslösen Spekulation bleibt. Das Wissen besteht hier darin, dass das Auslösen der Schusswaffe tödliche Verletzungen hervorrufen kann. Die Wahrscheinlichkeit, dass das polizeiliche Gegenüber, das eine Waffe bei sich führt – und zwar in der *Gegenwart* – und Menschen damit bedroht, auch abdrücken wird, dürfte dabei hinreichend groß sein, um einzugreifen. Schwerlich mit Erfahrungs*wissen* ließe sich allerdings begründen, dass jemand, der in der *Vergangenheit* mit einer – tatsächlich – scharfen Schusswaffe vorsätzlich einen Menschen verletzt hat, auch nach dem Verbüßen einer langen Haftstrafe (irgendwann) in der Zukunft erneut eine solche Tat verüben wird.

Beim Arbeiten mit statistischen oder probabilistischen Erfahrungssätzen stehe, so erläutern *Koch/Rüßmann*, ein „einfach zu handhabendes Verwendungsregelsystem nicht zur Verfügung", da ein Zusammenhang zweier Merkmale nur für einen Teil der Fälle gelte und der deterministische Bereich verlassen werde.[1153] Wenn im Beispielsfall bei *Koch/Rüßmann*[1154] die Wahrscheinlichkeit p (G, F) = r [Wahrscheinlichkeit p (für den Einzelfall G, unter der Bedingung F)] bei 0,9 liegt, tritt in zehn Prozent der Fälle F also kein G ein. „Sobald mehrere Indizien bestehen, für die aus verschiedenen Untersuchungen stammende statistische Erfahrungssätze entweder in statistische Systematisierungen oder in das Bayestheorem eingesetzt werden können," liegt ein „Informationsproblem [vor], das nicht mehr durch formales Wissen allein, sondern nur noch durch weiteres, [auf die komplexe Indizienkonstellation zugeschnittenes] Erfahrungswissen gelöst werden kann [...]."[1155] Das löst aber nicht das Problem, dass Erfahrungssätze ihren Geltungsanspruch aus der Gültigkeit von Erfahrungen ableiten und nicht für Sachverhaltsannahmen herangezogen werden können, über die noch keine Erfahrungen vorliegen; denn: „Es gibt keinen wahrheitskonservierenden Schluss von einer begrenzten Anzahl von Beobachtungsberichten auf einen Satz, dessen Geltungsanspruch über die Beobachtungsberichte hinausgeht. Erfahrungssätze können nicht verifiziert, ihre Gültigkeit kann nicht bewiesen werden."[1156] Es bleibt somit von besonderem Gewicht, dass bei der Prognose künftiger Straffälligkeit nicht nur die individuelle Disposition, sondern auch das (hypothetische) Vorliegen relevanter Begleitumstände Bedeutung hat.

1152 Vgl. zur Frage der in dieser Konstellation vorliegende Problematik des Gefahrenverdachts Jaeckel, Gefahrenabwehrrecht und Risikodogmatik, S. 133.
1153 Vgl. Koch/Rüßmann, Juristische Begründungslehre, S. 287.
1154 Folgendes Beispiel entnommen aus und ausführlich beschrieben bei Koch/Rüßmann, Juristische Begründungslehre, S. 277 ff., 287: p (Gefängnis, Fürsorgezöglinge) = 0,9; 90 Prozent der Fürsorgezöglinge landen im Gefängnis.
1155 Koch/Rüßmann, Juristische Begründungslehre, S. 325.
1156 Koch/Rüßmann, Juristische Begründungslehre, S. 327.

Bei den zu berücksichtigenden Begleitumständen kann nicht außer acht gelassen werden, wenn Weisungen zur Aufsicht und Führung im Rahmen von Bewährungs- oder Führungsaufsicht erfolgen (vgl. S. 193). Denn dann ist noch als zusätzlicher Umstand zu berücksichtigen, ob zu erwarten ist, dass gegen diese Weisungen verstoßen werden wird.[1157]

Der statistischen Häufigkeit eines Ereignisses kann zwar Bedeutung als Wissensinformation für die Bestimmung der Eintrittswahrscheinlichkeit zukommen.[1158] Das *juristische* Wahrscheinlichkeitsurteil geht aber über die abstrahierende Betrachtung der Statistik hinaus und trifft eine Entscheidung über den Eintritt eines Ereignisses im individuellen Einzelfall.[1159] Aufgrund der Individualität des Menschen wird auch eine Prognosemethode für geeignet erachtet, die darauf beruht, fehlende Erfahrungssätze nachträglich zu beschaffen: Diese könnte in Tests bestehen, denen eine Person unterzogen wird und bei denen man das Verhalten beobachten kann.[1160] Das Entwerfen und die Durchführung von Tests für empirische Hypothesen sei eine Aufgabe der Fachwissenschaften.[1161] Die kriminalprognostische Untersuchungen ist letztlich nichts anderes als eine fachwissenschaftliche Methode der Testung einer Person.

Eine schematische Herangehensweise dahingehend, dass die Anforderungen an die Prüfung der Wiederholungsgefahr niedriger seien, weil den früheren Ausweisungsvorschriften eine gesetzliche Wertung zugebilligt wurde, dass eine bestimmte Strafhöhe typischerweise ein hohes „Wiederholungsrisiko"[1162] innewohne, war schon bisher zu hinterfragen. Ein Wiederholungsrisiko beinhaltet allenfalls das

---

1157 Auch hier sind allgemeine Erfahrungssätze und Rückfallstatistiken methodischer Einschränkung unterworfen. Die statistische Häufigkeit des Widerrufs von Bewährungsaussetzungen sagt nämlich beispielsweise nichts darüber aus, weshalb die Bewährungsentscheidungen widerrufen wurden: wegen Auflagenverstößen, Weisungsverstößen oder neuen Straftaten – die zudem weder einschlägig noch gleich gewichtig sein müssen.

1158 Vgl. Dürig, Beweismaß und Beweislast, S. 17. – Soweit diese in juristischen Entscheidungen Berücksichtigung finden sollen, wird insoweit gefordert, dass nähere Informationen über die Ergebnisermittlung mitzuteilen sind, damit die Vertrauenswürdigkeit geprüft werden kann (Koch/Rüßmann, Juristische Begründungslehre, S. 345).

1159 Dürig, Beweismaß und Beweislast, S. 16 (Hervorhebung durch Verf.). Dazu, dass ein statistisch belegte Prognose keine Individualprognose darstellt vgl. oben S. 143.

1160 Koch/Rubel/Hesselhaus, Allgemeines Verwaltungsrecht, 2003, § 5, Rn. 157. Die Autoren benennen beispielsweise die zweite juristische Staatsprüfung als Test der Befähigung zum Richteramt. – Die Untersuchung im Rahmen eines Prognosegutachtens ist letztlich nichts anderes: Sie setzt eine ausführliche Exploration und „mehrdimensionale Untersuchung" voraus, so Boetticher u.a., NStZ 2006, 537 (542).

1161 Koch/Rüßmann, Juristische Begründungslehre, S. 328.

1162 BVerwG, Urteil vom 16.11.2009, 9 C 6/00 (zu § 51 Abs. 1, 3 AuslG) = NVwZ 2001, 442 (444).

Fürmöglichhalten des Bestehens einer Gefahr, was nur einen Gefahrenverdacht begründen könnte, während die Gefahr die Wahrscheinlichkeit des Schadense*intritts* voraussetzt.[1163]

Jedenfalls nach dem AufenthG 2015 ist die Inbezugnahme von Strafhöhen Ausdruck der Bedeutung des geschützten Rechtsguts und nicht des „Wiederholungsrisikos": § 54 typisiert Ausweisungsinteressen und nicht die Wiederholungsgefahr. Gerade das Einführen von § 54 Abs. 1 Nr. 1a bzw. Abs. 2 Nr. 2a AufenthG bestätigt diesen Befund, indem der Gesetzgeber für unterschiedliche Deliktsformen unterschiedlichen Strafhöhen Bedeutung beimisst und damit die Gewichtung des Ausweisungsinteresses vortypisiert.

Die Höhe einer Strafe sagt ohnehin über den Grad der Wahrscheinlichkeit der Wiederholung nichts aus:[1164] Gerade massive Gewalttaten, insbesondere Tötungsdelikte zum Nachteil weiblicher Geschädigter sind in hohem Maße Beziehungstaten, bei der eine Verwandtschaft beziehungsweise Bekanntschaft zum Tatverdächtigen besteht.[1165] Derartige Anlasstaten, die aus einem atypischen singulären Verhalten in einer „hochspezifischen Ausnahmesituation mit ungewöhnlichem Anforderungsgehalt" resultieren, „wie dies beispielsweise bei manchen Beziehungsdelikten der Fall ist, wird die Erwartung erneuter vergleichbarer Taten eher gering sein."[1166] Mit anderen Worten: gerade im Bereich der Tötungsdelikte wird in der Regel die Wahrscheinlichkeit der Wiederholung (äußerst) gering sein.[1167]

Besonders niedrige Basisraten bestehen im Falle einer Verurteilung wegen sexuellen Mißbrauchs und sexueller Gewalt: „Missbrauchsdelikte [stellen], ebenso wie gewalttätige Sexualdelikte, [...] zumeist „einmalige Erscheinungen im Lebensverlauf eines Täters [dar]. Nur eine kleine Gruppe fällt wiederholt wegen Missbrauchs- und gewalttätigen Sexualdelikten auf. [E]ine sehr kleine Gruppe von

---

1163 Kokott, Beweislastverteilung und Prognoseentscheidungen, S. 31.

1164 Anders dagegen VG Saarlouis, Urteil vom 14.09.2018, 6 K 210/17 = BeckRS 2018, 22622, Rn. 29, wonach es sich „sowohl nach der Höhe der gegen den Kläger verhängten Gesamtfreiheitsstrafe als auch der Art und Weise der konkreten Begehung" um Straftaten handele, die „typischerweise mit einem hohen Wiederholungsrisiko" verbunden sind. Der Schwerpunkt der Begründung der Wiederholungsgefahr scheint hier aber in der Art der Begehung zu liegen („hohe kriminelle Energie").

1165 Vgl. Cornelißen, Gender Datenreport, 2005, S. 637.

1166 Dahle/Schneider-Njepel, in: Bliesener/Lösel/Köhnken, Lehrbuch der Rechtspsychologie, S. 422 (425).

1167 Vgl. hierzu Jehle/Albrecht/Hohmann-Fricke/Tetal, in: Bundesministerium der Justiz und für Verbraucherschutz (Hrsg.), Legalbewährung nach strafrechtlichen Sanktionen, S. 10, wonach nach Verurteilung wegen eines Tötungsdelikts die Rückfallwahrscheinlichkeit hinsichtlich eines weiteres Tötungsdelikts bei 1 % und die Wahrscheinlichkeit der Begehung eines Körperverletzungsdelikts bei 8 % liegt.

wegen sexuellem Missbrauch einschlägig Vorbestrafte[n] wird wegen eines erneuten sexuellen Missbrauchsdelikts rückfällig."[1168]

In einem weiteren strafrechtlichen Bereich, der regelmäßig schwerwiegende Straftaten voraussetzt – sonst wäre die Anordnung unverhältnismäßig -, dem freiheitsentziehenden Maßregelvollzug, lassen sich besonders genaue Prognosebeurteilungen erstellen durch individuelle Risikoanalysen ("Risk Assessments").[1169] Allein dieser kurze Einblick in die Frage von Rückfallhäufigkeit, der in dieser Arbeit mangels kriminologischer Ausrichtung nicht zu vertiefen ist, spricht gegen eine schematische Betrachtung von Strafhöhen einerseits und Fachspezifik der Forschung zur Rückfallhäufigkeit andererseits.

Die Komplexität der personenbezogenen Prognose könnte, so die Überlegung von *Schwabenbauer/Kling*, dafür sprechen, dass eine „Methodenermächtigung" bestehe.[1170] Sie würde der Praxis der intuitiven Prognose, wie es im Ausweisungsverfahren unter regelmäßigem Verzicht auf die Einholung von Sachverständigengutachten überwiegend gehandhabt wird, nicht widersprechen – die Anerkennung würde vielmehr den ausgeführten Erfordernissen entsprechen. Die freie Methodenwahl bedarf aber der Einschränkung: „Werden [...] [Prognosen] mangels pathologischer Defizite der Betroffenen [...] regelmäßig ohne fachwissenschaftliche Erkenntnisse getroffen (Trivialprognose[n]), so besteht eine ausgeprägte Anfälligkeit für den Einfluss individueller Alltagserfahrungen und sachwidriger Aspekte wie etwa der Besänftigung einer erregten (Medien-) Öffentlichkeit".[1171]

Das ist im Ausweisungsverfahren durch die politische Aufladung nicht auszuschließen,[1172] und auch hier gilt als Rechtsprechungsregel (vgl. S. 201), dass fachwissenschaftliche Erkenntnisse nur in Ausnahmefällen – insbesondere bei krankheitsbedingten Auffälligkeiten – eingeholt werden müssten. Eine solche, nur intuitive Prognose wird aber der Anforderung an die erforderliche Sicherheit der Prognose regelmäßig nicht gerecht werden, da sie nicht ausreichend fachwissenschaftlich abgesichert ist. Erforderlich sind Gutachten, in denen auch über Begleitumstände der Delinquenz Auskunft gegeben wird (vgl. oben S. 148). Ohne deren Berücksichtigung ist eine Prognoseentscheidung nicht möglich, wenn künftiges Verhalten in den Blick genommen werden soll. Denn alleine die Feststellung von Dispositionen hat keine Aussagekraft, ob diese künftig strafbares Verhalten

---

1168 Jehle/Albrecht/Hohmann-Fricke/Tetal, in: Bundesministerium der Justiz und für Verbraucherschutz (Hrsg.), Legalbewährung nach strafrechtlichen Sanktionen, S. 119.

1169 Dahle/Schneider-Njepel, in: Bliesener/Lösel/Köhnken, Lehrbuch der Rechtspsychologie, S. 422

1170 Schwabenbauer/Kling, VerwArch 101 (2011), 231 (247).

1171 Schwabenbauer/Kling, VerwArch 101 (2011), 231 (247 f.) – als Beispiele benannt: die Frage der Zuverlässigkeit im Sinne von § 35 GewO oder § 7 Abs. 2 Nr. 2, § 33 Abs. 1 S. 3 BeamtStG).

1172 Vgl. bereits Einleitung, S. 18.

erwarten lassen, zumal auch gerade deren Feststellung besonderer Fachkunde bedarf. Derartige Fachkunde steht mittels der Kriminalprognostik der Verwaltung und den Verwaltungsgerichten auch zur Verfügung, während ihr eigener Sachverstand endet.[1173] Diese verknüpfen die individuellen Merkmale der Person, das empirisch-analytischen Erfahrungswissen und die Frage der Begleitumstände zu einer individuellen Gesamtaussage.[1174] Nur die Heranziehung der Methoden der Kriminalprognose erlauben daher eine aussagekräftige und – vor allem – ausreichend sichere Prognose künftigen individuellen Verhaltens.

3. Anforderungen an die Amtsaufklärungspflicht unter Berücksichtigung der Eingriffsintensität

Kommt man zu dem Schluss, dass die Einholung eines Sachverständigengutachtens zur Prüfung der Wiederholungsgefahr erforderlich ist, kann diese Notwendigkeit bereits im behördlichen Verfahren eintreten. Es ist nicht erst die Aufgabe der Verwaltungsgerichte, dem Betroffenen zu seinem subjektiven (öffentlichen) Recht zu verhelfen und eine Rechtsverletzung der Eingriffsverwaltung zu beseitigen, vielmehr hat schon die Verwaltung das objektive Recht anzuwenden.[1175] Somit obliegt die Aufklärung der Wiederholungsgefahr zunächst der Verwaltung. Es besteht eine Aufklärungspflicht der Behörde, ob ein Schaden droht.[1176] Dabei hat die Behörde umfassend zu ermitteln.[1177] Dies folgt auch aus dem verfassungsrechtlichen Gebot bestmöglicher Sachaufklärung.[1178]

Die Notwendigkeit einer eigenständigen Verwaltungsentscheidung einschließlich der Berücksichtigung künftiger Entwicklungen im Rahmen der fortlaufenden Ermessensentscheidung war im Anwendungsbereich besonderen

---

1173 Vgl. zur notwendigen Ausbildung Kröber, Fn. 809. – Dort, wo der Sachverstand endet, soll externer Sachverstand von der Behörde hinzugezogen werden, so Bull/Mehde, Allgemeines Verwaltungsrecht, 2015, Rn. 566.
1174 Vgl. Volckart, R & P 2002, 105: „*Wer nur Prädiktoren sammelt, ohne sich um die Häufigkeit ihres sonstigen Vorkommens in der bei dem Probanden gegebenen Kombination zu kümmern, der hat für eine Aussage über die Wahrscheinlichkeit eines Rückfalls keine rationale Grundlage. Dafür muss er, wie der kriminalprognostische Syllogismus erkennen lässt, den Probanden in eine Menge einordnen, die die gleichen Prädiktoren aufweist, und von der die Rate bekannt ist, mit der die darin zusammengefassten Personen rückfällig geworden sind.*"
1175 Vgl. hierzu näher Funke, JZ 2015, 369 (373).
1176 Vgl. (zur Frage der fraglichen Begründung Gefahrerforschungseingriffs mit einer Polizeiaufgabe der Aufklärungspflicht) Schenke, in: Steiner/Brinktrine (Hrsg.), Besonderes Verwaltungsrecht, 2018, Rn. 103 i. V. m. Rn. 99.. Zur Beweislast vergleiche genauer unten S. 245.
1177 Brunn, NJOZ 2014, 361 (369)
1178 Kirkagac, Verdachtsausweisungen, S. 59 f., der im Einzelfall ebenfalls die Notwendigkeit der Gutachteneinholung betont, S. 61.

Ausweisungsschutzes des vormaligen Rechts so *Thym*, die „Quintessenz des Ausweisungsrechts".[1179] Auch wenn sich der Gesetzgeber mit der Neuregelung 2015 gegen eine Ermessensvorschrift entschieden hat, besteht die Aufklärungspflicht der Behörde zur Prüfung der Tatbestandsvoraussetzungen und der Abwägungskriterien sowie die Pflicht zur Beachtung des Verhältnismäßigkeitsgrundsatzes.[1180]

Schließlich greift die Ausweisungsverfügung bereits dann unmittelbar in die Rechte des Betroffenen ein, wenn sie noch nicht bestandskräftig ist, und beendet die Rechtmäßigkeit des Aufenthalts zunächst.[1181] Zwar ist das Verwaltungsgericht gemäß § 86 Abs. 1 VwGO ebenfalls zur Sachverhaltsaufklärung verpflichtet und hat die behördliche Prognose zu prüfen[1182] beziehungsweise eine eigenständige Prognoseentscheidung zu treffen (vgl. S. 230) sowie eine eigene Abwägungsentscheidung – möglicherweise auch auch unter Berücksichtigung zusätzlicher Tatsachen beziehungsweise Beweiserhebung[1183] – vorzunehmen.[1184] Dennoch darf die Behörde die Aufklärung des Sachverhalts nicht dem Verwaltungsgericht überlassen, da sie selbst an Recht und Gesetz gebunden ist. Die notwendige Aktualisierung der Sachlage betrifft neben einer etwaigen Veränderung des Gewichts des Bleibeinteresses auch stets die Frage der Gefahrenprognose, bei der es auf den Zeitpunkt der letzten mündlichen Verhandlung ankommt.[1185]

Die Behörde hat somit die konkrete Lebenssituation des Betroffenen zu ermitteln und bei der Entscheidung zu berücksichtigen sowie verfahrensbegleitend

---

1179 Thym, Migrationsverwaltungsrecht, S. 252, ebd. S. 255.

1180 Hailbronner, Asyl- und Ausländerrecht, 4. Aufl. 2017, Rn. 1014, 1029; Welte, InfAuslR 2015, 426 (428); vgl. hierzu auch, Gutmann, InfAuslR 2016, 129, wonach das Gericht die Verhältnismäßigkeit der Entscheidung der Verwaltungsbehörde zu kontrollieren habe.

1181 Vgl. oben S. 19.- Beispielsweise führt sie bei einem Betroffenen, der sich zum Zeitpunkt der Zustellung der Ausweisungsverfügung im Inland aufhält, zu einer faktischen Ausreiseunmöglichkeit, da die Wiedereinreise gem. § 11 Abs. 1 AufenthG verboten ist, für den im Ausland befindlichen zu einem Einreiseverbot. Darüber hinaus auch beispielhaft: Leistungsausschluss gem. § 7 Abs. 1 S. 2 Nr. 2 a SGB II i. V. m. § 51 Abs. 1 Nr. 5 AufenthG. – Vgl. zu den ausländerrechtlichen Wirkungen der Ausweisung Hailbronner, Asyl- und Ausländerrecht, 4. Auflage 2017, Rn. 1097 f. Zum Umfang der verfahrensbegleitenden Kontrolle der Rechtmäßigkeit der Ausweisungsverfügung vgl. Mayer, VerwArch 101 (2010), 482 (504).

1182 Eckertz-Höfer, in: Barwig u. a. (Hrsg.), Perspektivwechsel im Ausländerrecht, S. 106 (111).

1183 Eckertz-Höfer, in: Barwig u. a. (Hrsg.), Perspektivwechsel im Ausländerrecht, S. 106 (111).

1184 Funke, ZAR 2016, 209 (210).

1185 Bereits zum früheren Recht bestand die Pflicht zur ständigen verfahrensbegleitenden Kontrolle der Rechtmäßigkeit der Ausweisungsverfügung im Hinblick auf Veränderungen bezüglich der Sozial- und Gefahrenprognose, so Mayer, VerwArch 101 (2010), 482 (504).

zu aktualisieren.[1186] Die Aufklärung des Sachverhalts umfasst die Beiziehung der Strafakten hinsichtlich der das Ausweisungsinteresse begründenden Straftat,[1187] aber auch erforderlichenfalls die Einholung eines Sachverständigengutachtens.[1188]

Im Bereich des Maßregelvollzugs hat das Bundesverfassungsgericht[1189] für den Entzug der persönlichen Freiheit als unverzichtbare Voraussetzung rechtsstaatlichen Verfahrens angesehen, dass Entscheidungen auf ausreichende richterliche Sachaufklärung beruhen (hier kann nur das Gericht über die grundsätzliche Fortdauer des Vollzugs entscheiden). Dabei müssten die Anforderungen an die Sachverhaltsaufklärung mit der Dauer des Maßregelvollzugs steigen; bei längerer Sicherungsverwahrung bestehe regelmäßig die Pflicht, einen besonders erfahrenen Sachverständigen zu Rate zu ziehen, der die richterliche Prognose durch ein hinreichend substantiiertes und zeitnahes Gutachten vorbereitet.

Diese Wertung lässt sich auf das Ausweisungsrecht durchaus übertragen. Zwar stellt die Ausweisung keine Freiheitsentziehung dar. Allerdings ist die Eingriffsintensität enorm, da sie mit einer im Zweifelsfall zwangsweise durchgesetzten Verlagerung des Lebensraumes, im Einzelfall sogar mit einer Trennung von Ehegatten und Kindern, und Verlagerung in einen Lebensraum, in dem der Betroffene und seine Familie möglicherweise nie gelebt haben, verbunden ist. Zum anderen ist auch der Gesetzeszweck des Maßregelvollzugs derselbe; auch hier ist Voraussetzung die Verurteilung wegen (erheblicher) Straftaten einschließlich der Gefahr der Begehung künftiger Straftaten.[1190] Es steht dort der Freiheitsanspruch des Betroffenen im Spannungsverhältnis mit dem Sicherheitsbedürfnis der Bevölkerung.[1191] Die zwangsweise Verlagerung des Lebensmittelpunkts einschließlich eines Betretungsverbots für die Bundesrepublik und ein faktisches Aufenthaltsverbots für die Schengenstaaten[1192] sind hinsichtlich der Eingriffsintensität mit der

---

1186 Zum *früheren* Recht und der Pflicht im Rahmen der Ermessensausübung: Eckertz-Höfer, in: Barwig u. a. (Hrsg.), Perspektivwechsel im Ausländerrecht, S. 106; Thym, Migrationsverwaltungsrecht, S. 251; Kraft, DVBl. 2013, 2019 (1227). Die Pflicht zur „ständigen" verfahrensbegleitenden Kontrolle der Ausweisungsverfügung durch die Behörde während des Gerichtsverfahrens gilt auch im *neuen* Recht aufgrund der Anforderungen an die Verhältnismäßigkeit, die sich letztlich erst im Zeitpunkt der Sach- und Rechtslage der letzten mündlichen Verhandlung oder Entscheidung abschließend stellt, so Welte, InfAuslR 2015, 426 (428).

1187 Vgl. auch Hailbronner, Asyl- und Ausländerrecht, 4. Auflage 2017, Rn. 1029; Welte, InfAuslR 2015, 426 (428); zumal auch die Prognoseentscheidung der Strafgerichte ist zu berücksichtigen ist, Kraft, DVBl. 2013, 1219 (1220).

1188 Vgl. Thym, Migrationsverwaltungsrecht, S. 251 f.

1189 BVerfG, Kammerbeschluss vom 14.01.2005, 2 BvR 983/04, Rn. 13.

1190 Vgl. oben S. 176.

1191 BVerfG, Kammerbeschluss vom 14.01.2005, 2 BvR 983/04, Rn. 11.

1192 Gem. Art. 25 Abs. 1 S. 2 SDÜ ist vor Erteilung eines Aufenthaltstitels nach Art. 96 SDÜ zur Einreiseverweigerung ausgeschriebenen Ausländers der ausschreibende Staat anzuhören und dessen Interessen bei der Entscheidung zu berücksichtigen.

Freiheitsentziehung vergleichbar. Bei einem verfestigten Aufenthalt handelt es sich um einen Eingriff in das Grundrecht auf freie Entfaltung der Persönlichkeit, das als Menschenrecht auch Ausländern zusteht.[1193]

Die Sachverhaltsermittlung ist zentraler Gegenstand des Verwaltungsverfahrens aufgrund des in §§ 24, 26 VwVfG normierten Grundsatzes der Amtsermittlung[1194] im Standardverfahren. Die Verpflichtung zur Wissenserzeugung und Ermittlung des entscheidungserheblichen Sachverhalts folgt aus dem Gebot der Gesetzmäßigkeit der Verwaltung, das dem Rechtsstaatsprinzip zuzuordnen ist.[1195] Der Untersuchungsgrundsatz des § 24 Abs. 1 und 2 VwVfG bezweckt dabei, die bestmögliche beziehungsweise materiell richtige Entscheidung zu treffen,[1196] und dient damit der Einzelfallgerechtigkeit ebenso wie dem öffentlichen Interesse an der Gesetzmäßigkeit der Verwaltung.[1197]

Hieraus folgt, dass eine vollständige, gründliche und unparteiische[1198] Sachverhaltsaufklärung geboten ist, § 24 Abs. 2 VwVfG.[1199] Die Behörde hat den entscheidungserheblichen Sachverhalt gem. § 24 Abs. 1 S. 1 VwVfG von Amts wegen zu ermitteln und Beweise – auch durch Vernehmung von Sachverständigen (§ 26 Abs. 1 Nr. 2 VwVfG) – zu erheben.[1200] Dabei soll nach § 26 VwVfG der Behörde ein Ermittlungsermessen über Art und Umfang der Informationsaufklärung zustehen.[1201] Im Falle der Ausweisung besteht aufgrund ihres starken, auch während des laufenden Verfahrens bestehenden Eingriffs eine umfassende Ermittlungspflicht.[1202]

1193 BVerfG, Kammerbeschluss vom 10. 8. 2007, 2 BvR 535/06, vgl. oben Fn. 16. Zum gesteigerten Grundrechtsschutz vgl. Fn. 720 und oben S. 19.

1194 Schneider, in: Hoffmann-Riem/Schmidt-Aßmann/Voßkuhle, Grundlagen des Verwaltungsrechts, Bd. II, § 28, Rn. 36.

1195 Wollenschläger, Wissensgenerierung, S. 8; *Schenk*, in: Obermayer/Funke-Kaiser (Hrsg.), VwVfG, 5. Auflage 2018, VwVfG, § 24, Rn. 6.

1196 Engel/Pfau, in: Mann/Sennekamp/Uechtritz (Hrsg.), Verwaltungsverfahrensgesetz, 1. Auflage 2014, VwVfG, § 24, Rn. 9.

1197 Luch, in: Bauer/Heckmann/Ruge/Schallbruch/Schulz (Hrsg.), VwVfG, 2. Auflage 2014, VwVfG, § 24, Rn. 3.

1198 Schneider, in: Hoffmann-Riem/Schmidt-Aßmann/Voßkuhle, Grundlagen des Verwaltungsrechts, Bd. II, § 28 Rn. 33 und 35.

1199 Schneider, in: Hoffmann-Riem/Schmidt-Aßmann/Voßkuhle, Grundlagen des Verwaltungsrechts, Bd. II, § 28, Rn 36.

1200 Pünder, in: Ehlers/Pünder (Hrsg.), Allgemeines Verwaltungsrecht, § 14, Rn. 27 f.

1201 Schneider, in: Hoffmann-Riem/Schmidt-Aßmann/Voßkuhle, Grundlagen des Verwaltungsrechts, Bd. II, § 28, Rn 36. Bull/Mehde, Allgemeines Verwaltungsrecht, 9. Auflage 2015, Rn. 460. Im Einzelnen str., vgl. Pünder, in: Ehlers/Pünder (Hrsg.), Allgemeines Verwaltungsrecht, § 14, Rn. 29.

1202 Vgl. Fn. 1211. Im Einzelnen str. (vgl. Pünder, in: Ehlers/Pünder (Hrsg.), Allgemeines Verwaltungsrecht, § 14, Rn. 29), wenngleich nicht zu verkennen ist, dass ein Streit um den Umfang der Ermittlungspflicht der Behörde in der Praxis kaum weiterführend ist, sondern entsprechende Beweisanträge jedenfalls im gerichtlichen Verfahren zu stellen sind, da die Rüge eines Verstoßes gegen den

Aufgrund des Amtsermittlungsgrundsatzes und der besonderen Eingriffsintensität der Ausweisung in die Grundrechte des Betroffenen, ist es nicht ausreichend, mittels Typisierungen und – in der Regel allein aus dem Akteninhalt – geschöpften Erkenntnissen eine derartig gravierende Prognoseentscheidung, wie sie der Ausweisung zugrunde liegt, zu treffen,[1203] insbesondere dann, wenn der Betroffene auf günstige Aspekte hingewiesen hat (§ 82 AufenthG). Denn § 24 Abs. 2 VwVfG verlangt die Berücksichtigung aller bedeutsamen Umstände einschließlich der Ermittlung und Bewertung des individuellen Einzelfalls.[1204]

Dabei entzieht die Amtsermittlungspflicht die Ermittlung der entscheidungserheblichen Umstände zwar der Steuerungs- und Verfügungsmacht der Verfahrensbeteiligten, jedoch bestehen im Besonderen Verwaltungsrecht teilweise Mitwirkungspflichten entweder als Strukturelement kooperativer Verwaltungsverfahren[1205] beziehungsweise aufgrund besonderer Ermächtigungsgrundlage.[1206]

§ 82 Abs. 1 AufenthG regelt derartige Mitwirkungspflichten einschließlich der Möglichkeit einer Präklusion. Es könnte daher die Auffassung vertreten werden, der Betroffene sei beispielsweise durch Vorlage eines Privatgutachtens verpflichtet, die Wiederholungsgefahr zu entkräften. § 82 Abs. 1 AufenthG enthält eine solche Mitwirkungspflicht in Richtung einer den Betroffenen belastenden Beweispflicht jedoch nicht.[1207] Der Wegfall der Wiederholungsgefahr ist kein „günstiger Umstand" im Sinne des § 82 Abs. 1 AufenthG, vielmehr ist das Vorliegen der Gefahr Tatbestandsvoraussetzung. Günstige Umstände wären etwa das Absolvieren einer Therapie unter Vorlage von Bescheinigungen, die durch die Ausländerbehörde ohne Kenntnis beziehungsweise Entbindung von der ärztlichen oder

---

Amtsermittlungsgrundsatz allein nicht zur Aufhebung der Verfügung führt (vgl. Schneider, in: Hoffmann-Riem/Schmidt-Aßmann/Voßkuhle, Grundlagen des Verwaltungsrechts, Bd. II, § 28, Rn. 36).

1203 Vgl. Schenk, in: Obermayer/Funke-Kaiser (Hrsg.), VwVfG, 5. Aufl. 2018, VwVfG § 24, Rn. 85, wonach Regelsätze und Pauschalierungen der Bewältigung von in großer Zahl vorkommender Verfahren dienen und typisierend gebildete Normen der Behörde es erlauben, im Einzelfall anstelle konkreter Tatsachenermittlung von lediglich generalisierend ermittelten, realitätsnahen Werten auszugehen. – Dies wird jedoch im Bereich einer individuellen Gefahrenprognose in der Regel nicht möglich sein.

1204 Ritgen in: Knack/Henneke (Hrsg.), VwVfG, 9. Auflage 2010, VwVfG § 24, Rn. 24.

1205 Schneider, in: Hoffmann-Riem/Schmidt-Aßmann/Voßkuhle, Grundlagen des Verwaltungsrechts, Bd. II, § 28, Rn. 37 f.

1206 Pünder, in: Ehlers/Pünder (Hrsg.), Allgemeines Verwaltungsrecht, § 14, Rn. 30.

1207 Vgl. zur Beweislast der Behörde im Falle des Erlöschens eines Aufenthaltstitels wegen Auslandsaufenthalt gem. § 51 Abs. 1 Nr. 7 AufenthG, BayVGH, Beschluss vom 23.01.2017, 10 CE 16.1398 = AuAS 2017, 86–88 (87). Hier bestehe eine Mitwirkungspflicht des Betroffenen – verbunden mit einer eventuellen Vorlagepflicht von Beweismitteln –, die Umstände des Auslandsaufenthalts substantiiert darzulegen.

therapeutischen Schweigepflicht[1208] gar nicht beigezogen werden könnte. § 82 Abs. 1 AufenthG ist keine Beweislastregel, sondern beinhaltet nur Mitwirkungspflichten bei der Durchführung der Amtsaufklärung.[1209] Wenngleich § 82 AufenthG im Vergleich zu § 26 VwVfG dem Betroffenen weitergehende Pflichten zur Mitwirkung auferlegt, gilt das Gebot der Amtsermittlung.[1210]

Mitwirkungspflichten im Verwaltungsverfahren ersetzen grundsätzlich nicht die Amtsermittlungspflicht aufgrund des fortbestehenden Untersuchungsgrundsatzes.[1211] Würde man die Pflicht zur Vorlage etwa eines Gefahrengutachtens dem Betroffenen aufbürden, wäre dies schon aufgrund der damit einhergehenden Kosten schwerlich zumutbar,[1212] zumal viele forensisch tätige Gutachter gar keine Privatgutachten erstellen und die Akzeptanz eines solchen Gutachtens durch die Behörde zudem nicht feststeht. Denn der Sachverständige im Verwaltungsverfahren ist ein Sachverständiger der Behörde als Verfahrensherrin, den Beteiligten soll noch nicht einmal ein Fragerecht zukommen.[1213] Schließlich zeigt auch

---

1208 Vgl. zur Nachweis- und Beweisführungspflicht bei Zustimmungsbedürftigkeit des Betroffenen Funke-Kaiser, in: Fritz/Vormeier (Hrsg.), GK-AufenthG (63. Ergänzungslieferung, August 2012), AufenthG, § 84, Rn. 34. – Nicht ganz unproblematisch ist insoweit die vom VGH Hessen (Beschluss vom 05.02.2016 – 9 B 16/16, Rn. 12) verwendete Formulierung, wonach der Beschwerdeführer seine Behauptung, die Tat aufgearbeitet zu haben und spätere Drohungen zutiefst bereue, nicht „glaubhaft" gemacht habe und auch die Strafvollstreckungskammer nicht von einer positiven Prognose „überzeugen" (Rn. 19) habe können. Aufgrund sehr umfassender Prüfung und kaum übertragbarer Aspekte des Einzelfalls, handelt es sich jedoch wohl nicht um eine Verschiebung der Beweisführungslast hin zu einer Pflicht, die positive Prognose beweisen oder glaubhaft machen zu müssen.

1209 Wohl nicht anders zu verstehen Funke-Kaiser, in: Fritz/Vormeier (Hrsg.), GK-AufenthG (63. Ergänzungslieferung, August 2012), AufenthG, § 84, Rn. 41, zur Pflicht des Betroffenen im Falle der nachträglichen Befristung nach § 11 Abs. 1 S. 3 und 4 AufenthG nachvollziehbar und schlüssig darzulegen, dass eine mit der Ausweisung bekämpfte Gefahr der Begehung weiterer Straftaten entfallen oder jedenfalls erheblich reduziert sei und hierzu ggf. vom Bescheinigungen über ein straffreies Leben nach der Abschiebung vorzulegen. Denn, dass die Verwaltungsbehörde keinen Zugriff auf entsprechende Nachweise aus dem Aufenthaltsland nach erfolgter Abschiebung bzw. ausweisungsbedingten Ausreise hat, liegt auf der Hand.

1210 Franßen-de la Cerda, ZAR 2010, 81; OVG Bremen, Beschluss vom 14.06.2007, 1 B 163/07 = InfAuslR 2007, 352 (353); Funke-Kaiser, in: Fritz/Vormeier (Hrsg.), GK-AufenthG (63. Ergänzungslieferung August 2012), AufenthG, § 84, Rn. 5 ff.). Marx, Ausländer-, Asyl- und Flüchtlingsrecht, § 7 Aufenthaltsbeendigung, Rn. 194.

1211 Berg, Entscheidung bei ungewissem Sachverhalt, S. 261.

1212 Vgl. zur verfassungsrechtlich gebotenen engen Auslegung des § 82 AufenthG bei fehlender Zumutbarkeit der Beweisführung durch den Betroffenen, Funke-Kaiser, in: Fritz/Vormeier (Hrsg.), GK-AufenthG (63. Ergänzungslieferung, August 2012), AufenthG, § 84, Rn. 11.

1213 Schneider, in: Hoffmann-Riem/Schmidt-Aßmann/Voßkuhle, Grundlagen des Verwaltungsrechts, Bd. II, § 28, Rn. 39.

die Einführung des § 60a Abs. 2d AufenthG[1214] und die dort normierte Pflicht zur Vorlage einer ärztlichen Bescheinigung, dass eine solche Pflicht nicht bereits aus § 82 Abs. 1 AufenthG folgt.

Vielmehr ist die „betonte Amtsermittlung" unter besonderer Wahrung des Verhältnismäßigkeitsgrundsatzes und der Unparteilichkeit der Verwaltung für die anlassbedingte Eingriffsverwaltung „typprägend".[1215] Der Sachverhalt muss vollständig ermittelt werden, was auch für besonders komplizierte Bewertungsfragen gilt.[1216]

Zwar betrifft nach herkömmlicher Auffassung die Informationsgewinnung nur den tatsächlichen Sachverhalt und damit das auf den Einzelfall bezogene Entscheidungswissen, während das für die Subsumtion erforderliche Erfahrungs- und Regelwissen als bekannt vorausgesetzt wird[1217] und jedenfalls der Richter es aus seiner Lebens- und Welterfahrung gewinnen soll.[1218] Jedoch ist die Behörde erforderlichenfalls zur Hinzuziehung eines Sachverständigen verpflichtet, um die notwendigen Erkenntnisse zu gewinnen.[1219] Selbst zur Feststellung von allgemeinen Erfahrungssätzen, zur Klärung der Zulässigkeit bestimmter Schlussfolgerungen und zur Feststellung von äußeren und inneren Tatsachen kommt die Hinzuziehung von Sachverständigen in Betracht; sie ist dann erforderlich, wenn die Behörde nicht über die erforderliche Sachkunde verfügt.[1220] Dass Erfahrungssätzen im Bereich der Wahrscheinlichkeitsaussagen hinsichtlich künftigen individuellen Verhaltens schon aufgrund ihrer Typisierung untergeordnete Bedeutung zukommen, weil Fälle individueller Entscheidung damit nämlich nicht erfassbar sind, wurde bereits oben ausgeführt.[1221]

Das Gebot[1222] zur Einholung von Sachverständigengutachten ist daher eine Folge der Amtsaufklärungspflicht der Verwaltung.

1214 In der Fassung des Integrationsgesetzes vom 31.07.2016 (BGBl. I S. 1939).

1215 Schneider, in: Hoffmann-Riem/Schmidt-Aßmann/Voßkuhle, Grundlagen des Verwaltungsrechts, Bd. II, Rn. 163, im Gegensatz zur lediglich nachvollziehenden Amtsermittlung bei verstärkten Mitwirkungspflichten im Antragsverfahren.

1216 Bamberger, VerwArch 93 (2002), 217 (228).

1217 Röhl, in: Hoffmann-Riem/Schmidt-Aßmann/Voßkuhle, Grundlagen des Verwaltungsrechts, Bd. II, § 30 Rn. 26.

1218 Dawin, in: Schoch/Schmidt-Aßmann/Pietzner (Hrsg.), VwGO, 25. EL April 2013, VwGO, § 108, Rn. 13.

1219 Ritgen, in: Knack/Henneke (Hrsg.), VwVfG, 9. Auflage 2010, VwVfG, § 24, Rn. 14. Vgl. auch Luch, in: Bauer/Heckmann/Ruge/Schallbruch/Schulz (Hrsg.), VwVfG, 2. Auflage, 2014, § 24, Rn. 21.

1220 Herrmann, in: Bader/Ronnelenfitsch (Hrsg.), VwVfG, 1. Aufl. 2010, VwVfG, § 24, Rn. 24.

1221 Vgl. S. 207 ff. – Vgl. hierzu auch Schenk, in Obermayer/Funke-Kaiser (Hrsg.), VwVfG, 5. Aufl. 2018, VwVfG, § 24, Rn. 131; Berg, Entscheidung bei ungewissem Sachverhalt, S. 112.

1222 Das Gebot der sachverständig beratenen Sachverhaltsaufklärung kann zudem noch aus einem anderen Gesichtspunkt folgen. Wenn nämlich im Rahmen der

4. Beweismaß und Beweislast bei der Bestimmung der Wiederholungsgefahr

a. Bestimmung des Beweismaßes im Ausweisungsrecht

Die Feststellung des Bestehens einer Gefahr im tatbestandsausfüllenden Sinne muss im Falle der Ausweisung zunächst durch die Behörde erfolgen, sie bedarf im Falle gerichtlicher Überprüfung aber ebenfalls der eigenständigen Feststellung durch das Gericht. Es handelt sich bei der Gefahr um ein den Eingriffstatbestand ausfüllendes Merkmal, das zur Überzeugung zunächst der Verwaltung, sodann des Gerichts vorliegen muss.[1223]

Eine Frage der materiellen (objektiven) *Beweislast* ist es, wie zu entscheiden ist, wenn der notwendige Überzeugungsgrad in die eine oder die andere Richtung nicht erreicht ist.[1224] Zwar obliegt aufgrund der Untersuchungsmaxime des § 86 VwGO die Ermittlung und Aufklärung des Sachverhalts dem Gericht, weshalb die tatbestandsbegründenden (oder -ausschließenden) Tatsachen – anders als im Anwendungsbereich des § 139 ZPO im Zivilrechtsstreit – nicht von den Verwaltungsstreitparteien zu erbringen sind.[1225] Dies ändert aber nichts daran, dass die Erbringung eines Beweises die Verwaltungsstreitparteien belastet, weil die tatbestandsbegründenden Tatsachen nach Überzeugung des Gerichts entweder feststehen oder nicht feststehen. Je höher die Anforderungen an den Grad der (richterlichen) Überzeugung sind, desto mehr kommt der objektiven Beweislast Bedeutung zu.[1226]

Verhältnismäßigkeit die Frage des milderen Mittels zur Gefahrenabwehr geprüft wird, steht der Behörde im Falle der sachverständigen Beratung die Möglichkeit zu, dem Betroffenen Auflagen und Weisung zu erteilen, die die Wiederholungsgefahr reduzieren etwa im Wege einer aus § 60a AufenthG i.V.m. Art. 2 Abs. 1 bzw. Art. 6 Abs. 1 GG bzw. Art. 8 EMRK abgeleiteten sogenannten Bewährungsduldung oder ausländerrechtlichen Abmahnung beziehungsweise Verwarnung. Zur Frage der Vereinbarkeit einer sog. Bewährungsduldung jedenfalls im Verwaltungsrechtsstreit mit der Systematik des AufenthG: Funke-Kaiser, in: Fritz/Vormeier (Hrsg.), GK-AufenthG (Stand: 81. EL 01.10.2015), AufenthG, § 60 a, Rn. 287. Zur Konstellation einer Bewährungsduldung im Wege des Bescheids, vgl. BayVGH, Beschluss vom 24.04.2017, 10 CE 17.172 = AuAS 2017, 134–136.

1223 Vgl. grundsätzlich zur Beweislast und zum Beweismaß im Verwaltungsrecht – wenn auch dort zur Frage der anspruchsbegründenden Tatsachen – BVerwG, Beschluss vom 03.08.1998, 9 B 257/88 = NVwZ-RR 1990, 165; Jaeckel, Gefahren-abwehrrecht und Risikodogmatik, S. 119 u. 138. – Zur Beweislast der Behörde bei Anfechtungsklagen gegen Eingriffsmaßnahmen und der vgl. Schenke, in: Kopp/Schenke, VwGO, 24. Auflage 2018, VwGO, § 108, Rn. 15

1224 Vgl. Dürig, Beweismaß und Beweislast, S. 10.

1225 Dürig, Beweismaß und Beweislast, S. 10; Windthorst, Einstweiliger Rechtsschutz, S. 689, der zudem darauf hinweist, dass dies einer Mitwirkungspflicht nicht entgegensteht.

1226 Vgl. Kokott, Beweislastverteilung und Prognoseentscheidungen, S. 34.

Dabei bestimmt das erforderliche *Beweismaß* den notwendigen Umfang der Überzeugungsbildung[1227] beziehungsweise den erforderlichen Grad der Überzeugung.[1228] Fraglich ist, ob im Ausweisungsrecht Besonderheiten des Beweismaßes bestehen, da betont wird, dass eine Reststrafenaussetzung keine „Vermutung für das Fehlen einer Rückfallgefahr im Sinne einer Beweiserleichterung" begründe.[1229] Dies könnte so verstanden werden, als ob das Bundesverwaltungsgericht dem Betroffenen eine gegenbeweisliche Pflicht im Sinne einer nicht bestehenden Wiederholungsgefahr auferlegen würde. Allerdings hat das Bundesverwaltungsgericht in dieser Entscheidung[1230] zunächst die positiv festgestellte Wiederholungsgefahr durch den Tatrichter Bezug genommen und erst auf zweiter Stufe eine Beweiserleichterung durch die Reststrafenaussetzung diskutiert. Es ging folglich nicht um die Frage der materiellen *Beweislast* für das Vorliegen der Beweislast, sondern um die Beweiswürdigung. Dabei beinhalten Beweiserleichterungen keine Umkehr der Beweislast[1231] und betreffen nicht die materielle Beweislast.[1232] Im Kern geht es um die Indizwirkung von Bewährungsentscheidungen und ihre Auswirkung auf die Beweiswürdigung.

Bei der Frage nach Besonderheiten im Ausweisungsrecht, stellt sich zunächst die Frage, ob ein allgemein geltender Beweismaßstab im Sinne einer generalisierenden Anforderung an den Grad der Überzeugung definiert werden kann. Dies wird von vielen Stimmen abgelehnt.[1233] So wird in der Literatur betont, dass der verwaltungsrechtliche beziehungsweise prozessrechtliche Grundsatz, wonach die Voraussetzung einer an Sicherheit grenzenden Wahrscheinlichkeit zur Überzeugung der Verwaltung beziehungsweise – je nach materieller Voraussetzung – des Gerichts feststehen müsse, im Sinne einer Beweismaßreduktion modifizierbar sei.[1234]

1227 Luch, in: Bauer/Heckmann/Ruge/Schallbruch/Schulz (Hrsg.), VwVfG, 2. Auflage 2014, § 24, Rn. 19, 22.

1228 Kallerhoff/Fellenberg, in: Stelkens/Bonk/Sachs, VwVfG, 9. Auflage 2018, VwVfG § 24, Rn. 20; Darnstädt, Gefahrenabwehr und Gefahrenprognose, 1983, S. 75.

1229 BVerwG, Urteil vom 02.09.2009, 1 C 2/09 (Rn. 17, 18) = NVwZ-RR 2010, 389 (390), vgl. oben S. 154, Fn. 844.

1230 BVerwG, Urteil vom 02.09.2009, 1 C 2/09 (Rn. 17) = NVwZ-RR 2010, 389 (390).

1231 Schenke, in: Kopp/Schenke, VwGO, 24. Auflage 2018, VwGO, § 108, Rn. 18.

1232 Schübel-Pfister, in: Eyermann, VwGO, 15. Auflage 2019, VwGO, § 86, Rn. 20.

1233 Vgl. Bull/Mehde, Allgemeines Verwaltungsrecht, 2015, Rn. 460, 564.; Kokott, Beweislastverteilung und Prognoseentscheidungen, S. 34; Darnstädt, Gefahrenabwehr und Gefahrenprognose, S. 75.

1234 Poscher, Gefahrenabwehr, S. 167–183 am Beispiel des Gefahrverdachts, wobei dies nur die Entscheidung der Behörde betreffe und nur dort gelte, wo die befürchtete Gefahr nur vor der weiteren Sachverhaltsaufklärung abgewehrt werden könne (ebd., S. 176); ähnlich Jaeckel, Gefahrenabwehrrecht und Risikodogmatik, S. 137–138, die die Grenze ebenfalls in der weiteren Aufklärungsmöglichkeit sieht.

Im Polizei- und Sicherheitsrecht scheint sich dies also beispielsweise in der Abgrenzung zwischen den Anforderungen an eine konkrete Gefahr und eine gegenwärtige Gefahr (vgl. S. 105) auszuwirken, wenn dort eine mit an Sicherheit grenzende Wahrscheinlichkeit für den Fall der Gegenwärtigkeit vorausgesetzt wird. Es entsteht der Eindruck, dass hinsichtlich des Grades der erforderlichen Überzeugung die Formel der umgekehrten Proportionalität beziehungsweise die Je-desto-Formel (vgl. S. 109) im Sinne eines flexiblen Wahrscheinlichkeitsmaßstabs[1235] Relevanz entfalten kann[1236] und sie das Beweismaß bestimmt.[1237] Vorschnell kann dies nicht bejaht werden, denn eine Beweismaßreduktion bedarf wegen des Gesetzesvorbehalts für Eingriffsmaßnahmen einer ausreichenden gesetzlichen Grundlage.[1238] Wo das Gesetz keine Ausnahmen vorsieht, gilt der Grundsatz des Erfordernisses der Überzeugungsbildung des Gerichts im Sinne eines Grades der Wahrscheinlichkeit, der keinen vernünftigen Zweifel zulässt.[1239]

Dabei kann im Untersuchungskontext eine Beweismaßreduktion nicht mit dem Vorliegen eines Gefahrenverdachts begründet werden. Dabei geht es um das Problem, ob aufgrund Handlungsdrucks eine Reduzierung der Beweisanforderungen legitim ist, da dem handelnden Beamten nicht die Möglichkeit bleibt, weitere Sachverhaltsaufklärung zu betreiben oder ob dieser sich so weit wie möglich dem Blick des objektiven Beobachters zu nähern habe, weil das erwartete Schadensausmaß im Hinblick auf den erwarteten Kausalverlauf zu hoch ist, um weitere Aufklärung rechtfertigen zu können.[1240] Dies betrifft also Fragen des Gefahrenverdachts oder dispositioneller Gefährlichkeit.[1241]

Für die spezialpräventive Ausweisung bedarf es dagegen einer konkreten Gefahr und nicht nur eines Gefahrenverdachts. Es besteht kein Handlungsdruck im Sinne einer sofort abzuwendenden Gefahr. Eine umfassende Aufklärung ist

---

1235 Wollenschläger, Wissensgenerierung, S. 12.

1236 Vgl. Schwabenbauer/Kling, VerwArch 101 (2011), 231 (247); Kokott, Beweislastverteilung und Prognoseentscheidungen, S. 34.

1237 Näher zu dieser Fragestellung: Darnstädt, Gefahrenabwehr und Gefahrenprognose, S. 76.

1238 Poscher, Gefahrenabwehr, S. 168; Schenke, in: Kopp/Schenke, VwGO, 24. Auflage 2018, VwGO, § 108, Rn. 5.

1239 Vgl. BVerwG, Beschluss vom 03.08.1998, 9 B 257/88 = NVwZ-RR 1990, 165; Schenke, in: Kopp/Schenke, VwGO, 24. Auflage 2018, VwGO, § 108, Rn. 5.

1240 Vgl. zum Ganzen Jaeckel, Gefahrenabwehrrecht und Risikodogmatik, S. 136–137. Sie weist darauf hin, dass bestehende Aufklärungsmöglichkeiten aber dennoch wahrgenommen werden müssten. Der rationale Anspruch, den Wissensstand des objektiven Beobachters soweit als möglich zu erreichen, könne zwar im Gefahrenabwehrrecht reduziert sein, jedoch erst dort enden, wo weitere Aufklärung die Gefahrenabwehr konterkariere.

1241 Darnstädt, Gefahrenabwehr und Gefahrenprognose, S. 74 – z. B. ein gefährlicher Straßenabschnitt, der deshalb mit entsprechenden Beschränkungen versehen wird, § 45 Abs. 1 S. 1 StVO.

daher möglich. Es reicht auch nicht die Feststellung von Dispositionen (vgl. näher S. 148, S. 214).

Allerdings ist die Gefahr als solches keine Beweistatsache. Die positive oder negative Feststellung der Gefahr erfolgt aufgrund eines „(normativ-subjektiven) Wahrscheinlichkeitsurteils"[1242], also aufgrund einer Prüfung einer „induktiven Wahrscheinlichkeit"[1243]. Die hier anzustellende Prognose führt insofern zu einer Modifikation des erforderlichen Beweismaßes, als nicht die Überzeugung erforderlich ist, dass – jedenfalls bei § 53 Abs. 1 AufenthG, der keine Gegenwärtigkeit erfordert -[1244] der Schaden mit an Sicherheit grenzender Wahrscheinlichkeit eintreten wird, sondern dass die Wahrscheinlichkeit hinreichend ist. Das Beweismaß hängt somit von dem materiell-rechtlich geforderten Wahrscheinlichkeitsmaßstab ab,[1245] insoweit entfaltet auch hier die Formel von der umgekehrten Proportionalität Relevanz.

Der Prognose ist dabei das erreichbare Wissen zum Prognosezeitpunkt zugrunde zu legen, da sonst willkürliche Entscheidungen drohen.[1246] Das prognostische Urteil muss also auf gesicherten Erkenntnissen beruhen, wozu auch Sachverständigengutachten gehören können.[1247] Auch die Feststellung hypothetischer Prognosegrundlagen – hier also der vergangenen und künftigen Begleitumstände (vgl. näher S. 148, S. 214) – unterliegt der Beweislastverteilung aus dem materiellen Recht.[1248]

Der Gesetzgeber könnte die Ausweisungsvorschriften so gestaltet haben, dass das für den Normvollzug erforderliche Entscheidungswissen vollständig vorgegeben ist und von der Verwaltung nur noch nachvollzogen werden muss.[1249] Die Prüfung der – polizeirechtlichen – Gefahr soll, so *Wollenschläger*, in einem geschlossenen Kreislauf, in dem die relevanten Wissensbestände den Staatsgewalten zur Verfügung stehen, ohne verfahrensrechtlichen Zwischenschritt (beispielsweise einer Gutachtenseinholung) möglich sein, was jedoch die punktuelle Erweiterung des staatlichen Erfahrungswissens und die Notwendigkeit des Beiziehens externen Sachverstands nicht ausschließe.[1250]

1242 Dürig, Beweismaß und Beweislast, S. 17.
1243 Darnstädt, Gefahrenabwehr und Gefahrenprognose, S. 47, 53.
1244 Zu § 53 Abs. 3 AufenthG vgl. S. 128.
1245 So auch Kokott, Beweislastverteilung und Prognoseentscheidungen, S. 34.
1246 Darnstädt, DVBl. 2017, 88 (94).
1247 Vgl. Hansen-Dix, Gefahr im Polizeirecht, S. 76, letzteres allerdings bezogen auf Gutachten zu gefährlichen Substanzen.
1248 Vgl. Kokott, Beweislastverteilung und Prognoseentscheidungen, S. 33–34.
1249 Vgl. Wollenschläger, Wissensgenerierung, S. 15, wonach der Gesetzgeber im Polizeirecht durch die Verwendung des Gefahrbegriffs auf allgemeine, in der Gesellschaft vorhandene Erfahrungsregeln Bezug nehme. Die Kenntnis dieser allgemeinen Wissensbestände werde in diesem Modell vorausgesetzt.
1250 Wollenschläger, Wissensgenerierung, S. 15.

Eine Rechtsregel, die den Zusammenhang zwischen Indiz und der zu bestätigenden Sachverhaltsannahme „kraft der Autorität der normsetzenden Instanz"[1251] vorgeben würde, besteht jedenfalls durch das Inkrafttreten des AufenthG 2015 und einer nicht (mehr) bestehenden Gefahrenindizierung nicht. Der Gesetzgeber hat die individuelle Prüfung des Bestehens einer Gefahr aufgrund der Neustrukturierung der Ausweisungstatbestände erforderlich gemacht. Gerade die Abgrenzung zu § 58a AufenthG zeigt dies. In dessen Anwendungsbereich soll zwar ebenfalls eine individuelle Gefahrenprognose erforderlich, die erforderliche Wahrscheinlichkeitsschwelle jedoch abgesenkt sein.[1252] Es soll dort nicht erforderlich sein, dass eine bestimmte Entwicklung wahrscheinlicher ist als eine andere; das hieraus folgende Risiko der Falschprognose habe der Betroffene zu tragen, so *Berlit*, „wenn und weil [er] durch sein eigenes Verhalten – mag es auch im Vorfeld der strafrechtlich relevanten Vorbereitungshandlung liegen – für sich oder zusammen mit weiteren bestimmten Tatsachen eine hinreichende Gefährlichkeit belegt", wobei die „Bedrohungssituation [...] unmittelbar von dem Ausländer ausgehen muss, in dessen Freiheitsrechte [eingegriffen wird]."[1253] Eine vergleichbare Lage der Vorverlagerung des Schutzes in das Vorfeld ist bei § 53 AufenthG nicht gegeben, denn § 58a AufenthG verlangt – anders als § 53 AufenthG – nicht, dass die Schwelle einer konkreten Gefahr überschritten sein muss, also bei ungehindertem Ablauf des objektiv zu erwartenden Geschehens mit hinreichender Wahrscheinlichkeit eine Verletzung des geschützten Rechtsguts zu erwarten ist.[1254]

Der Maßstab, dass der Schadenseintritt wahrscheinlicher sein muss als der Nichteintritt, gilt im Ausweisungsrecht unbeschränkt. Es liegt keine gesetzliche Vermutung[1255] vor, dass aufgrund einer Straftat und einer (bestimmten) Strafhöhe auf eine bestehende Gefahr geschlossen werden muss beziehungsweise kann. Es ist auch – wie im vorherigen Abschnitt dargelegt – kein ausreichendes Wissen

---

1251 Koch/Rüßmann, Juristische Begründungslehre, S. 282.

1252 Selbst im Bereich der Abwehr terroristischer Gefahren gem. § 58a AufenthG ist nach dem BVerwG eine individuelle Gefahrenprognose erforderlich, wenngleich hier ein „Risiko" ausreichend sein soll, BVerwG, Urteil v. 22.08.2017 1 A 2.17, Rn. 28–32.

1253 Berlit, ZAR 2018, 89, 94.

1254 Berlit, ZAR 2018, 89, 93 zu § 58a AufenthG in Abgrenzung zum allgemeinen Gefahrenabwehrrecht (eine Abgrenzung zu § 53 AufenthG wird insoweit in dem Aufsatz nicht diskutiert). - Berlit weist zudem darauf hin, dass die im Rahmen des § 58a AufenthG erforderliche individuelle Prognose nicht an die Prognosewissenschaften abgegeben werden könne, weil mangels ausreichender Zahl von Anschlägen die entsprechenden Erfahrungssätze fehlten und das Anschlagsgeschehen steten Wandlungen unterläge (Berlit, ZAR 2018, 89, 94). Auch insoweit liegt eine Abweichung vor: die Gefahr der wiederholten Begehung von Straftaten ist kriminalprognostisch ermittelbar (vgl. S. 144).

1255 Zur Bedeutung der gesetzlichen Vermutung als Entscheidungsregel Dürig, Beweismaß und Beweislast, S. 91.

der Verwaltung vorhanden, um komplexe Prognosen künftigen individuellen Verhaltens in ferner Zukunft vorzunehmen, wenn nicht Sachverhalte schon so weit vorangeschritten sind, wie dies im Polizeivollzugsrecht regelmäßig der Fall ist. Die strafrechtliche Verurteilung begründet nur das Ausweisungsinteresse und erleichtert nicht den Beweis der die Gefahr begründenden Tatsachen. Zumal eine vergangene Straftat umso weniger Rückschlüsse erlaubt, je länger die seitdem vergangene Zeit ist.[1256]

Ein nur eingeschränkt überprüfbarer Beurteilungs- oder Prognosespielraum der Verwaltung besteht im Bereich der polizeilichen Gefahrenprognose nicht.[1257] Soweit der Verwaltung etwa im Bereich von Prüfungs- oder Korrekturkompetenz „kontrollreduzierte Spielräume" zugebilligt werden, entsteht dort eine „*Prognoselastregel zugunsten der Verwaltung*", denn eine richterliche Überzeugungsbildung scheidet insoweit aus.[1258] Derartige Kontrolleinschränkungen liegen bei Ausweisungen nicht vor, da es bei der Feststellung der Gefahr keinen Beurteilungsspielraum der Verwaltung gibt. Soweit die Verwaltung keinen Beurteilungsspielraum hat, liegt eine administrative Subsumtionsleistung vor, die der Vollkontrolle unterliegt, so dass das Verwaltungsgericht eine eigenständige Entscheidung vorzunehmen hat.[1259]

Aufgrund der Grundrechtsrelevanz der Ausweisung käme eine Prognoselastverteilung zugunsten der Verwaltung ohnehin nicht ohne Weiteres in Betracht. Die Wirkungskraft der Grundrechte erfordert eine „grundrechtsfreundliche Beweislastverteilung"[1260] beziehungsweise Prognoselastverteilung.[1261] Solche Lastenverteilungen erfordern eine Abwägung zwischen den Allgemeininteressen auf der einen und dem Rang und der Eingriffstiefe des betroffenen Grundrechts auf der anderen Seite.[1262] Eine abstrakte Güterabwägung zwischen dem Individualrechtsschutz auf

---

1256 Vgl. Marx, Ausländer-, Asyl- und Flüchtlingsrecht, 2015, § 7 Aufenthaltsbeendigung, Rn. 195.

1257 Kokott, Beweislastverteilung und Prognoseentscheidungen, S. 37 f. – Auch im Rahmen des § 58a AufenthG besteht nach dem BVerwG, Urteil vom 22.08.2017, 1 A 2.17, Rn. 32, keine Einschätzungsprärogative der Verwaltung.

1258 Schwabenbauer/Kling, VerwArch 101 (2011), 231 (246). Hervorhebung durch Verf.

1259 Schwabenbauer/Kling, VerwArch 101 (2011), 231 (236 f.). Einschränkend: Ossenbühl, in: Erichsen/Hoppe/v. Mutius (Hrsg.), Festschrift für Christian-Friedrich Menger, S. 731 (744), wonach der richterlichen Kontrolle die Frage, ob die Verwaltung den der Prognose zugrundeliegenden Sachverhalt zutreffend und umfassend ermittelt bzw. den richtigen Wahrscheinlichkeitsgrad angesetzt hat, unterliegt. Vgl. zur zustimmenden wie ablehnenden Diskussion über die einschränkende, einen Prognosespielraum der Verwaltung konstatierenden Auffassung von Ossenbühl: Breuer, Der Staat 16 (1997), 21 (30).

1260 Kokott, Beweislastverteilung und Prognoseentscheidungen, S. 89.

1261 Hierzu näher Schwabenbauer/Kling, VerwArch 101 (2011), 231 (246).

1262 Schwabenbauer/Kling, VerwArch 101 (2011), 231 (246)

der einen und dem Schutz der Allgemeinheit beziehungsweise des Staatsganzen auf der anderen Seite könne dabei, so *Kokott*, nur „der erste Schritt zur Beweislastverteilung" sein, während auf zweiter Stufe das Abschätzen des Maßes der Schutzgüter im Einzelfall erforderlich sei.[1263] Hieraus folgt das Gebot einer „doppelte[n] Güterabwägung", bei der die konkrete Abwägung die abstrakte Abwägung anhand der besonderen Gegebenheiten des Einzelfalls fortschreibt[1264] – dem Gebot der umfassenden Güter- und Interessenabwägungen folgend.[1265] Die Eingriffstiefe der Ausweisung und das grundrechtliche Abwägungsgebot verschließt den Weg zu einer Beweis- beziehungsweise Prognoselastverteilung, wie sie das System der zwingenden und Regelausweisung noch bereitgehalten hatte.

Ein fehlender Beweis des Bestehens der Wiederholungsgefahr kann im Falle der Ausweisung nicht zugunsten des Allgemeininteresses aufgelöst werden, weil beispielsweise ein benanntes Ausweisungsinteresse im Sinne des § 54 AufenthG vorliegt. Der Gesetzgeber hat sich nicht für ein Indiz oder eine Regel entschieden, die für das Bestehen der Gefahr sprechen würde,[1266] oder eine unterhalb der Schwelle der Polizeigefahr liegendes Tatbestandsstandmerkmal wie in § 58a AufenthG normiert. Zudem ist der Grundrechtseingriff besonders intensiv. Eine nonliquet-Lage[1267] ginge daher zugunsten des Adressaten der Ausweisungsverfügung. Dies hätte zur Folge: Die verbleibende Ungewissheit, ob der Grad der hinreichenden Wahrscheinlichkeit erreicht ist, führt dazu, dass die Tatbestandsvoraussetzung der Gefährdung zu verneinen ist.[1268] Die materielle Beweislast für das Bestehen der Voraussetzungen des Eingriffstatbestandes trägt nach dem sogenannten „Normbegünstigungsprinzip"[1269] die Behörde.[1270]

Der Umfang der Anforderung an den Beweis folgt aus den materiell-rechtlichen Anforderungen an die hinreichende Wahrscheinlichkeit. Für den

---

1263 Kokott, Beweislastverteilung und Prognoseentscheidungen, S. 103.
1264 Kokott, Beweislastverteilung und Prognoseentscheidungen, S. 103.
1265 Zum Gebot der umfassenden Güter- und Interessenabwägung vgl. Dürig, Beweismaß und Beweislast, S. 106, Zierke, Darlegungs- und Beweislast, S. 47.
1266 Anders als beispielsweise in § 5 Abs. 2 WaffG, der Regelvermutungen aufgrund strafrechtlicher Verurteilungen begründet, weil der Umgang mit den tatbestandlich erfassten Waffen per se gefährlich ist und nur zuverlässige Personen die Erlaubnis hierfür erhalten dürfen (§ 4 Abs. 1 Nr. 2 WaffG).
1267 Diese liegt vor, wenn sich das Gericht nach Abschluss der Beweiswürdigung keine hinreichende Überzeugung bilden konnte, vgl. Dürig, Beweismaß und Beweislast, S. 10.
1268 Vgl. Dürig, Beweismaß und Beweislast, S. 85.
1269 Luch, in: Bauer/Heckmann/Ruge/Schallbruch/Schulz (Hrsg.), VwVfG, 2. Auflage 2014, § 24, Rn. 28.
1270 Engel/Pfau, in: Mann/Sennekamp/Uechtritz (Hrsg.), Verwaltungsverfahrensgesetz, 1. Aufl., 2014, VwVfG, § 24, Rn. 57; Schenk, in: Obermayer/Funke-Kaiser (Hrsg.), VwVfG, 5. Aufl. 2018, VwVfG, § 24, Rn. 162; Ritgen, in: Knack/Henneke (Hrsg.), VwVfG, 9. Aufl. 2010, VwVfG, § 24, Rn. 19.

Untersuchungsgegenstand gilt somit ein Beweismaß, das nicht generalisiert werden kann, sondern die in Kapitel 3 ermittelten Anforderungen an die hinreichende Wahrscheinlichkeit widerspiegelt. Je höher die Anforderungen an die Eingriffsmaßnahme zu stellen sind und je bedeutender der Sicherheitsfaktor der Entscheidungsgrundlage sein muss, desto stärker muss die Gewissheit des Schadenseintritts sein.

b. *Beweistatsachen bei der Prognoseentscheidung*

Da es sich bei der Feststellung der Gefahr um eine Prognose handelt, die einem juristisches Wahrscheinlichkeitsurteil entspringt, betrifft die Beweislast die Frage der Prognosetatsachen, die dem Urteil zugrunde liegen. Die Prognosebasis muss bewiesen sein, um hieraus auf die Wahrscheinlichkeit des Gefahreneintritts folgern oder nicht folgern zu können.

Auch wenn das konkrete Gefahrenabwehrrecht kein Risikorecht darstellt, so ist das – kriminalprognostische – „Risiko" der Begehung künftiger Straftaten messbar und mithilfe sachverständiger Wissensgenerierung ermittelbar.[1271] Das bedeutet: die für die Prognoseentscheidung maßgebliche Prognosebasis ist eine Wissensfrage und – jedenfalls teilweise – dem Sachverständigenbeweis zugänglich.[1272] Das betrifft nicht nur die individuelle Rückfallwahrscheinlichkeit aufgrund kriminalprognostischer Untersuchung und Testung, sondern auch die Bestimmung von Begleitumständen, aus denen – als Schlussfolgerung – Hypothesen gebildet werden können, um die Wahrscheinlichkeit des Bestehens einer Gefahr – als juristischem Wahrscheinlichkeitsurteil – zu bestimmen. Ebenso ist die empirisch-analytische Einordnung der Einzelfallumstände dem Sachverständigen möglich sowie die Bestimmung.[1273]

Die Wahrscheinlichkeitseinschätzung eines kriminalprognostischen Gutachtens ist dabei ebenfalls eine *Tatsache*, die im Rahmen der Prognoseentscheidung zu berücksichtigen ist. Das bedeutet zwar nicht, dass das Gericht das juristische Wahrscheinlichkeitsurteil dem Sachverständigen überlassen könnte. Dessen Untersuchungsergebnis gehört aber zu dem Wissen, das für die richterliche Prognoseentscheidung zur Verfügung steht. Es trifft auch im Verwaltungsrecht zu, was *Boetticher u.a.* zur Prognosebegutachtung sagen: „Das Gericht hat die mit Hilfe des Sachverständigen ermittelten Merkmale und dessen Wahrscheinlichkeitseinschätzung [...] seinem eigenständigen prognostischen Urteil zu Grunde zu legen."[1274] Der Kriminalprognostiker trifft dabei eine erfahrungswissenschaftliche

---

1271 Zur Wissensgenerierung im Bereich des sog. Risikorechts vgl. Röhl, in: Hoffmann-Riem/Schmidt-Aßmann/Voßkuhle, Grundlagen des Verwaltungsrechts, Bd. II, § 30, Rn. 26. Zur Ermittlung des Rückfallrisikos im Wege der Kriminalprognose, vgl. oben S. 144.
1272 Vgl. oben S. 202.
1273 Zum Ganzen vgl. S. 144 ff.
1274 Boetticher u.a., NStZ 2006, 537 (540).

Wahrscheinlichkeitsaussage über das Rückfall- beziehungsweise Kriminalitätsrisiko des Probanden.[1275] Die ermittelten Prognosemerkmale und die Wahrscheinlichkeitseinschätzung sind daher Beweistatsachen.

Für des verwaltungsgerichtliche Verfahren ist – unbeschadet der Frage, ob generell Prognoseentscheidungen der Verwaltungsbehörden maßgeblich sind oder die Verwaltungsgerichte eine eigene Prognoseentscheidung zu treffen haben,[1276] – das Verwaltungsgericht jedenfalls in den untersuchungsgegenständlichen Fällen an die Prognoseentscheidung der Behörde schon deshalb nicht gebunden, da die Frage der Wiederholungsgefahr im Falle strafrechtlicher Verurteilung jedenfalls zum Teil dem Sachverständigenbeweis zugänglich ist und dem Gericht dann nicht nur die reine Prüfung der behördlichen Prognoseentscheidung obliegt.[1277] Zudem muss die Wiederholungsgefahr am Tag der letzten mündlichen Verhandlung vorliegen, so dass das Gericht gemäß § 86 VwGO zur Aufklärung der Tatbestandsvoraussetzungen verpflichtet ist, daher erforderlichenfalls auch zur Einholung von Sachverständigengutachten[1278]: denn zum maßgeblichen Entscheidungszeitpunkt muss die Gefahr vorliegen. Das Gericht trifft somit keine geringere Pflicht zur Sachverhaltsaufklärung als die Verwaltung.

Für die gerichtliche Kontrolle zukunftsbezogener Verwaltungsentscheidungen folgt aus dem Gebot effektiven Rechtsschutzes gemäß Art. 19 Abs. 4 GG, dass die zugrunde gelegte Prognosebasis[1279] der Vollkontrolle unterliegt und nicht etwa eine Bindung des Verwaltungsgericht an Tatsachenfeststellungen der Verwaltung, sondern die Pflicht zur eigenständigen Sachverhaltsaufklärung unter vollständiger Ausschöpfung aller verfügbaren Erkenntnisquellen und Offenlegung der berücksichtigten Umstände besteht.[1280]

Liegen die Tatbestandsvoraussetzungen für eine Eingriffsnorm beziehungsweise die Prognosegrundlagetatsachen vor, soll dem Bürger die Beweislast für das Vorliegen von Umständen, die einen Eingriff dennoch rechtswidrig machen würde, zukommen.[1281] Hierfür ist im Untersuchungskontext kein Anwendungsraum. Das Bestehen von Bleibeinteressen mag hierunter fallen. Eine solche Beweislast beträfe beispielsweise auch Abschiebehindernisse. Beides hat aber nichts mit der Frage des Tatbestandsmerkmals der Gefährdung zu tun. Der Betroffene muss nicht den Gegenbeweis erbringen dahingehend, dass von ihm keine Gefahr mehr ausgeht oder Begleitumstände weggefallen sind. Denn dann würde der Tatbestand falsch

---

1275 Volckart, R & P 2002, 105.
1276 Vgl. Bamberger, VerwArch 93 (2002), 217 (247 ff.).
1277 Vgl. Bamberger, VerwArch 93 (2002), 217 (249).
1278 Schwabenbauer/Kling, VerwArch 101 (2011), 231 (245).
1279 Vgl. oben Fn. 1096.
1280 Vgl. BVerwG, Urteil v. 20.11.1990, 9 C 72.90 = BVerwGE 87, 141 = JurionRS 1990, 12569, Rn. 18; Schwabenbauer/Kling, VerwArch 101 (2011), 231 (240).
1281 Vgl. Dürig, Beweismaß und Beweislast, S. 123. Diese auch ausführlich zur Anwendbarkeit der Normentheorie im Verwaltungsrecht, ebd., S. 116 ff.

verstanden und eine Gefahrenindizierung angenommen. Die das Prognoseurteil begründenden (hypothetischen) Tatsachen müssen vielmehr positiv feststehen, sie unterliegen der materiellen Beweislastverteilung.

D. Ergebnis Kapitel 4

Die Erforderlichkeit der Feststellung einer individuellen Gefahr, bringt für das Ausweisungsrecht Herausforderungen mit sich. Die Kapitel 2 und 3 haben gezeigt, dass vor jeder Ausweisungsverfügung die Bestimmung einer konkreten Gefahr liegen muss. Da Vorhersagen nicht möglich sind, bedarf es einer Prognose über das Bestehen der Wiederholungsgefahr.

Im Ausweisungsrecht betonen die Verwaltung und die Verwaltungsgerichtsbarkeit die eigene Prognosekompetenz. Dabei verwenden sie anstatt einer wissenschaftlichen Methode die Intuition. Auch wenn dort bestimmte Merkmale herausgearbeitet werden, die zu berücksichtigen sind, wird aus der Intuition aber noch keine wissenschaftlich basierte Form der Kriminalprognose. Einen Rückgriff auf sachverständige Beratung in Form der Ermittlung eines gutachterlichen Rückfallrisikos hält die Verwaltungsgerichtsbarkeit – soweit erkennbar ausnahmslos – nicht für erforderlich, wenn nicht besondere Krankheitsfaktoren hinzutreten.

In der Strafrechtspflege ist dagegen eine umfassende Beratung durch Sachverständige vor einer Prognoseentscheidung über künftige Straffälligkeit nicht nur Praxis, sondern teilweise auch gesetzlich normiert. Das Bundesverfassungsgericht verlangt dies insbesondere bei schwerwiegenden Grundrechtseingriffen wie dem Maßregelvollzug. Es wurden Mindestanforderungen für derartige Prognosegutachten erarbeitet. Im Bereich der Kriminalprognose sind vielfältige Einzelmodelle der Rückfallprognose für bestimmte Tätergruppen Standard. Dabei ersetzt das Prognosegutachten nicht die Entscheidung des Richters. Vielmehr hilft der Sachverständige mit seinen erfahrungswissenschaftlichen Erkenntnismöglichkeiten dem Gericht bei der Feststellung der für die Prognose notwendigen Tatsachen.

Die sachverständige Risikoanalyse besteht nicht nur aus dem Auszählen von Scorewerten oder dem Auflisten einzelner Merkmale, sondern aus dem Herausarbeiten auf den Einzelfall bezogener Untersuchungen unter Berücksichtigung der Erkenntnisse aus den Erfahrungswissenschaften, insbesondere der Psychologie und Psychiatrie.

Es fällt zunächst auf, dass in einem Rechtsgebiet die Einholung derartigen Sachverstandes regelmäßig für erforderlich gehalten wird, in einem anderen Rechtsgebiet dagegen nicht, obwohl die Lebens- und Erkenntnisbereiche der Entscheidungsträger sich nicht unterscheiden dürften. Irritierend ist es in diesem Zusammenhang, wenn gerade den gutachterlich abgestützten Entscheidungen ein defizitärer Umgang mit den Sicherheitsinteressen der Allgemeinheit vorgehalten wird, obwohl doch jedenfalls die Prognosebasis hier schon alleine deshalb breiter ist, da gutachterlicher Sachverstand eingeholt wird.

Die vorliegende Untersuchung hat daher die Annahme, dass die Frage der Wiederholungsgefahr ausreichend sicher mittels der Intuition beurteilt werden kann, kritisch hinterfragt. Dabei ist Ausgangspunkt, dass das Erfordernis der konkreten Polizeigefahr eine individuelle Prüfung ihres Bestehens voraussetzt und keine (gesetzliche) Vermutung besteht, dass aufgrund einer Straftat beziehungsweise einer gewissen Strafhöhe auf eine bestehende Gefahr für die Zukunft geschlossen werden kann.

Es hat sich dabei gezeigt, dass die Prüfung der Wahrscheinlichkeit der Wiederholung menschlichen Verhaltens in der Zukunft ein Bereich ist, in dem nicht auf ausreichend gesichertes Wissen zurückgegriffen werden kann.[1282] Die Einflussfaktoren, die der Begehung einer Straftat vorangehen, sind so facettenreich und der Rückgriff auf Erfahrungswerte daher so komplex, dass dieser besonders anfällig für vorurteilsbehaftete Fehlentscheidungen ist. Eine Vorstellung, in der Zukunft werde sich in der Vergangenheit gezeigtes Verhalten ohne Weiteres fortschreiben, ist ebenso wenig ausreichend wie das Stützen auf statistische Werte, da es sich jeweils nicht um Individualprognosen handelt. Diese verlangen vielmehr eine über Intuition hinausgehende Methode zur Bestimmung des Prognoseereignisses und des Grads der Wahrscheinlichkeit, dass dieses eintreten wird.

Die Prognosebasis ist dabei aufgrund des Amtsermittlungsgrundsatzes von der Verwaltungsbehörde für den Einzelfall zu bestimmen. Es ist nicht ausreichend, mittels Typisierungen und allgemeinen Erwägungen über statistische Rückfallhäufigkeiten, die nicht einmal zwischen Tätergruppen unterscheiden, Prognoseentscheidungen vorzunehmen. Sonst würde das Tatbestandsmerkmal der Gefährdung im Sinne einer Polizeigefahr missachtet und eine nicht normierte Gefahrindizierung angenommen.

Durch die Einholung erfahrungswissenschaftlichen Sachverstands und Testungen des Probanden lassen sich Prognoseentscheidungen auf eine methodisch fundierte Tatsachenbasis stützen. Aus der Lebens- und Welterfahrung zu schöpfen, ist derartiger Prognosegestaltung deutlich unterlegen, da Allgemeinerfahrung aufgrund ihrer Abstraktheit gerade keine individuelle Analyse der wesentlichen Prognosemerkmale erlaubt. Diese Überlegenheit führt zu einer Einschränkung der freien Methodenwahl: Da die Behörde und auch das Verwaltungsgericht nicht über eigene Sachkunde verfügen, um individuelle Rückfallprognosen zu stellen, wie sie den Mindestanforderungen für Prognosegutachten entsprechen, verlangt das in Kapitel 3 herausgearbeitete erforderliche Maß an Sicherheit für die Notwendigkeit zum Gefahreneingriff, die Prognosebasis wissenschaftlich fundiert zu bestimmen.

Alleine die Feststellung von – in der Vergangenheit zu Tage getretenen – Dispositionen hat keine Aussagekraft, ob diese künftig strafbares Verhalten erwarten lassen. Ohnehin bedarf bereits die Feststellung einer Disposition besonderer Fachkunde, erst recht deren Fortschreibung und hieraus folgenden Erwartungen für die Zukunft. Derartige Fachkunde steht mittels der Kriminalprognostik der Verwaltung und den Verwaltungsgerichten auch zur Verfügung. Sie sind somit nicht frei in der Auswahl der zum Einsatz kommenden Methode. Nur die Heranziehung

---

der Methoden der Kriminalprognose erlaubt daher eine aussagekräftige Prognose künftigen individuellen Verhaltens.

Von besonderer Bedeutung für die Gefahrenprognose sind auch Prognoseentscheidungen im Straf- beziehungsweise Strafvollstreckungsverfahren. Dort getroffene positive Prognosen sprechen indiziell gegen das Bestehen einer Gefahr. Von dieser Prognose kann nur mittels einer substantiierten Begründung abgewichen werden.

Eine substantiierte Begründung liegt dabei weder in einem allgemeinen Berufen auf statistische Erkenntnisse, auf unterschiedliche Gesetzeszwecke oder grundsätzliche Zweifel an der Wertigkeit derartiger richterlicher oder vollstreckungsbehördlicher Entscheidungen. Ein unterschiedlicher Gesetzeszweck liegt ohnehin nicht vor. Auch gilt im Ausweisungsverfahren kein anderer Prognosezeitraum als im Strafrecht hinsichtlich der Bewährungsentscheidungen.

Schließlich hat die Frage der Wiederholungsgefahr nicht nur auf Tatbestandsebene Relevanz. Es liegen bei schwerwiegenden Grundrechtseingriffen auch erhöhte Begründungsanforderungen an ein Abweichen von der strafrichterlichen Prognose vor, da die Anforderung an die hinreichende Gefahrenwahrscheinlichkeit durch die bereits durch ein anderes Gericht festgestellte günstige Prognose, die indiziell gegen das Bestehen der Wiederholungsgefahr spricht, verschärft ist.

Die hinreichende Wahrscheinlichkeit des Schadenseintritts bildet die materiell-rechtliche Anforderung an die Ausweisung als Eingriffsmaßnahme auf Tatbestandsebene und wird in ihrer Begründungsanforderung durch den Grundrechtseingriff konkretisiert. Die Bedeutung des Faktors der Schadenseintrittswahrscheinlichkeit, der das künftige individuelle Verhalten des Betroffenen betrifft, steigt mit der Bedeutung des Rechtsguteingriffs. Auf verfahrensrechtlicher Ebene folgt hieraus die Tiefe der Aufklärungspflicht durch Verwaltung und Verwaltungsgericht. Denn das Beweismaß ist die verfahrensrechtliche Folge des materiellen Rechts.

Die Untersuchung hat gezeigt, dass eine Übergewichtung des allgemeinen Erfahrungswissens besteht. Hierdurch werden vorhandene Beweismittel nicht ausgeschöpft. Das erforderliche Maß an Sicherheit, das Rückfallrisiko und damit die Schadenseintrittswahrscheinlichkeit zu bestimmen, wird hierbei verkannt. Die Praxis verschließt sich somit nicht nur methodisch abgesicherten Formen der Kriminalprognose, sondern lässt das System der Feststellung der konkreten Polizeigefahr ins Leere laufen. Es besteht die Gefahr der Fortschreibung der Typisierung der Ausweisungsvorschriften. Das wird besonders deutlich, wenn dem Vorliegen eines besonders schweren Ausweisungsinteresses Gewicht für die Prognose der Gefährdung im Sinne des § 53 Abs. 1 AufenthG zugeschrieben wird.

Die Prognose ist zwar das Ergebnis eines juristisches Urteils. Es setzt sich aber nicht nur aus wertenden Elementen zusammen, sondern verlangt zunächst das vorhandene Wissen als Prognosebasis zugrunde zu legen. Dies fordert die Feststellung der individuellen Eintrittswahrscheinlichkeit aufgrund von bewiesenen Prognosetatsachen. Ohne sachverständige Bestimmung der Tatsachen, die eine Gefahrrealisierung künftig erwarten lassen, ist eine solche Prognosebasis unvollständig;

die kriminalprognostisch ermittelte Rückfallgefahr ist dabei zu berücksichtigende Beweistatsache. Es ist zu klären, welche rechtswidrigen Taten von dem Betroffenen drohen und wie ausgeprägt das Maß der Gefährdung ist.[1283]

Die juristische Gefahrenprognose verlangt eine Aussage darüber, ob die ermittelte Gesamtwahrscheinlichkeit ausreichend ist, um von einer hinreichenden Wahrscheinlichkeit zu sprechen. Die Frage kann sie nur beantworten, wenn die Schadenseintrittswahrscheinlichkeit bestimmt wurde. Eine Prognose, die dies vernachlässigt, ist rudimentär und daher fehlerhaft. Denn ohne Bestimmung der Eintrittswahrscheinlichkeit kann das Gewicht des Schadensausmaßes in kein Verhältnis gesetzt werden und beinhaltet somit kein Wahrscheinlichkeitsurteil.

1283 Vgl. zu § 63 StGB, BGH, Beschluss vom 21.12.2016, 1 StR 594/16.

Kapitel 5 Sofortvollzug: zur Gefahrenabwehr oder zur Abwehr positiver Prognosegesichtspunkte?

A. Sofortvollzug im Ausweisungsverfahren

Besondere Fragen stellen sich bei der Anordnung des Sofortvollzugs der Ausweisungsverfügung. Diese bedeutet für den Betroffenen, dass er vor Abschluss des Hauptsacheverfahrens bereits abgeschoben werden kann, soweit keine Abschiebungsverbote beziehungsweise Aussetzungsgründe nach §§ 60, 60 a AufenthG vorliegen.[1284]

Dies kann nicht nur zu möglicherweise irreparablen Folgen der Vollziehung des Verwaltungsakts führen. Die Anordnung kann auch bewirken, dass für den Betroffenen günstige Prognosegesichtspunkte bis zum entscheidungserheblichen Zeitpunkt nicht angebracht werden können, die bei einem Verbleib in der Bundesrepublik bis zur letzten mündlichen Verhandlung zu einem Wegfall einer etwaig zuvor bestehenden Wiederholungsgefahr führen könnten: beispielsweise der Abschluss einer bereits begonnenen Therapie in der Bundesrepublik, ein längerfristiger Abstinenznachweis nach bereits erfolgter Suchttherapie, Veränderung der persönlichen Lebensbedingungen in der Bundesrepublik, längere Zeit der Legalbewährung etc. Dass im Inland begonnene Therapien[1285] im Falle einer Aufenthaltsbeendigung – schon mangels Erreich- oder Finanzierbarkeit – nicht ohne Weiteres im Ausland fortgesetzt werden können und soziale Bindungen oder veränderte Lebensumstände im Inland insbesondere bei langem oder ausschließlichem Inlandsaufenthalt für den Fall der Ausweisung wird insoweit als naheliegend zugrundegelegt und bedarf keiner vertieften Untersuchung.

1284 Letztere sollen den Sofortvollzug nicht ausschließen, so Discher, in: Fritz/Vormeier (Hrsg.), GK-AufenthG (Stand: Juni 2009), AufenthG, Vor. zu §§ 53 ff., Rn. 1550, da dies nicht das Interesse an der sofortigen Beendigung des Aufenthalts betreffe. Die Auffassung ist abzulehnen, da die Sofortvollzugsanordnung nicht der Vollziehung des Verwaltungsakts dient, wenn die Abschiebung nicht möglich ist. Ein sofortiges Interesse an der Vollziehbarkeit setzt aber die Vollziehbarkeit voraus. Insofern erscheint die Auffassung auch widersprüchlich im Hinblick auf die zutreffende Auffassung bei noch zu vollstreckender Strafhaft, Discher, ebd. Rn. 1555 (vgl. unten Fn. 1346).

1285 Zur Frage des Duldungsanspruchs bei weit fortgeschrittener Drogentherapie, vgl. Bauer/Dollinger, in: Bergmann/Dienelt, Ausländerrecht, 12. Aufl. 2018, AufenthG, § 60a, Rn. 36.

Vielmehr wird häufig gerade wegen der Anordnung des Sofortvollzugs eine Rückstellung der Strafvollstreckung zur Rehabilitationsbehandlung abgelehnt oder widerrufen, weil beziehungsweise wenn der Abschluss der Therapie aufgrund der anstehenden Aufenthaltsbeendigung nicht gewährleistet ist (vgl. § 35 Abs. 1 S. 1 BtMG, § 35 Abs. 5 BtMG).[1286] Nach § 67 Abs. 2 S. 4 StGB soll im Anwendungsbereich des Maßregelvollzugs der Vorwegvollzug der Freiheitsstrafe angeordnet werden, wenn der Betroffene vollziehbar ausreisepflichtig und zu erwarten ist, dass während des Strafvollzugs beziehungsweise unmittelbar danach der Aufenthalt im Bundesgebiet endet. In diesen Fällen hat also bereits das erstinstanzliche Strafgericht zu prüfen beziehungsweise zu prognostizieren, ob mit einer vollziehbaren Ausweisungsverfügung zu rechnen ist.[1287] Die Reihenfolge der Vollstreckung ist nachträglich abzuändern, wenn diese Prognose des Strafgerichts nicht eintritt, § 67 Abs. 3 S. 3 StGB. Die Anordnung oder Nichtanordnung des Sofortvollzugs kann hier also direkte Auswirkungen auf den Verlauf der Vollstreckung von Strafe oder Maßregel haben mit dem Nachteil für den Betroffenen, weder die therapeutische Behandlung noch die Möglichkeit der Reststrafenaussetzung nach erfolgreichem Abschluss der Maßregel zu erlangen und möglicherweise gegen eine Wiederholungsgefahr sprechende Gesichtspunkte im Ausweisungsverfahren vorbringen zu können.[1288] Dabei geht der Gesetzgeber grundsätzlich davon aus, dass der Maßregelvollzug der Gewährleistung der Sicherheit der Bevölkerung dient; der Maßregelvollzug sei allerdings nicht erforderlich, wenn aufenthaltsbeendende Maßnahmen anstehen würden.[1289]

Die Klärung der Anforderung an die Anordnung des Sofortvollzugs ist daher für den Betroffenen von besonderer Bedeutung. Für die Verwaltung freilich auch: kann doch durch die Anordnung des Sofortvollzugs der Erfolg in der Hauptsache möglicherweise „abgesichert" werden, indem das Entstehen positiver Prognosetatsachen faktisch verhindert wird. Zugespitzt stellt sich somit die Frage, ob dies ein tragendes Kriterium für die Anordnung des Sofortvollzugs sein kann – genauer: darf.

Die Frage ist umso brisanter, als auch die Auffassung vertreten wird, dass selbst unzureichend begründete Sofortvollzugsanordnungen nicht erfolgreich angreifbar seien, wenn der Verwaltungsakt offenkundig rechtmäßig sei. Der Betroffene

---

1286 Vgl. AG Hof, Beschluss vom 22.08.2014, 7 Ls 33 Js 10332/13 (stattgebende gerichtliche Entscheidung gem. § 35 Abs. 7 BtMG gegen die Versagung der Rückstellung, da der Betroffene nachweisen konnte, dass die Therapie mangels vollziehbarer Ausweisungsverfügung beendet werden kann).

1287 Zu den Bedenken, ob die Regelung mit Art. 3 GG bzw. Art. 2 RL 2000/42/EG vereinbar ist, vgl. BayVGH, Beschluss vom 02.05.2017, 19 CS 16.2466, Rn. 37.

1288 Vgl. Heinhold, R & P, 2006, 187 (191) zur Ungleichbehandlung des ausländischen und des deutschen Straftäters.

1289 Gesetzesbegründung der Bundesregierung zu § 67 Abs. 4 StGB, BT-Drs. 16/1110, S. 11 – Heinhold, R & P, 2006, 187 (191) kritisiert dies als Mitwirkung des Staates an der Aufrechterhaltung der Gefahr.

habe keinen Anspruch, durch Einlegung von Rechtsbehelfen und Ausschöpfung des Instanzenweges, Zeit zu gewinnen, vielmehr ergebe sich das besondere Vollzugsinteresse aus dieser offenkundigen Rechtmäßigkeit des Verwaltungsakts.[1290]

I. Vollziehbarkeit der Ausweisungsverfügung

Gegen die Ausweisungsverfügung als belastenden Verwaltungsakt ist die Anfechtungsklage gem. § 42 Abs. 1 VwGO die statthafte Klageart. Diese hat gemäß § 80 Abs. 1 S. 1 VwGO grundsätzlich aufschiebende Wirkung. Zwar lassen nach § 84 Abs. 2 S. 1 AufenthG Widerspruch und Klage die Wirksamkeit der Ausweisung unberührt, allerdings ist die Vollziehbarkeit der Ausweisung gehemmt.[1291] Soweit

---

1290 So Stein, DVP 2009, 398 (404) mit Verweis auf eine Entscheidung des BVerwG – gemeint wohl BVerfG -, Beschluss vom 11.02.1982, 2 BvR 77/82, BayVBl. 1982, 276–277. Ob die Entscheidung als Beleg für die Auffassung gelten kann, ist zu bezweifeln. Denn das BVerfG führt insoweit aus, dass der Suspensiveffekt verfassungsrechtliche Bedeutung habe, allerdings Art. 19 Abs. 4 GG die aufschiebende Wirkung von Rechtsbehelfen nicht schlechthin gewährleiste. Überwiegende öffentliche Belange könnten es ausnahmsweise rechtfertigen, den Rechtsschutzanspruch einstweilen zurück zu stellen, um unaufschiebbare Maßnahmen im Interesse des allgemeinen Wohls rechtzeitig in die Wege zu leiten. Das BVerfG hat hier keineswegs gebilligt, das Sofortvollzugsinteresse durch offensichtlich fehlende Erfolgsaussichten in der Hauptsache zu begründen, sondern lediglich das Einstellen fehlender Erfolgsaussichten im Rahmen der Abwägungsentscheidung des Gerichts im Rahmen des § 80 Abs. 5 VwGO-Verfahrens. Es führt aus, dass „das Verwaltungsgericht darauf hingewiesen hat, dass die Verwaltungsbehörde das besondere Interesse an der sofortigen Vollziehung (...) ausreichend begründet hat." Auch soweit auf die Entscheidung des BVerwG, Beschluss vom 19.08.1994, 1 VR 9/93, NVwZ 1995, 595 verwiesen wird, trägt diese die Auffassung nicht. Dort heißt es nämlich: „Ein überwiegendes öffentliches Interesse an der sofortigen Vollziehung eines Vereinsverbotes entfällt grundsätzlich dann, wenn die von den Antragstellerinnen erhobenen Klagen gegen die Verbotsverfügung nach der in einem Aussetzungsverfahren gebotenen summarischen Prüfung aller Voraussicht nach Erfolg haben werden". Dies erlaubt nicht den Umkehrschluss, dass mangelnde Erfolgsaussichten das überwiegende öffentliche Interesse an der sofortigen Vollziehung begründen würden.
Es bedarf vielmehr einer „schlüssigen, konkreten und substantiierten Darlegung der wesentlichen Erwägungen, warum aus Sicht der Behörde gerade im vorliegenden Einzelfall ein besonderes öffentliches Interesse an der sofortigen Vollziehung gegeben ist und das Interesse des Betroffenen am Bestehen der aufschiebenden Wirkung ausnahmsweise zurückzutreten hat", wie das BVerwG ausführt (Beschluss vom 18.09.2001, 1 DB 26.01 = JurionRS 2001, 28052, Rn. 6 = BeckRS 2001, 31351544).
1291 Vgl. Hailbronner, Kommentar zum Ausländerrecht, Stand März 2015, AufenthG, A 1, Vor § 53, Rn 51, 55; siehe auch Fn. 156; Welte, ZAR 2007, 283; *Discher* in: Fritz/Vormeier (Hrsg.), GK-AufenthG (Stand: Juni 2009), AufenthG, Vor. zu §§ 53 ff., Rn 1509 ff. Zur Frage, ob die Wirksamkeit des Verwaltungsakts betroffen oder die Vollziehbarkeit gehemmt ist, vgl. Windthorst, Einstweiliger Rechtsschutz, S. 257 f.

die Ausländerbehörde die Ausweisungsverfügung einschließlich der Abschiebung sofort vollziehen möchte, bedarf es daher der Anordnung des Sofortvollzugs gem. § 80 Abs. 2 S. 1 Nr. 4 VwGO.[1292] Zu prüfen ist daher, inwieweit die Anordnung des Sofortvollzugs eine besondere Prüfung der bestehenden Gefahr bedarf oder ob das allgemeine Ausweisungsinteresse ausreichend ist.

II. Anforderungen an die Anordnung des Sofortvollzugs

Die Anordnung des Sofortvollzugs hat für den Betroffenen gravierende, grundrechtsrelevante Bedeutung. Der durch Art. 19 Abs. 4 GG garantierte Rechtsschutz wird erheblich eingeschränkt.[1293] Denn die aufschiebende Wirkung ist gemäß § 80 Abs. 1 VwGO die gesetzliche Regel.[1294] Wenn auch umstritten ist, ob der Suspensiveffekt verfassungsrechtlich determiniert ist, kommt ihm jedenfalls aufgrund einfachgesetzlicher Normierung eine wesentliche Rolle bei der Abwehr von Entscheidungen der mit einem Selbsttitulierungsrecht ausgestatteten Verwaltung zu; er wird als „adäquate Ausprägung der verfassungsrechtlichen Rechtsschutzgarantie"[1295] beziehungsweise wesentliches Element des verwaltungsgerichtlichen Rechtsschutzes beschrieben.[1296]

Da der Sofortvollzug einen „fundamentalen Grundsatz des öffentlich-rechtlichen Prozesses"[1297] durchbricht, setzt dessen Anordnung ein besonderes öffentliches Interesse voraus, das über jenes Interesse hinausgeht, das den Verwaltungsakt selbst rechtfertigt.[1298] Der Rechtsschutzanspruch des Betroffenen ist dabei umso stärker und darf umso weniger zurückstehen, je schwerwiegender die ihm auferlegte Belastung durch die Vollziehung des Verwaltungsaktes ist und je mehr die

---

1292 Zur Frage der Auswirkung der Anordnung des Sofortvollzugs auf die Anfechtungsklage durch einen Dritten (z.B. deutscher Ehegatte des Betroffenen) vgl. OVG Saarlouis Beschluss vom 17.06.2016, 2 B 124/16; Discher, in: Fritz/Vormeier (Hrsg.), GK-AufenthG (Stand: Juni 2009), AufenthG, Vorbemerkungen zu §§ 53 ff., Rn 1518.

1293 BVerfG, Kammerbeschluss v. 27.04.2005, 1 BvR 223/05, Rn. 22. Eine Beschränkung der Rechte aus Art. 6 bzw. 13 EMRK soll für den Betroffenen wegen ihrer „schwachen textlichen Fassung" neben Art. 19 Abs. 4 GG nicht erfolgreich geltend gemacht werden können, so Bast, Aufenthaltsrecht und Migrationssteuerung, S. 182.

1294 BVerfG, Kammerbeschluss vom 10.10.2003, 1 BvR 2025/03, Rn. 19. Zweifelnd Schoch, Vorläufiger Rechtsschutz, S. 1125.

1295 BVerfG, Senatsbeschluss vom 18.07.1973, BVerfGE 35, 382 (402).

1296 Zur Diskussion mit zahlreichen Nachweisen: Windthorst, Einstweiliger Rechtsschutz, 256 f.; vgl. auch Discher, in: Fritz/Vormeier (Hrsg.), GK-AufenthG (Stand Juni 2009), AufenthG, Vor. zu §§ 53 ff., Rn 1503; Schoch, Vorläufiger Rechtsschutz, S. 553.

1297 BVerfG, Senatsbeschluss vom 18.07.1973, BVerfGE 35, 382 (402).

1298 BVerfG, Kammerbeschluss vom 27.04.2005, 1 BvR 223/05, Rn. 31.

angeordneten Maßnahmen der Verwaltung Unabänderliches bewirken,[1299] woraus eine Pflicht zur weitestmöglichen Aufklärung der Hauptsache gefolgert wird.[1300] Eine solche Unabänderlichkeitswirkung ist im Falle des Sofortvollzugs der Ausweisungsverfügung wegen der faktischen Endgültigkeit im Falle der Aufenthaltsbeendigung zu konstatieren.[1301] Selbst wenn später die Ausweisungsverfügung aufgehoben werden sollte, führte die Anordnung des Sofortvollzugs jedenfalls bis dahin zu einem Entfernen aus der Bundesrepublik Deutschland mit Wiedereinreiseverbot, § 11 AufenthG.[1302] Es treten somit vollendete Tatsachen ein, die über Jahre hinweg andauern können.

Nicht vollständig geklärt ist die grundsätzliche Frage, welchen Prüfungs- und Entscheidungsmaßstab die Gerichte bei der Entscheidung gem. § 80 Abs. 5 VwGO anzulegen haben.[1303] Die gerichtliche Prüfungsdichte soll bei der Aussetzungsentscheidung nach § 80 Abs. 5 S. 1 VwGO zwar auf eine summarische Prüfung der Tatsachen beschränkt sein, die die „Erfolgsaussichten in der Hauptsache" und die „Dringlichkeit der Entscheidung" ausfüllen.[1304] Jedoch müsse das Gericht weitergehende Ermittlungen in tatsächlicher Hinsicht vornehmen, um zu einem höheren Grad der Überzeugung von der Sachlage zu gelangen, wenn die Gewährung einstweiligen Rechtsschutzes dadurch nicht verzögert werde. Dabei sei eine Reduzierung der Prüfungsdichte im Hinblick auf die Sicherung raschen einstweiligen Rechtsschutzes gerechtfertigt, während eine hohe Eingriffsintensität, charakterisiert durch die Schwere eines Eingriffs oder die Irreparabilität des drohenden Nachteils wiederum „Grundlage für eine Verschärfung der Prüfungsdichte" darstelle.[1305] Während im ersten Fall die Rechtzeitigkeit im Vordergrund stehe – insbesondere bei Verwaltungsakten mit Doppelwirkung –, gehe es im zweiten um das Ziel des materiell-akzessorischen und rechtmäßigen Eilrechtsschutzes. Dabei diene eine größere Prüfungsdichte der Ergebnis- und Verfahrensrichtigkeit der Eilentscheidung bei weitgehender Sachverhaltsaufklärung, erforderlichenfalls auch unter verfahrensrechtlichen Vorkehrungen wie der Durchführung einer mündlichen Verhandlung. Hierdurch sei ein höherer Grad der Wahrscheinlichkeit erreichbar, ob der Antragsteller in der Hauptsache voraussichtlich obsiegen werde oder

---

1299 BVerfG, Kammerbeschluss v. 11.05.2007, 2 BvR 2483/06, Rn. 31; Windthorst, Einstweiliger Rechtsschutz, S. 663.

1300 Windthorst, Einstweiliger Rechtsschutz, S. 269 mit Hinweis auf BVerfG, Beschluss vom 02.05.1984, 2 BvR 1413/83 = BVerfGE 67, 43 (61f.).

1301 Vgl. Schoch, in: Schoch/Schneider/Bier, VwGO (Stand: 35. EL, September 2018), VwGO, § 80, Rn. 212; vgl. Windthorst, Einstweiliger Rechtsschutz, S. 140.

1302 Zu den Einzelheiten hinsichtlich des Anspruchs auf Wiedereinreise bei Anordnung der aufschiebenden Wirkung nach erfolgter Abschiebung vgl. Welte, ZAR 2007, 283 (285).

1303 Hierzu genauer: Schoch, Vorläufiger Rechtsschutz, S. 564.

1304 Windthorst, Einstweiliger Rechtsschutz S. 689 f.

1305 Zum Ganzen: Windthorst, Einstweiliger Rechtsschutz S. 689 f.

nicht.[1306] Eine Einschränkung der Prüfung der *Rechtslage* käme nur zur Sicherung der Rechtzeitigkeit des einstweiligen Rechtsschutzes in Betracht.[1307] Eine sachlich nicht gerechtfertigte Reduzierung der Prüfungsdichte stelle einen Verstoß gegen Art. 19 Abs. 4 GG dar.[1308] Grundsätzlich folge aus diesem, dass irreparable Entscheidungen vor einer Entscheidung in der Hauptsache weitestmöglich ausgeschlossen werden sollen.[1309]

Daher ist die Auffassung abzulehnen, dass ein materiell-rechtlicher Mangel an der Begründungspflicht der Behörde nicht zur Aufhebung der Anordnung des Sofortvollzugs führt, wenn nach summarischer Prüfung sich der Verwaltungsakt als offensichtlich rechtmäßig erweise, da es keinen Anspruch auf Zeitaufschub gebe.[1310] Dann würde nämlich durch die Anordnung des Sofortvollzugs der maßgebliche Entscheidungszeitpunkt vorverlagert auf den Zeitpunkt der § 80 Abs. 5-VwGO-Entscheidung und – wenn nicht nach mündlicher Verhandlung in Verbindung mit dem Hauptsacheverfahren entschieden wird – nur durch die Kammer ohne Mitwirkung der ehrenamtlichen Richter (§ 5 Abs. 3 S. 2 VwGO) faktisch über die Rechtmäßigkeit des Verwaltungsakts befunden.

Im Falle der Ausweisung sind die Erfolgsaussichten der Klage zum Zeitpunkt der letzten mündlichen Verhandlung zu beurteilen.[1311] Für die Beurteilung der Sach- und Rechtslage und damit Erfolgsaussichten des Rechtsbehelfs ist auf den

---

1306 Zum Ganzen: Windthorst, Einstweiliger Rechtsschutz, S. 690. Hierzu auch Hoppe, in: Eyermann, VwGO (15. Auflage 2019), VwGO, § 80, Rn. 104, wonach das Gebot zur „Vollprüfung" in Abhängigkeit zur Intensität des Grundrechtseingriffs stehe.

1307 Vgl. Windthorst, Einstweiliger Rechtsschutz, S. 690, Hervorhebung durch Verf. – Hierzu auch Schoch, in: Ehlers/Schoch (Hrsg.), Rechtsschutz im öffentlichen Recht, § 29, Rn. 138.

1308 Windthorst, Einstweiliger Rechtsschutz, S. 691 mit Verweis auf BVerfG, Kammerbeschluss vom 13.06.2005 NVwZ 2005, 1053 = 2 BvR 485/05, Rn. 30, in dem das BVerfG eine fehlende Aufbereitung der Ermächtigungsgrundlage und ihrer tatbestandlichen Einzelmerkmale sowie die Zuordnung von Fakten zu einzelnen Merkmalen der Befugnisnorm rügt.

1309 Discher, in: Fritz/Vormeier (Hrsg.), GK-AufenthG (Stand: 34. Ergänzungslieferung Juni 2009), AufenthG, Vor §§ 53 ff., Rn 1503.

1310 Vgl. oben Fn. 1290. – Es ist nach hier vertretener Auffassung stets eine Prüfung der ausreichenden Begründung des Sofortvollzugs zu verlangen und dieser bei einer nicht ausreichenden – fehlenden oder nur formelhaften – Begründung auch dann aufzuheben, wenn das Gericht keine Erfolgsaussichten in der Hauptsache erkennen kann. Die Frage bedarf aber nicht der Vertiefung, da Untersuchungsgegenstand die Anforderung an den Sofortvollzug im Kontext der Arbeit ist und nicht die Grundsatzfrage, was aus einer unzureichenden Begründung folgt. A. A. OVG Saarland, Beschluss vom 22.01.2007, 2 W 39/06.

1311 BVerwG, Urteil vom 10. Juli 2012, 1 C 19.11, Rn 12. Vgl. zur Entwicklung der geänderten Rspr., Kraft, DVBl. 2013, 1219 (1227), sowie zur fehlenden dogmatischen Herleitung der Anwendung auch für Nicht-Daueraufenthaltsberechtigte Thym, Migrationsverwaltungsrecht, S. 248, Fn. 232.

Zeitpunkt der Hauptsacheentscheidung abzustellen, während der Zeitpunkt der Eilrechtsschutz-Entscheidung die Frage der Dringlichkeit des Sofortvollzugs betrifft.[1312] Dies zeigt auch § 80 Abs. 7 VwGO, wonach die Eilrechtsentscheidung abgeändert werden kann, wenn die Umstände sich ändern. Es sind also nach der gesetzgeberischen Konzeption geänderte Umstände berücksichtigungsfähig, so dass dann, wenn in der Hauptsache der Zeitpunkt der letzten mündlichen Verhandlung abzustellen ist, im Eilrechtsschutz kein früherer Zeitpunkt als Stichtag für eine abschließende Beurteilung der Erfolgsaussichten gelten kann, im untersuchungsgegenständlichen Kontext insbesondere für die Gefahrenprognose.

Das folgt auch daraus, dass für die Frage des Vorliegens einer Wiederholungsgefahr oftmals Prüfungsmaßstab sein soll, ob der Betroffene einen inneren Wandel hinsichtlich der Umstände, die zu dem strafrechtlich relevanten Verhalten geführt haben, vollzogen habe.[1313] Auch ist der Wahrscheinlichkeitsgrad im Laufe der Zeit variabel (vgl. S. 139). Es ist also die Gefahrenprognose zum Zeitpunkt der letzten mündlichen Verhandlung für Erfolg oder Misserfolg der Klage gegen die Ausweisungsverfügung maßgeblich. Im Falle der Veränderlichkeit des Wahrscheinlichkeitsgrades sind die Erfolgsaussichten daher zum Zeitpunkt der Eilrechtsschutz-Entscheidung regelmäßig noch offen.

Wenn im Rahmen einer summarischen Prüfung der Zeitpunkt vorverlagert würde, handelte es sich nicht um den materiell-rechtlich gebotenen Zeitpunkt. Im Eilrechtsschutzverfahren ist im Falle der Ausweisung zu beachten, dass sich die Erfolgsaussichten des Hauptsacheverfahren nach der Behördenentscheidung verändern können und jedenfalls mindestens auf die Sach- und Rechtslage zum Zeitpunkt der Eilentscheidung abzustellen ist.[1314] Zum Zeitpunkt der Entscheidung

---

1312 So auch Puttler, in: Sodan/Ziekow (Hrsg.), VwGO, 15. Auflage 2018, VwGO, § 80, Rn. 162, mit Hinweis auch auf die Gegenauffassung. Zu dieser (ablehnend) auch Schoch, in: Schoch/Schneider/Bier (Hrsg.), VwGO, EL. 22, September 2011, VwGO, § 80, Rn. 413, wobei sich der Streit um die Frage dreht, ob auf den Zeitpunkt der Behördenentscheidung oder der gerichtlichen Entscheidung abzustellen ist. Darauf komm es im untersuchungsgegenständlichen Kontext nicht an. Hier ist die Frage, ob die Hauptsache-Erfolgsaussichten zum Zeitpunkt der Eilrechtsschutz-Entscheidung schon feststeht, wenn die Entscheidungszeitpunkte auseinander fallen, maßgeblich. – Hoppe, in: Eyermann, VwGO (15. Auflage 2019), VwGO, § 80, Rn. 105–106, nimmt an, dass es für die Interessenabwägung auf den Zeitpunkt der Eilentscheidung ankomme, für die Frage der Erfolgsaussichten aber aufgrund der materiell-rechtlichen Akzessorietät eine differenzierenden Betrachtungsweise verlange und das materielle Recht den maßgeblichen Zeitpunkt für die Beurteilung der Rechtmäßigkeit vorgebe.
1313 Vgl. oben Fn. 829, Fn. 1030.
1314 Schoch, in: Schoch/Schneider/Bier (Hrsg.), VwGO, EL. 22, September 2011, VwGO, § 80, Rn. 420, weist darauf hin, dass es im Falle der Ausweisung bei der Eilentscheidung jedenfalls auf die Sach- und Rechtslage bis zum Zeitpunkt der gerichtlichen Entscheidung und nicht auf den Zeitpunkt der behördlichen Entscheidung ankommt.

über einen Antrag gem. § 80 Abs. 5 VwGO wird sich, soweit diese nicht mit der
Hauptsacheentscheidung zusammenfällt, jedoch in der Regel keine abschließende
Gefahrenprognose und damit auch keine Prognose über den Ausgang des Hauptsacheverfahrens treffen lassen, da der hierfür maßgebliche Beurteilungszeitpunkt
auch erst in zweiter Instanz liegen kann und etwaige neue Tatsachen zu berücksichtigen sind (§ 128 VwGO). Die Erfolgsaussichten werden sich daher vielfach
als offen erweisen, wenn die Prognosetatsachen bis zur Hauptsacheentscheidung
noch nicht abschließend beurteilt werden können.

Dies verkennt beispielsweise wird durch das OVG des Saarlandes nicht ausreichend beachtet, wenn es ausführt, dass der Betroffene keinen Anspruch darauf
habe, solange therapiert zu werden, bis möglicherweise eine günstige Sozialprognose gestellt werde könne und im Rahmen der Entscheidung nach § 80 Abs. 5 VwGO
nur die Tatsachen berücksichtigt werden müssten, die bis dahin vorliegen.[1315] Es
ist nämlich nicht die Frage eines Therapieanspruchs maßgeblich, sondern, welche
Prognosetatsachen zum materiell-rechtliche entscheidungserheblichen Zeitpunkt
bezüglich der Rechtmäßigkeit der Ausweisung und damit der Prognose vorliegen
werden einschließlich hypothetischer Entwicklungen (vgl. S. 148, S. 229).

Zudem hat der Betroffene einen Anspruch, dass der gesetzliche Richter die für
die Frage der Wiederholungsgefahr relevante Prognose trifft und diese nicht in
eine summarische Prüfung verlagert wird. Gerade wegen der Schwierigkeit der
Prognose, die keine Rechtsfrage darstellt, sondern auf einem Werturteil beruht,
hat es daher Relevanz, dass in der Hauptsache die Kammer unter Mitwirkung
der ehrenamtlichen Richter entscheidet. Dieser Anspruch umfasst auch die
Berechtigung zur Einlegung von Rechtsmitteln einschließlich der Rüge der
Fehlerhaftigkeit einer Prognose. Das gilt schließlich auch, wenn die Behörde das
Rechtsmittel einlegt und die Richtigkeit der Prognose beanstandet. Es ist daher
nicht überzeugend, wenn damit argumentiert wird, es bestünde kein Anspruch
auf Zeitgewinnung durch Einlegung von Rechtsmitteln. Es ließe das Wesen
von Rechtsbehelfen leer laufen, wenn deren Ergebnisse als von vornherein
feststehend betrachtet würden.

III. Anordnung des Sofortvollzugs im Ausweisungsverfahren

1. Sofortvollzugsanordnung in der ausweisungsrechtlichen Praxis

Bevor die Frage der Anforderungen an den Sofortvollzug im Untersuchungskontext zu erörtern ist, lohnt zunächst ein Blick auf die tatsächliche Praxis.

Dabei lässt sich nicht sagen, wie häufig die Anordnung des Sofortvollzugs mit
Ausweisungen nach strafrechtlicher Verurteilung verfügt wird. Die Anordnung

---

1315 OVG Saarland, Beschluss vom 27.03.2018, 2 B 48/18 = BeckRS 2018, 5097, Rn. 9.

des Sofortvollzugs wird im Ausländerzentralregister nicht erfasst.[1316] Aktuelle Untersuchungen hierzu sind nicht bekannt.

Eine Häufung der Anordnung bei Ausweisungsentscheidungen wurde in der Vergangenheit kritisiert.[1317] Eine Umkehr des Regel-Ausnahme-Verhältnisses durch die Verwaltung ist nicht zulässig, da sie sonst den Grundsatz der aufschiebenden Wirkung durchbricht.[1318] Die Verwaltung ist an Recht und Gesetz gebunden und darf daher nicht – beispielsweise mit diesem Ziel, eine positive Entwicklung des Betroffenen zu unterbrechen – den Sofortvollzug anordnen, soweit keine Sofort-vollzugsgründe bestehen. Nur das Vorliegen berechtigter Sofortvollzugsgründe erlaubt deren Anordnung. Die Bindung an Recht und Gesetz beinhaltet nicht nur eine Handlungs-, sondern auch eine Unterlassungspflicht.[1319]

Die gesetzliche Anordnung des Sofortvollzugs wurde im Gesetzgebungsverfahren angeregt, jedoch nicht eingeführt.[1320] Der Bundesrat hatte in der Vergangenheit die sofortige Vollziehbarkeit bei zwingender und Regelausweisung gefordert.[1321] Nicht einmal im Anwendungsbereich des § 53 Abs. 3 AufenthG, der für die

---

1316 Antwort der Bundesregierung vom 08.08.2018 zu Frage 19 der Fraktion DIE LINKE, BT-Drs. 19/3735, S. 18.

1317 Vgl. Bast, Aufenthaltsrecht und Migrationssteuerung, S. 180, wonach das BVerfG der seit den 1970er Jahren bestehenden Sofortvollzugspraxis der Ausländerbehörden deutliche Grenzen gesetzt habe und das Rechtsstaatsprinzip als Schranken-Schranke im Rahmen des Schutzbereichs des Art. 2 Abs. 1 GG entgegenzuhalten sie. Vgl. insoweit zum Grundrechtsschutz auch BVerfG, Urteil v. 18.07.1973, 1 BvR 23/73 (oben Fn. 39; zu diesem Grundrechtseingriff durch die Ausweisung vgl. auch S. 141 (Fn. 720). Zur grundlegenden Kritik an der Sofortvollzugspraxis in den 70er Jahren mit zahlreichen Literaturnachweisen auch Schoch, Vorläufiger Rechtsschutz, S. 554 f. Franz, NJW 1974, 1809 (1811) hielt das Eingreifen des Bundesverfassungs-gerichts für „bitter notwendig", da eine „scheinbar allmächtige Verwaltung" die Umkehr des Regel-Ausnahme-Verhältnisses fast schon zur Gewohnheit erstarren lassen habe. Kritisch zur heutigen Behördenpraxis und zum fehlenden verwal-tungsgerichtlichen Korrektiv Hofmann, ANA-ZAR 2016, 59. In einer Untersuchung von Sigrist, DVBl. 1981, 673 (677), der Ausweisungsverfügungen der Berliner Aus-länderbehörde aus den Jahren 1978 und 1979 prüfte, ergab sich eine Quote der Anordnung des Sofortvollzugs von 91 % der überprüften Fälle.

1318 Discher, in: Fritz/Vormeier (Hrsg.), GK-AufenthG (Stand: 34. EL. Juni 2009), Auf-enthG, Vor. zu §§ 53 ff., Rn 1504; Cziersky-Reis, in Hofmann, Ausländerrecht, 2. Auflage 2016, AufenthG, § 53, Rn. 67.

1319 Vgl. Detterbeck, Allgemeines Verwaltungsrecht, Rn. 257, zur Pflicht der Verwaltung zum Unterlassen, gegen Gesetze zu verstoßen.

1320 Vgl. Bender, KJ 2003, 130 (145, Fn. 88), der darauf hinweist, dass im Rahmen des Gesetzgebungsverfahrens eines Terrorismusbekämpfungsgesetzes nach den Anschlägen vom 11.09.2001 die sofortige Vollziehbarkeit „sämtlicher" Auswei-sungsentscheidungen nach §§ 45–48 AuslG diskutiert wurde, sich aber nicht durch-setzen konnte.

1321 BR-Drs. 807/01, S. 7 f. (Entschließungsantrag mit Beschluss).

Ausweisung eine gesteigerte Gefahr für die öffentliche Sicherheit und Ordnung voraussetzt (vgl. S. 128), wurde der Sofortvollzug als Regel eingeführt. Im Gegensatz dazu wurde die Abschiebungsanordnung gemäß § 58a AufenthG,[1322] die keine konkrete Polizeigefahr voraussetzt, kraft Gesetzes für sofort vollziehbar erklärt und zusätzlich eine Frist zur Stellung eines Antrags auf aufschiebende Wirkung von einer Woche ab Bekanntgabe normiert, die in der Verwaltungsgerichtsordnung sonst nicht gilt, § 58a Abs. 1 S. 2 Hs. 1, Abs. 4 S. 2 AufenthG.

Der Gesetzgeber hat sich somit bewusst gegen eine regelmäßige Sofortvollziehbarkeit von Ausweisungsverfügungen entschieden, bei denen das Ausweisungsinteresse aus dem vorangegangenen Begehen von Straftaten herrühren soll. Dieses Regel-Ausnahme-Verhältnis muss die Verwaltung daher nachvollziehen und darf nur aus Gründen den Sofortvollzug anordnen, die nicht bereits regelmäßig die Verfügung einer Ausweisung veranlassen.

Beim Studium von Entscheidungen zum Sofortvollzug fällt auf, dass in der Praxis eher formelhafte Begründungen zur Rechtfertigung eines besonderen öffentliche Interesses an der sofortigen Vollziehbarkeit angeführt werden und dass im Rahmen der Prüfung nach § 80 Abs. 5 VwGO mit besonderem Gewicht auf die fehlenden Erfolgsaussichten der Hauptsacheklage abgestellt wird.[1323]

1322 Eingeführt durch Gesetz über den Aufenthalt, die Erwerbstätigkeit und die Integration von Ausländern im Bundesgebiet (Aufenthaltsgesetz – AufenthG) vom 30. Juli 2004.

1323 Beispielhaft: VG Ansbach, Beschluss vom 08.11.2013, 5 S 13.01923, Rn. 37, 38: „Es sind hierbei die widerstreitenden Interessen gegeneinander abzuwägen, wobei im Rahmen dieser Abwägung die Erfolgsaussichten des Rechtsbehelfs in der Hauptsache besondere Berücksichtigung finden. Bleibt dieser Rechtsbehelf mit hoher Wahrscheinlichkeit erfolglos, wird die Abwägung in der Regel zum Nachteil des Betroffenen ausfallen. (...) Die Antragsgegnerin hat das besondere Interesse am Sofortvollzug der Ausweisung (...) in einer den Formerfordernissen nach § 80 Abs. 3 Satz 1 VwGO genügenden Weise damit begründet, dass das öffentliche Interesse am Sofortvollzug über jenes hinausgehe, das die Ausweisung selbst begründe, da sich die vom Antragsteller ausgehende Wiederholungsgefahr bereits im Rahmen eines eventuell längerfristigen Hauptsacheverfahrens realisieren könnte, da die Rechtskraft in dem Ausweisungsverfahren möglicherweise erst nach der Haftentlassung des Antragstellers eintreten werde und auch eine vorzeitige Haftentlassung nicht ausgeschlossen werden könne." – Letztlich wird hier nur mit den Erfolgsaussichten der Hauptsache argumentiert. Ob eine vorzeitige Haftentlassung erfolgen wird (und wann), steht dagegen offenbar überhaupt nicht fest. Vgl. auch Windthorst, Einstweiliger Rechtsschutz, S. 661 (m. N. auch zur Gegenansicht), wonach das besondere Vollziehungsinteresse nicht schon auf offensichtlich fehlende Erfolgsaussichten gestützt werden könne, sondern davon unabhängig besonders dringlich sein müsse. VG Augsburg, Beschluss vom 12.08.2009, Au 1 S 09.884: „Die Anordnung des Sofortvollzugs durch die Antragsgegnerin war formell rechtmäßig. Insbesondere hat die Antragsgegnerin die Anordnung der sofortigen Vollziehung entsprechend der Anforderungen des § 80 Abs. 3 Satz 1 VwGO ordnungsgemäß begründet. Sie hat dabei die besonderen Umstände des Einzelfalls gewürdigt und ihrer Entscheidung

Wenn das Sofortvollzugsinteresse damit begründet wird, dass die Haftentlassung des Betroffenen während des Hauptsacheverfahrens drohe und sich daher die

---

zugrunde gelegt. [wird nicht näher ausgeführt – Verf.] Das Gericht hat dabei die Interessen des Antragstellers und das öffentliche Interesse an einer sofortigen Vollziehung gegeneinander abzuwägen. Bei der Abwägung kommt den Erfolgsaussichten der Hauptsache maßgebliche Bedeutung zu." – Es ist hier überhaupt kein Sofortvollzugsinteresse vorgetragen, sondern nur eine Abwägung erfolgt.VG München, Beschluss vom 30.03.2017, M 10 S 16.5668: „Der Antragsteller sei aus einer von ihm ausgehenden konkreten Wiederholungsgefahr – also aus spezialpräventiven Gründen – ausgewiesen worden. Diese spezialpräventive Zielsetzung rechtfertige und erfordere die ausnahmsweise Anordnung des Sofortvollzugs, da ansonsten in Kauf genommen werden müsse, dass sich diese Wiederholungsgefahr gegebenenfalls im Rahmen eines längerfristigen Hauptsacheverfahrens realisieren könne." (Rn. 14) (...) „Ergibt die im Rahmen des § 80 Abs. 5 VwGO allein erforderliche summarische Prüfung der Sach- und Rechtslage, dass die Klage voraussichtlich erfolglos bleiben wird, tritt das Interesse des Antragstellers regelmäßig zurück." (Rn 28) – vgl. Anmerkung zu VG Ansbach, Beschluss vom 08.11.2013, 5 S 13.01923. VG Ansbach, Beschluss vom 16.06.2017, AN 5 S 16.02236: „Die Antragsgegnerin hat zutreffend ausgeführt, dass die hier erfolgte spezialpräventive Zielsetzung der Ausweisungsverfügung die ausnahmsweise Anordnung des Sofortvollzugs erfordert, da sich ansonsten eine konkrete Wiederholungsgefahr schon im Rahmen eines eventuell längerfristigen Hauptsacheverfahrens realisieren könnte, zumal der Antragsteller auf Grund seines gesamten Verhaltens letztlich gezeigt hat, dass er nicht gewillt ist, sich an die deutsche Rechtsordnung zu halten. (...) Zutreffend verweist die Antragsgegnerin (...) darauf, dass die Rechtskraft des Ausweisungsverfahrens möglicherweise erst nach Entlassung des Antragstellers aus dem Maßregelvollzug bzw. einer eventuell angeordneten Haftsafe eintreten wird und dass im Fall einer ordnungsgemäßen Führung innerhalb des Maßregelvollzugs eine frühzeitige Entlassung nicht auszuschließen ist und dass für diesen Fall erforderlich ist, dass eine vollziehbare Ausweisungs- und Abschiebungsverfügung vorliegt, da ein Eintreten der Wiederholungsgefahr bereits relativ kurzfristig nach Entlassung zu befürchten ist." – Die Begründung ruft aus zweierlei Gründen besondere Bedenken hervor. Zum einen ist während der Vollziehung der Freiheitsstrafe bzw. der Maßregel eine Vollziehung der Ausweisung (noch) gar nicht möglich, zum anderen erlaubt das VG der Behörde bereits eine negative Prognose auch für den Fall einer vorzeitigen Entlassung, die regelmäßig eine berücksichtigungspflichtige Entscheidung der Strafvollstreckungskammer voraussetzt. Zwar weist das Gericht darauf hin, dass die Behörde an eine solche Entscheidung „nicht gebunden" sei, allerdings trifft hier die Behörde und das Gericht eine Sofortvollzugsentscheidung für den Fall einer künftigen Strafaussetzungsentscheidung, da ohne diese gerade keine Gefahrrealisierung droht. Zumal das VG auch noch darauf abstellt, dass nach der Rspr. des BVerwG (Urteil vom 13.12.2012, 1 C 20/11) eine längerfristige Prognoseentscheidung zu treffen habe, was zur Begründung der Dringlichkeit der sofortigen Vollziehbarkeit schwerlich als Argument herangezogen werden kann. OVG Lüneburg, Beschluss vom 18.01.2007 = EZAR NF 43 Nr. 2, das das besondere

Wiederholungsgefahr realisieren „könnte"[1324], fällt das Ausweisungsinteresse und das Interesse am Sofortvollzug erkennbar zusammen, da die Haftentlassung die Vollziehbarkeit der Verfügung überhaupt erst möglich macht. Zwar wird häufig die Abschiebung bereits aus der Haft heraus angedroht. Allerdings betrifft dies nur eine Form der überwachungsbedürftigen Ausreise. Ohne Zustimmung der Strafvollstreckungsbehörde ist sie aufgrund der Inhaftierung faktisch nicht möglich und deren Entscheidung steht nicht zur Disposition der Ausländerbehörde (vgl. näher S. 249).[1325]

öffentliche Interesse an der sofortigen Vollziehung der Ausweisung für ausreichend begründet erachtet, weil im Hinblick auf Art und Ausmaß der möglichen Schäden für die Bevölkerung angesichts des vom Antragsteller in der Vergangenheit gezeigten Verhaltens von diesem auch künftig eine schwere Gefährdung der öffentlichen Sicherheit und Ordnung drohe. Hierbei handelt es sich um eine schon der Hauptsache problematische Gefahrindizierung, mit der ein Sofortvollzugsinteresse nicht begründet werden kann, da offenkundige Identität mit dem Hauptsacheinteresse vorliegt.VG Göttingen, Beschluss vom 25.07.2016, 1 B 105/16: „Die Antragsgegnerin hat das besondere Interesse an der Ausweisung in einer den Anforderungen des § 80 Abs. 2 VwGO genügenden Weise begründet. Sie hat zum einen ausgeführt, dass durch die Anordnung des Sofortvollzugs eine weitere Strafvollstreckung vermieden werden könne und so die personellen und materiellen Ressourcen des Strafvollzugs auf solche Gefangenen konzentriert werden könnten, die nach ihrer Haftentlassung im Bundesgebiet verbleiben würden. Zum anderen seien keinerlei Gründe erkennbar, dem Antragsteller als rechtmäßig ausgewiesenem, ausländischem Straftäter einen weiteren Aufenthalt im Bundesgebiet zu ermöglichen." Zu § 80 Abs. 5 VwGO: „Ist der Verwaltungsakt hingegen rechtmäßig, so überwiegt regelmäßig das öffentliche Interesse an der sofortigen Vollziehung des Verwaltungsakts, sofern diesem ein besonderes Gewicht zukommt." Die hier herangezogenen Sofortvollzugsinteressen dienen als fiskalisches Interesse nicht dem Schutzgut, zu dessen Gunsten die Ausweisung verfügt wird (vgl. unten S. 256). Zur Frage der fehlenden Verfestigung des weiteren Aufenthalts unter gesetzgeberischer Hinnahme der Bleibeermöglichung, die nicht positiv durch einen Verzicht auf die Anordnung des Sofortvollzugs gewährt werden muss vgl. unten S. 259. Hamburgisches OVG Beschluss vom 04.02.2005 – 4 Bs 518/04 = openjur 2011, 13966, Rn. 15 stellt dagegen hohe Anforderungen an die Anordnung des Sofortvollzugs bei bestehender Inhaftierung, die nicht fiskalisch (Vermeidung von Haftkosten) begründet werden können. OVG Lüneburg Beschluss vom 12.12.2013, 8 ME 162/13 verlangt eine umfassende Prüfung, ob die Anordnung des Sofortvollzugs schon vor Abschluss des Hauptsacheverfahrens als Präventivmaßnahme erforderlich ist.

1324 VG Ansbach, Beschluss vom 16.06.2017, AN 5 S 16.02236 (vgl. Fn. 1323).
1325 Vgl. auch Antwort der Senatsverwaltung für Inneres, Abgeordnetenhaus Berlin-Drs. 17/15586, S. 3, wonach es sich bei Entscheidungen nach § 456a StPO (und § 154b StPO) um Ermessensentscheidungen der Staatsanwaltschaft handele, die sowohl vom Einzelfall, aber auch den öffentlichen Interessen einer nachhaltigen Strafvollstreckung abhingen.

Soweit der Betroffene sich in Haft oder im geschlossenen Maßregelvollzug befindet, kommt zwar ein Absehen von der weiteren Vollstreckung nach § 456a StPO in Betracht. Ein Vorgehen der Staatsanwaltschaft gem. § 456a StPO führt aber nicht zu einer Entlassung aus der Haft, sondern ermöglicht die Abschiebung *aus der Haft heraus*, §§ 58 Abs. 3 Nr. 1, 59 Abs. 5 S. 1 AufenthG. Die Vollstreckungsbehörde muss die Ausländerbehörde in Kenntnis setzen von der Entscheidung, § 17 Abs. 2 S. 2 Strafvollstreckungsordnung. Bei einer Entlassung aus der Haft, ist der vorgesehene oder festgesetzte Zeitpunkt der Ausländerbehörde gem. § 74 Abs. 2 Nr. 3 AufenthV mitzuteilen. Während der Haft liegt aber regelmäßig keine Gefahr der Begehung solcher Straftaten, die in der Haft nicht begangen werden können, vor.[1326] Erfolgt die Abschiebung aus der Haft heraus ohne vorherige Entlassung, ist eine Gefahrenrealisierung daher nicht zu erwarten. Der Sofortvollzug kann somit nicht damit begründet werden, dass ein Absehen von der Vollstreckung gem. § 456a StPO droht.

Unbeschadet der noch näher zu erörternden Frage, ob die Erfolgsaussichten in der Hauptsache im Rahmen der Interessenabwägung zu berücksichtigen sind,[1327] können diese jedenfalls nicht die Prüfung ersetzen, ob überhaupt ein besonderes öffentliches Interesse am Sofortvollzug vorliegt.[1328] Es handelt sich bei diesem Erfordernis um ein qualitativ anderes Interesse als das am Erlass und der Durchsetzung des Verwaltungsakts, weshalb zur Begründung auch regelmäßig andere Gründe angeführt werden müssen, als zur Begründung des Verwaltungsakts.[1329]

Die Behörde soll sich – allgemein gesprochen – auf die den Verwaltungsakt selbst tragenden Erwägungen stützen dürfen und nur einer knappen Begründungspflicht für die Sofortvollzugsanordnung unterliegen, wenn die den Erlass des Verwaltungsakts rechtfertigenden Gründe zugleich die Dringlichkeit der Vollziehung belegen

---

1326 Hamburgisches OVG, Beschluss vom 3.11.2003, 3 Bs 253/03, II 2. c). – Während der Strafhaft liegt nach der verwaltungsgerichtlichen Rechtsprechung ein aus der Strafvollstreckung resultierender Wohlverhaltensdruck vor (vgl. BayVGH, Beschluss vom 28.09.2015, 19 ZB 14.884, Rn 8; BayVGH Beschluss vom 18.06.2013, 19 ZB 12.1466). Vgl. insoweit auch BVerwG, Beschluss vom 11.09.2015, 1 B 39.15 zur Frage des Zeitpunkts des Bestehens der Gefahr (hier: Verlust der Freizügigkeitsrechte). Das BVerwG hat zwar die von der Beschwerde aufgeworfene Rechtsfrage, ob die Gefahr während der Haft vorliegen muss, nicht als klärungsbedürftig anerkannt, da die Ausweisung erst zum Zeitpunkt der Haftverbüßung erfolgte (Abs. 20). Hieraus kann jedoch nur folgen, dass das BVerwG von einer bestehenden Gefahr während der Haftverbüßung nicht ausgeht.

1327 So Bauer/Dollinger, in: Bergmann/Dienelt, Ausländerrecht, 12. Auflage 2017, AufenthG, Vor. §§ 53–56, Rn 153 m. N. z. Rspr.

1328 Hamburgisches OVG, Beschluss vom 04.02.2005, 4 Bs 518/04 = openjur 2011, 13966, Rn. 11 mit Verweis auf BVerfG, Beschluss vom 18.07.1993, 1 BvR 23/73, 1 BvR 155/73 = BVerfGE 35, 382 (dort: Ausweisung wegen Verdachts der Unterstützung einer palästinensischen Widerstandsgruppe).

1329 Schleswig-Holsteinisches OVG, Beschluss vom 23.01.2017, 4 MB 2/17, Rn. 4.

würden.[1330] Dies soll im Recht der Gefahrenabwehr daraus folgen, dass aufgrund der strengen Eingriffsvoraussetzungen zusätzliche Gründe gar nicht mehr vorgetragen werden könnten.[1331]

Selbst wenn es sich bei dem Begründungserfordernis gemäß § 80 Abs. 3 S. 1 VwGO nur um eine formelle Rechtmäßigkeitsvoraussetzung handeln sollte,[1332] ist ein entsprechender Mangel nicht heilbar, wenn die Begründung unzureichend ist, weil sie fehlt oder den Mindestanforderungen nicht entspricht.[1333] Aus der Begründung muss sich ergeben, dass die Behörde das Ausnahmeverhältnis der Sofortvollzugsanordnung erkannt hat.[1334]

Es bestehen Zweifel, ob es sich dabei um eine rein formale Anforderung handelt.[1335] Der Begründungspflicht kommt „verfassungsrechtliche Bedeutung"[1336] zu. Denn § 80 Abs. 2 Nr. 4 VwGO normiert eine Ausnahme von § 80 Abs. 1 VwGO. Es ist in materieller Hinsicht[1337] ein besonderes Sofortvollzugsinteresse erforderlich, das über das Ausweisungsinteresse hinaus geht. Sonst hätte der Gesetzgeber die sofortige Vollziehbarkeit der Ausweisungsverfügung eingeführt. Aufgrund der hohen Anforderungen an den Sofortvollzug, kann bei fehlerhafter Begründung eine verbesserte Begründung seitens des Gerichts diesen nicht rechtfertigen oder die Anordnung allein wegen fehlender Erfolgsaussichten aufrecht erhalten bleiben.[1338] Denn es muss die Behörde sein, die eine Entscheidung über die Anordnung des Sofortvollzugs aufgrund einer tragfähigen Begründung trifft.

1330 Schleswig-Holsteinisches OVG, Beschluss v. 23.01.2017, 4 MB 2/17, Rn. 4 (für Bereich der Entziehung der Fahrerlaubnis wegen Betäubungsmittelkonsum); VGH Baden-Württemberg, Beschluss v. 21.01.2010, 10 S 2391/09 = openJur 2012, 62484, Rn 6.

1331 Stein, DVP 2009, 398 (405); vgl. näher oben Fn. 1290 und 1310.

1332 Schleswig-Holsteinisches OVG, Beschluss vom 23.01.2017, 4 MB 2/17, Rn. 5.

1333 Hoppe, in: Eyermann, VwGO, 15. Auflage 2019, VwGO, § 80, Rn. 56, 57.

1334 Erbguth, Allgemeines Verwaltungsrecht, 2016, § 21, Rn. 6.

1335 Vgl. Puttler, in: Sodan/Ziekow (Hrsg.), VwGO, 2014, VwGO, § 80, Rn. 96, wonach die Begründungspflicht nach § 80 Abs. 3 VwGO auch materiell-rechtliche Natur ist. Eingehend – auch zur abweichenden Auffassung – Schoch, Vorläufiger Rechtsschutz, S. 1274 ff., wonach der Begründungspflichtig Doppelfunktionalität zukommt. – Das OVG Saarland, Beschluss vom 22.01.2007, 2 W 39/06 = BeckRS 2007, 21031, vertritt die Auffassung, dass es ausreichend sei, wenn die Begründung der Behörde erkennen lasse, dass sie das Regel-Ausnahme-Verhältnis erkannt habe: „Eine inhaltliche Überprüfung der Tragfähigkeit der zur Begründung für den Ausschluss des Suspensiveffekts angestellten Erwägungen findet nicht statt."

1336 BayVGH, Beschluss vom 31.08.2006, 24 CS 06.1622, Rn. 16.

1337 Hierzu Schoch, in: Ehlers/Schoch (Hrsg.), Rechtsschutz im öffentlichen Recht, § 29, Rn. 70.

1338 Str.; vgl. Schoch, Vorläufiger Rechtsschutz, S. 1283, wonach es dem Gericht nicht zukommt, unabhängig von der behördlichen Begründung selbst zu prüfen und zu entscheiden, ob die Anordnung der sofortigen Vollziehung bestätigt werden werde oder nicht. Zur Gegenansicht beispielsweise Hoppe, in: Eyermann, VwGO, 15. Aufl.

Die zum früheren Ausweisungsrecht vertretene Auffassung, wonach sich das Sofortvollzugsinteresse in den Fällen der zwingenden Ausweisung aus einer Indizierung ergeben könne,[1339] war schon bisher zweifelhaft. Denn es ist insoweit nicht erklärbar, weshalb der Gesetzgeber diese dann nicht als Regel angeordnet hat. Durch die Aufgabe der Systematik der zwingenden Ausweisung, kommt eine derartige Indizierung (vgl. oben S. 90) aber ohnehin nicht mehr in Betracht.

Selbst wenn zum Zeitpunkt der § 80 Abs. 5 VwGO-Entscheidung von einer voraussichtlich begründeten Ausweisungsverfügung auszugehen ist, ist für die Anordnung und Rechtmäßigkeit des Sofortvollzugs die Darlegung einer besonderen Gefahr erforderlich, die in der Begründung des Sofortvollzugs auch ausgeführt werden muss (§ 80 Abs. 3 S. 1 VwGO), weil durch die Anordnung des Sofortvollzugs das Gewicht der Ausweisung erheblich verschärft wird. Das Bundesverfassungsgericht fordert, dass *stets* ein über das Interesse, das den Verwaltungsakt selbst rechtfertigt,[1340] hinausgehendes Sofortvollzugsinteresse vorliegen muss.[1341] Aus der Formulierung „stets" folgt, dass diese Anforderung nicht dann entfällt, wenn die Ausweisung offensichtlich rechtmäßig ist.[1342] Das Sofortvollzugsinteresse kann daher nicht allein mit dem Interesse an der Anordnung der Ausweisung begründet werden.

2. Sofortvollzug bei fehlender Vollziehbarkeit

Fraglich ist schließlich – bevor auf die Sofortvollzugsinteressen näher einzugehen ist –, ob der Sofortvollzug bereits angeordnet werden kann, wenn sich der Betroffene in Strafhaft oder im geschlossenen Maßregelvollzug befindet.

Bis zum rechtskräftigen Abschluss des Strafverfahrens muss – außer in den gesetzlich normierten Sonderfällen – eine Zustimmung der Staatsanwaltschaft zur Abschiebung vorliegen (§ 72 Abs. 4 AufenthG), so dass ohne eine solche

---

2019, VwGO, § 80, Rn. 55. Es handelt sich insoweit jedoch um keinen spezifischen Rechtsprobleme der Sofortvollzugsanordnung im Ausweisungsrecht, so dass eine vertiefte Diskussion dieser grundsätzlichen Fragen thematisch verfehlt wäre. – Vgl. zur Rechtswidrigkeit bei fehlender oder formelhafter Begründung: Schenke, Verwaltungsprozessrecht, Rn. 979. Ein inhaltlich fehlerhafte Begründung führe demnach zu einem materiellen Mangel der Sofortvollzugsanordnung, der nicht durch Nachholen geheilt werden könne (Rn. 982), im Einzelnen str., vgl. dort Rn. 1000. Ebenso Erbguth, Allgemeines Verwaltungsrecht, § 21, Rn. 6.

1339 Discher, in: Fritz/Vormeier (Hrsg.), GK-AufenthG (Stand: 34. EL. Juni 2009), AufenthG, Vorbemerkungen zu §§ 53 ff., Rn. 1558.1.

1340 BVerfG, Beschluss vom 10.10.2003, 1 BvR 2025/03, Rn 19.

1341 BVerfG, Beschluss vom 12.09.1995, 2 BvR 1179/95 = juris Rn 43. Hervorhebung durch den Verfasser.

1342 Vgl. auch Verfassungsgerichtshof Berlin, Beschluss vom 28.06.2001, Az. 79/00, 79 A/00, Rn. 28.

Zustimmung die Anordnung der sofortigen Vollziehung nicht erfolgen darf.[1343] Solange sich der Betroffene im freiheitsentziehenden Strafvollzug befindet, kommt die Anordnung des Sofortvollzugs nicht in Betracht, wenn eine Entlassung nicht bis zum Abschluss des Hauptsacheverfahren zu erwarten ist.[1344] Es fehlt ansonsten an einem besonderen Sofortvollzugsinteresse, da die Vollziehung gar nicht möglich ist.[1345] Während der Strafhaft ist ohne Mitwirkung der Staatsanwaltschaft eine Abschiebung nicht möglich, da sich der Betroffene in staatlichem Freiheitsentzug befindet. Hier kommt eine Abschiebung nur im Falle des § 456a StPO oder im Falle der Haftentlassung in Betracht.

Soweit Ausländerbehörden den Sofortvollzug bereits zu einem Zeitpunkt anordnen, in dem ein Absehen der weiteren Strafvollstreckung gem. § 456a StPO nicht in greifbarer zeitlicher Nähe liegt,[1346] also eine Abschiebung wegen bestehender

---

1343 Hofmann, in: Hofmann, Ausländerrecht, 2. Auflage 2016, AufenthG, § 72, Rn. 48. Ein Verstoß soll die Anordnung des Sofortvollzugs insgesamt rechtswidrig machen. In diese Richtung auch *Kluth*, in: Kluth/Heusch (Hrsg)., BeckOK AuslR (Stand: 01.11.2018), AufenthG, § 72, Rn. 15. – Soweit die Strafvollstreckung nach § 35 BtMG zurückgestellt ist, ist die Abschiebung vor Beendigung der Therapie ohne Einvernehmen mit der Strafvollstreckungsbehörde unzulässig, weil jedenfalls über das letzte Drittel der Vollstreckung (§ 36 Abs. 1 S. 1 BtMG) noch entschieden werden muss, OLG Düsseldorf, Beschluss vom 23.03.1999–1 Ws 207/99; *Appl*, in: Hannich (Hrsg.), Karlsruher Kommentar zur StPO, 7. Aufl. 2013, StPO § 456a Rn. 3.

1344 Vgl. zur Grundvoraussetzung der drohenden Haftentlassung vor einer Entscheidung in der Hauptsache: Discher, in: Fritz/Vormeier, GK-AufenthG (Stand: 35. EL., Juni 2009), Vor §§ 53 ff. AufenthG, Rn. 1552.

1345 Vgl. hierzu Hailbronner, Kommentar zum Ausländerrecht, AufenthG, A 1, vor § 53, Rn 58.; Cziersky-Reis, in: Hofmann, Ausländerrecht, 2. Auflage 2016, AufenthG § 53, Rn. 52. Vgl. VG Würzburg, Beschluss vom 12.06.2018, W 7 S 18.491 (Kostenentscheidung nach Erledigung), wonach bei Fortdauer der Vollstreckung von Freiheitsstrafe und fehlenden Anhaltspunkten für Straffälligkeiten in der Haft die Anordnung des Sofortvollzugs wohl rechtswidrig sei.

1346 In der Regel nicht vor dem Halbstrafenzeitpunkt; vgl. exemplarisch für das Land Niedersachen: Ministerium der Justiz Niedersachen, Nds. MBl. Nr. 1/2010, S.4, Nr. 3: Vor dem Halbstrafenzeitpunkt in besonderen Gründen, in der Regel zum Halbstrafenzeitpunkt, in der Regel kein Absehen bei schwerer Betäubungsmittelkriminalität, schweren Sexualdelikten, im Einzelnen siehe dort; für den Freistaat Bayern: ErgStVollstrO, Ziff. 2: „Ob nach § 456a StPO von der Vollstreckung abgesehen werden kann, ist von Amts wegen zu prüfen. (...) Es ist auch zu prüfen, ob die Verteidigung der Rechtsordnung die weitere Vollstreckung gebietet. Im Regelfall wird dies nicht über den Halbstrafenzeitpunkt hinaus der Fall sein. (...) Eine über den Halbstrafenzeitpunkt hinausgehende Vollstreckung ist unbeschadet der Prüfung des Einzelfalls dann angezeigt, wenn die Verurteilung wegen eines Verbrechens aus den Bereichen der organisierten Kriminalität, der schweren Betäubungsmittelkriminalität, der schweren Gewaltkriminalität oder der schweren Sexualkriminalität erfolgte (...). Liegen diese Kriterien vor, nähert sich der

Freiheitsentziehung unmöglich ist, bewirkt die Anordnung des Sofortvollzugs nicht die Vollziehbarkeit des Verwaltungsakts. Die Vollziehbarkeit stellt aber das Wesen des Sofortvollzugs dar.[1347]

Es ist auch nicht möglich, schon im Vorfeld eine bestehende Dringlichkeit des Vollzugsinteresses zu bejahen, wenn eine Haftentlassung noch in erheblicher Ferne liegt. Denn dann müsste die Dringlichkeit auf den Zeitpunkt der Haftentlassung prognostiziert werden, was wegen der noch nicht überschaubaren Entwicklungsmöglichkeiten oft nicht möglich ist.[1348]

Es besteht auch keine – ohnehin nicht ausreichend legitimierte – faktische Notwendigkeit einer Art vorsorglichen Sofortvollzugsanordnung, da der Entlassungszeitpunkt der Ausländerbehörde mitzuteilen ist, § 74 Abs. 2 AufenthV.

Soweit in Ausnahmefällen das Sofortvollzugsanordnung generalpräventiv begründet werden soll, ist diese Frage für die hiesige Untersuchung nicht von besonderem Interesse. Denn dann geht es nicht um die Gefahrenprognose, sondern um die Wirkung von Abschreckung durch eine rasche Vollziehung.[1349]

---

maßgebliche Zeitpunkt für die Anwendung des § 456a StPO dem Beginn des letzten Strafdrittels, falls nicht besondere Umstände die vollständige Verbüßung der Strafe erfordern. (...)"

1347 Pietzner/Ronellenfitsch, Assesorexamen im Öffentlichen Recht, 2014, Rn. 1420. Die Frage der sich hiervon unterscheidenden Wirksamkeitstheorie (ebd. Rn. 1418 ff.) ist für die hier gegenständliche Frage nicht von Belang, da auch ein sofort wirksamer Verwaltungsakt nicht vollzogen werden könnte.

1348 Discher in: Fritz/Vormeier (Hrsg.), GK-AufenthG (Stand: 34. EL. Juni 2009), AufenthG, Vor. zu §§ 53 ff., Rn. 1555.

1349 Zur Frage des Sofortvollzugs bei der generalpräventiv begründeten Ausweisung Discher, in: Fritz/Vormeier (Hrsg.), GK-AufenthG (Stand: 34. EL. Juni 2009), Vor. §§ 53 ff., Rn. 1540–1547.1; Bauer/Dollinger, in Bergmann/Dienelt, Ausländerrecht,12. Auflage 2018, AufenthG Vor. §§ 53–56, Rn. 155. Das BVerfG hat in seiner Entscheidung v. 25.09.1986, 2 BvR 744/86, NVwZ 1987, 403 (404) einen generalpräventiv begründeten Sofortvollzug im Falle von Heroinhandel für verfassungsrechtlich nicht zu beanstanden gehalten aufgrund der „ganz ungewöhnlich hohen Gefährlichkeit" und Abschreckungswirkung durch die unverzüglich Entfernung. – Die Frage ist für den Untersuchungsgegenstand nicht näher von Bedeutung, da es insoweit darauf ankommen soll, ob die abschreckende Wirkung der Ausweisung ohne sofortige Vollziehung überhaupt nicht eintreten oder doch wesentlich geschwächt würde (Discher, ebd. Rn. 1541); vgl. auch VGH Baden-Württemberg, Beschluss v. 25.06.1998, 11 S 682/98 = openJur 2013, 10793, Rn. 8, wonach die für die Sofortvollzugsanordnung erforderliche besondere Dringlichkeit der generalpräventiv begründeten Ausweisung nur dann bestehe, wenn zu befürchten stehe, dass die angestrebte Verhaltenssteuerung ohne eine im engen zeitlichen Zusammenhang mit der Verurteilung erfolgten Vollziehung der Ausweisung nur in wesentlich geringerem Maß erreicht werden könnte. Diese Frage betrifft jedoch nicht die Gefahrenprognose, sondern die Wirksamkeit von Abschreckung. Ob es dabei tatsächlich darauf ankommen kann, dass ein zeitlicher Zusammenhang zwischen

IV. Anforderung an Sofortvollzugsinteressen für Ausweisungen nach strafrechtlicher Verurteilung

Die behördliche Anordnung der sofortigen Vollziehung verlangt – wie dargelegt – ein besonderes öffentliches Interesse an dem Sofortvollzug und – sodann – eine Ermessensausübung der Behörde.[1350] Es ist dabei im konkreten Einzelfall zu ermitteln, worin das Sofortvollzugsinteresse liegen soll und ob dieses das Aufschubinteresse *überwiegt*.[1351] Bei der Feststellung des Überwiegens ist der Verhältnismäßigkeitsgrundsatz zu beachten, wenngleich die systematische Einordnung im Prüfungsaufbau ungeklärt ist.[1352] Das öffentliche Interesse an der sofortigen Ausreise ist dabei wegen des Ausnahmecharakters nicht identisch mit dem „Interesse an der Ausreise überhaupt".[1353] Es müssen vielmehr besondere Umstände den Sofortvollzug rechtfertigen.[1354] Dieses besondere öffentliche Interesse muss über das für den Erlass der Ausweisung erforderliche Interesse hinausgehen,[1355] d.h. ein qualitativ anderes Interesse vorliegen, das spezifisch für den jeweiligen Bereich des Besonderen Verwaltungsrechts ermittelt werden muss.[1356]

Der Anordnung des Sofortvollzugs kommt bei der Ausweisungsverfügung eine „eigenständige rechtsnormative Qualität"[1357] zu. Deshalb gilt hier auch nicht die Auffassung aus dem allgemeinen Gefahrenabwehrrecht, dass für die Annahme des

---

der strafrechtlichen Verurteilung und der Ausweisung bestehen soll, erscheint jedenfalls dann wenig überzeugend, wenn dem ursprünglichen Strafverfahren keinerlei Publizität (hierzu OVG Nordrhein-Westfalen, Beschluss v. 24.02.1998, 18 B 1466/96 = BeckRS 1998, 21288 mit bedenklicher Tendenz zur Umkehrung des Regel-Ausnahme-Verhältnisses des Sofortvollzugs bei generalpräventiv begründeter Ausweisung, da schwerwiegende Ausweisungsgründe im Sinne des § 48 Abs. 1 AuslG „in der Regel" das generalpräventive Sofortvollzugsinteresse rechtfertige) zukam.

1350 Discher, in: Fritz/Vormeier (Hrsg.), GK-AufenthG (Stand: 34. EL. Juni 2009), AufenthG, Vor. zu §§ 53 ff., Rn 1525; Windthorst, Einstweiliger Rechtsschutz, S. 699; Schoch, in: Ehlers/Schoch (Hrsg.), Rechtsschutz im öffentlichen Recht, 2009, § 29, Rn. 74.

1351 Schoch, in: Ehlers/Schoch (Hrsg.), Rechtsschutz im öffentlichen Recht, 2009, § 29 Rn. 70.

1352 Pietzner/Ronellenfitsch, Assesorexamen im Öffentlichen Recht, 2014, Rn. 1487 ff.

1353 Bauer/Dollinger, in: Bergmann/Dienelt, Ausländerrecht, 12. Auflage 2018, AufenthG, Vor. zu §§ 53–56, Rn. 152.

1354 H. Alexy, in: Hofmann/Hoffmann, Ausländerrecht, 1. Auflage, 2008, AufenthG, § 53, Rn. 83.

1355 Discher, in: Fritz/Vormeier (Hrsg.), GK-AufenthG, (Stand: 34. EL. Juni 2009), AufenthG, Vor. §§ 53 ff., Rn 1530.

1356 Vgl. Schoch, in: Schoch/Schneider/Bier (Hrsg.), VwGO (Stand: 22. EL. September 2011) VwGO § 80, Rn. 205, 209; Gersdorf, in: Posser/Wolff (Hrsg.), Beck OK VwGO (Stand 01.07.2016), VwGO, § 80, Rn. 99.

1357 Schoch, in: Schoch/Schneider/Bier (Hrsg.), VwGO (Stand: 22. EL. September 2011), VwGO, § 80, Rn. 210 ff.

Sofortvollzugsinteresse keine weiteren Gründe hinzutreten müssten, vielmehr ist das Sofortvollzugsinteresse besonders sorgfältig zu prüfen.[1358] Wegen der besonderen Bedeutung der mit dem Sofortvollzug einhergehenden aufenthaltsbeendenden Wirkung und Eingriffstiefe hat sich an der Frage des Sofortvollzugs von Ausweisungsverfügungen die Rechtsprechung des Bundesverfassungsgerichts zu den Anforderungen an die sofortige Vollziehbarkeitsanordnung wesentlich entwickelt.[1359] Der Sofortvollzug der Ausweisung tangiert nicht nur das Grundrecht auf Rechtswegeröffnung gemäß Art. 19 Abs. 4 GG, sondern auch unmittelbar Art. 2 Abs. 1 GG.[1360] Daher ist zu hinterfragen, welche Sofortvollzugsgründe von der Behörde vorgebracht werden können.

1. Rechtmäßigkeit der Ausweisung als Sofortvollzugsinteresse

Das öffentliche Interesse am Sofortvollzug der Ausweisung soll überwiegen, wenn die Rechtsverfolgung keine Aussicht auf Erfolg hat.[1361] Diese Auffassung ist abzulehnen.[1362] Die fehlenden Erfolgsaussichten des Rechtsbehelfs begründen keinen besonderen Umstand, da die aufschiebende Wirkung auch für offensichtlich unbegründete Klagen gilt, § 80 Abs. 1 S. 1 VwGO.[1363] Wenn die Behörde davon ausginge, dass ihre Ausweisung vor Gericht keinen Bestand hat, dürfte sie die Ausweisung gar nicht verfügen. Daher müsste sie immer den Sofortvollzug anordnen, da sie ja stets bei Bescheiderlass von fehlenden Erfolgsaussichten im Falle einer Klage auszugehen hätte. Damit würde das Regel-Ausnahme-Verhältnis ins Gegenteil verkehrt und die gesetzliche Anforderung an das Vorliegen eines besonderen öffentlichen Interesses am Sofortvollzug liefe ins Leere, wenn im gerichtlichen Aussetzungsverfahren das besondere öffentliche Interesse mit den Erfolgsaussichten in der Hauptsache begründet werden könnten.[1364] Vielmehr unterliegt das

---

1358 Schmidt, in: Eyermann, VwGO, 14. Auflage 2014, VwGO, § 80, Rn. 37.

1359 Schoch, Vorläufiger Rechtsschutz, S. 511 f.

1360 Menger, VerwArch, 1974, 329 (331 f.); vgl. auch BVerfG, Kammerbeschluss vom 19.10.2016, 2 BvR 1943/16, Rn. 18.

1361 Bauer/Dollinger, in: Bergmann/Dienelt, Ausländerrecht, 12. Auflage 2018, AufenthG Vor §§ 53–56, Rn. 153 m. N. z. Rspr.

1362 Vgl. hierzu unter Erläuterung der Rechtsprechung des BVerfG von Schoch, in: Schoch/Schneider/Bier (Hrsg.), VwGO (Stand: 22. EL. 22 September 2011), VwGO, § 80, Rn. 210 ff., wonach bei der gerichtlichen Kontrolle die Aussichtslosigkeit des Rechtsbehelfs berücksichtigt werden könne, die Behörde hierauf dagegen nicht zurückgreifen könne.

1363 Schenke, in: Kopp/Schenke, VwGO, 24. Auflage 2018, VwGO, § 80, Rn. 159.

1364 VGH Baden-Württemberg, Beschluss vom 13.03.1997, 13 S 1132/96, Rn. 5; Cziersky-Reis, in: Hofmann, Ausländerrecht, 2. Auflage 2016, AufenthG § 53, Rn. 61; Discher, in: Fritz/Vormeier (Hrsg.), GK-AufenthG (Stand: 34. EL. Juni 2009), AufenthG, Vor. §§ 53 ff., Rn. 1530.

Tatbestandsmerkmal[1365] des „öffentlichen Vollziehungsinteresses vollumfänglicher gerichtlicher Kontrolle, so dass eine Interessenabwägung auf Tatbestandsseite weder zur Begründung des Vollzugsinteresses noch unabhängig von diesem als eigenständigem Prüfungspunkt eine Rolle spielt und dies auch für die Erfolgsaussichten in der Hauptsache gilt.[1366] Das Vorliegen des Sofortvollzugsinteresses ist aber eine Rechtsfrage.[1367] Dass die *Behörde* ihren Bescheid für offensichtlich rechtmäßig hält, stellt somit kein Interesse dar, das den Sofortvollzug begründen könnte,[1368] sondern ist „selbstverständlich".[1369] Die Behörde kann daher den Sofortvollzug nicht damit begründen, dass der Bescheid voraussichtlich Bestand haben wird.[1370]

Zwar sollen die Erfolgsaussichten im Rahmen der *gerichtlichen* Entscheidung Berücksichtigung finden dürfen.[1371] Eine direkte Heranziehung der Erfolgsaussichten ist aber auch hier nach überzeugender Auffassung nicht zulässig.[1372] Ein besonderes Vollzugsinteresse muss vielmehr auch dann vorliegen, wenn der Bescheid bei summarischer Prüfung nach Auffassung des Gerichts Bestand haben wird.[1373] Es ist aber

---

1365 Ob es sich um ein Tatbestandsmerkmal handelt, ist streitig. Vgl. hierzu Gersdorf, in: Posser/Wolff (Hrsg.), Beck OK VwGO (Stand 01.07.2016), VwGO, § 80, Rn. 101. Nach Schoch, in: Schoch/Schneider/Bier (Hrsg.), VwGO (Stand: 33. EL. Juni 2017) VwGO, § 80, Rn. 202, handelt es sich um eine „Koppelungsvorschrift" mit unbestimmten Rechtsbegriffen auf Tatbestandsseite und behördlichem Ermessen auf der Rechtsfolgenseite. Ebenso Pietzner/Ronellenfitsch, Assesorexamen im Öffentlichen Recht, 2014, Rn. 1484, wonach es sich um eine objektive Tatbestandsvoraussetzung handelt.

1366 Windthorst, Einstweiliger Rechtsschutz, S. 669 (mit Hinweis auf die Gegenauffassung). Andere Auffassung: Schoch, in Schoch/Schneider/Bier (Hrsg.), VwGO (Stand: EL. 22, September 2011), VwGO, § 80, Rn. 208, wonach die Selbstkontrolle der Verwaltung nicht ungewöhnlich sei, dies gelte für das Widerspruchsverfahren, aber auch für § 80 Abs. 2 VwGO. Auch nach Schoch kann das Sofortvollzugsinteresse jedoch nicht *allein* auf die Begründetheit des Verwaltungsakts gestützt werden.

1367 Puttler, in: Sodan/Ziekow (Hrsg.), VwGO, 4. Auflage 2014, VwGO, § 80, Rn. 89.

1368 Discher, in: Fritz/Vormeier (Hrsg.), GK-AufenthG (Stand: 34. EL. Juni 2009), AufenthG, Vor §§ 53 ff., Rn. 1531.

1369 Hoppe, in: Eyermann, VwGO, 15. Auflage 2019, VwGO, § 80, Rn. 48.

1370 Gersdorf, in: Posser/Wolff (Hrsg.), Beck OK VwGO (Stand 01.07.2018), VwGO, § 80, Rn. 103.

1371 Schmidt, in: Eyermann, VwGO, 14. Auflage 2014, VwGO, § 80, Rn. 38. Darauf, dass die verfassungsrechtlichen Anforderungen zum Entscheidungsmaßstab im Aussetzung der sofortigen Vollziehung gerade auch im Hinblick auf die Erfolgsaussichten in der Hauptsache unklar sind, weist Schoch, in: Ehlers/Schoch (Hrsg.), Rechtsschutz im öffentlichen Recht, § 29, Rn. 138, hin.

1372 Schmitt Glaeser/Horn, Verwaltungsprozeßrecht, 2000, Rn 282; Puttler, in: Sodan/Ziekow (Hrsg.), VwGO, 15. Auflage 2018, VwGO, § 80, Rn. 156.

1373 Hamburgisches OVG, Beschluss vom 5.11.2003, 3 Bs 253/03, II 2. a); Puttler, in: Sodan/Ziekow (Hrsg.), VwGO, 15. Auflage 2018, VwGO, § 80, Rn. 157.

streitig,[1374] ob im Falle fehlender Erfolgsaussichten in der Hauptsache der Eilantrag auch dann abzulehnen ist, wenn ein zusätzliches Dringlichkeitsinteresse an der sofortigen Vollziehung nicht vorliegt, oder ob dessen Fehlen zum Erfolg des Eilantrags auch bei – voraussichtlich – rechtmäßigem Verwaltungsakt führt.[1375] Nach zutreffender Auffassung kommt es aber auf die Frage an, ob die Sofortvollzugsanordnung wegen des Bestehens eines dringlichen Sofortvollzugsgrundes materiell rechtmäßig ist und nicht auf die Rechtmäßigkeit des Verwaltungsakts.[1376] Der Grad der Erfolgsaussichten kann nur bei der Abwägung der Interessen von Bedeutung sein.[1377]

Soweit im Hauptsacheverfahren Sach- und Rechtsfragen zu klären sind, kann nach der Rechtsprechung des Bundesverfassungsgerichts die Gewährung des vorläufigen Rechtsschutzes ohnehin nicht von den Erfolgsaussichten in der Hauptsache abhängig gemacht werden.[1378] Dabei ist die Frage des für die Entscheidung maßgeblichen Zeitpunkts von besonderer Relevanz, der – wie dargelegt – der der letzten mündlichen Verhandlung in der Hauptsache ist.[1379]

Dem Vollzugsinteresse kommt nicht die Bedeutung eines besonderen öffentlichen Interesses an der sofortigen Vollziehbarkeit zu, vielmehr ist die voraussichtliche Rechtmäßigkeit immer erforderlich, um überhaupt die sofortige Vollziehbarkeit in Erwägung zu ziehen.[1380] Es ist somit stets ein von der Frage der Rechtmäßigkeit des Verwaltungsakts abgekoppeltes Sofortvollzugsinteresse erforderlich.[1381]

1374 Vgl. Pietzner/Ronellenfitsch, Assessorexamen im Öffentlichen Recht, 2014, Rn. 1574 ff.

1375 So Schoch, in: Ehlers/Schoch (Hrsg.), Rechtsschutz im öffentlichen Recht, 2009, § 29, Rn. 145.

1376 Ebenso Gersdorf, in: Posser/Wolff (Hrsg.), Beck OK VwGO (Stand 01.07.2018), VwGO, § 80, Rn. 186.

1377 Schmitt Glaeser/Horn, Verwaltungsprozeßrecht, 2000, Rn 282; Schenke, Verwaltungsprozessrecht, 2007, Rn. 984; Erbguth, Allgemeines Verwaltungsrecht, 2016, § 21, Rn. 7.

1378 BVerfG, Kammerbeschluss vom 21.02.2011, 2 BvR 1392/10, Rn 17. Die Instanzgerichte hatten ausgeführt, dass die Klage keine Aussicht auf Erfolg habe.

1379 Vgl. oben S. 241 – So zur Relevanz des materiell-rechtlichen Hauptsachezeitpunkts ist wohl auch Schoch, in: Schoch/Schneider/Bier (Hrsg.), VwGO, 22. EL. September 2011, VwGO, § 80, Rn. 420, zu verstehen.

1380 Vgl. Schoch, in: Ehlers/Schoch (Hrsg.), Rechtsschutz im öffentlichen Recht, 2009, § 29, Rn. 143 ff. auch mit Hinweisen zur Gegenauffassung; Puttler; in: Sodan/Ziekow (Hrsg.), VwGO, 15. Auflage 2018, VwGO, § 80, Rn. 138., weist darauf hin, dass es sich um kein richterliches Ermessen handelt, ob der Sofortvollzug angeordnet wird oder nicht und das Gericht auch keine Wahlmöglichkeit hat. Vielmehr hat es eine Interessenabwägung vorzunehmen. – Gegenauffassung beispielsweise, OVG Koblenz, Beschluss vom 31.01.2013, 1 B 11201/12 = NVwZ 2013, 883 (885), wonach das Gericht „grundsätzlich" eine eigenständige Ermessensentscheidung zu treffen habe, dann jedoch tatsächlich eine Abwägungsentscheidung vornimmt.

1381 Begründet die Behörde das Sofortvollzugsinteresse mit unzutreffenden Interessen, können diese nicht durch das Verwaltungsgericht ersetzt werde. Vorzugswürdig

2. Fiskalische Gesichtspunkte als Sofortvollzugsinteresse

Das Sofortvollzugsinteresse soll mit der Vermeidung öffentlicher Mittel durch die Aufenthaltsbeendigung begründet werden können, die durch die Fortdauer des Aufenthalts während des Rechtsbehelfsverfahrens verursacht werden, wenn der Betroffene beispielsweise in einer psychiatrischen Klinik untergebracht ist oder Sozialhilfe bezieht.[1382]

Ein sofortiges Interesse am Vollzug kann allerdings in den hier zu behandelnden Fallkonstellationen der Strafhaft oder Unterbringung im Maßregelvollzug beziehungsweise in therapeutischen Einrichtungen regelmäßig nicht mit fiskalischen Gründen begründet werden.[1383]

Dies folgt schon daraus, dass es nicht der Ausländerbehörde obliegt zu entscheiden, wie lange die Strafvollstreckungsbehörde die Vollstreckung anordnet. Die Ausländerbehörde kann gar nicht beurteilen, ob die Anordnung des Sofortvollzugs zu einer Reduzierung erheblicher öffentlicher Aufwendungen führt.

So setzt eine Anordnung der Staatsanwaltschaft auf Absehen der Strafvollstreckung nach § 456a StPO nach der Gesetzesfassung vom 01.08.2015[1384] eine *vollziehbare* Ausweisungsverfügung voraus.[1385] *Bevor* die Strafvollstreckungsbehörde

---

ist nämlich, die gerichtliche Entscheidung gem. § 80 Abs. 5 VwGO nicht im Sinne einer Ermessensentscheidung des Verwaltungsgerichts zu verstehen, sondern als Kontrolle des formellen und materiellen Rechts (hierzu Schoch, in: Ehlers/Schoch (Hrsg.), Rechtsschutz im öffentlichen Recht, 2009, § 29, Rn. 139–141) anhand der Begründung und der Interessen, die die Behörde als Grund für den Sofortvollzug angebracht hat (zur Beschränkung der gerichtlichen Berücksichtigung auf der öffentlichen Vollzugsinteressen, die die Behörde in das Verfahren eingeführt hat, vgl. Uerpmann-Wittzack, Das öffentliche Interesse, S. 114).

1382 Discher, in: Fritz/Vormeier (Hrsg.), GK-AufenthG (Stand: 34. EL. Juni 2009), AufenthG, Vor §§ 53 ff., Rn 1554.1 f., 1557 f. Wobei letztere Variante (Sozialhilfe) praktisch kaum noch in Betracht kommen dürfte im Hinblick auf die durch § 7 Abs. 1 S. 2 Nr. 2 a) SGB II erheblich eingeschränkte Möglichkeit zum Bezug von SGB-II-Leistungen, da durch die Ausweisungsverfügung bereits das Aufenthaltsrecht entfällt. Auch der Bezug von Sozialhilfe ist gem. § 23 Abs. 3 Nr. 2 SGB XII ausgeschlossen, so dass regelmäßig nur Leistungen nach dem Asylbewerberleistungsgesetz im Raum stehen.

1383 So aber VG Göttingen, Beschluss v. 25.07.2016, 1 B 105/16; offengelassen, aber wohl ebenfalls bejahend OVG Saarland, Beschluss v. 22.01.2007, 2 W 39/06. Dagegen weist Hoppe, in: Eyermann, VwGO, 15. Auflage 2019, VwGO, § 80, Rn. 47, darauf hin, dass dies schon deshalb unzutreffend ist, da es sich dabei um ein Interesse handele, dass eine Vielzahl von Ausweisungsverfügungen treffe und der Gesetzgeber dann den Sofortvollzug entsprechend normiert hätte. Nur im Ausnahmefall könne das fiskalische Interesse greifen.

1384 Geändert durch Art. 2 des Gesetz zur Neubestimmung des Bleiberechts und der Aufenthaltsbeendigung vom 27.07.2015 (BGBl. 2015 I S. 1386).

1385 § 456a Abs. 1 StPO lautet nunmehr (Hervorhebungen durch Verfasser): *Die Vollstreckungsbehörde kann von der Vollstreckung einer Freiheitsstrafe, einer*

eine Entscheidung nach § 456a StPO treffen kann, bedarf es daher entweder der Rechtskraft der Ausweisungsverfügung oder der Anordnung des Sofortvollzugs. Ob und – wenn ja, wann – die Vollstreckungsbehörde nach § 456a StPO von der weiteren Vollstreckung absieht, steht dabei im Vorfeld nicht fest. Denn es handelt sich dabei um eine Ermessensvorschrift. Darauf, dass die Ausweisungsbehörde nicht das Vollzugsorgan der Staatsanwaltschaft ist,[1386] kommt es nach dem Gesetzeswortlaut gar nicht mehr an. Schon bisher bestand die Auffassung, dass die Anordnung des Sofortvollzugs nicht in Betracht kommt, solange die Vollstreckungsbehörde nicht mitgeteilt hat, wann frühestens ein Absehen der Strafvollstreckung erfolgen kann, und solange dies noch in so weiter Zukunft liegt, dass mit einer Entscheidung über die Rechtmäßigkeit der Ausweisungsverfügung zu rechnen ist.[1387] Im Falle des § 456a StPO reicht eine derartige Mitteilung aber nicht mehr aus, da die Entscheidung erst nach Eintritt der Vollziehbarkeit möglich ist.

§ 456a StPO dient ausweislich der Gesetzesbegründung nicht der Durchsetzung der Ausweisung als ordnungsrechtliche Maßnahme, vielmehr tritt der Strafanspruch des Staates aufgrund der tatsächlichen oder bevorstehenden Entfernung aus der Bundesrepublik zurück.[1388] Dabei mag § 456a StPO vorrangig dem fiskalischen Interesse im Sinne einer Vollzugsentlastung dienen.[1389] Dass ein Vorgehen nach § 456a StPO keineswegs zwingend zu einer finanziellen Ersparnis in der Strafvollstreckung führt, da die Strafvollstreckung lediglich unterbrochen wird, im Falle einer Wiedereinreise aber fortgesetzt werden kann, wurde in der Literatur bereits zur vorherigen Gesetzesfassung dargelegt.[1390] Daran hat sich nichts geändert, da im Falle der Wiedereinreise der Strafvollstreckungsanspruch des Staates wieder aufleben kann.[1391]

Für den Bereich von Therapien im Sinne des § 35 BtMG fehlt es schon an erheblichen öffentlichen Mitteln, da die Kosten hier in der Regel von Kostenträgern übernommen werden, die eine vorherige Einzahlung von Beiträgen erforderlich

---

Ersatzfreiheitsstrafe oder einer Maßregel der Besserung und Sicherung absehen, wenn der Verurteilte (...) aus dem Geltungsbereich dieses Bundesgesetzes <u>abgeschoben</u>, zurückgeschoben oder zurückgewiesen wird.und nicht mehr: Die Vollstreckungsbehörde kann von der Vollstreckung einer Freiheitsstrafe, einer Ersatzfreiheitsstrafe oder einer Maßregel der Besserung und Sicherung absehen, wenn der Verurteilte (...) aus dem Geltungsbereich dieses Bundesgesetzes <u>ausgewiesen</u> wird.

1386 Hamburgisches OVG, Beschluss v. 04.02.2005, 4 Bs 518/04 = openjur 2011, 13966, Rn. 19.
1387 Hamburgisches OVG, Beschluss v. 05.11.2003, 3 Bs 253/03, II., 2., b.
1388 Gesetzesbegründung zum Gesetz zur Neubestimmung des Bleiberechts und der Aufenthaltsbeendigung vom 27.07.2015, BT-Drs. 18/4097, S. 60.
1389 Appl, in: Hannich (Hrsg.), Karlsruher Kommentar zur StPO, 7. Aufl. 2013, StPO, § 456a, Rn. 1.
1390 Pfaff, ZAR 2006, 121 (123).
1391 Vgl. zur Pflicht der Vollstreckungsfortsetzung trotz aufenthaltsrechtlich erlaubter Wiedereinreise OLG Karlsruhe, Beschluss vom 5.05.2015, Az. 2 Ws 158/15.

machen (Rentenversicherung, Krankenversicherung), also ein Leistungsanspruch besteht, andere Einrichtungen sogar selbstfinanzierend arbeiten.[1392] Da der Zweck der hier untersuchten Ausweisungen die Abwehr einer Gefahr für die öffentliche Sicherheit und Ordnung darstellt und dem Gefahrenabwehrrecht zuzuschreiben ist, sind fiskalische Interessen ohnehin sachfremde Erwägungen[1393] im Rahmen der Ermessensausübung zur Anordnung des Sofortvollzugs. Die fiskalischen Interessen betreffen ein anderes Rechtsgut. Der Bezug von Sozialhilfe bildet nach dem AufenthG 2015 kein benanntes Ausweisungsinteresse mehr, anders als noch in § 55 Abs. 2 Nr. 6 AufenthG 2005. Er stellt damit keine hinreichend gewichtige Grundlage für eine Ausweisung mehr da, auch nicht zur Abwehr von Gefahren für sonstige erhebliche Interessen.[1394] Schon bisher war ein Ausweisungsgrund ausschließlich in Bezug von Leistungen nach dem SGB XII bejaht worden und nicht aufgrund anderer öffentlicher Leistungen.[1395]

Es wird auch verkannt, dass die Strafvollstreckung und auch die Rückstellung nach § 35 BtMG selbst einem öffentlichen Interesse dient. Zuständig für die Entscheidung über dieses öffentliche Interesse an der Strafvollstreckung[1396] sind ausschließlich die Strafvollstreckungsbehörden und nicht die Ausländerbehörden. Die Einstellung fiskalischer Interessen ist daher sachlich und funktional falsch.[1397] Die Strafvollstreckungsbehörde (§ 451 StPO) hat im Rahmen des § 456a StPO eine Abwägungsentscheidung zu treffen, bei der die fiskalischen Interessen nur einen Faktor darstellen.[1398] Diese Prüfung und Ermessensentscheidung obliegt nicht der Ausländerbehörde.

Da aber durch die Gesetzesänderung eine Entscheidung nach § 456a StPO nicht getroffen werden kann, solange keine vollziehbare Ausweisungsverfügung vorliegt, scheidet eine Begründung der Ausländerbehörde aus, dass ein beabsichtigtes Vorgehen nach § 456a StPO fiskalische Interessen durch das Ersparnis von Haft- oder Maßregelkosten diene. Aber auch dann handelte es sich nicht um ein Sofortvollzugsinteresse, da eine (kurzfristige) Ersparnis von Haftkosten der Regelfall der Abschiebung aus der Haft wäre. Mit Regelfällen lassen sich aber keine Ausnahmen begründen.

1392 Beispielhaft für kostenfreie Einrichtungen: die Fleckenbühler gemeinnütziger und mildtätiger e.V., Stiftung Synanon, Scarabäus Hoher Flämming e.V.

1393 Nicht zur Frage des Sofortvollzugs, aber zur Berücksichtigung fiskalischer Interessen im Polizeirecht vgl. Sachs, in: Stelkens/Bonk/Sachs, VwVfG, 9. Aufl. 2018, VwVfG, § 40, Rn. 65.

1394 Bauer/Beichel-Benedetti, NVwZ, 2016, 416 (418); offen gelassen von Brühl, JuS 2016, 23 (25).

1395 BVerwG, Urteil vom 16. 11. 2010, BVerwG 1 C 20/09 = NVwZ 2011, 825 (826).

1396 Appl, in: Hannich (Hrsg), Karlsruher Kommentar zur StPO, 7. Auflage 2013, StPO, § 456a, Rn. 3a.

1397 Andere Auffassung: Discher, in: Fritz/Vormeier (Hrsg.), GK-AufenthG (Stand: 34. EL Juni 2009), AufenthG, Vor. §§ 53 ff., Rn. 1554–1554.2.

1398 Coen, in: Graf (Hrsg.), Beck OK StPO (Stand: 15.10.2018), StPO, § 456a, Rn. 4.

3. Vermeidung der Verfestigung des Aufenthalts als Sofortvollzugsinteresse

Auch die Vermeidung der Verfestigung des Aufenthalts kann kein Sofortvollzugsinteresse begründen. Insoweit läge nämlich Identität mit dem Hauptsacheinteresse des Bescheides vor. Die Ausweisung dient nämlich gerade auch der Vermeidung der Verfestigung des Aufenthalts, die bereits mit der Verschlechterung der Aufenthaltssituation durch Zustellung der Ausweisungsverfügung erreicht wird.[1399] Eine Verfestigung des Aufenthalts tritt nicht ein, da Widerspruch und Klage gegen die Wirkungen der Ausweisung keine aufschiebende Wirkungen haben, § 84 Abs. 2 S. 1 AufenthG.

Insbesondere hat der Gesetzgeber ausdrücklich hingenommen, dass trotz Ausweisungsverfügung die aufschiebende Wirkung die Abschiebung hindert,[1400] so dass in einer Umkehrung der gesetzgeberischen Normierung kein Sofortvollzugsinteresse liegen kann.

4. Wiederholungsgefahr als Sofortvollzugsinteresse

Soweit sich die Anordnung der sofortigen Vollziehung auf die Gefahr der Begehung von Straftaten stützt, ist zu prüfen, ob die sofortige Vollziehung unter Annahme eines in der Hauptsache mit der gebotenen Eile geförderten Verfahrens erforderlich ist.[1401] Die Realisierung der Wiederholungsgefahr muss vor der Entscheidung über die Ausweisung in der Hauptsache drohen.[1402] Denn es bedarf für die Sofortvollzugsanordnung einer besonderen Eilbedürftigkeit im Sinne von Dringlichkeit.[1403]

Das besondere öffentliche Interesse an der sofortigen Vollziehung einer Ausweisung aus spezialpräventiven Gründen verlangt somit eine sich aus konkreten Anhaltspunkten ergebende Wiederholungsgefahr,[1404] deren Eintritt bereits während des laufenden Hauptsacheverfahrens hinreichend wahrscheinlich sein muss.

1399 BayVGH, Urteil v. 28.06.2016, 10 B 15.1854, Rn. 40; Hamburgisches OVG, Beschluss vom 5.11.2003, 3 Bs 253/03, II. 2. e.).

1400 Vgl. BayVGH, Beschluss vom 31.08.2006, 24 CS 06.1622, Rn. 18 u. 20, zur vergleichbaren Konstellation des Widerrufs einer Aufenthaltserlaubnis, der ebenfalls die Rechtmäßigkeit des Aufenthalts gem. § 84 Abs. 2 S. 1 AufenthG beendet.

1401 Discher, in: Fritz/Vormeier (Hrsg.), GK-AufenthG (Stand: 34. EL Juni 2009), AufenthG, Vor §§ 53 ff., Rn 1525 f..

1402 Schoch, in: Schoch/Schneider/Bier (Hrsg.), VwGO (Stand: 22. EL. September 2011), VwGO, § 80, Rn. 210 ff.

1403 Schoch, in Schoch/Schneider/Bier (Hrsg.), VwGO (Stand: 22. EL. September 2011), VwGO, § 80, Rn. 206; Gersdorf, in: Posser/Wolff (Hrsg.), Beck OK VwGO (Stand 01.07.2018), § 80, Rn. 99.

1404 Schoch, Vorläufiger Rechtsschutz, S. 557 f.; Verfassungsgerichtshof Berlin, Beschluss vom 28. Juni 2001, Az. 79/00, 79 A/00, Rn. 28.

a. Maßgeblicher Prognosezeitraum

Umstritten ist, auf welchen zeitlichen Rahmen abzustellen ist, in dem sich diese Gefahr prognostisch realisieren muss. Teilweise wird vertreten, dass es auf den Zeitpunkt des § 80b Abs. 1 S. 1 VwGO ankomme.[1405] Demnach entfällt in der Regel fünf Monate nach Zustellung eines erstinstanzlichen klageabweisenden Urteils die aufschiebende Wirkung der Klage.[1406] Es müsste demnach hinreichend wahrscheinlich sein, dass vom Zeitpunkt des Erlasses des Bescheids bis spätestens fünf Monate nach Zustellung eines erstinstanzlich klageabweisenden Urteils der Schadenseintritt erfolgt.

Für die Gegenauffassung ist der Prognosezeitraum länger – er soll bis zum vollständigen Abschluss des Hauptsacheverfahrens reichen.[1407] Dies wird damit begründet, dass es bei der Abwägung im Eilrechtsschutzverfahren darauf ankomme, ob es dem Rechtsschutzsuchenden zuzumuten sei, die sofortige Vollziehung der Ausweisung hinzunehmen, obwohl erst mit der rechtskräftigen Entscheidung in der Hauptsache die Rechtmäßigkeit der Ausweisung feststehe. Deshalb handele es sich dabei dann auch um den Zeitraum, auf den sich die entgegenstehenden öffentlichen Vollzugsinteressen beziehen müssten.[1408]

Dabei wird aber verkannt, dass nach der gesetzgeberische Konzeption die aufschiebende Wirkung schon zu einem früheren Zeitpunkt entfällt. Nach Ablauf der Frist des § 80b Abs. 1 S. 1 VwGO bedarf es im Falle der Klageabweisung stets einer eigenständigen Anordnung der Fortwirkung der aufschiebenden Wirkung durch das Rechtsmittelgericht gemäß § 80b Abs. 2 VwGO, so dass es nicht mehr auf die Anordnung des Sofortvollzugs durch die Behörde ankommt. Auch im Regelfall des bereits durch die Klage eintretenden Suspensiveffekts entfällt dieser nach Fristablauf im Falle der Klageabweisung. Die Frage der Zumutbarkeit der Vollziehung mit Ablauf dieses Fristablaufs ist gerade nicht Gegenstand des Eilrechtsschutzessverfahrens, sondern der Entscheidung des Rechtsmittelgerichts auf entsprechenden Antrag hin, wie § 80b Abs. 2 VwGO zeigt.

Es trifft daher nicht zu, dass für die Anordnung der sofortigen Vollziehbarkeit ausreichend ist, dass bis zum Ablauf des Hauptsacheverfahrens der Schadenseinritt hinreichend wahrscheinlich sein muss. Es kommt vielmehr auf den Zeitpunkt des regelmäßigen Entfallens des Suspensiveffekts der Klage an, da auch nur dann eine Ausnahme von der Regel begründet sein kann. Die Sofortvollzugsanordnung

---

1405 Hamburgisches OVG, Beschluss vom 04.02.2005, 4 Bs 518/04 = openjur 2011, 13966, Rn. 14. Vgl. (selbst jedoch ablehnend) Discher, in: Fritz/Vormeier (Hrsg.), GK-AufenthG (Stand: 34. EL Juni 2009), AufenthG, Vor §§ 53 ff., Rn. 1528 f.

1406 Vgl. Cziersky-Reis, in: Hofmann (Hrsg), Ausländerrecht, 2. Auflage 2016, AufenthG § 53, Rn. 47, es sei denn, die Berufung wird zugelassen.

1407 Bauer/Dollinger, in: Bergmann/Dienelt, Ausländerrecht, 12. Auflage 2018, AufenthG, Vor §§ 53–56, Rn. 154.

1408 Discher, in: Fritz/Vormeier (Hrsg.), GK-AufenthG (Stand: 34. EL. Juni 2009), AufenthG, Vor. §§ 53 ff., Rn. 1529.

verlangt daher, dass bis zum Eintritt des Zeitpunkts nach § 80b Abs. 1 S. 1 VwGO der Einritt der Wiederholungsgefahr hinreichend wahrscheinlich ist. Dieser ist hypothetisch zu bestimmen.

b. Besondere Gefahrenprognose

Es kommt somit darauf an, ob die Verwirklichung weiterer Straftaten bis zum Abschluss des soeben diskutierten Zeitraums zu erwarten ist. Dazu ist eine auf Tatsachen beruhende Gefahrenprognose dahingehend erforderlich, dass die mit der Ausweisung abzuwehrende Gefahr in diesem Zeitraum mit hinreichender Wahrscheinlichkeit eintreten wird, damit eine qualitativ über das Vollzugsinteresse des Verwaltungsakts hinausgehender Sofortvollzugsgrund besteht.

Es muss somit eine eigenständige Prognoseentscheidung getroffen werden, die die besondere zeitliche Dimension der Wiederholungsgefahr in den Blick nimmt. Wenn die Ausweisung der Abwendung der Begehung von Straftaten durch den Betroffenen dienen soll, muss sie *in Kürze*[1409] zu erwarten sein. Dabei ist zu unterstellen, dass das Hauptsacheverfahren mit der gebotenen Eile betrieben werden wird.[1410]

Auch im einstweiligen Rechtsschutzverfahren gilt der Amtsaufklärungsgrundsatz, der intensiver ist, wenn – wie im Ausweisungsverfahren – das einstweilige Rechtsschutzverfahren vollständig die Bedeutung des Hauptsacheverfahrens übernimmt.[1411] Der Betroffene muss nicht etwa glaubhaft machen, dass von ihm keine Gefahr ausgeht, da im Verfahren nach § 80 Abs. 5 VwGO der Untersuchungsgrundsatz des § 86 VwGO[1412] und gemäß § 123 Abs. 5 VwGO nicht § 920 Abs. 2 ZPO gilt.

Soweit sich die Anordnung des Sofortvollzugs auf eine drohende Straftat bezieht – so in den hier untersuchungsgegenständlichen Ausweisungen -, setzt dies nach der Rechtsprechung des Bundesverfassungsgerichts voraus, dass die Strafbarkeit des in Rede stehenden Verhaltens im Rahmen der verfassungsrechtlich gebotenen Abwägung im vorläufigen Rechtsschutzverfahren in tatsächlicher wie rechtlicher Hinsicht mit hinreichender Wahrscheinlichkeit angenommen werden kann. Je unsicherer aber eine Strafbarkeit prognostiziert werden könne, desto weniger sei allein der Verweis darauf geeignet, das öffentliche Vollzugsinteresse zu begründen.[1413] Dabei reiche der allgemeine Verdacht einer Beeinträchtigung

---

1409 Hailbronner, Kommentar zum Ausländerrecht (Stand: März 2015), AufenthG, A 1, Vor. § 53, Rn. 59.

1410 Hailbronner, Kommentar zum Ausländerrecht (Stand: März 2015), AufenthG, A 1, Vor. § 53, Rn. 59

1411 Schenke, in: Kopp/Schenke, VwGO, 24. Auflage 2018, VwGO, § 80, Rn. 158

1412 Schenke, in: Kopp/Schenke, VwGO, 24. Auflage 2018, VwGO § 80, Rn. 125, der allerdings im Hinblick auf die Eilbedürftigkeit eine Pflicht zur Vorlage vorhandener Beweismittel bejaht.

1413 BVerfG, Kammerbeschluss v. 27.04.2005, 1 BvR 223/05.

erheblicher Belange nicht, vielmehr müsse die begründete Besorgnis bestehen, dass sich vor Abschluss des Hauptsacheverfahrens die Gefahr realisiert, die durch Ausweisung abgewehrt werden soll.[1414] Es müssen, so verlangt es das Bundesverfassungsgericht, zu dem Ausweisungsinteresse wegen bisheriger Straffälligkeit zukunftsgerichtete Feststellungen aufgrund aktueller Erkenntnisse hinzukommen.[1415]

c. Begonnene, aber nicht abgeschlossene Therapien und Maßnahmen

Gegen die Realisierung der Gefahr innerhalb des oben beschriebenen Zeitpunkts soll beispielsweise sprechen, wenn sich der Betroffene in der Strafhaft beanstandungsfrei führt.[1416] Für den Betroffenen von besonderer Relevanz ist, ob und wie sich nicht abgeschlossene Strafhaft, begonnene Therapien oder der noch nicht abgeschlossene Maßregelvollzug mit Therapie auf den Sofortvollzug auswirken, wenn zu erwarten ist, dass der Betroffene nach Abschluss der Strafvollstreckung des Maßregelvollzugs oder der Therapie mit einer Reststrafenaussetzung beziehungsweise Bewährungsaussetzung nach § 57 StGB beziehungsweise §§ 35, 36 BtMG zu rechnen hat, regelmäßig verbunden mit der Aufsicht durch einen Bewährungshelfer und sonstigen Auflagen und Weisungen, die gerade die Prognose günstig beeinflussen sollen.

Dabei kommt es hier[1417] nicht darauf an, ob der Betroffene einen Anspruch darauf hat, dass bis zum Abschluss einer Maßnahme oder bis zu einer Entscheidung des Strafvollstreckungsgerichts gewartet wird, bevor über die Ausweisung entschieden wird.[1418]

Vielmehr hat die fortlaufende Maßnahme Relevanz für die Frage des bestehenden Sofortvollzugsinteresses im Sinne der Gefahr einer kurzfristigen Realisierung der Wiederholungsgefahr. Dies wird verkannt, wenn angenommen wird, im Falle des Nichtabschlusses beispielsweise einer Therapie sei die Wiederholungsgefahr nicht ausgeräumt, weil zum Zeitpunkt der gerichtlichen Entscheidung nach § 80 Abs. 5 VwGO nicht von einer Bewältigung der Drogenabhängigkeit ausgegangen

---

1414 BVerfG, Kammerbeschluss v. 12.09.1995, 2 BvR 1179/55, Rn. 43 = NVwZ 1996, 58 (59).

1415 BVerfG, Kammerbeschluss v. 27.08.2010, 2 BvR 130/10, Rn. 35 = NVwZ 2011, 35 (36).

1416 Bauer/Dollinger, in: Bergmann/Dienelt, Ausländerrecht, 12. Auflage 2018, AufenthG, Vor §§ 53–56, Rn. 154.

1417 Vgl. aber zur Problematik hinsichtlich des materiell-rechtlichen Zeitpunkts und der Beurteilung der Erfolgsaussichten in der Hauptsache oben S. 268.

1418 Es soll kein Anspruch bestehen, solange therapiert zu werden, bis möglicherweise eine günstige Sozialprognose gestellt werde kann, so das OVG Saarland, Beschluss vom 27.03.2018, 2 B 48/18 = BeckRS 2018, 5097, Rn. 9. Es müsse auch nicht abgewartet werden, bis die Strafvollstreckungskammer über eine Bewährungsaussetzung entscheide, so das Hamburgische OVG, Beschluss vom 24.05.2018, 1 Bf 72/17.Z, Rn. 19.

werden könne und „[d]ie zu diesem Zeitpunkt vorliegenden Erkenntnisse – aber auch nur diese – [...] in die im Rahmen der Aussetzungsentscheidung vorzunehmende Interessenabwägung eingestellt werden [müssen]".[1419]

Dieser Ansatz übersieht, dass das Vorliegen der Sofortvollzugsgründe nicht die Interessenabwägung betrifft, sondern gerade die kurzfristig eintretende Wiederholungsgefahr hinreichend wahrscheinlich sein muss. Der Beurteilungsmaßstab wird durch eine solche Auffassung in das Gegenteil verkehrt, wenn nicht darauf abgestellt wird, dass *trotz* der fortlaufenden Behandlung oder auch Haft eine kurzfristige Gefahrrealisierung in Aussicht steht. Es kommt hier nicht darauf an, ob erst nach erfolgreichem Abschluss einer Behandlung die Wiederholungsgefahr entfällt. Dies betrifft die Frage der Gefahr im Hauptsacheverfahren. Hier kommt es nur darauf an, ob die Realisierung der Gefahr *innerhalb* des maßgeblichen Prognosezeitraums (vgl. S. 260) droht.

Dies wird aber sowohl bei bestehender Haft, aber auch fortlaufender Therapie regelmäßig nicht der Fall sein. Der Betroffene unterliegt hier besonderer Beschränkungen und Kontrolle. Über die Maßnahme nach § 35 BtMG ist fortlaufend zu berichten und bei Verstößen steht der Widerruf der Rückstellung im Raum, § 35 Abs. 4, 5 BtMG. Soweit nach regulärem Abschluss eine Bewährungsaussetzung erfolgt, setzt dies eine Prüfung der Sicherheitsinteressen der Allgemeinheit, also eine besondere Gefahrenprognose voraus. Ebenso verhält es sich im Falle des Maßregelvollzugs. Eine Aussetzung der Unterbringung vor Ablauf der erforderlichen Behandlungsdauer erfolgt nur, wenn erhebliche rechtswidrige Straftaten nicht zu erwarten sind, § 67d Abs. 2 S. 1 StGB. Das Ende des Maßregelvollzugs führt nicht automatisch zu einer Reststrafenaussetzung. Auch hier bedarf es einer besonderen Prognoseentscheidung. Es liegen somit jeweils strafrichterliche Entscheidungen – teilweise unter umfassender sachverständig und therapeutischer Mitwirkung – vor, die von einer günstigen Prognose ausgehen. Trotz einer solchen Prognose von einer Wiederholungsgefahr in zeitlicher Nähe auszugehen, verlangt daher die Fehlerhaftigkeit dieser strafgerichtlichen Entscheidung zu belegen.

Ohnehin lässt sich im Falle der Bewährungsaussetzung die Anordnung des Sofortvollzugs nur besonders schwer begründen.[1420] Soweit die Rechtsprechung darauf abstellt, dass die der Ausweisung zugrunde liegende Prognoseentscheidung nicht nur die Dauer der Bewährungszeit, sondern einen längeren Zeithorizont in den Blick zu nehmen habe,[1421] kann dies – neben in Kapitel 4 geäußerten Zweifeln

---

1419 So aber OVG Saarland, Beschluss vom 27.03.2018, 2 B 48/18 = BeckRS 2018, 5097, Rn. 9. – Nach einer früheren Entscheidung des OVG Saarland führt Untätigkeit der Behörde und eine Fortdauer der Therapie möglicherweise zu einem Überwiegen des Interesses des Betroffenen an der aufschiebenden Wirkung, Beschluss vom 22.01.2007, 2 W 39/06 = BeckRS 2007, 21031.

1420 Vgl. Discher, in: Fritz/Vormeier (Hrsg.), GK-AufenthG (Stand: 34. EL. Juni 2009), AufenthG, Vor. §§ 53 ff., Rn. 1537–5139.

1421 BVerwG, Urteil vom 15.01.2013, 1 C 10.12, Rn. 19.

an dieser Auffassung – im Falle des Sofortvollzugs nicht als Begründung tragen. Hier geht es gerade nicht um eine langfristige Prognoseentscheidung, sondern um eine in naher Zukunft bestehende Wiederholungsgefahr.

Dies verlangt eigenständige Feststellungen, die für eine Wiederholungsgefahr innerhalb des Hauptsacheverfahrens sprechen.[1422] Mit anderen Worten: Es bedarf einer eigenständigen Prognoseentscheidung. Diese ist nicht einfacher als die Prognoseentscheidung in der Hauptsache und hat dieselben Anforderungen. Nur der Prognosezeitraum ist ein anderer.

B. Ergebnis Kapitel 5

Mit den Anforderungen an die Anordnung des Sofortvollzugs im Ausweisungsrecht wurde abschließend ein Aspekt herausgegriffen, in dem der Gefahrenprognose verschärfte Bedeutung zukommt. Die Ergebnisse der Kapitel 3 und 4 sind hier in besonderer Weise fortzuschreiben:

Der durch Art. 19 Abs. 4 GG garantierte Rechtsschutz wird durch eine sofort vollziehbare Ausweisungsverfügung erheblich eingeschränkt. Nur ein besonderes Sofortvollzugsinteresse kann die Regel der aufschiebenden Wirkung des Rechtsbehelfs außer Kraft setzen. Dieses muss sich substantiell von dem reinen Interesse der Aufenthaltsbeendigung unterscheiden, weil sofort vollziehbare Ausweisungen Unabänderliches bewirken und faktisch endgültig sind. Die Voraussetzungen des Sofortvollzugs sind deshalb besonders hoch. Es gilt nicht der Maßstab des allgemeinen Gefahrenabwehrrechts, dass bereits die den Erlass des Verwaltungsakts rechtfertigenden Gründe die Dringlichkeit des Sofortvollzugs belegen könnten.

Das Sofortvollzugsinteresse verlangt im Falle der Ausweisung nach strafrechtlicher Verurteilung eine Wiederholungsgefahr, deren Realisierung bereits während des Hauptsacheverfahrens hinreichend wahrscheinlich sein muss. Dies erfordert eine eigenständige Prognoseentscheidung. Ohne die hinreichende Wahrscheinlichkeit der Gefahrenrealisierung bis zum Abschluss des Hauptsacheverfahrens – wobei der Zeitpunkt des § 80b Abs. 1 VwGO entscheidend ist – darf der Sofortvollzug nicht angeordnet werden. Die hinreichende Wahrscheinlichkeit kann nicht damit begründet werden, dass die Gefahr während des Hauptsacheverfahrens eintreten „könnte". Dann bleibt die Gefahrenwahrscheinlichkeit unterhalb des Hinreichenden.

Andere Sofortvollzugsinteressen sind apokryph. Die Anordnung des Sofortvollzugs mit Ziel einer Verschlechterung der Position des Betroffenen verstößt gegen Recht und Gesetz und ist daher zu unterlassen.

Im Rahmen der gerichtlichen Überprüfung der Sofortvollzugsanordnung ist maßgeblich, ob die hinreichende Wahrscheinlichkeit zum Zeitpunkt der Entscheidung gemäß § 80 Abs. 5 VwGO besteht. Das ist keine Frage der Interessenabwägung,

---

1422 Discher, in: Fritz/Vormeier (Hrsg.), GK-AufenthG (Stand: 34. EL. Juni 2009), AufenthG, Vor. §§ 53 ff., Rn 1539.

sondern des Bestehens von besonderen Sofortvollzugsgründen. Nur wenn das Sofortvollzugsinteresse positiv festgestellt ist, besteht Material für eine gerichtliche Abwägung.

Erst im Rahmen dieser – auf zweiter Stufe erfolgenden – Abwägungsentscheidungen können auch die Erfolgsaussichten des Rechtsbehelfs gegen die Ausweisungsverfügung Bedeutung erlangen. Für diese gilt als Beurteilungszeitpunkt der Zeitpunkt der letzten mündlichen Verhandlung des Hauptsacheverfahrens. Es kommt also auf die Gefahrenprognose zum Zeitpunkt des Verfahrensabschlusses an. Soweit diese nicht abschließend gestellt werden kann – was die Regel sein dürfte -, sind die Erfolgsaussichten als offen zu bewerten. Aufgrund des Gebots der vollständigen Prüfung der materiellen Rechtmäßigkeit des Verwaltungsakts bei schwerwiegenden Grundrechtseingriffen, ist vor der Eilentscheidung die Einholung des Sachverständigengutachtens geboten, wenn dieses im Hauptsacheverfahren erforderlich ist. Zur Beurteilung der sofortvollzugsrechtfertigenden Wiederholungsgefahr wird dieses im Hinblick auf die erhebliche Intensivierung des Grundrechtseingriffs ohnehin regelmäßig erforderlich sein. Denn als besonderes Sofortvollzugsinteresses kommt im Rahmen der spezialpräventiven Ausweisung nur eine Wiederholungsgefahr in Betracht, die eine Gefahrrealisierung in naher Zukunft erwarten lässt. Die hierfür erforderliche besondere Gefahrenprognose weicht substantiell nicht von der Gefahrenprognose hinsichtlich der Hauptsache nach unten ab, sondern beinhaltet verschärfte Anforderungen.

Kapitel 6 Zusammenfassung und Ergebnisse

Die Untersuchung hat die Anforderungen an die Gefahrenprognose im Ausweisungsrecht nach strafrechtlicher Verurteilung im Allgemeinen und bei der Anordnung des Sofortvollzugs im Besonderen aufgezeigt, systematisch eingeordnet und im Hinblick auf das Feststellen von Mindeststandards fokussiert. Im Einzelnen:

1. Die Ausweisung stellt einen schwerwiegenden Grundrechtseingriff in Art. 2 Abs. 1 GG dar und bedeutet häufig einen essenziellen und existenziellen Einschnitt für den Betroffenen. Soweit die Ausweisung ein Aufenthaltsrecht entzieht, handelt es sich um einen Eingriff in das Recht auf freie Entfaltung der Persönlichkeit. Auch Art. 8 EMRK beziehungsweise Art. 6 GG sind oftmals berührt. (Kapitel 1, Seite 19; Kapitel 3, S. 118; Kapitel 3, S. 137)

2. Die Ausweisung muss, um rechtmäßig zu sein, stets einen legitimen Zweck verfolgen und darüber hinaus verhältnismäßig sein:
   Der legitime Zweck der Ausweisung besteht in der zukunftsbezogenen Verhinderung von Störungen für das geschützte Rechtsgut (im Falle strafrechtlicher Verurteilung: die öffentliche Sicherheit und Ordnung). (Kapitel 2, S. 33, S. 38, S. 49)
   Die Ausweisung setzt daher auf Tatbestandsebene neben dem Überwiegen des Ausweisungsinteresses voraus, dass eine Gefahr besteht, die durch die Ausweisung abgewehrt werden soll. (Kapitel 2, S. 94) Diese Voraussetzung wird im Falle der Ausweisung nach einer strafrechtlichen Verurteilung erfüllt, soweit die Gefahr der Begehung neuer Straftaten vorliegt. Nur dann richtet sich die Maßnahme im gefahrenabwehrrechtlichen Sinne zukunftsgerichtet gegen den Störer und stellt keine strafrechtliche Sanktion für vergangenes Unrecht dar. (Kapitel 2, S. 87)
   Generalpräventiv begründete Ausweisungen haben dagegen nicht den Störer im Blick, sondern sollen abschreckend auf andere wirken. Derartige Gefahren sind allenfalls abstrakt. Mit deren Abwehr können einzelfallbezogene Eingriffsmaßnahmen nicht gerechtfertigt werden. Generalpräventive Aspekte können daher allenfalls im Rahmen der Interessenabwägung Berücksichtigung finden. (Kapitel 2, S. 59, S. 86 f)
   Die Gewichtung des Ausweisungsinteresses hängt auch von dem Bestehen der Wiederholungsgefahr ab. Eine verfassungsrechtlich und einfachgesetzlich gebotene Abwägung ist nur vollständig, wenn die Frage der Wiederholungsgefahr in diese eingestellt wird. Jede Ausweisungsverfügung bedarf daher einer Gefahrenprognose und Entscheidung darüber, ob von dem Betroffenen selbst eine konkrete Gefahr ausgeht. (Kapitel 2, S. 84)

3. Eine konkrete Gefahr liegt vor, wenn eine hinreichende Wahrscheinlichkeit besteht, dass bei ungehindertem Kausalverlauf in absehbarer Zeit ein Schaden

für die öffentliche Sicherheit oder Ordnung eintreten wird. (Kapitel 3, S. 99) Um diese festzustellen, bedarf es einer Gefahrenprognose:

Die Gefahrenprognose beinhaltet ein Wahrscheinlichkeitsurteil über ein konkretes zeitlich absehbares Schadensereignis. Es handelt sich um eine juristische Wertungsentscheidung, wann die Wahrscheinlichkeit für einen Schadenseinritt als hinreichend erachtet wird. (Kapitel 3, S. 110, S. 115)
Die Gesamtwahrscheinlichkeit eines Schadenseintritts setzt sich aus verschiedenen Faktoren zusammen. Ein Faktor ist die individuelle Eintrittswahrscheinlichkeit: wie wahrscheinlich ist es, dass der Betroffene in dem Prognosezeitraum straffällig werden wird. Ein anderer Faktor ist das des Schadensausmaßes: wie gewichtig ist das Rechtsgut, das im Schadensfalle bedroht ist. Die Formel von der umgekehrten Proportionalität von Schadenseintrittswahrscheinlichkeit und Schadensausmaß ist im Gefahrenabwehrrecht grundsätzlich geeignet, um die Frage der hinreichenden Wahrscheinlichkeit zu bestimmen. (Kapitel 3, S. 110)
Hieraus leitet sich der von der überwiegenden Auffassung in der Rechtsprechung vertretene Gedanke ab, dass mit zunehmendem Ausmaß des möglichen Schadens die Anforderung an den Grad der Wahrscheinlichkeit des Schadenseintritts abgesenkt sein soll. (Kapitel 3, S. 110)
Die Formel greift im Ausweisungsrecht zu kurz und bedarf aus verfassungs-, unions- und konventionsrechtlichen Gründen der Ergänzung. Die Anforderung an den Grad der hinreichenden Wahrscheinlichkeit ist einzelfallabhängig unter Berücksichtigung der europa- und konventionsrechtlichen Grundsätze und des Verhältnismäßigkeitsgebots zu ermitteln. (Kapitel 3, S. 136) Im Anwendungsbereich des Art. 8 EMRK ist eine individuelle Gefahrenprognose unter Einbeziehung auch aktueller Entwicklung erforderlich. Der Faktor des Schadensausmaßes kann daher nicht so hoch angesetzt werden, dass der Faktor der Eintrittswahrscheinlichkeit keine wesentliche Bedeutung mehr hat. (Kapitel 3, S. 118) Auch soweit Unionsrecht anwendbar ist, ist eine aktualisierte und individuelle Prognose im Hinblick auf das persönliche Verhalten erforderlich; das Unionsrecht erlaubt keine bloße Anknüpfung an das strafrechtliche Verhalten in der Vergangenheit. (Kapitel 3, S. 121)
Nationalgesetzliche Besonderheiten bestehen für die von § 53 Abs. 3 AufenthG besonders geschützten Personengruppen. Der Tatbestand setzt hier eine gegenwärtige Gefahr im polizeirechtlichen Sinne voraus. (Kapitel 3, S. 128) Das schädigende Ereignis muss demnach bereits begonnen haben oder mit an Sicherheit grenzender Wahrscheinlichkeit unmittelbar bevorstehen. (Kapitel 3, S. 131)
Die Anforderung an die Gefahrenprognose bestimmt sich darüber hinaus für alle Personengruppen auch aus dem Grundrechtsschutz selbst. Je intensiver der Eingriff ist, desto höher sind die Anforderungen an das Wahrscheinlichkeitsurteil. (Kapitel 3, S. 137) Das bedeutet für die Gefahrenprognose im Ausweisungsrecht, dass es stets einer Feststellung bedarf, mit welcher Wahrscheinlichkeit der Betroffene straffällig werden wird. Das Bestehen der Wiederholungsgefahr ist nicht indiziert. Die vertypten Ausweisungsinteressen füllen

nicht das Tatbestandsmerkmal der „Gefährdung" des § 53 AufenthG aus. (Kapitel 2, S. 93) Es existiert auch keine Regel, dass sich aus der Strafhöhe der Anlasstat eine Wiederholungsgefahr für die Zukunft ergibt. (Kapitel 3, S. 108) Je niedriger die Eintrittswahrscheinlichkeit ist, desto niedriger ist auch die Gesamtwahrscheinlichkeit. Dabei ist zu berücksichtigen, dass die Eintrittswahrscheinlichkeit nicht statisch, sondern veränderlich ist. Dies folgt daraus, dass menschliches Verhalten von einer Vielzahl von Umständen beeinflusst wird. Die Veränderlichkeit der Schadenswahrscheinlichkeit stellt einen Unsicherheitsfaktor für die Bestimmung der Gesamtwahrscheinlichkeit dar. Je weiter in die Zukunft prognostiziert wird und je unklarer der (hypothetische) künftige Kausalverlauf ist, desto mehr sinkt die Eintrittswahrscheinlichkeit. (Kapitel 3, S. 137, S. 139) Zwar bildet die Berücksichtigung des Schadensausmaßes das geschützte Rechtsgut ab, das bei der Bestimmung der Gefahr zu berücksichtigen ist. Die Intensität des Grundrechtseingriffs der Ausweisung verlangt jedoch eine weitestgehende Reduzierung von Unsicherheiten bei der Gefahrenprognose. Es besteht deshalb das Gebot der bestmöglichen Aufklärung im Sinne einer individuellen Gefahrenprognose zur Bestimmung der Eintrittswahrscheinlichkeit. Reichen die Erkenntnisse nicht aus und ist die Unsicherheit der Prognose zu hoch, kann ein Wahrscheinlichkeitsurteil (noch) nicht erfolgen. (Kapitel 3, S. 113) Ist die Gesamtwahrscheinlichkeit zu gering, etwa weil die Schadenseintrittswahrscheinlichkeit niedrig ist, ist sie nicht hinreichend. (Kapitel 3, S. 140)

4. Die individuelle Gefahrenprognose trifft eine Wahrscheinlichkeitsaussage darüber, ob der Betroffene künftig Straftaten begehen wird. (Kapitel 4, S. 149) Die Frage, ob das Prognoseereignis in Form des Schadens für das geschützte Rechtsgut eintritt, setzt keine Vorhersage und keine Sicherheit voraus; sie ist auch nicht vollständig rationalisierbar. Dennoch sind die Anforderungen an die Prognose hoch, da der Grundrechtseingriff durch die Ausweisung besonders schwerwiegend ist:
Es ist zwar vorherrschende Praxis im Verwaltungs- und Verwaltungsgerichtsverfahren, jedoch nicht ausreichend, die Gefahrenprognose intuitiv zu vorzunehmen. (Kapitel 4, S. 206) Zwar stellt die Gefahrenprognose ein juristisches Wahrscheinlichkeitsurteil dar. (Kapitel 4, S. 212) Dennoch besteht keine vollständige freie Methodenermächtigung, wenn Methoden zur Verfügung stehen, die genauere Ergebnisse als rein intuitives Vorgehen erzielen. Für die Bestimmung von menschlichen Dispositionen, deren Fortbestehen und der für einen Schadenseintritt relevanten Begleitumstände, bedarf es einer kriminalprognostischen Untersuchung. (Kapitel 4, S. 214)
Dies folgt aus der Schwierigkeit der Prognose hinsichtlich künftigen menschlichen Verhaltens und aus der Tatsache, dass kriminalprognostische Verfahren zur Verfügung stehen. Diese werden im Strafrecht regelmäßig angewandt. Prognostische Aussagen über künftiges menschliches Verhalten setzen das Ermitteln und Bewerten von Entwicklungstendenzen voraus, was über das

Extrapolieren einer Momentaufnahme deutlich hinausgeht. (Kapitel 4, S. 208) Die Komplexität der Kausalitätsfaktoren schränkt die Prognosemöglichkeit künftiger menschlich gesteuerter Schadensereignisse mittels Erfahrungswerten erheblich ein. (Kapitel 4, S. 209) Vergangenes Verhalten kann nicht ohne Weiteres in die Zukunft fortgeschrieben werden. (Kapitel 4, S. 209) Bei der Prognose künftiger Straffälligkeit hat nicht nur die individuelle Disposition Bedeutung, sondern es sind auch die für die Begehung künftiger Straftaten relevanten Begleitumstände zu berücksichtigen und deren Eintrittswahrscheinlichkeit zu bestimmen. (Kapitel 4, S. 211, S. 214)

Wegen des Gebots der bestmöglichen Sachaufklärung muss die Behörde im Verwaltungsverfahren und das Gericht im Falle der Anfechtung der Ausweisung die Wiederholungsgefahr aufklären. Dies folgt auch aus dem Amtsermittlungsgrundsatz. (Kapitel 4, S. 215, S. 230)

Die Gefahrenprognose setzt eine vollständige Ermittlung der Prognosetatsachen, die die Prognosebasis darstellen, voraus. Wegen der hohen Eingriffstiefe der Ausweisung besteht die Pflicht, zur Erstellung der Gefahrenprognose einen besonders erfahrenen Sachverständigen hinzuzuziehen, wenn durch die Ausweisung ein verfestigter Aufenthalt beendet werden soll. Es gehört zu den Aufgaben des kriminalprognostischen Sachverständigen, Dispositionen zu ermitteln und die wesentlichen Prognosemerkmale herauszuarbeiten. (Kapitel 4, S. 217)

Für die Feststellung der der Prognosebasis zugrunde zu legenden (hypothetischen) Prognosetatsachen gilt die materiell-rechtliche Beweislast. Das prognostische Urteil muss auf gesicherten Erkenntnissen beruhen. (Kapitel 4, S. 225) Die strafrechtliche Verurteilung und die Höhe der Strafe begründen nur das Ausweisungsinteresse und erleichtern nicht die Feststellung der Wiederholungsgefahr. (Kapitel 4, S. 227) Die Feststellungs- oder Beweislast trägt aufgrund des Normbegünstigungsprinzips die Behörde. Das Tatbestandsmerkmal der Gefahr ist nicht indiziert, so dass der Betroffene nicht den Gegenbeweis erbringen muss, dass von ihm keine Wiederholungsgefahr ausgeht, obwohl er durch die Verurteilung ein benanntes Ausweisungsinteresse tatbestandlich erfüllt. (Kapitel 4, S. 228) Auch die in einem kriminalprognostischen Gutachten ermittelte Höhe eines Rückfallrisikos ist eine Beweistatsache, die im Rahmen des juristischen Wahrscheinlichkeitsurteils zu berücksichtigen ist. (Kapitel 4, S. 229)

Nach Feststellung der Gesamtwahrscheinlichkeit ist zu entscheiden, ob diese Wahrscheinlichkeit ausreichend ist, um von einer hinreichenden Wahrscheinlichkeit zu sprechen und somit eine konkrete Gefahr vorliegt oder nicht. Die Anforderung an die hinreichende Wahrscheinlichkeit wird normativ auch davon beeinflusst, ob im Strafverfahren oder im Strafvollstreckungsverfahren eine Bewährungsentscheidung zugunsten des Betroffenen ergangen ist. Dann ist die Anforderung an die hinreichende Wahrscheinlichkeit einer dennoch bestehenden Gefahr erhöht, da die günstige Prognose als Indiz gegen die Wahrscheinlichkeit spricht. (Kapitel 4, S. 155)

Das erhöhte Begründungserfordernis ist Ausdruck der Verschärfung des Wahrscheinlichkeitsmaßstabs aufgrund der Eingriffsintensität in die Grundrechte des Betroffenen und konkretisiert die Anforderungen an die hinreichende Wahrscheinlichkeit. (Kapitel 4, S. 155) Die Anforderungen an den Grad der Wahrscheinlichkeit steigen wegen der Eingriffsdichte namentlich bei Ausweisungen sogenannter faktischer Inländer und, soweit besondere verfassungsrechtliche Gewährleistungen zu beachten sind. (Kapitel 4, S. 157) Von einer Bewährungsprognose kann nur abgewichen werden, wenn eine breitere Tatsachengrundlage vorhanden ist, als sie dem Straf(vollstreckungs) gericht vorlag. (Kapitel 4, S. 157) Da der Prognosezeitraum für Bewährungsentscheidungen von dem Prognosezeitraum im Ausweisungsrecht – anders als von der herrschenden Rechtsprechung angenommen – nicht abweicht (Kapitel 4, S. 161) und die strafrechtliche Sanktion neben dem Schuldprinzip auch dem Schutz der Allgemeinheit (Kapitel 4, S. 163) dient, besteht in den unterschiedlichen Rechtsordnungen kein ausreichender Grund, um ein Abweichen von den Prognoseentsscheidungen rechtfertigen zu können. Auch durchgeführte Rehabilitationsbehandlungen beispielsweise bei Betäubungsmittelabhängigkeit haben eine hohe Bedeutung und die Therapieberichte sind bei der Prognoseentscheidung wesentlich zu berücksichtigen. (Kapitel 4, S. 186, S. 187) Soll von einer strafrichterlichen Gefahrenprognose abgewichen werden, der ein Sachverständigengutachten zur individuellen Rückfallanalyse zugrunde lag, setzt dies voraus, dass diese Entscheidung offenkundig verfehlt war. (Kapitel 4, S. 189) Die Gefahrenprognose ist eingebettet in das System des Erfordernisses einer konkreten Gefahr. Sie ist insoweit auch begrenzt und darf nicht herabgestuft werden auf die Prognose eines Risikos. Das Risiko der Begehung von Straftaten durch Menschen, die sich im Inland aufhalten, trägt die deutsche Gesellschaft. Eine Ausweisung von ausländischen Staatsangehörigen ist nicht bereits bei jedem Rückfallrisiko zulässig. (Kapitel 4, S. 198) Eine absolute Sicherheit, dass ein Betroffener künftig keine Straftaten begehen wird, gibt es nicht. (Kapitel 4, S. 190, S. 199) Die Ausweisungsvorschriften setzen deshalb die positive Feststellung der Gefahr voraus und nicht nur die eines Risikos. (Kapitel 4, S. 200) Die juristische Gefahrenprognose verlangt eine Aussage darüber, ob die ermittelte Gesamtwahrscheinlichkeit ausreichend ist, um von einer hinreichenden Wahrscheinlichkeit zu sprechen. Die Anforderungen an den Grad der Wahrscheinlichkeit wird von normativen Gesichtspunkten wie dem befürchteten Schadensausmaß, der Eingriffsintensität der Maßnahme und bereits ergangener prognostischer Entscheidungen bestimmt und von tatsächlichen Umständen wie der Schadenseintrittswahrscheinlichkeit. Ohne die Bestimmung der individuellen Schadenseintrittswahrscheinlichkeit kann diese Wahrscheinlichkeit mit dem Gewicht des Schadensausmaßes in kein Verhältnis gesetzt werden und stellt daher kein vollständiges Wahrscheinlichkeitsurteil dar. (Kapitel 4, S. 234)

5. Die Anordnung des Sofortvollzugs hat für den Betroffenen gravierende, grundrechtsrelevante Bedeutung. Die Anordnung des Sofortvollzugs bedarf eines besonderen Sofortvollzugsinteresses. (Kapitel 5, S. 238)

Das Sofortvollzugsinteresse muss ein qualitativ anderes Interesse sein als das Interesse, das die Aufenthaltsbeendigung begründen soll. (Kapitel 5, S. 252) Die Annahme aus dem allgemeinen Gefahrenabwehrrecht, dass für die Sofortvollzugsanordnung die für die Eingriffsmaßnahme vorgebrachten Gründe ausreichend sind, gilt bei der Ausweisung nicht. (Kapitel 5, S. 253) Die voraussichtliche Rechtmäßigkeit des Verwaltungsakts, fiskalische Gesichtspunkte und das Ziel einer raschen Aufenthaltsbeendigung sind keine tauglichen Sofortvollzugsgründe. (Kapitel 5, S. 253, S. 256, S. 259)

Die im Rahmen der Hauptsacheentscheidung erforderliche Gefahrenprognose kann nicht durch eine summarische Prüfung ersetzt werden. Wegen der Variabilität der Gefahrenwahrscheinlichkeit (vgl. Kapitel 3, S. 139) sind bei einem Auseinanderfallen der Entscheidungszeitpunkte des Eilrechtschutz- und des Hauptsacheverfahrens im Eilrechtsschutzverfahren die Erfolgsaussichten der Klage als offen zu bewerten. (Kapitel 5, S. 241) Die Anordnung des Sofortvollzugs verschiebt nicht den maßgeblichen materiell-rechtlichen Entscheidungszeitpunkt für die Begründetheit der Hauptsacheklage. Die Ausweisung ist nur dann rechtmäßig, wenn zum Zeitpunkt der letzten mündlichen Verhandlung die Tatbestandsvoraussetzungen vorliegen. Der Prognosezeitpunkt hinsichtlich des Tatbestandsmerkmals der Gefährdung fällt daher nicht mit dem Entscheidungszeitpunkt im Verfahren gemäß § 80 Abs. 5 VwGO zusammen, wenn die Eilentscheidung nicht am Tag der letzten mündlichen Verhandlung ergeht. (Kapitel 5, S. 240)

Das besondere öffentliche Interesse an der sofortigen Vollziehung einer Ausweisung aus spezialspezifischen Gründen setzt eine sich anhand konkreter Anhaltspunkte ergebende Besorgnis einer Wiederholungsgefahr, deren Realisierung bereits während des maßgeblichen Prognosezeitraums in Aussicht steht, voraus. (Kapitel 5, S. 259) Der maßgebliche Prognosezeitraum ist der hypothetische Zeitraum bis zum Eintritt der Wirkung des § 80b Abs. 1 VwGO. (Kapitel 5, S. 260)

Das Erfordernis der hinreichenden Wahrscheinlichkeit des Schadenseintritts verlangt eine besondere Gefahrenprognose dahingehend, dass die Begehung von Straftaten in Kürze zu erwarten ist. (Kapitel 5, S. 261) Bei bestehender Freiheitsentziehung ist die Anordnung des Sofortvollzugs im Regelfall erst möglich, wenn die Haftentlassung oder Abschiebung aus der Haft heraus in greifbarer Nähe ist. (Kapitel 5, S. 249, 250)

Die Prognose erfordert zukunftsgerichtete Feststellungen aufgrund aktueller Erkenntnisse. (Kapitel 5, S. 262) Ein Abweichen von einer günstigen Prognose im Rahmen von strafrechtlichen Bewährungsentscheidungen verlangt die Darlegung der Fehlerhaftigkeit der Bewährungsentscheidung. (Kapitel 5, S. 263). Die Intensivierung des Grundrechtseingriffs durch den Sofortvollzug verlangt weitestgehende Sicherheit bei den Prognosegrundlagen. Es bedarf in der Regel der Einholung eines Sachverständigengutachtens. (Kapitel 5, S. 265)

Die Verwaltung ist an Recht und Gesetz gebunden und darf nicht mit dem Ziel der Vermeidung einer gefahrmindernden Entwicklung den Sofortvollzug anordnen. Nur das Vorliegen berechtigter Sofortvollzugsgründe erlaubt deren Anordnung. (Kapitel 5, S. 243)

Literaturverzeichnis

Die Angabe der Kurzbezeichnung im Fußnotenapparat („zitiert:") erfolgt, soweit der Titel nicht bereits eindeutig ist.

Alexy, Robert: Menschenwürde und Verhältnismäßigkeit, Archiv des öffentlichen Rechts (140), 2015, S. 497–513.

Alexy, Hans: Subsumtion oder Abwägung – Was gilt im Ausweisungsrecht?, DVBl. 2011, S. 1185–1195.

Apfel, Henner/Strittmatter Georg: Praxiswissen Strafverteidigung im Betäubungsmittelstrafrecht, Münster, 2010.

Armbruster, Wolfgang: Neue Rechtsprechung zur Befristung der Wirkungen der Ausweisung, ZAR 2013, S. 309–318.

Bach, Markus: Das Analogieverbot im Verwaltungsrecht – zugl. Diss., Berlin 2011 (zitiert: Bach, Analogieverbot im Verwaltungsrecht).

Bäcker, Matthias: Kriminalpräventionsrecht – Eine rechtsetzungsorientierte Studie zum Polizeirecht, zum Strafrecht und zum Strafverfahrensrecht – zugl. Habil., Tübingen, 2015 (zitiert: Bäcker, Kriminalpräventionsrecht).

Bader, Johann/Ronnelenfitsch, Michael (Hrsg.): Verwaltungsverfahrensgesetz, München, 1. Auflage 2010 (zitiert: Bader/Ronnelenfitsch (Hrsg.), VwVfG).

Badura, Peter: Generalprävention und Würde des Menschen, Juristenzeitung 1964, S. 337–344.

Bamberger, Christian: Behördliche Beurteilungsermächtigungen im Lichte der Bereichsspezifik des Verwaltungsrechts, Verwaltungsarchiv 2002, S. 217–254.

Bast, Jürgen: Aufenthaltsrecht und Migrationssteuerung – zugl. Habil., Tübingen 2011.

Bauer, Ina/Beichel-Benedetti, Stephan: Das neue Ausweisungsrecht, NVwZ 2016, S. 416–421.

Bauer, Rainer/Heckmann, Dirk/Ruge, Kay/Schallbruch, Martin/Schulz, Sönke (Hrsg.): Verwaltungsverfahrensgesetz und E-Government, Wiesbaden, 2. Auflage 2014.

Bayerisches Staatsministerium des Innern, für Bau und Verkehr (Hrsg.): Sicherheitsbericht zum Beschluss des Bayer. Landtags vom 30. September 2014, München 2016.

v. Benda, Ernst/Maihofer, Werner/Vogel, Hans-Jochen: Handbuch des Verfassungsrechts, 2. Auflage Berlin/New York, 1994.

Bund deutscher Verwaltungsrichter und Richterinnen, Entwurf eines Gesetzes zur Neubestimmung des Bleiberechts und der Aufenthaltsbeendigung –

hier: Referentenentwurf des Bundesministeriums des Innern, Stellungnahme vom 29.07.2014, Berlin, 29.07.2014, BT-Ausschussdrucksache 18(3)134, S. 1–8.

ders: Entwurf eines Gesetzes zur Neubestimmung des Bleiberechts und der Aufenthaltsbeendigung – hier: Gesetzentwurf der Bundesregierung, Berlin, 29.07.2014, S. BT-Ausschussdrucksache 18(4)221, 1–2.

Beck OK AuslR: s. *Kluth, Winfried/Heusch, Andreas* (Hrsg.).

Beck OK Grundgesetz: s. *Epping, Volker/Hillgruber, Christian* (Hrsg).

Beck OK PolR Baden-Württemberg: s. *Möstl, Markus/Trurnit, Christoph* (Hrsg.).

Beck OK PolR Bayern: s. *Möstl, Markus/Schwabenbauer, Thomas (Hrsg.).*

Beck OK PolR NRW: s. *Möstl, Markus/Kugelmann, Dieter* (Hrsg.).

Beck OK PolR Niedersachsen: s. *Möstl, Markus/Weiner, Bernhard* (Hrsg.).

Beck OK StGB: s. *v. Heintschel-Heinegg, Bernd* (Hrsg.).

Beck OK StPO: s. *Graf, Jürgen-Peter* (Hrsg), Beck'scher Online-Kommentar Strafprozessordnung mit RiStBV und MiStrA, München (jeweils angegebener Stand).

Beckmann, Heinrich: Die Aussetzung des Strafrestes bei lebenslanger Freiheitsstrafe, NJW 1983, S. 537–541.

Beichel, Stephan: Ausweisungsschutz und Verfassung – zugl. Diss., Berlin 2001.

Bender, Dominik: „Verpolizeilichung" des Ausländerrechts, KJ 2003, S. 130–145.

Berg, Wilfried: ˜Dieœ verwaltungsrechtliche Entscheidung bei ungewissem Sachverhalt – zugl. Habil., Berlin 1980 (zitiert: Berg, Entscheidungen bei ungewissem Sachverhalt).

Bergmann, Jan/Dienelt, Klaus: Ausländerrecht Kommentar, München, 11. Auflage 2016 und 12. Auflage 2017 (zitiert: Bergmann/Dienelt, Ausländerrecth).

Bergmann, Jan/Dörig, Harald: Vorschlag zur Änderung des Ausweisungsrechts, in: Klaus Barwig, Stephan Beichel-Benedetti, Gisbert Brinkmann (Hrsg.) (Hrsg.), Steht das europäische Migrationsrecht unter Druck?, Baden-Baden, 2015, S. 111–112.

Bergmann, Marcus/Hörich, Carsten: Besonders schwerwiegende Ausweisungsfehler – Kritische Anmerkungen zur jüngsten Reform des Ausweisungsrechts, ZAR 2016, S. 296–303.

Berlit, Uwe: Aktuelle Rechtsprechung zum Aufenthaltsrecht 2016/17, NVwZ extra 2018, S. 1–22.

ders.: Aktuelle Rechtsprechung zum Aufenthaltsrecht, NVwZ-Extra 2017, S. 1–18.

ders.: Aktuelle Rechtsprechung zu Aufenthaltsrecht 2017/18, NVwZ-Extra Heft 2019, Heft 4, S. 1–20.

ders.: Umgang mit Gefährdern im Aufenthaltsrecht – Rechtsprechung des Bundesverwaltungsgerichts zu Abschiebungsandrohungen, ZAR 2018, S. 89–97.

Boers, Klaus/Herlth, Anna Mareike: Delinquenzabbruch – Hauptaspekte des gegenwärtigen Forschungsstandes, Monatsschrift für Kriminologie und Strafrechtsreform 2016, S. 101–122.

Boetticher, Axel/Kröber, Hans-Ludwig/Müller-Isberner, Rüdiger/Böhm, Klaus M./Müller-Metz, Reinhard/Wolf, Thomas: Mindestanforderungen an Prognosegutachten, NStZ 2006, S. 537–544.

Boetticher, Axel/Dittmann, Volker/Nedophil, Norbert/Nowara, Sabine/Wolf, Thomas: Zum richtigen Umgang mit Prognoseinstrumenten durch psychiatrische und psychologische Sachverständige und Gutachter, NStZ 2009, S. 478–481.

Boetticher, Axel/Koller, Matthias/Böhm, Klaus Michael/Brettel, Hauke/Dölling, Dieter/Höffler, Katrin/Müller-Metz, Reinhard/Pfister, Wolfgang/Schneider, Ursula/Schöch, Heinz/Wolf, Thomas: Empfehlungen für Prognosegutachten – Rechtliche Rahmenbedingungen für Prognosen im Strafverfahren, NStZ 2019, 553–632.

Böllinger, Lorenz: Prognoseprobleme bei der Strafaussetzung zur Bewährung, in: Wolfgang Frisch/Thomas Vogt (Hrsg.), Prognoseentscheidungen in der strafrechtlichen Praxis, Baden-Baden 1994, S. 191–210.

Borowski, Martin: Grundrechte als Prinzipien, 3. Auflage, Baden-Baden 2018.

Brenz, Jan: Das Polizeirecht als ein durch den Verhältnismäßigkeitsgrundsatz bestimmtes System von Abwägungsentscheidungen – zugl. Diss., Berlin 2018 (zitiert: Brenz, System von Abwägungsentscheidungen).

Breuer, Rüdiger: Legislative und administrative Prognoseentscheidungen, Der Staat 1997, S. 21–54.

Brühl, Raimund: Das Ausweisungsrecht in Studium und Praxis, JuS 2016, S. 23–29.

ders.: Verwaltungsrecht in der Fallbearbeitung, Köln 1998.

Brunn, Bernd: Prognosen mit rechtliche Bedeutung, NJOZ 2014, S. 361–380.

Bull, Hans Peter/Mehde, Veith: Allgemeines Verwaltungsrecht mit Verwaltungslehre, 9. Auflage, Heidelberg 2015 (zitiert: Bull/Mehde, Allgemeines Verwaltungsrecht).

Bundesministerium der Justiz und für Verbraucherschutz (Hrsg.): Legalbewährung nach strafrechtlichen Sanktionen, *s.* Jehle u. a., Legalbewährung.

Bundesministerium des Inneren: Referentenentwurf vom 07.04.2014, Entwurf eines Gesetzes zur Neubestimmung der Aufenthaltsbeendigung und des Bleiberechts, abrufbar unter: https://www.bmi.bund.de/SharedDocs/gesetzgebungsverfahren/DE/Downloads/referentenentwuerfe/140407-referentenentwurf_gesetz-neubestimmung-bleiberecht-aufenthaltsbeendigung.pdf?__blob=publication File&v=1

Cornelißen, Waltraud (Hrsg.): 1. Datenreport zur Gleichstellung von Frauen und Männern in der Bundesrepublik Deutschland, 2. Fassung, November 2005, abrufbar unter: http://www.genderkompetenz.info/genderkompetenz-2003-2010/w/files/gkompzpdf/gender_datenreport_2005.pdf.

Cziersky-Reis, Björn: Das neue Ausweisungsrecht und neueste Reformpläne, ANA-ZAR, 2016, 1.

ders.: Ausweisungsinteresse soll mit generalpräventiven Erwägungen begründet werden können, ANA-ZAR 2018, S. 74–75.

Dahle, Klaus-Peter: Grundlagen der Kriminalprognose, INFO 2008, S. 51–83.

ders.: Kriminal(rückfall)prognose, in: Renate Volbert/Max Steller (Hrsg.), Handbuch der Rechtspsychologie, Göttingen 2008, S. 444–453.

ders./Schneider-Njepel, Vera: Rückfall- und Gefährlichkeitsprognose bei Rechtsbrechern, in: Thomas Bliesener/Friedrich Lösel/Günter Köhnken (Hrsg.), Lehrbuch der Rechtspsychologie, Bern 2014, S. 422–443.

Darnstädt, Thomas: Gefahrenabwehr und Gefahrenprognose – zugl. Diss., Frankfurt 1983.

ders.: Ein personenbezogener Gefahrenbegriff – Analyse der Bedingungen des Bundesverfassungsgerichts an Vorfeld-Ermächtigungen im BKA-Gesetz, DVBl. 2017, S. 88–96.

Davy, Ulrike: Aufenthaltssicherheit: Ein verlässliches Versprechen?, ZAR 2007, S. 233–238.

Degenhardt, Christoph: Staatsrecht I – Staatsorganisation, 28. Auflage Heidelberg 2012 (zitiert: Degenhardt, Staatsrecht I).

Denninger, Erhard/Bachor, Frederik (Hrsg.): Lisken/Denninger, Handbuch des Polizeirechts, München 6. Auflage 2018.

Dessecker, Axel: Gefährlichkeit und Verhältnismäßigkeit: eine Untersuchung zum Maßregelrecht – zugl. Habil., Berlin 2004 (zitiert: Dessecker, Gefährlichkeit und Verhältnismäßigkeit).

Detter, Klaus: Zum Strafzumessungs- und Maßregelrecht, NStZ 2002, S. 132–138.

Detterbeck, Steffen: Allgemeines Verwaltungsrecht mit Verwaltungsprozessrecht, 16. Auflage München 2018 (zitiert: Detterbeck, Allgemeines Verwaltungsrecht).

Deutscher Bundestag (Hrsg.): Handlungsmöglichkeiten zur Einschränkung der Strafaussetzung der Bewährung, Gesetzgeberische Handlungsmöglichkeiten zur Einschränkung der Strafaussetzung zur Bewährung, insbesondere bei Intensivtätern, 30.01.2018, WD 7–3000–152/17.

Dienelt, Klaus: Experten ohne Expertise im Innenausschuss? Veröffentlicht am 23.02.2016 auf der Online-Plattform migrationsrecht.net, abrufbar unter: http://www.migrationsrecht.net/nachrichten-auslaenderrecht-politik-gesetzgebung/ausweisungsinteresse-innenausschuss-2016.html

Dietlein, Johnnes/Burgi, Martin/Hellermann, Johannes: Öffentliches Recht in Nordrhein-Westfalen, 3. Auflage München 2009.

Dreier, Horst (Hrsg.): Grundgesetz Kommentar, Band I, Tübingen 3. Auflage 2013 (zitiert: Dreier, Grundgesetz).

Drews, Bill/Wacke, Gerhard: Allgemeines Polizeirecht – Ordnungsrecht der Länder und des Bundes, 7. Auflage, Berlin 1961 (zitiert: Drews/Wacke, Polizeirecht).

ders./Wacke, Gerhard/Vogel, Klaus/Martens, Wolfgang: Gefahrenabwehr: allgemeines Polizeirecht (Ordnungsrecht) des Bundes und der Länder, 9. Auflage, Köln 1986 (zitiert: Drews/Wacke, Gefahrenabwehr).

Dürig, Julia: Beweismaß und Beweislast im Asylrecht – zugl. Diss., München 1990 (zitiert: Beweismaß und Beweislast).

Ebert, Alexander/Müller, Eckhart/Schütrumpf, Matthias (Hrsg): Verteidigung in Betäubungsmittelsachen, 6. Auflage Heidelberg 2013.

Eckertz-Höfer, Marion: Entwicklungen im Recht der Ausweisung, in: Klaus Barwig, Stephan Beichel-Benedetti, Gisbert Brinkmann (Hrsg.), Perspektivwechsel im Ausländerrecht?, Baden-Baden 2007, S. 106–112.

dies.: Neuere Entwicklungen in Gesetzgebung und Rechtsprechung zum Schutz des Privatlebens, ZAR 2008, S. 41–46.

Ehlers, Dirk/Fehling, Michael/Pünder, Hermann (Hrsg.): Besonderes Verwaltungsrecht (Bd. 3), 3. Auflage Heidelberg 2013.

Ehlers, Dirk/Pünder, Hermann (Hrsg.): Allgemeines Verwaltungsrecht, 15. Auflage, Berlin 2016.

Ehlers, Dirk/Schoch, Friedrich (Hrsg.): Rechtsschutz im öffentlichen Recht, Berlin 2009.

Eisenberg, Ulrich: „Positive Generalprävention" als zulässiges Begründungselement für die Rechtsfolgenentscheidung im Jugendstrafrecht?, ZJJ 2018, S. 144–145.

Eisner, Manuel: Konflikte und Integrationsprobleme – Jugendkriminalität und Integration, Neue Kriminalpolitik 1998, S. 11–13.

Epik, Aziz: StV 2017, 268: Die Berücksichtigung aufenthaltsrechtlicher Folgen bei der Strafzumessung, StV 2017, S. 268–272.

Epping, Volker/Hillgruber, Christian (Hrsg), Beck'scher Onlinekommentar Grundgesetz, München (jeweils angegebener Stand).

Erbguth, Wilfried: Allgemeines Verwaltungsrecht, 9. Auflage Baden-Baden 2016.

Esser, Albin (Gesamtredaktion): Schönke/Schröder, StGB – Strafgesetzbuch Kommentar, München (jeweils angegebene Auflage).

Eyermann, Erich (Begründer): Verwaltungsgerichtsordnung Kommentar. Es werden zwei Auflagen verwendet: 14. Auflage 2014 siehe *Geiger, Harald u.a.*, Verwaltungsgerichtsordnung; 15. Auflage 2019 siehe *Happ, Michael u.a.*, Verwaltungsgerichtsordnung.

Farahat, Anuscheh: Progressive Inklusion: Zugehörigkeit und Teilhabe im Migrationsrecht – zugl. Diss., Berlin/Heidelberg, 2014 (zitiert: Farahat, Progressive Inklusion).

Feltes, Thomas/Weingärtner, Rahel/Weigert, Marvin: „Ausländerkriminalität", ZAR 2016, S. 157–164.

Fleuß, Martin: Die ausländerrechtliche Rechtsprechung des Bundesverwaltungsgerichts im Jahr 2018, ZAR 2019, 59–66.

v.Franqué, Fritjof: Strukturierte, professionelle Risikobeurteilung, in: Martin Rettenberger, Fritjof v. Franqué (Hrsg.), Handbuch kriminalprognostischer Verfahren, Göttingen 2013, S. 357–380.

Franßen-de la Cerda, Boris: Die Verpflichtung des Ausländers zur Mitwirkung (§ 82 AufenthG), ZAR 2010, S. 81–90.

Franz, Fritz: Anmerkung zu BVerfG, Urteil vom 16. 7. 1974, 1 BvR 75/74, NJW 1974, S. 1809–1811.

Fricke, Anne-Kathrin: Generalprävention kann ein Ausweisungsinteresse begründen, jurisPR-BVerwG 18/2018, Anmerkung 5.

Frisch, Wolfgang: Strafrechtliche Prognoseentscheidungen aus rechtswissenschaftlicher Sicht – Von der Prognose zukünftigen Verhaltens zum normorientierten Umgang mit Risikosachverhalten, in: Wolfgang Frisch/Thomas Vogt (Hrsg.), Prognoseentscheidungen in der strafrechtlichen Praxis, Baden-Baden 1994, S. 55–136.

Fritz, Roland/Vormeier, Jürgen (Hrsg.): Gemeinschaftskommentar zum Aufenthaltsgesetz (GK-AufenthG), München (jeweiliger Stand der Losenblattsammlung ist angegeben) (zitiert: Fritz/Vormeier (Hrsg.), GK-AufenthG).

Fritzsch, Falk: Die Auswirkungen des Rechts auf Achtung des Privat- und Familienlebens auf Ausweisungen und andere Rückführungsentscheidungen, ZAR 2011, S. 297–304.

Funke, Andreas: Perspektiven subjektiv-rechtlicher Analyse im öffentlichen Recht, JZ 2015, S. 369–424.

ders.: Die Normstruktur des neuen Ausweisungsrechts, ZAR 2016, S. 209–217

ders.: Zuwanderung – Normen, Zahlen und der Einzelfall, in: Helmut Neuhaus (Hrsg.), Zuwanderung nach Deutschland, Erlangen 2016, S. 53–76.

Gärditz, Klaus Ferdinand: Strafprozeß und Prävention – Entwurf einer verfassungsrechtlichen Zuständigkeits- und Funktionenordnung – zugl. Diss., Tübingen 2003 (zitiert: Gärditz, Strafprozeß und Prävention).

Garland, David: Kultur der Kontrolle – Verbrechensbekämpfung und soziale Ordnung in der Gegenwart, Frankfurt, 2008 (zitiert: Garland: Kultur der Kontrolle).

Geiger, Harald/Happ, Michael/Kraft, Ingo/Rennert, Klaus/Schmidt, Jörg: Eyermann, Verwaltungsgerichtsordnung Kommentar, 15. Auflage München 2019 (zitiert: Eyermann, VwGO).

Gertler, Nils Fabian/Kunkel, Volker/Putzke, Holm (Hrsg): Beck'scher Online Kommentar Jugendgerichtsgesetz, München (jeweils angegebener Stand) (zitiert: BeckOK JGG).

Gordzielik, Teresia/Schmidt, Marko: Ausweisung – Zurückweisung – Abschiebung: Zwischen Aufenthaltsrecht und Exklusion, ZAR 2013, S. 196–203.

Götz, Volkmar/Geis, Max-Emanuel: Allgemeines Polizei- und Ordnungsrecht, 16. Auflage München 2017.

Grabitz, Eberhard: Der Grundsatz der Verhältnismäßigkeit in der Rechtsprechung des Bundesverfassungsgerichts, Archiv des öffentlichen Rechts 1973 (Bd. 98), S. 568–616.

Graebsch, Christine: Ausweisung als Strafe oder: das geteilte Dealerbild des Rechts, in: Bettina Paul/Henning Schmidt-Semisch (Hrsg.), Drogendealer – Ansichten eines verrufenen Gewerbes, Freiburg 1998, S. 109–125.

dies.: Ausweisungsrecht heute: Ausschluss aus dem Recht vorbehalten, in: SigridDauks/Eva Schöck-Quinteros (Hrsg), Grund der Ausweisung: lästiger Ausländer – Ausweisungen aus Bremen in den 1920er Jahren, Bremen 2007, S. 139–142.

dies.: Punititvität im Aufenthaltsrecht für MigrantInnen – eine Einschätzung aus juristischer Sicht, , in: Bernd Dollinger/Henning Schmidt-Semisch (Hrsg.), Gerechte Ausgrenzung? Wohlfahrtsproduktion und die neue Lust am Strafen, Wiesbaden 2011, S. 281–296.

dies.: Ausweisung: Doppelbestrafung für Ausländer, in: Till Müller-Heidelberg (Hrsg.), Grundrechtereport, Frankfurt 2011, S. 201–204.

Graf, Jürgen-Peter (Hrsg.): Beck'scher Online-Kommentar GVG, München (jeweils angegebene Fassung) (zitiert: BeckOK GVG).

Graf, Jürgen-Peter (Hrsg.): Beck'scher Online-Kommentar Strafprozessordnung mit RiStBV und MiStrA, München (jeweils angegebener Stand) (zitiert: BeckOK StPO).

Gretenkord, Lutz: in: Warum Prognoseinstrumente?, in: Martin Rettenberger/Fritjof von Franqué (Hrsg.), Handbuch kriminalprognostischer Verfahren, Göttingen 2013, S. 19–34.

Groenemeyer, Axel/Wieseler, Silvia (Hrsg.): Soziologie sozialer Probleme und sozialer Kontrolle, Wiesbaden 2008.

Groß, Thomas: Terrorbekämpfung und Grundrechte: Zur Operationalisierung des Verhältnismäßigkeitsgrundsatzes, KJ 2002, 1–17.

ders.: Das Ausländerrecht zwischen obrigkeitsstaatlicher Tradition und menschenrechtlicher Herausforderung, Archiv des öffentlichen Rechts 2014 (Bd. 139), S. 420–445.

Grote, Rainer/Marauhn, Thilo (Hrsg.): EMRK/GG Konkordanzkommentar zum europäischen und deutschen Grundrechtsschutz, 2. Auflage Tübingen 2013 (zitiert: Grote/Marauhn, EMRK/GG).

Günes, Levent: Europäischer Ausweisungsschutz – zugl. Diss, Baden-Baden 2009.

Gusy, Christoph: Polizei- und Ordnungsrecht, Heidelberg, 10. Auflage 2017.

Gutmann, Rolf: Vom Ende der Inländerdiskriminierung im Ausländerrecht, InfAuslR 2011, S. 177–179

ders.: Neues Ausweisungsrecht und Standstill, 2016, S. 129–130

Habbe, Heiko: Stellungnahme des Jesuiten-Flüchtlingsdienstes Deutschland zur Sachverständigenanhörung im Innenausschuss des Deutschen Bundestages am 23.03.2015 zum Entwurf eines Gesetzes zur Neuregelung des Bleiberechts und der Aufenthaltsbeendigung, BT-Ausschuss-Drs. 18(4)269 H.

Hackstock, Thomas: Generalpräventive Aspekte im österreichischen und deutschen Jugendstrafrecht – zugl. Diss., Tübingen 2002 (zitiert: Hackstock, Generalpräventive Aspekte).

Hailbronner, Kay: Ausländerrecht und Verfassung, NJW 1983, S. 2105–2113.

ders., Kommentar Ausländerrecht, Loseblattsammlung (Stand März 2015), Heidelberg (zitiert: Hailbronner, Kommentar zum Ausländerrecht).

ders., Asyl- und Ausländerrecht, 4. Auflage, Stuttgart 2017.

Hannich, Rolf (Hrsg.): Karlsruher Kommentar zur Strafprozessordnung, 7. Auflage München 2018 (zitiert: Hannich (Hrsg.), Karlsruher Kommentar StPO).

Hansen-Dix, Frauke: Die Gefahr im Polizeirecht, im Ordnungsrecht und im Technischen Sicherheitsrecht – zugl. Diss., Köln 1982 (zitiert: Hansen-Dix, Gefahr im Polizeirecht).

Happ, Michael/Hoppe, Michael/Kraft, Ingo/Schübel-Pfister, Isabel Schübel-Pfister: Eyermann, Verwaltungsgerichtsordnung Kommentar, 15. Auflage 2019 (zitiert: Eyermann, VwGO).

Hassemer, Winfied: Freiheit und Sicherheit am Beispiel der Kriminalpolitik, in: Andreas v. Arnauld, Michael Staack (Hrsg.), Sicherheit versus Freiheit?, Berlin 2009, S. 39–57.

Hebeler, Timo: Unverhältnismäßige Abschleppanordnung, Anmerkung zur Entscheidung des Hanseatischen OVG vom 08.06.2011, 5 Bf 124/08, JA 2012, S. 79–80.

Heinhold, Hubert: Maßregelreform und Ausländerrecht, Recht und Psychologie 2006, S. 187–193.

v. Heintschel-Heinegg, Bernd (Hrsg.): Beck'scher Online Kommentar StGB, München (jeweils angegebener Stand) (zitiert: Beck OK StGB).

Herdegen, Matthias/Scholz, Rupert/Klein, Hans H. (Hrsg): Maunz/Dürig, Grundgesetz Kommentar. Begründet von Theodor Maunz, Theodor/Günter

Dürig, Stand: 73. EL, München 2014 (zitiert: Herdegen/Scholz/Klein (Hrsg.), Maunz/Dürig, Grundgesetzkommentar).

Hermann, Dieter: Die Abschreckungswirkung der Todesstrafe, in: Dieter Dölling/Bert Götting/ Bernd-Dieter Meier/Torsten Verrel (Hrsg.), FS für Heinz Schöch, Verbrechen – Strafe – Resozialisierung: Festschrift für Heinz Schöch zum 70. Geburtstag am 20. August 2010, Berlin 2010, S. 791–808.

Heß, Kurt-Michael: Wird die Unzuverlässigkeit im Sinne des § 35 Abs. 1 S. 1 GewO in der Rechtspraxis zu ausufernd angewandt? Erwiderung zu Leisner „Unzuverlässligkeit im Gewerberecht (§ 35 Abs. 1 S. 1 GewO) in GewArch 2008, 225 ff., Gewerbearchiv 2009, S. 89–92.

Heubrock, Dietmar, Begutachtung im Verwaltungsrecht, in: Thomas Bliesener/Friedrich Lösel/Günter Köhnken (Hrsg.), Lehrbuch der Rechtspsychologie, 1. Auflage Bern 2014, S. 331–351.

Heun, Werner: Staatliche Risikosteuerung und Verfassung, Rechtswissenschaft – Zeitschrift für rechtswissenschaftliche Forschung 2011, S. 376–299.

Hoffmann-Riem, Wolfgang/Schmidt-Aßmann, Eberhard/Voßkuhle, Andreas (Hrsg.): Grundlagen des Verwaltungsrechts, Bd. II, München 2008, S. 689–750.

Hofmann, Rainer/Hoffmann, Holger (Hrsg.): Ausländerrecht, 1. Auflage, Baden-Baden 2008.

Hofmann, Rainer (Hrsg): Ausländerrecht, 2. Auflage, Baden-Baden 2016.

ders: Anmerkung zum Beschluss des BVerfG vom 19.10.2016, 2 BvR 1943/16, ANA-ZAR 2016, S. 59.

Holzner, Thomas: Die drohende Gefahr Neue Gefahrenkategorie oder verfassungswidrige Vorverlagerung von Eingriffsbefugnissen?, DÖV 2018, S. 946–951

Hoppe, Michael: Neuere Tendenzen in der Rechtsprechung zur Aufenthaltsbeendigung, ZAR 2008, S. 251–258

Hörich, Carsten/Bergmann, Marcus: Verfassungsblog vom 03.03.2016 – Strafrecht als migrationspolitisches Steuerungsinstrument: zur Reform des Ausweisungsrechts nach Köln, 2016, https://verfassungsblog.de/strafrecht-als-migrationspolitisches-steuerungsinstrument-zur-reform-des-ausweisungsrechts-nach-koeln/ – abgerufen am 30.03.2016, 11.56 Uhr

Huber, Bertold (Hrsg.): Aufenthaltsgesetz, 1. Auflage München 2010; 2. Auflage 2016.

ders. (Hrsg.): Handbuch des Ausländer- und Asylrechts, Loseblattsammlung, Stand 20. Auflage München 2006.

ders.: Das Gesetz zur Neubestimmung des Bleiberechts und der Aufenthaltsbeendigung, 2015, S. 1178–1183

ders./Eichenhofer, Johannes/Endres de Oliveira, Pauline: Aufenthaltsrecht, 1. Auflage München 2017.

Huber, Michael: Prognoseentscheidungen im Strafrecht aus der Sicht des Richters, in: Wolfgang Frisch/Thomas Vogt (Hrsg.), Prognoseentscheidungen in der strafrechtlichen Praxis, Baden-Baden 1994, S. 43–54.

Jaeckel, Liv: Gefahrenabwehrrecht und Risikodogmatik – zugl. Habil., Tübingen, 2010

Jahn, Matthias/Krehl, Christoph/Löffelmann, Markus/Güntge, Georg-Friedrich (Hrsg.): Die Verfassungsbeschwerde in Strafsachen, München 2. Auflage 2017 (zitiert: Jahn/Krehl/Löffelmann/Güntge, Verfassungsbeschwerde).

Jasch, Michael: Neue Sanktionspraktiken im präventiven Sicherheitsrecht, Kritische Justiz 2014, S. 237–248.

Jehle, Jörg-Martin/Albrecht, Hans-Jörg/Hohmann-Fricke, Sabine/Tetal, Carina: Legalbewährung nach strafrechtlichen SanktionenEine bundesweite Rückfalluntersuchung 2010 bis 2013 und 2004 bis 2013, in: Bundesministerium der Justiz und für Verbraucherschutz (Hrsg.), Legalbewährung nach strafrechtlichen Sanktionen, Berlin 2016, abrufbar unter https://www.bmjv. de/SharedDocs/Downloads/DE/Service/StudienUntersuchungenFachbuecher/ Legalbewaehrung_nach_strafrechtlichen_Sanktionen_2010_2013.pdf?__blob= publicationFile&v=1.

Joecks, Wolfgang/Miebach, Klaus (Hrsg.): Münchener Kommentar Strafgesetzbuch, jeweils angegebene Auflage, München (zitiert: Joecks/Miebach (Hrsg.), Münchener Kommentar StGB).

Johlen, Heribet/Oerder, Michael (Hrsg.): Münchener Anwalts Handbuch Verwaltungsrecht, 4. Auflage, München 2017 (zitiert: Johlen/Oerder, MAH Verwaltungsrecht).

Jung, Heike: Die Prognoseentscheidung des Jugendrichters, in: Wolfgang Frisch/ Thomas Vogt, Prognoseentscheidungen in der strafrechtlichen Praxis, Baden-Baden, 1994, S. 267–280.

Jung, Thomas: Die Bereinigung von Ausländerakten um strafrechtliche Erkenntnisse, StV 2017, S. 760–764.

Kanein, Werner: Ausländerrecht, 4. Auflage, München 1987.

Karlsruher Kommentar StPO: s. *Hannich, Rolf* (Hrsg.).

Kaspar, Johannis: Generalprävention als Sanktionszweck des Jugendstrafrechts, in: Dieter Dölling/Bert Götting/Bernd-Dieter Meier/Torsten Verrel (Hrsg.), Verbrechen – Strafe – Resozialisierung: Festschrift für Heinz Schöch zum 70. Geburtstag am 20. August 2010, Berlin 2010, S. 209–226.

Kaspar, Johannes: Strafrecht – Allgemeiner Teil, 1. Auflage, Baden-Baden 2015.

Keil, Rainer: Freizügigkeit, Gerechtigkeit, demokratische Autonomie, Baden-Baden 2009.

Kießling, Andrea: Die Abwehr terroristischer und extremistischer Gefahren durch Ausweisung – zugl. Diss., Baden-Baden 2012 (zitiert: Kießling, Abwehr).

dies.: Die Verschärfung des Ausweisungsrechts als symbolpolitisches Mittel gegen extremistische Bestrebungen – dargestellt am Beispiel der Salafisten, ZAR 2013, S. 45–52.

dies.: Nichtstörer und andere Unbeteiligte als Adressaten von Polizeiverfügungen, JURA 2016, S. 483–494.

dies.: Fremdenpolizei im Rechtsstaat? Zu Herkunft und Zukunft des Ausweisungsrechts, ZAR 2016, S. 45–53

Kimminich, Otto: Der Aufenthalt von Ausländern in der Bundesrepublik Deutschland. Rechtsgrundlage, Beginn und Ende, 1. Auflage, Baden-Baden 1980 (zitiert: Kimminich, Aufenthalt von Ausländern).

Kindhäuser, Urs/Neumann, Ulfried/Paeffgen, Hans-Ullrich (Hrsg.): Strafgesetzbuch, Baden-Baden (jeweils angegebene Auflage) (zitiert: Kindhäuser/Neumann/Paeffgen (Hrsg.), StGB).

Kingreen, Thorsten/Poscher, Ralf: Polizei- und Ordnungsrecht mit Versammlungsrecht, 10. Auflage München 2018 (zitiert: Kingreen/Poscher, Polizei- und Ordnungsrecht).

Kirkagac, Nevzat: Verdachtsausweisungen im deutschen Rechtsstaat – zugl. Diss., Frankfurt 2011 (zitiert: Kirkagac, Verdachtsausweisungen).

Kluth, Winfried: Das Asylpaket II – eine Gesetzgebung im Spannungsfeld zwischen politischen Versprechen und rechtlich-administrativer Wirklichkeit, ZAR 2016, S. 121–131

ders./Heusch, Andreas (Hrsg.), Beck'scher Online-Kommentar Ausländerrecht, München (jeweils angegebener Stand) (zitiert: BeckOK AuslR).

Klüver, Meike: Anmerkung zum Urteil des Hanseatischen OVG vom 08.06.2011, 5 Bf 24/08, DVBl. 2011, S. 1247.

Knack, Hans J./Henneke, Hans-Günter (Hrsg.): Verwaltungsverfahrensgesetz Kommentar, 9. Auflage Köln 2010 (zitiert: Knack/Henneke (Hrsg.), VwVfG).

Knauer, Christoph/Kudlich, Hans/Schneider, Hartmut (Hrsg.): Münchener Kommentar zur Strafprozessordnung, 1. Auflage München 2019 (zitiert: Knauer/Kudlich/Schneider (Hrsg.), Münchener Kommentar StPO).

Knemeyer, Fran-Ludwig: Polizei- und Ordnungsrecht, 11. Auflage, München 2007.

Knödler, Christoph: Bayerischer Verwaltungsgerichtshof: Abschiebung trotz Bewährung, Neue Kriminalpolitik 2007, S. 156–158.

Koch, Hans-Joachim/Rubel, Rüdiger/Hesselhaus, Sebastian M.: Allgemeines Verwaltungsrecht, 3. Auflage, München 2003.

Koch, Hans-Joachim/Rüßmann, Helmut: Juristische Begründungslehre: Hans-Joachim Koch, Helmut Rüßmann, Juristische Begründungslehre, München 1982.

Kokott, Juliane: Beweislastverteilung und Prognoseentscheidungen bei der Inanspruchnahme von Grund- und Menschenrechten – zugl. Habil., Berlin 1993 (zitiert: Kokott, Beweislastverteilung und Prognoseentscheidungen).

Kopp/Schenke: VwGO, s. *Schenke, Wolf-Rüdiger.*

Körner, Jörn/Patzack, Jörn, Volkmer, Mathias: Betäubungsmittelgesetz Kommentar, München, jeweils angegebene Auflage; in der 9. Auflage 2019 auch *Fabricius, Jochen* (zitiert: Körner/Patzack/Volkmer, BtMG).

Korte, Stefan/Dittrich, Stephan: Schutzgut und Schadenswahrscheinlichkeit im Gefahrenabwehrrecht, JA 2017, S. 332–339.

Kraft, Ingo: Die Rechtsprechung des BVerwG zur Ausweisung im Ausländerrecht, DVBl. 2013, S. 1219–1228.

ders.: Vom Konflikt zur Konvergenz – Zur Rezeption der ausländerrechtlichen Rechtsprechung des EGMR durch die deutschen Verwaltungsgerichte, NJW 2014, S. 969–976.

Kral, Sebastian: Die polizeilichen Vorfeldbefugnisse als Herausforderung für Dogmatik und Gesetzgebung des Polizeirechts – zugl. Diss., Berlin 2012 (zitiert. Kral, Vorfeldbefugnisse).

Kröber, Hans-Ludwig: Das Basisraten, Forensische Psychiatrie, Psychologie und Kriminologie 2011, S. 121–122

ders.: Lebenslauf und Kriminalprognose, Zeitschrift: Forensische Psychiatrie, Psychologie und Kriminalprognose 2018, S. 1–3.

Kugelman, Dieter: Polizei- und Ordnungsrecht, 2. Auflage, Berlin 2012.

Kunig, Philip: Grundgesetz-Kommentar, Band 1, 6. Auflage München 2012 (zitiert: v. Münch/Kunig, Grundgesetzkommentar).

Kutscha, Martin: Innere Sicherheit und Verfassung; in Fredrik Roggan/Martin Kutscha (Hrsg.), Handbuch zum Recht der Innren Sicherheit, 1. Auflage, Berlin, 2006, S. 24–105.

Lackner, Kristian/Kühl, Martin: Strafgesetzbuch Kommentar, München, jeweils angegebene Auflage (zitiert: Lackner/Kühl, StGB).

Leisner, Anna: Die polizeiliche Gefahr zwischen Eintrittswahrscheinlichkeit und Schadenshöhe, DÖV 2002, S. 325–334.

Leisner-Egensperger, Anna: Polizeirecht im Umbruch: Die drohende Gefahr, DÖV 2018, S. 677–688

Lepsius, Oliver: Risikosteuerung durch Verwaltungsrecht: Ermöglichung oder Begrenzung durch Innovationen, Die Staatsrechtslehre und die Veränderung ihres Gegenstandes. Gewährleistung von Freiheit und Sicherheit im Lichte unterschiedlicher Staats- und Verfassungsverständnisse. Risikosteuerung durch Verwaltungsrecht. Transparente Verwaltung – Konturen eines Informationsverwaltungsrechts Berichte und Diskussionen auf der Tagung der Vereinigung der Deutschen Staatsrechtslehrer in Hamburg vom 1. bis 4. Oktober 2003 2004, VVDStRL 63 (2004) S. 266–315.

Lisken/Denninger, Handbuch des Polizeirechts: s. *Denninger, Erhard/Bachor, Frederik* (Hrsg.).

Mann, Thomas/Sennekamp, Christoph/Uechtritz, Michael (Hrsg.): Verwaltungsverfahrensgesetz, Großkommentar, 1. Auflage Göttingen 2014.

Markwardt, Manfred/Brodersen, Kilian: Zur Prognoseklausel in § 81g StPO, NJW 2000, S. 692–696

Martens, Wolfgang: Wandlungen im Recht der Gefahrenabwehr, DÖV 1982, S. 89–98.

Marx, Reinhard: Aktuelle Entwicklungen im gemeinschaftsrechtlichen Ausweisungsschutz, ZAR 2007, S. 142–149.

ders.: Ausländer-, Asyl- und Flüchtlingsrecht, 5. Auflage, München 2015.

ders.: Zur Reform des Ausweisungsrechts, ZAR 2015, S. 245–253

Maunz/Dürig: Grundgesetz Kommentar, s. *Herdegen, Matthias* u. a. (Hrsg.).

Maurer, Hartmut/Waldhoff, Christian: Allgemeines Verwaltungsrecht, 19. Auflage, München 2017.

Mayer, Karl-Georg: Systemwechsel im Ausweisungsrecht, Verwaltungsarchiv 101 (2010), S. 482–539,

Meyer-Ladewig, Jens/Nettesheim, Martin/v. Raumer, Stefan: EMRK – Europäische Menschenrechtskonvention, Handkommentar, 4. Auflage Baden-Baden 2107 (zitiert: Mayer-Ladewig, EMRK).

Menger, Christian-Friedrich: Zum vorläufigen Rechtsschutz im Ausländerrecht, Verwaltungsarchiv 1974, S. 329–338.

Ministerium der Justiz Niedersachen: Absehen von der Strafverfolgung und von der Strafvollstreckung bei Nichtdeutschen (§§ 154 b, 456 a StPO) AV d. MJ v. 16. 12. 2009 – 4300-S5.93 – VORIS 34100 –, Nds. MBl. Nr. 1/2010.

Möller, Manfred/Warg, Gunter: Allgemeines Polizei- und Ordnungsrecht, 6. Auflage, Stuttgart, 2012 (zitiert: Möller/Warg, Polizeirecht).

Möstl, Markus/Kugelmann, Dieter (Hrsg.): Beck'scher Online Kommentar Polizei- und Ordnungsrecht Nordrhein-Westfalen (jeweils angegebener Stand) (zitiert: BeckOK PolR NRW).

ders./Schwabenbauer, Thomas (Hrsg.): Beck'scher Online-Kommentar Polizei- und Sicherheitsrecht Bayern (jeweils angegebener Stand) (zitiert: Beck OK PolR Bayern).

ders./Trurnit, Christoph (Hrsg.): Beck'scher Online-Kommentar Polizeirecht Baden-Württemberg, München (jeweils angegebener Stand) (zitiert: BeckOK PolR Baden-Württemberg).

ders./Weiner, Bernhard (Hrsg.): Beck'scher Online Kommentar Polizei- und Ordnungsrecht Niedersachsen, München (jeweils angegebener Stand) (Beck OK PolR Niedersachsen).

Mühl, Jeldrik: Strafrecht ohne Freiheitsstrafen – absurde Utopie oder logische Konsequenz – zugl. Diss., Tübingen 2015 (zitiert: Mühl, Strafrecht ohne Freiheitsstrafen).

v. Münch/Kunig, Grundgesetzkommentar: s. *Kunig, Philip.*

Münchener Kommentar StGB: s. *Joecks, Wolfgang/Miebach, Klaus* (Hrsg.).

Müller, Eckhardt/Schlothauer, Reinhold (Hrsg.): Münchener Anwaltshandbuch Strafverteidigung, 2. Auflage, München 2014 (zitiert: Münchener Handbuch Strafverteidigung).

Nell, Ernst Ludwig: Wahrscheinlichkeitsurteile in juristischen Entscheidungen – zugl. Diss., Berlin 1983 (zitiert: Nell, Wahrscheinlichkeitsurteile).

Neumann, Dieter: Vorsorge und Verhältnismäßigkeit – zugl. Diss., Berlin, 1994

Neundorf, Kathleen/Brings, Tobias: Neubestimmung des Bleiberechts und der Aufenthaltsbeendigung, ZRP 2015, S. 145–148.

Obermayer, Klaus/Funke-Kaiser, Michael (Hrsg.): VwVfG Verwaltungsvefahrensgesetz Kommentar, 5. Auflage, Stuttgart 2018.

Oğlakcıoğlu, Mustafa: Betäubungsmittelrechtliche Entscheidungen des BVerfG sowie der Ober- und Instanzgerichte, NStZ 2017, S. 297–328

Ossenbühl, Fritz: Die richterliche Kontrolle von Prognoseentscheidungen der Verwaltung, in: Hans-Uwe Erichsen/Werner Hoppe/Albert v. Mutius (Hrsg.), System des verwaltungsgerichtlichen Rechtsschutzes, Festschrift für Christian-Friedrich Menger zum 70. Geburtstag, Köln 1985, S. 731–746.

Pagenkopf, Martin: Zur Problematik der Generalprävention im Ausländerrecht, DVBl. 1975, S. 764–768.

Park, Byungwoog: Wandel des klassischen Polizeirechts zum neuen Sicherheitsrecht – zugl. Diss., Berlin 2013 (zitiert: Park, Wandel zum Sicherheitsrecht).

Pawlik, Michael: Staatlicher Strafanspruch und Strafzwecke, in: Eva Schuhmann (Hrsg.), Das strafende Gesetz, Berlin 2010, S. 59–95.

Pfaff, Victor: Von der zweckwidrigen Anwendung des § 465 a StPO, ZAR 2006, S. 121–125.

Pfaff, Victor/Otto-Hanschmann, Wiebke: § 34 Ausländerrechtliche Konsequenzen und Folgen des Strafverfahrens, in: Eckhardt Müller/Reinhold Schlothauer (Hrsg.), Münchener Anwaltshandbuch Strafverteidigung, 2. Auflage München 2014.

Pietzner, Rainer/Ronellenfitsch, Michael: Das Assessorexamen im Öffentlichen Recht, 13. Auflage, München 2014.

Pollähne, Helmut: Kriminalprognostik, Berlin 2011.

Poscher, Ralf: Gefahrenabwehr – Eine dogmatische Konstruktion – zugl. Diss., Berlin 1999 (zitiert: Poscher, Gefahrenabwehr).

ders./Rustenberg, Benjamin: Die Klausur im Polizeirecht, JuS 2011, S. 1082–1087.

Posser, Herbert/Wolff, Heinrich Amadeus (Hrsg.): Beck'scher Online Kommentar VwGO, München (jeweilis angegebener Erscheinungsstand) (zitiert: Beck OK VwGO).

Pünder, Hermann: Verwaltung und Verwaltungsrecht im demokratischen Rechtsstaat, in: Dirk Ehlers, Hermann Pünder, Allgemeines Verwaltungsrecht, 15. Auflage Berlin 2016, S. 1–255.

Püttner, Günter: Besonderes Verwaltungsrecht, 1. Auflage, Düsseldorf 1979.

ders.: Verwaltungslehre, München, 4. Auflage, 2007.

Rachor, Fredrik/Graulich, Kurt: Lisken/Denninger, Handbuch des Polizeirechts, 6. Auflage, München 2018 (s. Denninger).

Rehbinder, Eckard: Immissionsschutzrechtlicher Gefahrenbegriff – Beurteilung von Störfällen durch äußere Einwirkungen, BB 1976, 1 1976, S. 1–4.

Renner, Günter: Ausländerrecht in Deutschland, München 1998.

ders.: Ausländerrecht Kommentar, 5. Auflage, 2008 (zitiert: Renner, Ausländerrecht).

Rettenberger, Martin: Intuitive, klinisch-idiographische und statistische Kriminalprognosen im Vergleich – die Überlegenheit wissenschaftlich strukturierten Vorgehens, Forensische Psychiatrie Psychologie Kriminologie 2018, S. 28–36.

Richter, Wolf-Wilhelm: Die neuere Rechtsprechung des BVerwG zum Ausländer- und Staatsangehörigkeitsrecht, NVwZ 1999, 726, S. 726–734.

Rittstieg, Helmut–Das neue Ausländergesetz: Verbesserungen und neue Probleme in: Klaus Barwig/Bertold Huber/Klaus Lörcher (Hrsg.), Das neue Ausländerrecht, Baden-Baden 1991, S. 23–32.

Robbers, Gerhard: § 11 Ausländer im Verfassungsrecht, in: Benda/Maierhofer/Vogel (Hrsg.), Handbuch des Verfassungsrechts, 2. Auflage, 1994, Berlin, S. 390–424.

Roggan, Fredrik: Generalprävention bei polizeirechtlichen Entscheidungen?, KJ – Kritische Justiz, 1999, S. 69–82.

ders.: Polizeiliche Videoüberwachung von öffentlichen Plätzen, in: Fredrik Roggan/Martin Kutscha, Handbuch zum Recht der Inneren Sicherheit, 2. Auflage, Berlin 2006, S. 208–230.

ders.: Auf legalem Weg in einen Polizeistaat: Entwicklung des Rechts der Inneren Sicherheit – zugl. Diss., Bonn 2010.

Röhl, Hans Christian: Ausgewählte Verwaltungsverfahren, in: Wolfgang Hoffmann-Riem/Eberhard Schmidt-Aßmann/Andreas Voßkuhle (Hrsg.), Grundlagen des Verwaltungsrechts, Bd. II, München 2008, S. 689–750.

Ruidisch, Peter: Einreise, Aufenthalt und Ausweisung – zugl. Diss., München 1975.

Schäfer, Gerhard/Sander, Günther/van Gemmeren, Gerhard: Praxis der Strafzumessung, 6. Auflage, München 2017.

Schenke, Wolf-Rüdiger: Verwaltungsprozessrecht, 11. Auflage, Heidelberg 2007.

ders.: Polizei- und Ordnungsrecht, 10. Auflage 2018.

ders.: Kopp/Schenke, VwGO – Verwaltungsgerichtsordnung Kommentar, 20. Auflage, München 2014 (zitiert: Kopp/Schenke, VwGO).

ders.: Polizeiliches Handeln bei Anscheinsgefahr und Gefahrenverdacht, JuS 2018, S. 505–516

Schewe, Christoph S.: Sicherheitsgefühl und Polizei – zugl. Diss., Berlin 2009.

Schlepper, Christina: Strafgesetzgebung in der Spätmoderne – zugl. Diss., Wiesbaden 2014.

Schlichte, Gianna Magdalena/Austermann, Nele: Das besondere Risiko als Gefahreneingriffsschwelle im Ausländerrecht, ZAR 2018, S. 62–69.

Schmid-Drüner, Marion: Derœ Begriff der öffentlichen Sicherheit und Ordnung im Einwanderungsrecht ausgewählter EU-Mitgliedstaaten – Status quo und Reformbedarf auf europäischer Ebene – zugl. Diss., Baden-Baden 2007.

Schmidt, Jens: Das neue Ausweisungsrecht – neue Chancen der Verteidigung, StV 2016, S. 530–533.

Schmitt Glaeser, Alexander: Individualgerechtigkeit im Ausländerrecht, ZAR 2003, 176–182.

Schmitt Glaeser, Walter/Horn, Hans-Detlef: Verwaltungsprozeßrecht, 15. Auflage, Stuttgart 2000.

Schneider, Jens-Peter: Strukturen und Typen von Verwaltungsverfahren, in: Wolfgang Hoffmann-Riem/Eberhard Schmidt-Aßmann/Andreas Voßkuhle, Grundlagen des Verwaltungsrechts, Bd. II, München 2008, S. 523–624.

Schoch, Friedrich: Vorläufiger Rechtsschutz und Risikoverteilung im Verwaltungsrecht – zugl. Habil., Heidelberg 1998 (zitiert: Schoch, Vorläufiger Rechtsschutz).

ders.: Die „Gefahr" im Polizei- und Ordnungsrecht, Jura 2003, S. 472–476.

ders.: Aufschiebende Wirkung und verwaltungsgerichtliches Aussetzungsverfahren, Berlin 2009, S. 785–850, in: Ehlers/Schoch, Rechtsschutz im öffentlichen Recht.

ders.: Besonders Verwaltungsrecht, 15. Auflage, Berlin/Boston 2013.

ders./Schmidt-Aßmann, Eberhardt/Pietzner, Rainer (Hrsg.): Verwaltungsgerichtsordnung, München (jeweils angegebene Ergänzungslieferung) (zitiert: Schoch/ Schmidt-Aßmann/Pietzner, VwGO).

ders./Schneider, Jens-Peter/Bier, Wolfgang: Verwaltungsgerichtsordnung, München (jeweils angegebene Ergänzungslieferung) (zitiert: Schoch/Schneider/Bier, VwGO).

Schöch, Heinz: Zur Wirksamkeit der Generalprävention, in: Christel Frank/Gerhardt Harrer, Der Sachverständige im Strafrecht – Kriminalitätsverhütung, Berlin/ Heidelberg 1990.

Schönberg, Gilda: Stellungnahme zur Sachverständigenanhörung vom 22.02.2016, BT-Innenausschuss-Drs. 18(4)512E.

Schönke/Schröder: Strafgesetzbuch, s. *Eser, Albin*.

Schroeder, Friedrich-Christian: Prognosen in der strafgerichtlichen Praxis und deren empirische Grundlagen, in: Eva Schuhmann (Hrsg.), Das erziehende Gesetz, Berlin 2014, S. 89–100.

Schuhmann, Karl F.: Prognosen in der strafgerichtlichen Praxis und deren empirische Grundlagen in: Wolfgang Frisch/Thomas Vogt (Hrsg.), Prognoseentscheidungen in der strafrechtlichen Praxis, Baden-Baden, 1994, S. 31–42.

Schwabenbauer, Thomas/Kling, Michael: Gerichtliche Kontrolle administrativer Prognoseentscheidungen am Merkmal der „Zuverlässigkeit", VerwArch Band 101, 2011, S. 231–256.

Sigrist, Hans: Zur Ermessensbetätigung der Ausländerbehörde bei Ausweisungsverfügungen und zu deren sofortiger Vollziehung anhand der Rechtspraxis in Berlin, DVBl. 1981, S. 673–678.

Sodan, Helge/Ziekow, Jan (Hrsg.): Verwaltungsgerichtsordnung Großkommentar, 4. Auflage München 2014 (zitiert: Sodan/Ziekow (Hrsg.), VwGO).

Steffen, Wiebke/Elsner, Erich: Kriminalität junger Ausländer – Kriminalität ist keine Frage des Passes, sondern eine Frage von Lebenslagen, Internetveröffentlichung 2000, unter https://www.polizei.bayern.de/content/4/3/7/jungeausl.pdf.

Stein, Reiner: Der Antrag nach § 80 V VwVGO in der verwaltungsrechtlichen Fallbearbeitung, Deutsche Verwaltungspraxis 2009, S. 398–405.

Steiner, Udo/Brinktrine, Ralf (Hrsg.): Besonderes Verwaltungsrecht, 9. Auflage, Heidelberg 2018.

Stelkens, Paul/Bonk, Heinz Joachim/Sachs, Michael: Verwaltungsverfahrensgesetz Kommentar, 9. Auflage, München 2018 (zitiert: Stelkens/Bonk/Sachs, VwVfG).

Streng, Franz: Innere Sicherheit – kriminalpolitische Aspekte, in: Gerhard Neuhaus (Hrsg.), Sicherheit in der Gesellschaft heute, Erlangen 2000, S. 7–42.

Thiel, Markus: Die „Entgrenzung" der Gefahrenabwehr – Grundfragen von Freiheit und Sicherheit im Zeitalter der Globalisierung – zugl. Habil., Tübingen 2011 (zitiert: Thiel, „Entgrenzung" der Gefahrenabwehr).

ders.: Polizei- und Ordnungsrecht, 3. Auflage München 2016.

Thym, Daniel: Abschied von Ist- und Regelausweisung?, DVBl. 2008, S. 1346–1355.

ders., Schutz des Aufenthalts zwischen polizeilicher Herkunft und menschenrechtlicher Neuausrichtung, in: Felix Arndt, Nicole Betz, Anusheh Farahat, Matthias Goldmann, Matthias Huber, Rainer Keil, Petra Lea Láncos, Jan Schaefer, Maja Smrkolj, Franziska Sucker, Stefanie Valta (Herausgeber), Freiheit – Sicherheit – Öffentlichkeit, Baden-Baden, 2009, S. 221–241.

ders., Migrationsverwaltungsrecht – zugl. Habil., Tübingen 2010.

ders., Stellungnahme für die Öffentliche Anhörung des Innenausschusses des Deutschen Bundestags am Montag, den 23.03.2015 über den Entwurf eines Gesetzes zur Neubestimmung des Bleiberechts und der Aufenthaltsbeendigung,

Gesetzentwurf der Bundesregierung, BT-Drs. 18/4097 und BT-Drs. 8/2470, BT-Ausschussdrucksache 18(4)269 G Konstanz, 20.03.2015, S. 1–13.

ders.: Stellungnahme zur Sachverständigenanhörung vom 22.02.2016, BT-Innenausschuss-Drs. 18(4)512 B.

Tiedemann, Paul: Menschenwürde als Rechtsbegriff – Eine philosophische Klärung – zugl. Diss., Berlin 2012.

Timm, Frauke: Gesinnung und Straftat – zugl. Diss., Berlin 2012.

Trautmann, Sebastian: Migration, Kriminalität und Strafrecht – zugl. Diss., Münster 2002.

Tzschaschel, Nadja: Ausländische Gefangene im Strafvollzug – zugl. Diss., Herbolzheim 2002 (zitiert: Tzchaschel, Ausländische Gefangene).

Uerpmann-Wittzack, Robert: Das öffentliche Interesse: seine Bedeutung als Tatbestandsmerkmal und als dogmatischer Begriff – zugl. Habil., Tübingen 1999 (zitiert: Uerpmann-Wittzack, Das öffentliche Interesse).

Vogel, Klaus/Martens, Wolfgang: s. *Drews/Wacke/Vogel/Martens*, Gefahrenabwehr.

Volckart, Bernd: Zur Bedeutung der Basisrate in der Kriminalprognose, R & P 2002, S. 105–114.

Voßkuhle, Andreas: Der Gefahrenbegriff im Polizei- und Ordnungsrecht, JuS 2007, S. 908–909.

Waechter, Kay: Die „Schleierfahndung" als Instrument der indirekten Verhaltenssteuerung durch Abschreckung und Verunsicherung, DÖV 1999, S. 138–147.

Walburg, Christian: Migration und Jugenddelinqunz – Mythen und Zusammenhänge, 2004, http://mediendienst-integration.de/fileadmin/Dateien/Gutachten_Kriminalitaet_Migration_Walburg.pdf.

Weber, Klaus: Betäubungsmittelgesetz Kommentar, München, 5. Auflage, 2017 (zitiert: Weber, BtMG).

Weber, Tobias/Köpper, Valentin: Polizei- und Sicherheitsrecht Bayern, 3. Auflage, Heidelberg 2015 (zitiert: Weber/Köpper, Polizeirecht Bayern).

Welte, Hans-Peter: Die beschränkte Reduktion des Suspesiveffekts nach § 84 II 1 AufenthG, ZAR 2007, S. 283–285

ders.: Die neue Verhältnismäßigkeitsausweisung, Informationsbrief Ausländerrecht 2015, S. 426–430.

ders.: Online-Kommentar zum Aufenthaltsgesetz (Jurion), jeweils angegebener Stand, Köln.

Windthorst, Kay: Der verwaltungsgerichtliche einstweilige Rechtsschutz – zugl. Habil., Tübingen 2009 (zitiert: Windthorst, Einstweiliger Rechtsschutz).

Wolff, Hans J./Bachof, Otto/Stober, Rolf/Kluth, Winfried: Verwaltungsrecht I, 13. Auflage München 2017.

Wollenschläger, Burkard: Wissensgenerierung im Verfahren – zugl. Diss., Tübingen, 2009 (zitiert: Wollenschläger, Wissensgenerierung).

Würtenberger, Thomas/Heckmann, Dirk/Tanneberger, Steffen: Polizeirecht in Baden-Württemberg, 7. Auflage, Heidelberg 2017 (zitiert: Würtenberger/Heckmann/Tanneberger, Polizeirecht).

Yundina, Elena/Tippelt, Susanne/Nedopil, Norbert, ILRV – Die Integrierte Liste der Risikovariablen, in: Martin Rettenberger/Fritjof von Franqué (Hrsg.), Handbuch kriminalprognostischer Verfahren, Göttingen, 2013, S. 311–323

Zierke, Katayun: Die Steuerungswirkung der Darlegungs- und Beweislast im Verfahren vor dem Gerichtshof der Europäischen Union – zugl. Diss., Tübingen 2015 (zitiert: Zierke, Darlegungs- und Beweislast).